SFV

Lyall Watson

Geheimes Wissen

Das Natürliche des Übernatürlichen

Aus dem Amerikanischen von
Joachim A. Frank

S. Fischer

Lektorat Willi Köhler

13. bis 15. Tausend

Titel der amerikanischen Originalausgabe:
›Supernature; An Unprecedented Look at Strange Phenomena and their Place in Nature‹
Erschienen bei Anchor Press/Doubleday, Garden City, New York 1973
Für die deutsche Ausgabe:

Umschlagentwurf Mendell + Oberer
Satz und Druck Georg Wagner, Nördlingen
Einband Buchbinderei G. Lachenmaier, Reutlingen
Printed in Germany 1977
ISBN 3 10 089401 4

Inhalt

Einleitung 9
Vorbemerkung 12

Teil I: Der Kosmos 13

1. Kapitel: Gesetz und Ordnung des Kosmos 17
Die Erde 20
Der Mond 32
Die Sonne 42
Andere Faktoren 48

2. Kapitel: Mensch und Kosmos 54
Mensch und Mond 57
Mensch und Sonne 62
Die Planeten 65
Die Astrologie 72

3. Kapitel: Die Physik des Lebens 87
Die Lebensfelder 90
Gehirnwellen 98
Resonanz 105
Biophysik 119

Teil II: Die Materie 129

4. Kapitel: Der Geist ist stärker als die Materie 133
Psychokinese 136
Die Willenskraft 145
Die Aura 149
Poltergeister 157

5. Kapitel: Materie und Magie 163
Gedankenfotografie 165
Sehen ohne Augen 172
Psychometrie 178
Alchimie 181

Teil III: Der Geist 187

6. Kapitel: Zeichen des Geistes 191

Die Handdeutung 195

Graphologie 200

Physiognomik 204

Phrenologie 208

7. Kapitel: Transzendenz 214

Hypnose 218

Autosuggestion 224

Träume 234

Halluzinationen 241

8. Kapitel: Der kosmische Geist 249

Telepathie 255

Intuition 279

Hellsehen 283

Zauberei 284

Teil IV: Zeit 289

9. Kapitel: Neue Dimensionen 292

Zeit 293

Präkognition 300

Geister 308

Exobiologie 313

Schlußfolgerung 316

Literaturverzeichnis 319

Anhang zum Literaturverzeichnis 331

Namen- und Sachregister 332

»Das Schönste, was wir erleben können, ist das Geheimnisvolle.«

Albert Einstein,
Wie ich die Welt sehe, 1930.

Einleitung

Die Wissenschaft kennt keine absoluten Wahrheiten mehr. Selbst die Physik, deren Gesetze einst unangefochten galten, mußte sich der Schmach eines Unsicherheitsprinzips beugen. In diesem Klima des Unglaubens haben wir begonnen, sogar an den fundamentalen Lehrsätzen zu zweifeln, und die alte Unterscheidung zwischen natürlich und übernatürlich hat jede Bedeutung verloren.

Ich finde das ungeheuer erregend. Die Vorstellung, daß die Wissenschaft ein Puzzle mit einer begrenzten Anzahl von Teilen sei, die eines Tages alle säuberlich ineinandergefügt daliegen würden, hat für mich nie etwas Verlockendes gehabt. Die Erfahrung lehrt, daß die Dinge keineswegs so sind. Jede neue Verbesserung des Mikroskops enthüllt weitere winzige Einzelheiten an Gebilden, die man zuvor für unteilbar hielt. Jedes neue, stärker vergrößernde Teleskop fügt Tausende von Galaxien einer Liste hinzu, die bereits so lang ist, daß sie nur noch für den Mathematiker sinnvoll und faßbar ist. Sogar das Studium von, wie man früher glaubte, einfachen Verhaltensweisen geht ins Endlose.

Vor fünfzig Jahren gaben sich die Zoologen noch mit der Beobachtung zufrieden, daß Fledermäuse Nachtfalter fangen. Dann entdeckte man, daß sie Laute ausstoßen, die für das menschliche Ohr unhörbar sind, und ihre Beute durch das Echo ausfindig machen. Nun zeigt es sich, daß die Falter nicht nur eine schallschluckende Isolierung besitzen, sondern auch Ohren, die so gebaut sind, daß sie einen herannahenden Sender empfangen können. Um diesen Vorsprung wieder aufzuholen, gewöhnten sich die Fledermäuse eine unregelmäßige Flugbahn an, durch die die Falter verwirrt wurden, bis sie ihrerseits ein Ultraschall-Störgerät entwickelten. Aber die Fledermäuse fangen noch immer Falter, und es ist nur eine Frage der Zeit, bis die Forschung die nächste Entwicklung in diesem ständig sich ausweitenden Drama der Natur entdecken wird.

Die Wissenschaft hat auch im günstigsten Falle verschwommene Ränder, Grenzen, die noch im dunkeln liegen und sich ohne Übergang in gänzlich unerklärliche Bereiche hinein erstrecken. In den Randzonen, zwischen den Vorgängen, die wir noch als normal begreifen, und dem, was völlig paranormal ist und sich jeglicher Erklärung entzieht, gibt es eine Reihe von halbnormalen Phänomenen. Zwischen der Natur und dem Übernatürlichen spielen sich zahllose Dinge ab, die ich in ihrer Gesamtheit als Übernatur bezeichnen möchte, und von solchen Zwischendingen handelt dieses Buch.

Ich habe im Laufe einer recht umfassenden Ausbildung in den meisten Wissenschaften, die vom Leben handeln, viele Augenblicke erlebt, in denen der Lehrplan vor etwas Seltsamem haltmachte und vorzugeben versuchte, es sei da nichts gewesen. Diese unerledigten Probleme haben mich immer beunruhigt, und sie sammelten sich an, bis ich mich gezwungen sah, meinen Weg zurückzugehen, um einige davon wieder aufzunehmen und zu versuchen, sie zu meinen übrigen Erfahrungen in Beziehung zu setzen. In ihrer Gesamtheit betrachtet, ergeben sie allmählich etwas Sinnvolles, aber ich muß betonen, daß ich noch ganz am Anfang stehe und noch keine abgeschlossene Untersuchung vorlegen kann. Ich finde mich damit ab, daß meine Synthese so weit über die Grenzen der geltenden Praxis hinausgeht, daß viele Wissenschaftler sie entschieden ablehnen werden, während sie andererseits nicht annähernd weit genug geht, um jene zufriedenzustellen, die an alles Okkulte glauben. Doch eben dazu sind Brücken da: Ich hoffe, es kann zu einer Art Begegnung in der Mitte kommen.

Das Übernatürliche wird gewöhnlich definiert als das durch die bekannten Naturkräfte nicht Erklärbare. Die *Übernatur* kennt keine Grenzen. Zu oft sehen wir nur, was wir zu sehen erwarten: Unser Weltbild wird eingeengt durch die Scheuklappen unserer beschränkten Erfahrung. Doch so muß es nicht sein. Die Übernatur ist eine Natur, in der alle Aromen noch unversehrt vorhanden sind und darauf warten, gekostet zu werden. Ich biete sie an als logische Erweiterung des gegenwärtigen Wissens, als Lösung einiger der Probleme, mit denen die herkömmliche Wissenschaft nicht fertigwerden kann, und als Analgetikum für den Menschen unserer Zeit.

Ich hoffe aber, es wird sich zeigen, daß sie mehr als das ist.

Wenige Aspekte des menschlichen Verhaltens sind so beständig wie das Bedürfnis, an Unsichtbares zu glauben, und als Biologe kann ich nicht annehmen, daß das reiner Zufall sein sollte. Dieser Glaube oder das Seltsame, an das er sich so beharrlich heftet, muß einen echten Erhaltungswert haben, und ich glaube, wir nähern uns rasch einer Situation, in der dieser Wert offenkundig sein wird. Je mehr der Mensch die Hilfsquellen der Welt aufbraucht, desto mehr wird er sich auf seine eigenen verlassen müssen. Viele davon sind im Augenblick noch im Okkulten verborgen. Dieses Wort bedeutet nichts anderes als »geheimes Wissen«, und es umschreibt sehr gut etwas, was wir schon immer gewußt, aber vor uns selbst verborgen haben.

Diese Naturgeschichte des Übernatürlichen soll die bekannten fünf Sinne in Bereiche hinein verlängern, in denen andere insgeheim am Werk waren. Sie ist ein Versuch, die Gesamtheit der Natur, das Bekannte wie das Unbekannte, im Leib der Übernatur zusammenzufügen und zu zeigen, daß von allen Fähigkeiten, die wir besitzen, zu diesem Zeitpunkt keine wichtiger ist als ein staunender Sinn für das Wunderbare.

Dr. phil. *Lyall Watson*
Ios, Griechenland, 1971

Vorbemerkung

Der im größten Teil dieses Buches behandelte Stoff ist so umstritten, daß ich es für notwendig erachtete, ausführliche Hinweise auf alle meine Informationsquellen anzuführen. Sie erscheinen im Text als eingeklammerte Zahlen, die in der Bibliographie nachzuschlagen sind. In den meisten Fällen handelt es sich um Artikel in angesehenen Zeitschriften, und wo ich keine Gelegenheit hatte, die Befunde selbst zu überprüfen, mußte ich mich darauf verlassen, daß die meisten Redakteure das Material Sachverständigen vorlegen, bevor sie es endgültig zur Veröffentlichung annehmen. Wo immer es mir möglich war, habe ich die Originalquellen konsultiert, was sich im höchsten Grade bezahlt gemacht hat. So hieß es beispielsweise in einem Artikel, der im März 1965 unter dem Titel »Sehen ohne Augen als Schwindel entlarvt« im *Scientific American* erschien, daß Rosa Kuleschowa eine Betrügerin sei und daß es »nach Ansicht derer, die sich auf mentalistische Akte verstehen, leicht sei zu gucken«. Seither sind einige Bücher erschienen, in denen das ganze Phänomen unter Berufung auf diesen Artikel als Schwindel abgetan wurde, aber das Studium der ursprünglichen Untersuchungen zeigt, daß die Kuleschowa, obwohl sie einmal im Laufe einer öffentlichen Vorführung bei einem sehr plumpen Betrug ertappt wurde, eine Gabe besitzt, über die man billigerweise nicht einfach mit einem Achselzucken hinweggehen kann. Ich bekenne gern, daß ich mich in vielen Punkten ganz auf Zeitschriften wie das *Journal of the Society for Psychical Research* und das *Journal of Parapsychology* verlassen habe. Sie setzen in bezug auf Gelehrsamkeit und Objektivität ebenso hohe Maßstäbe wie alle anderen akademischen Publikationen.

Wo kein Hinweis erscheint, sind die Gedankengänge meine eigenen.

Teil I

Der Kosmos

»Ich kann nicht glauben,
daß Gott mit dem Kosmos
würfelt.«

Albert Einstein
im Londoner *Observer,* 5. April 1964

Es gibt ein Leben auf der Erde – ein einziges Leben, das jedes Tier und jede Pflanze auf unserem Planeten umfaßt. Die Zeit hat es in mehrere Millionen Teile aufgespalten, doch jeder ist ein wesentlicher Bestandteil des Ganzen. Eine Rose ist eine Rose, aber sie ist auch ein Rotkehlchen und ein Kaninchen. Wir sind alle *ein* Fleisch, aus demselben Schmelztiegel hervorgegangen.

Zweiundneunzig chemische Elemente kommen in der Natur vor, aber die gleiche kleine Auswahl von nur sechzehn bildet die Grundlage der gesamten lebenden Materie. Als eines dieser sechzehn Elemente spielt der Kohlenstoff eine zentrale Rolle, denn er vermag komplizierte Ketten und Ringe zu bilden, aus denen sich zahllose Verbindungen zusammensetzen. Doch von den Tausenden möglicher Kombinationen sind wiederum nur zwanzig Aminosäuren als Bauteile für alle Proteine ausersehen. Und was das Bedeutsamste ist: Diese Proteine werden immer an der richtigen Stelle und im richtigen Augenblick durch eine geordnete Abfolge von Vorgängen gebildet, die von einem in nur vier Molekülen, den Nukleinsäurebasen, enthaltenen Code gesteuert werden. Dabei ist es gleichgültig, ob aus dem Protein eine Bakterie oder ein baktrisches Kamel werden soll. Die Instruktionen für alle Arten von Leben sind in der gleichen einfachen Sprache niedergeschrieben.

Für alle Lebensvorgänge gilt der Zweite Hauptsatz der Thermodynamik, der besagt, daß der natürliche Zustand der Materie das Chaos ist und daß alle Dinge die Neigung haben, zu zerfallen und in Unordnung und Regellosigkeit zu enden. Lebende Systeme bestehen aus hochorganisierter Materie; sie schaffen Ordnung aus Unordnung, aber das bedeutet einen ständigen Kampf gegen den Prozeß der Auflösung. Die Ordnung wird aufrechterhalten durch eine Energiezufuhr von außen, die das System am Leben erhält. Biochemische Systeme tauschen daher ununterbrochen Materie mit ihrer Umgebung aus, sie sind offene thermodynamische Vorgänge im Gegensatz zu der geschlossenen thermostatischen Struktur gewöhnlicher chemischer Reaktionen.

Das ist das Geheimnis des Lebens. Es bedeutet, daß eine fortwährende Kommunikation nicht nur zwischen den Lebewesen und ihrer Umgebung, sondern auch zwischen allen Wesen, die in dieser Umgebung leben, stattfindet. Ein kompliziertes Netzwerk von Wechselbeziehungen vereint alle Lebensformen zu einem großen, sich selbst erhaltenden System. Jeder Teil ist mit jedem anderen Teil verwandt, und wir alle sind Teil des Ganzen, Teil der Übernatur.

Ich will in diesem ersten Abschnitt untersuchen, wie unser Lebenssystem auf die eine oder andere Weise von seiner Umgebung beeinflußt wird.

1. Kapitel:
Gesetz und Ordnung des Kosmos

Das Chaos kommt. Es ist vorgezeichnet in den Gesetzen der Thermodynamik. Sich selbst überlassen, geht alles in immer größere Unordnung über, und der letzte, natürliche Zustand der Dinge ist die völlig zufällige Verteilung der Materie. Jede Ordnung, auch etwas so Einfaches wie die Anordnung der Atome im Molekül, ist unnatürlich und kommt nur zustande durch zufällige Begegnungen, die den allgemeinen Trend umkehren. Die Wahrscheinlichkeit solcher Begegnungen ist, statistisch gesehen, verschwindend gering, und im höchsten Grade unwahrscheinlich ist die weitere Verbindung von Molekülen zu etwas so Hochorganisiertem wie einem lebenden Organismus. Das Leben ist etwas Außergewöhnliches und Vernunftwidriges.

Um fortdauern zu können, ist das Leben auf die Beibehaltung eines labilen Zustandes angewiesen. Es läßt sich mit einem Fahrzeug vergleichen, das nur durch ständige Reparaturen und mit Hilfe unerschöpflicher Ersatzteilreserven in Betrieb gehalten werden kann. Das Leben zieht seine Bestandteile aus der Umwelt. Aus der vorüberströmenden Unmenge chaotischer Wahrscheinlichkeit siebt es nur die besonderen Unwahrscheinlichkeiten aus, die kleinen Ordnungsteilchen aus dem allgemeinen Wirrwarr. Manche verwendet es zur Erzeugung von Energie durch den Zerstörungsprozeß der Verdauung, anderen entnimmt es die zum fortwährenden Überleben nötigen Informationen. Das ist das Schwerste: Ordnung aus Unordnung zu gewinnen, die Umweltaspekte, die nützliche Informationen enthalten, von jenen zu unterscheiden, die lediglich am allgemeinen Zerfall beteiligt sind. Das Leben meistert diese Schwierigkeit durch einen ausgeprägten Sinn für das Unvereinbare.

Der Kosmos ist ein Tollhaus lärmender Verwirrung. Alles, was er umschließt, wird unaufhörlich bombardiert von Millionen von gegensätzlichen elektromagnetischen und akustischen Schwingungen.

Das Leben schützt sich gegen diesen Tumult durch den Gebrauch von Sinnesorganen, die wie schmale Schlitze wirken und nur die Frequenzen eines sehr beschränkten Bereichs durchlassen. Manchmal sind auch diese noch zu zahlreich, und daher ist als zusätzliche Sperre das Nervensystem vorgesehen, das die aufgenommenen Reize filtert und »nützliche Information« von »belanglosem Lärm« trennt. Ein Beispiel: Wird eine Katze einem ununterbrochenen elektronischen Ticken ausgesetzt, so achtet und reagiert sie zunächst auf den Reiz, aber bald gewöhnt sie sich an das Geräusch, und zuletzt ignoriert sie es völlig. (87) Eine in den vom inneren Ohr zum Gehirn führenden Hörnerv eingesetzte Elektrode zeigt an, daß der Nerv nach einer Weile aufhört, Informationen über das Ticken an das Gehirn weiterzuleiten. Der regelmäßige Reiz ist als belanglose Geräuschkulisse eingestuft und als Informationsquelle verworfen worden. Sobald er jedoch aussetzt, stellt die Katze die Ohren auf und nimmt dieses neue, mit dem vorausgegangenen unvereinbare Phänomen zur Kenntnis. Ähnlich reagieren Seeleute: Sie erwachen plötzlich aus tiefstem Schlaf, wenn der Lärm der Maschinen ihres Schiffes die Tonhöhe wechselt oder ganz aufhört.

Wir alle besitzen diese Fähigkeit, uns auf bestimmte Reize zu konzentrieren und andere zu ignorieren. Ein gutes Beispiel dafür ist die »Cocktailparty-Konzentration«, die es uns ermöglicht, uns auf den Klang der Stimme einer einzigen Person unter vielen anderen einzustellen, die mehr oder weniger alle dasselbe sagen. (235) Und sogar im Schlaf sprechen wir, wie Aufzeichnungen der Gehirnströme zeigen, auf unseren eigenen Namen stärker an als auf irgendeinen anderen. Das sind erlernte Reaktionen, aber jede Art von Leben sichtet in derselben Weise das Umweltchaos und konzentriert sich ausschließlich auf die unwahrscheinlichen, in der vorherrschenden Unordnung verborgenen geordneten Vorgänge.

Lebende Organismen wählen Information aus ihrer Umgebung aus, verarbeiten sie nach einem bestimmten Programm (in diesem Falle nach einem, das die bestmöglichen Überlebenschancen gewährleistet) und stellen als Ergebnis eine Ordnung her (die ihrerseits wiederum Rohmaterial und Information für andere Lebewesen darstellt). Eben das aber ist eine genaue Beschreibung der Arbeitsweise eines Computers, und es kann daher nicht überraschen, daß die jüngste Entwicklung auf dem Gebiet der Computersysteme ein besseres Verständnis des Lebens mit sich gebracht hat. Computer arbeiten auf der Basis der programmierten Information, und diese wird eingegeben im Einklang mit einer Theorie, die in der Information eine Funktion der Unwahrscheinlichkeit sieht und besagt: »Je unwahrscheinlicher ein Vorgang, desto mehr Information vermittelt er.« (41) Auf unseren Vergleich des Lebens mit einem Fahrzeug angewandt, bedeutet das, daß wir das unwahrscheinliche Klappern in einem neuen Auto zwangsläufig hören müssen, während wir das ungleich wahrscheinlichere Klappern in einem alten Auto kaum noch wahrnehmen. Das Geräusch mag das gleiche sein, aber vom Fahrersitz eines alten Autos aus vernommen, ist es ein Umgebungsbestandteil, der sehr wenig nützliche Information vermittelt, denn in einem System, in dem bereits alles zur Auflösung neigt, ist ein weiteres Symptom der Unordnung keineswegs unwahrscheinlich oder von unterscheidender Bedeutung.

Ein einzelnes helles Licht in einer mondlosen Nacht in der Wüste ist sehr auffällig und offensichtlich wert, untersucht zu werden, aber auch von anderen Lichtern umgeben, kann es unsere Aufmerksamkeit erregen, wenn es an- und ausgeht oder die Farbe wechselt. Auf unserem Planeten durch den Weltraum eilend, sind wir ständig kosmischen Kräften ausgesetzt. Die meisten sind mehr oder minder konstant und machen kaum Eindruck auf uns; bewußt achten wir auf sie ebensowenig wie auf die Schwerkraft, die uns auf unserem Gefährt festhält. Nur wenn kosmische Kräfte sich ändern oder fluktuieren wie blinkende Lampen, fallen sie auf und nehmen einen Informations- und Signalwert an. Viele dieser Veränderungen sind zyklisch; sie treten in mehr oder weniger regelmäßigen Intervallen immer wieder auf, so daß das Leben Zeit hat, eine besondere Empfindlichkeit für diese Veränderungen und eine Reaktion auf die durch sie vermittelten Informationen zu entwickeln.

Ich sagte, daß das Leben durch Zufall entsteht und daß die Wahrscheinlichkeit seines Entstehens und Fortbestehens außerordentlich gering ist. Noch unwahrscheinlicher ist, daß sich dieses Leben in der verhältnismäßig kurzen Zeit seiner Existenz auf unserem Planeten in über eine Million deutlich zu unterscheidender Erscheinungsformen auffächern konnte, die zudem nur die Spitze einer ungeheuren Pyramide von Erfolgen und Fehlschlägen bilden. Die Annahme, dies sei allein durch Zufall geschehen, übersteigt wohl alles, was selbst ein auf die mechanistische Betrachtungsweise eingeschworener Biologe zu glauben bereit ist. Der Genetiker Waddington meint, ebensogut könnte man »Ziegel auf einen Haufen werfen« in der Hoffnung, sie würden sich »von selbst zu einem bewohnbaren Haus ordnen«. (334) Ich für meine Person glaube, daß der Zufall in diesem Entwicklungsprozeß zwar eine große Rolle spielte, daß sein Wirken aber beeinflußt wurde durch ein Informationssystem, das halb verborgen im kosmischen Chaos enthalten ist.

Der Kosmos selbst ist systemlos – ein Durcheinander zufälliger, ungeordneter Vorgänge. Grey Walter, der Entdecker mehrerer grundlegender rhythmischer Gehirnvorgänge, sagt treffend, das wesentlichste Merkmal eines Systems sei, daß man es »im Gedächtnis behalten und mit einem anderen System vergleichen kann. Dadurch unterscheidet es sich von zufälligen Vorgängen oder vom Chaos. Denn der Begriff Zufälligkeit ... impliziert, daß sich die Unordnung jeglichem Vergleich entzieht; man kann sich nicht an ein Chaos erinnern oder ein Chaos mit einem anderen vergleichen; dieses Wort hat keine Mehrzahl«. (335) Das Leben schafft Systeme aus systemloser Unordnung, aber ich behaupte, daß das Leben selbst durch ein System geschaffen wurde und daß dieses kosmischen Kräften innewohnt, denen das Leben ausgesetzt war und noch ist. Aus solchen Umwelteinflüssen erklärt sich zum größten Teil die Übernatur.

Die Erde

Kosmische Kräfte treten in Zyklen in Erscheinung, auf die das Leben zu reagieren lernt. Die stärksten Reaktionen werden naturgemäß von den kürzesten Zyklen ausgelöst, d. h. von solchen, die in einer gegebenen Zeitspanne die meisten Veränderungen bewirken. Die elementarsten und bekanntesten aller Veränderungen, denen das Leben unterworfen ist, sind jene, die durch die Drehung unserer Erde um ihre Achse zustande kommen.

Wir leben auf einer unregelmäßig geformten Kugel, die nicht nur an den Polen leicht abgeplattet ist, sondern auch ein wenig die Gestalt einer Birne hat, deren dickeren Teil die südliche Erdhalbkugel bildet. Die Kugel dreht sich von West nach Ost mit einer Geschwindigkeit von rund 1600 km/h, und mit mehr als dem Sechzigfachen dieser Geschwindigkeit läuft sie um die Sonne, aber beide Bewegungen werden von ihrer unregelmäßigen Gestalt beeinflußt. Die Zeit, die die Erde für eine vollständige Rotation benötigt, ist nicht nur in sich selbst veränderlich, sondern auch abhängig von dem Himmelskörper, der als Bezugspunkt für die Bestimmung einer vollständigen Umdrehung benutzt wird. Wählen wir als Festpunkt die Sonne, so dauert eine Erdumdrehung, d. h. ein Sonnentag, 24,0 Stunden. Der Mondtag hat dagegen 24,8 Stunden, und messen wir unsere Rotation an einem der fernen Fixsterne, so erhalten wir einen Sterntag von 23,9 Stunden. Der Einfachheit halber legen wir unserem Kalender den mittleren Sonnentag zugrunde, d. h. das aus der Länge aller Sonnentage des ganzen Jahres errechnete Mittel, doch das ist eine rein willkürliche Entscheidung, und auf das Leben selbst scheinen alle drei Zyklen einzuwirken.

Wir sagen, der »Tag« habe 24 Stunden, zugleich aber teilen wir diese Zeitspanne noch einmal in »Tag« und »Nacht« ein. Diese Begriffsverwirrung führt zu einer tatsächlichen Verwirrung hinsichtlich der biologischen Rollen von Tag und Nacht, aber letzten Endes hängt alles Leben auf unserer Erde von der Sonne ab, so daß sich das Problem insofern vereinfacht, als wir nur die Anwesenheit oder Abwesenheit des Sonnenlichts zu berücksichtigen haben. Eine der traumatischsten Veränderungen, die das Leben erfahren kann, ist das plötzliche, unerwartete Verschwinden der Sonne. Die seltenen totalen Sonnenfinsternisse lösen bei allen Lebewesen Bestürzung aus. Ich habe gesehen, wie ein Adler senkrecht aus dem Himmel fiel, um in einer Baumkrone Zuflucht zu suchen, und wie eine Horde futtersuchender Paviane blitzschnell in die Verteidigungsstellung ging, die diese Affen sonst nur beim Nahen eines Raubtiers einnehmen. Weder der Adler noch die Paviane wußten, wie sie dieser neuen, ungewohnten Drohung begegnen sollten. Nur der Mensch weiß, wann er die nächste Verdeckung der Sonne durch unseren Mond zu erwarten hat, aber alle Lebewesen sind eingestellt auf das tägliche Verlöschen des Sonnenlichts als Folge der Drehung unseres eigenen Planeten.

Hell und Dunkel wechseln einander mit einer Regelmäßigkeit ab, die dem Leben eine elementare Information vermittelt. Diese Regelmäßigkeit wird Tagesrhythmus genannt, aber die Länge des Zyklus, die relative Dauer von hell und dunkel und die Reaktionen der Organismen auf das Licht oder das Fehlen von Licht sind Schwankungen unterworfen. Daher wurde 1960 von Franz Halberg, einem Physiologen der *University of Minnesota,* ein neuer, weniger irreführender Ausdruck geprägt. Halberg setzte aus den lateinischen Wurzeln *circa* und *dies* das Wort *zirkadian* mit der Bedeutung »ungefähr einen Tag dauernd« zusammen. (132) Und durch die Erdrotation bedingte zirkadiane Rhythmen wirken auf das Leben aller Entwicklungsstufen ein.

Auf der niedrigsten Stufe finden wir eine Gruppe von Organismen, die sowohl der Botaniker als auch der Zoologe für sich beansprucht. Es handelt sich um winzige einzellige Lebewesen, die mit Hilfe von Chlorophyll Nahrung aus Sonnenlicht aufbauen wie die Pflanzen; daneben besitzen sie jedoch eine lange, peitschenförmige Geißel, die sie mit schlängelnden Bewegungen wie Tiere vorwärts treibt. Im Dunkeln geben sie die pflanzlichen Methoden der Nahrungserzeugung auf und nehmen nach bester tierischer Tradition kleine Partikeln fertiger Nahrung auf. Typisch für diese Gruppe ist die *Euglena gracilis,* die wie ein winziger grüner Tropfen aussieht und in seichten Süßwasserpfützen lebt. An einem Ende ihres dünnen, elastischen Körpers, nahe der Geißel, befindet sich ein kleiner Augenfleck aus dunklem Pigment, der jedoch selbst nicht auf Licht reagiert, sondern nur das eigentliche lichtempfindliche Granulum am Ansatz der Geißel verdeckt. Wenn der Augenfleck dieses »Auge« zudeckt, geschieht nichts. Fällt aber Licht auf das Granulum, so löst es eine Bewegung der Geißel aus, die die Euglena mit etwa zwölf Schlägen je Sekunde in Spiralen ins Licht hinaustreibt.

Im Sonnenlicht kommt die Euglena wieder zur Ruhe, indem sie sich so stellt, daß das Granulum vom Augenfleck verdeckt wird. Die Euglena folgt der Bewegung der Sonne, aber allmählich stumpft ihre Empfindlichkeit ab, und ihre Bewegungen werden gegen Ende des Tages zu immer langsamer. Wenn sie sich den ganzen Tag bewegte und jedem vereinzelten Sonnenstrahl nachjagte, würde sie ihre Energie ebenso rasch verbrauchen, wie sie sie erzeugen kann, und für andere Tätigkeiten oder für das Überleben in der Nacht keine Reserven mehr besitzen. Die Euglena hat also nicht nur eine lebenswichtige Reaktion auf Veränderungen in der Umwelt erworben, sondern auch gelernt, gemäß der Information zu handeln, die ihr durch die Regelmäßigkeit dieser Umweltveränderungen vermittelt wird. Sie hat einen Mechanismus entwickelt, der ihre Bewegungen reguliert, so daß sie sich optimal verhält: sie bewegt sich schnell, wenn Bewegung geboten, und wird langsamer, wenn diese nicht mehr so wichtig ist. Daß diese Regulierung »eingebaut« ist, wurde dadurch bewiesen, daß sie auch in einer Population von Euglenen wirksam blieb, die in ständiger Dunkelheit gehalten wurde. Trotz völligen Lichtmangels wurden alle Individuen täglich zur gleichen Stunde aktiv und lichtempfindlich, nämlich wenn die Sonne, die sie nicht wahrnehmen konnten, aufging, und sie wurden unempfindlich, sobald das Licht außerhalb des Laboratoriums zu verlöschen begann. (250) Da sie keine Nahrung aus Sonnenlicht aufbauen konnten, gingen sie dazu über, Partikeln aus ihrer Umgebung aufzunehmen, aber auch das nur während der Tagesstunden, obwohl die Nahrung zu allen Zeiten verfügbar war. Das bedeutet, daß auch die einzellige Euglena einem exakten zirkadianen Rhythmus gehorcht.

Unser Wissen über die Entwicklung mehrzelliger Organismen aus den ersten Einzellern ist sehr begrenzt, weil es nur wenige fossile Spuren gibt, aber es darf als wahrscheinlich angenommen werden, daß alles pflanzliche und tierische Leben aus etwas entstanden ist, das der Euglena ähnelte. Im Laufe der Evolution machten Zellen, die spezielle Funktionen in höheren Organismen zu erfüllen hatten, große Veränderungen durch, aber die meisten bewahrten sich etwas von ihrer ursprünglichen Unabhängigkeit. Auch der Mensch hat Zellen, die seinen Körper verlassen und – auf dem Wege zu einem zu befruchtenden Ei – selbständig leben und sich bewegen können. Nimmt man eine Zelle aus der Wurzel einer Pflanze, etwa einer Karotte, so läßt sie sich in einer Nährlösung am Leben erhalten, mehr noch: es kann aus ihr wieder eine vollständige neue Pflanze entstehen. (310) Wir betrachten jeden lebenden Organismus als Einheit und vergessen nur zu leicht, daß er eine aus lauter Einzelzellen zusammengesetzte, komplizierte Gesellschaft ist und daß jeder Bestandteil sehr viel mit allen anderen Zellen gemein hat, und zwar nicht nur mit den Zellen desselben Individuums, sondern mit denen aller Organismen, die je gelebt haben. Alexander Pope erkannte, daß »alle nur Teile sind eines gewaltigen Ganzen, dessen Leib die Natur ist . . .«. (251)

Zirkadiane Rhythmen sind bei einfachen einzelligen Organismen ohne Hormone und Nervensysteme nachweisbar. Bei hochorganisierten, vielzelligen Formen, die über diese Vorteile verfügen, treten sie in komplizierteren Systemen auf und reagieren auf subtilere Umweltreize.

Von allen Spezies, die wir zum Dienst in unseren Laboratorien einberufen haben, trugen nur wenige so viel zu unserer Kenntnis des Lebens bei wie die Taufliege *Drosophila.* Die Gattung umfaßt mehr als tausend Arten, aber der beliebteste »Rekrut« ist seit jeher die *Drosophila melanogaster.* Diese Fliege ist mit ausgebreiteten Flügeln nicht größer als ein »V« in dieser Schrift, aber Morgan entdeckte 1909, daß die Zellen ihrer Speicheldrüsen riesige Chromosomen enthalten, und bald scharten sich die Genetiker um dieses kleine Insekt. Heute hat beinahe jede Universität der Welt ihre Taufliegenkultur, und es ist daher nicht verwunderlich, daß die Biologen für ihre Versuche wieder die *Drosophila* zu Hilfe riefen, als sie die natürlichen Rhythmen zu studieren begannen. Die Ergebnisse waren faszinierend.

Kleine Tiere haben im Verhältnis zu ihrer Körpermasse eine große Oberfläche. Wenn sie, wie die Taufliege, auf dem Lande leben, laufen sie Gefahr, durch ihre gesamte Körperoberfläche Wasser zu verlieren. Sie müssen daher irgendeine Methode entwickeln, um die Körperflüssigkeit zurückzuhalten. Die meisten Insekten lösen dieses Problem, indem sie sich mit einem zähen, wächsernen Hautpanzer umhüllen, der die Austrocknung verhindert. Die erwachsene *Drosophila* ist auf diese Weise geschützt, aber wenn sich die Fliegen entpuppen, sind ihre Körper noch weich, und die fein zusammengefalteten, empfindlichen Flügel können sich nur ausdehnen und versteifen, wenn genügend Feuchtigkeit vorhanden ist. Die Fliegen schlüpfen daher alle im Morgengrauen aus, wenn die Luft kühl ist und einen hohen Feuchtigkeitsgehalt hat. Unter natürlichen Bedingungen nimmt die Puppe vermutlich Licht und Temperatur wahr, und das Schlüpfen kann zum richtigen Zeitpunkt erfolgen, aber nötig sind diese Anhaltspunkte nicht.

Colin Pittendrigh von der Universität Princeton stellte eine Reihe von Experimenten an, die zeigen, wie gut die *Drosophila* selbst auf die geringfügigste Information reagiert. (248) Er bewahrte Taufliegeneier bei gleichbleibender Temperatur und Feuchtigkeit in völliger Dunkelheit auf. Die Larven krochen aus, wuchsen und verpuppten sich. In den Puppenwiegen fand eine normale Entwicklung statt, und die erwachsenen Fliegen schlüpften schließlich aus. Das geschah jedoch völlig willkürlich und ohne jegliche Bindung an ein zirkadianes Muster. Pittendrigh wiederholte das Experiment mit anderen Eiern, aber diesmal setzte er die Larven eine tausendstel Sekunde lang Licht aus, indem er – ein einziges Mal nur – eine elektronische Blitzlichtlampe aufflammen ließ. Zu keinem anderen Zeitpunkt ihrer Entwicklung bekamen sie Licht zu sehen, aber trotzdem schlüpften nun alle Fliegen gleichzeitig aus.

Die inneren Rhythmen der sich entwickelnden Insekten wurden durch ein unglaublich kurzes Signal synchronisiert und waren auch noch mehrere Tage nach dem Stimulus synchron. Pittendrigh wies nach, daß es sich um einen zirkadianen Rhythmus handelte, indem er die Larven ein wenig länger dem Licht aussetzte. Die fertigen Insekten schlüpften daraufhin alle gemeinsam zu einem Zeitpunkt aus, der dem Sonnenaufgang entsprach, wenn man das Verlöschen des Lichts dem Sonnenuntergang an einem der vorausgegangenen Abende gleichsetzte. Mit anderen Worten, die Fliegen begannen zu »zählen«, als es dunkel wurde. Aus diesen Versuchen läßt sich offenbar ableiten, daß dieser Rhythmus der *Drosophila* angeboren ist und daß die Fliege nur eines geringfügigen Anstoßes bedarf, damit der Zyklus in Gang gesetzt wird und bis zum Ende abläuft. Was mich besonders beeindruckt, ist die Tatsache, daß die Fliege ja nur ein einziges Mal in ihrem Leben die Puppenwiege verläßt; sie hat also keine Gelegenheit, das Schlüpfen zu lernen und zu üben, und dennoch hält sie sich an einen 24-Stunden-Plan. Dieser natürliche Rhythmus muß instinktiv sein, er ist offenbar in das Gedächtnis der Zellen des Insekts eingeprägt und wartet nur darauf, durch die Umgebung eingestellt zu werden, um eine Reihe von Verhaltensweisen in perfekter zeitlicher Abstimmung hervorzubringen.

Diese Uhr könnte in den Zellen selbst untergebracht sein, aber Janet Harker von der Universität Cambridge zeigte, daß die Koordination zwischen den Zellen durch chemische Botenstoffe erzielt wird, die Zeitsignale weitergeben. (135) Küchenschaben haben im allgemeinen eine schlechte Presse, aber sie sind ausgezeichnete Versuchstiere. Die gemeine Art *Periplaneta americana* beginnt sich täglich kurz nach Einbruch der Dunkelheit zu regen und geht dann ohne Unterbrechung fünf oder sechs Stunden lang der Futtersuche nach. Schneidet man einer Schabe den Kopf ab, so gehorcht sie nicht mehr diesem zirkadianen Rhythmus. Das ist vielleicht nicht weiter verwunderlich, aber wenn man den Kopf kunstgerecht amputiert und dafür sorgt, daß das Insekt nicht ausblutet, bleibt es noch mehrere Wochen am Leben. Eine kopflose Schabe verhungert schließlich, doch solange sie lebt, kriecht sie ziellos umher.

Janet Harker entdeckte nun, daß sie einer solchen Schabe den Orientierungssinn durch eine Bluttransfusion zurückgeben konnte. Insekten haben sehr rudimentäre Kreislaufsysteme. Das Blut rinnt in der Körperhöhle hin und her und bespült die inneren Organe. Man kann daher einen Blutaustausch zwischen zwei Insekten einfach dadurch herstellen, daß man Löcher in ihre Körperwandungen schneidet und sie mit einem kurzen Glasröhrchen verbindet. Das Problem etwaiger Meinungsverschiedenheiten zwischen den beiden Schaben löste Janet Harker durch einen sehr sinnreichen, wenn auch etwas grausig anmutenden Kompromiß: Sie band die Blutspenderin mit dem Bauch nach oben auf den Rücken der kopflosen Schabe und schnitt ihr dann die Beine ab, um zu verhindern, daß sie zappelte und die gespenstische Kombination umwarf. Auf diese Weise zu einer Parabiose (d. h. einem »Nebeneinanderleben«) zusammengepaart, verhielt sich die Schabe mit zwei Körpern und nur einem Kopf und einem Satz von Beinen beinahe ganz normal. Sie zeigte wieder den typischen zirkadianen Rhythmus mit der auf die Periode unmittelbar nach Einbruch der Dunkelheit beschränkten Aktivität. (137) Im Blut der Spenderin war also etwas enthalten, was durch das Glasröhrchen gelangte und den Beinen der desorganisierten, kopflosen Schabe einen Rhythmus mitteilte. Diese Substanz mußte ein Hormon sein, das im Kopf des Insekts produziert wird. Janet Harker nahm der Reihe nach mit allen Kopforganen chirurgische Transplantationen vor und stellte schließlich fest, daß die Botschaft vom subösophagealen Ganglion (einem Nervenknoten unterhalb der Mundwerkzeuge) ausging. Wenn dieses Ganglion einer kopflosen Schabe eingeplanzt wurde, entwickelte sie einen Rhythmus, der mit dem der Spenderin identisch war.

So wurde bei der Schabe das Zentrum lokalisiert, das auf den natürlichen Zyklus von hell und dunkel reagiert, und es zeigte sich, daß es sogar verpflanzt werden kann. Das ist eine außerordentlich wichtige Erkenntnis, aber Janet Harker entdeckte im Laufe ihrer weiteren Versuche etwas noch viel Interessanteres. (136) Sie hielt eine Gruppe Schaben unter normalen Bedingungen und führte für eine zweite Gruppe einen umgekehrten Zeitplan ein, indem sie die ganze Nacht das Licht brennen ließ und den Raum bei Tage abdunkelte. Die Tiere der zweiten Gruppe stellten sich bald auf diese neue Situation um und wurden während der künstlichen Nacht aktiv, so daß ihre Rhythmen mit denen der Kontrollgruppe nicht mehr übereinstimmten. Wenn man nun ein subösophageales Ganglion von einem Individuum der einen Gruppe auf ein kopfloses Insekt der anderen Gruppe übertrug, zwang es dem Empfänger jedesmal seinen eigenen Rhythmus auf. Behielt aber die empfangende Schabe zusätzlich noch ihren eigenen »Schrittmacher«, so kam es augenblicklich zu Störungen. Das zweite Ganglion erwies sich als eine tödliche Waffe. Das Insekt hatte nun zwei Zeitmesser, die zwei völlig verschiedene Signale aussandten, und wurde dadurch in schwere Unruhe versetzt. Sein Verhalten war vollständig desorganisiert, es entwickelte bald akute Streß-Symptome wie bösartige Geschwülste im Verdauungstrakt und ging ein.

Der Fall demonstriert auf überzeugende Weise die Bedeutung der natürlichen Zyklen. Bringt man den Rhythmus der Schabe durcheinander, so tötet man sie. Das Leben hält einen, wie es scheint, uralten Takt ein, der hauptsächlich durch die Rotation unseres eigenen Planeten bestimmt wird: Die Sonne wird durch sie ein- und ausgeschaltet wie eine riesige kosmische Lampe.

Das Leben entstand in der urzeitlichen Brühe durch die Einwirkung des Sonnenlichts auf einfache Moleküle. Es wäre, wenn wir unsere Kenntnisse auf dem Gebiet der Biochemie ein wenig überdehnen, eben noch möglich, sich eine Situation vorzustellen, in der Leben ohne Licht entsteht, aber es ist schwer zu begreifen, wie es fortbestehen sollte, sobald einmal die gesamte verfügbare Nahrung verbraucht wäre. Lichtwellen übertragen sowohl Energie als auch Information. Es ist kein Zufall, daß die im sichtbaren Licht enthaltene Energiemenge genau der für die meisten chemischen Reaktionen benötigten Energie entspricht. Die elektromagnetische Strahlung umfaßt eine weite Skala möglicher Frequenzen, aber sowohl das Sonnenlicht als auch das Leben ist auf denselben kleinen Ausschnitt dieses Spektrums beschränkt, und es hält schwer, der

Schlußfolgerung auszuweichen, daß eines direkt vom andern abhängt.

Als sich auf der Erde verschiedene Lebensformen entwickelten, befanden sich jene im Vorteil, die imstande waren, ihre Umgebung mit den Sinnen zu erfassen und den aufgenommenen Informationen entsprechend zu handeln. Da das Licht große Entfernungen zurücklegt, ist es wahrscheinlich die beste verfügbare Informationsquelle, und von allen kosmischen Kräften läßt es sich auch am leichtesten sinnlich wahrnehmen. Der tägliche Wechsel zwischen hell und dunkel liefert Information über die Drehung der Erde um ihre Achse, und die sich von Tag zu Tag ändernde relative Dauer der hellen und dunklen Zeitabschnitte läßt die Bewegung der Erde um die Sonne erkennen.

Die Achse der rotierenden Erde steht nicht senkrecht, sondern ist gegen die Erdbahn geneigt, so daß der Planet der Sonne bei seinem Umlauf jeden Tag ein etwas anderes Gesicht zuwendet. Zweimal im Jahr fallen die Sonnenstrahlen senkrecht auf den Äquator, und überall auf der Erde dauern Tag und Nacht je zwölf Stunden. Zu allen anderen Zeiten ist entweder der Nordpol oder der Südpol stärker dem Zentralgestirn zugeneigt, und die Tage und Nächte sind in den verschiedenen Breiten ungleich lang. Der regelmäßige Wechsel dieser Beziehungen versorgt die lebenden Organismen mit Informationen, die es ihnen gestatten, sich im zirkadianen Rhythmus noch einem Jahreszyklus von Veränderungen anzupassen. Diese Sensibilität ist der sogenannte zirkannuelle (»etwa ein Jahr dauernde«) Rhythmus.

Er wurde beinahe rein zufällig von Kenneth Fisher bei seinen an der Universität Toronto durchgeführten Untersuchungen am goldbraunen Ziesel *(Citellus lateralis)* entdeckt. (244) Fisher hielt diese kleinen, in großen Höhen lebenden Nagetiere bei einer konstanten Temperatur von 0 Grad Celsius in einem fensterlosen Raum, der täglich zwölf Stunden beleuchtet wurde. Er stellte fest, daß die Tiere gesund und munter waren und eine Körpertemperatur von 37 Grad hatten. Im Oktober sank ihre Temperatur auf 1 Grad, und die Ziesel hielten ihren üblichen Winterschlaf. Alle wachten, obwohl sich Raumtemperatur und Beleuchtung nicht änderten, im April wieder auf, waren den ganzen Sommer über aktiv und verfielen im Herbst wieder in den Ruhezustand. Bei einem zweiten Versuch erhöhte Fisher die konstante Raumtemperatur auf 35 Grad. Es zeigte sich, daß das warm genug war, um die Ziesel am Einschlafen zu hindern, aber sie nahmen trotzdem im Herbst zu und verloren im Laufe des Winters wieder an Gewicht, so als hielten sie tatsächlich Winterschlaf.

Die Empfänglichkeit für einen Jahresrhythmus bietet offensichtliche Vorteile. Sie hilft dem Organismus, jahreszeitlich bedingte Umweltveränderungen vorauszusagen und die nötigen Vorkehrungen zu treffen. Einem Vogel, der den Winter unter den konstanten Bedingungen der Tropen verbringt, kann dieser Sinn sagen, wann es Zeit ist, zum Nisten in den Norden zurückzukehren. Ein Säugetier, das im Winter im Norden bleibt, weiß dank seinem Sinn für jahreszeitliche Veränderungen, wann es Vorräte anlegen muß. Beide, der Vogel und das Säugetier, sind koordiniert durch den Photoperiodismus – das Empfindungsvermögen für die tägliche relative Dauer von hell und dunkel.

Die winzigen blaßgrünen Blattläuse (Aphididen), die den ganzen Sommer lang ihre Rüssel in die Pflanzen bohren und die Säfte saugen, vermehren sich an den langen Tagen ohne Begattung durch jungfräuliche Stammütter. (191) Sobald sie aber mit dem Nahen des Herbstes weniger als vierzehn Stunden Tageslicht haben, gehen sie zur sexuellen Fortpflanzung über und legen Eier, die den Winter überdauern. Viele andere Tiere ändern nicht ihre Gewohnheiten, sondern ihr Aussehen und legen ein Winterkleid an. Das im Sommer stumpfbraune Wiesel erscheint im Winter in einem leuchtend weißen Fell, das im Schnee als Tarnung dient. Wird ein Wiesel im Herbst künstlichem Licht ausgesetzt, das den Tag verlängert, so entwickelt es kein Tarnkleid. Wie die Blattlaus kann es nur an den kürzer werdenden Tagen erkennen, daß der Winter naht.

Sichtbares Sonnenlicht wirkt auch auf die unbelebte Materie ein, indem es ihre Moleküle in Bewegung versetzt und Wärme produziert. Die Temperatur ist nichts anderes als das Maß der Energie, die ein Molekül durch die Bewegung entwickelt. Bei hohen Temperaturen haben die Moleküle mehr Energie, sie bewegen sich schneller und stoßen häufiger zusammen. Daher beschleunigt eine Temperaturerhöhung das Tempo der meisten chemischen Reaktionen – weshalb man bei Experimenten den Bunsenbrenner verwendet, um die Reaktion rasch in Gang zu setzen. Biochemische Reaktionen werden in gleicher Weise beeinflußt, und solange die Hitze nicht so groß wird, daß sie zerstörend wirkt, gilt: Je höher die Temperatur, desto rascher der Stoffwechsel. Lebende Organismen haben daher allein schon dank ihrer physiologischen Struktur eine angeborene Empfindlichkeit für Temperaturveränderungen, und da diese Veränderungen durch das Sonnenlicht ausgelöst werden, unterliegen sie dem gleichen 24-Stunden-Zyklus wie der Photoperiodismus. Hans Kalmus von der Londoner Universität konnte feststellen, daß Heuschrecken täglich in der Morgendämmerung schlüpften, wenn die Eier bei einer Temperatur von 22 Grad Celsius gehalten wurden, während sie bei 11 Grad nur jeden dritten Tag bei Sonnenaufgang schlüpften. (170)

Die meisten Kaltblüter sind völlig den Temperaturschwankungen ausgeliefert, die das Tempo ihres Lebens bestimmen. Bei Säugetieren und Vögeln dagegen hängt die Körperwärme oft von der Betätigung ab. Mäuse erreichen eine maximale Temperatur, wenn sie – etwa um Mitternacht – am regsamsten sind, und sie sind am kühlsten in der Mittagshitze, die in die Mitte ihrer Ruheperiode fällt. (18) Ihre Körpertemperatur folgt daher einem 24-Stunden-Zyklus, obwohl dieser nicht durch die Umgebungstemperatur vorgezeichnet ist. Manche Parasiten machen sich dieses Phänomen zunutze und stellen ihre Uhr nach den Zyklen ihrer Wirte.

Die Malariaparasiten dringen in die roten Blutkörperchen ein und vermehren sich dort ungeschlechtlich, bis die Zellen dem Druck nicht mehr standhalten und platzen. Die Nachkommen werden frei und suchen sich andere Blutkörperchen aus, in denen sich derselbe Vorgang wiederholt. Wäre daran immer nur ein Parasit beteiligt, so würde der Wirt kaum eine Wirkung zu spüren bekommen, was aber tatsächlich geschieht, ist, daß sich alle im Körper anwesenden Malariazellen zu genau dem gleichen Zeitpunkt vermehren, und dieser gleichzeitige Angriff ruft die klassischen Symptome der Malaria hervor: Kurz nach Mittag beginnt der Kranke zu frösteln und zu zittern, obwohl sich seine Haut heiß anfühlt. Kopf- und Rückenschmerzen und Erbrechen folgen und nehmen während des Nachmittags an Heftigkeit zu, bis die Körpertemperatur bei Sonnenuntergang jäh ansteigt und 42 Grad erreichen kann, während der Kranke kräftig schwitzt. Biologisch gesehen, ist es für einen Parasiten unrentabel, seinen Wirt zu töten, aber die Plasmodien, wie die

Malariaerreger genannt werden, gehen dieses Risiko ein, denn es ist für ihr eigenes Überleben erforderlich, daß sie noch mit einer anderen Art von Wirt in Berührung kommen. Der Mensch dient ihnen nur in der ungeschlechtlichen Entwicklungsphase als Herberge. In den geschlechtlichen Phasen benötigen sie als spezifisches Milieu den Magen des Weibchens einer bestimmten Stechmückengattung. Um dorthin zu gelangen, müssen sie von diesem Insekt mit dem Blut aufgesogen werden, wenn es einen Menschen sticht. Dieser komplexe Vorgang erfordert eine sehr genaue zeitliche Abstimmung, aber das Fieber sorgt dafür, daß alles nach Plan verläuft. Die Parasiten werden im Blut des Menschen aktiv und erreichen ihre geschlechtliche Reife; sie rufen Fieber hervor, die Körpertemperatur des Menschen steigt, er beginnt zu schwitzen, und der Schweiß zieht die Stechmücken an – unmittelbar nach Einbruch der Dunkelheit, wenn sie am aktivsten sind.

Nur wenig oder gar kein Licht dringt von außen zu den Blutgefäßen des Wirtes durch, in denen die Parasiten leben. Ihre Umgebung hat daher keine ausgeprägte Photoperiode, aber sie können den Höhepunkt ihres Zyklus in der Abenddämmerung dadurch erreichen, daß sie sich dem Temperaturrhythmus ihres Wirtes anpassen. Der Mensch ist am aktivsten während der Tagesstunden, seine Körpertemperatur richtet sich nach seiner Aktivität, die Parasiten richten sich nach seiner Temperatur. Bei Nachtarbeitern ist dieses Schema umgekehrt. Sie erleiden ihre Fieberanfälle am Morgen, die Parasiten werden verwirrt und kommen mit ihren zweiten Wirten, den Stechmücken, nicht zusammen. (141)

Wie Parasiten ihre Uhr nach der Temperatur ihres Wirtes stellen, so können alle Lebensformen die Zeit messen, indem sie sich nach den Temperaturschwankungen unseres gemeinsamen Wirtes, nämlich unseres Planeten, richten.

Die Ausdehnung der Photoperiodenforschung auf Taufliegen und Küchenschaben hat deutlich gezeigt, daß diese beiden Arten auf etwas reagieren, was man Thermoperiodismus nennen könnte. In ständiger Dunkelheit schlüpfen Fliegen kurz nachdem der Temperaturzyklus seinen tiefsten Punkt erreicht hat, was draußen in der Natur kurz vor Anbruch der Morgendämmerung der Fall ist. Die Temperaturschwankung kann daher als Zeitsignal wirken, ja mehr noch: sie könnte sogar für das Überleben unbedingt erforderlich sein. Ein amerikanischer Botaniker stellte fest, daß die Blätter von Tomatenpflanzen Schaden nehmen und zuletzt eingehen, wenn man sie ununterbrochen der gleichen Wärme und Beleuchtung aussetzt, während sie gesund bleiben, wenn die Temperatur in einem 24-Stunden-Zyklus verändert wird. (150) Es spielt dabei praktisch keine Rolle, ob die Temperatur erhöht oder gesenkt wird, sondern es zeigte sich, daß alle regelmäßigen Schwankungen zwischen 10 und 30 Grad Celsius gleichermaßen wirksam sind.

So beginnen wir, uns Stück für Stück ein Bild davon zu machen, wie physiologische Rhythmen auf Umweltreize reagieren. Das Leben ist durch einen zirkadianen Rhythmus an die Erdrotation und durch einen Jahresrhythmus an die Position der Erde im Weltraum angepaßt. Manchmal greifen diese Tages- und Jahreszyklen ineinander, und es entsteht eine hohe Sensibilität, die einen Organismus auf jede Nuance in seiner Umgebung reagieren läßt. So muß es auch sein. Als Parasiten auf der Haut unseres Planeten können wir nur wirklich erfolgreich bestehen, wenn wir uns seines Pulsschlags bewußt werden und lernen, unser Leben nach dem Rhythmus seines tiefen, ruhigen Atems auszurichten.

Unser Wirt ist jedoch nicht allein. Die Erde wird ihrerseits von den galaktischen Winden der Veränderung angeweht, und sie ist Kräften ausgesetzt, die aus einer noch weiteren Umgebung auf sie einwirken. Diese Kräfte dringen unvermeidlich zu uns durch, und das Leben auf der Erde tanzt nach dem Rhythmus anderer Körper. Am lautesten vernehmen wir selbstverständlich die Taktschläge unseres nächsten Nachbarn.

Der Mond

Als Isaac Newton mit dreiundzwanzig Jahren in Cambridge studierte, wurde er durch die Beulenpest, die 1665 im größten Teil Englands den »Schwarzen Tod« aussäte, von seiner Universität vertrieben. Während seiner erzwungenen Ferien auf dem Lande sah er eines Tages einen kugelrunden Apfel auf die Erde fallen, und nach seinen eigenen Worten »begann (er) sich vorzustellen, daß sich die Schwerkraft bis zur Kugel des Mondes erstreckte«. Diese Gedanken führten schließlich zu seiner allgemeinen Gravitationstheorie, derzufolge jedes Materieteilchen im Universum jedes andere Materieteilchen anzieht, wobei die Kraft der Anziehung von ihren Massen und von ihrer Entfernung abhängt. Die Erde zieht den Mond stark genug an, um ihn in einer Umlaufbahn zu halten, und der Mond ist groß genug und nahe genug, um beharrlich am Mantel der Erde zu zerren. Das Wasser auf der Erdoberfläche verhält sich wie ein lose anliegendes Kleidungsstück: Es kann vom Körper, das heißt von der Erde, weggezogen werden, und es fällt zurück, sobald sich diese wieder vom Mond abwendet. Der Mond umkreist die Erde einmal in 27,3 Tagen, und seine Eigenrotation ist so bemessen, daß er dabei der Erde immer dasselbe Gesicht zuwendet, während sich die Erde ihrem Begleiter im Laufe von 24,8 Stunden von allen Seiten zeigt. Das bedeutet, daß sich alle Gewässer der Erde dem Mond entgegenheben, so daß – täglich um 48 Minuten später – an allen in dieser Richtung liegenden Küsten Flut entsteht.

Jeder Wassertropfen in den Ozeanen ist dieser Kraft unterworfen, und jedem Meereslebewesen, gleich ob Tier oder Pflanze, wird der Rhythmus bewußt. Für die Bewohner der Meeresränder hängt von diesem Bewußtsein das Überleben ab. Ein sehr kleiner Plattwurm, beispielsweise, ist eine Partnerschaft mit einer Grünalge eingegangen, und sooft Ebbe eintritt, muß er aus dem Sand auftauchen, um sein Grün der Sonne auszusetzen. Rachel Carson nahm einige dieser Tiere in das Laboratorium mit und beschrieb ihre Anpassung an den Gezeitenrhythmus in der ihr eigenen poetischen Sprache: »Zweimal täglich kriecht die *Convoluta* aus dem Sand auf dem Grunde des Aquariums ins Licht der Sonne. Und zweimal täglich versinkt sie wieder im Boden. Ohne ein Gehirn oder das, was wir Gedächtnis nennen würden, und ohne auch nur irgendeine wirklich klare Wahrnehmung lebt die *Convoluta* ihr Leben an diesem fremden Ort zu Ende und erinnert sich mit jeder Faser ihres kleinen grünen Körpers an den Gezeitenrhythmus der fernen See.« (66)

Dasselbe gilt für jedes an die Gezeiten gebundene Tier, das man in Meeresnähe in ein Laboratorium bringt. Aus praktischen Gründen werden die meisten meeresbiologischen Forschungsstationen an einer Küste errichtet, aber zum Glück für die Wissenschaft lebt und arbeitet ein Forscher, der sich unermüdlich mit den natürlichen Rhythmen beschäftigt, mehr als 1200 km von der See entfernt in Evanston, Illinois. Frank Brown begann 1954 mit Austern zu arbeiten. Er stellte fest, daß sie einen stark ausgeprägten Gezeitenrhythmus hatten und ihre Schalen bei Flut öffneten, um zu fressen, und bei Niedrigwasser schlossen, um sich vor Verletzungen und vor dem Austrocknen zu schützen. Diesen strengen Rhythmus behielten sie auch in Labortanks bei. Brown beschloß daher, einige Exemplare nach Hause mitzunehmen, um sie gründlicher zu studieren. Evanston ist ein Vorort von Chicago am Ufer des Michigansees, aber auch dort erinnerten sich die Austern noch an den Gezeitenrhythmus ihrer Heimat im Long-Island-Sund in Connecticut. Zwei Wochen lang verlief alles völlig regelmäßig, aber am 15. Tag beobachtete Brown eine Verschiebung im Rhythmus. Die Austern öffneten und schlossen sich nicht mehr in Übereinstimmung mit der Flut, die an ihre ferne Heimatküste spülte, und es sah so aus, als wäre das Experiment mißglückt, aber das Faszinierende war, daß sich das Verhalten sämtlicher Mollusken in der gleichen Weise geändert hatte und daß die Tiere den gleichen Takt hielten. Brown errechnete die Differenz zwischen dem alten und dem neuen Rhythmus und bekam heraus, daß sich die Austern nun in genau dem Augenblick öffneten, in dem die Flut Evanston erreicht haben würde – wenn die Stadt an der Atlantikküste läge und nicht 177 m über dem Meeresspiegel am Ufer eines großen Sees. (42)

Auf irgendeine Weise hatten die Austern wahrgenommen, daß sie 1200 km weiter nach Westen gebracht worden waren, und sie waren imstande, ihren Gezeitenplan zu berechnen und zu korrigieren. Brown vermutete zunächst, daß ihnen der spätere Sonnenauf- und -untergang den nötigen Anhaltspunkt geliefert haben könnte, aber es zeigte sich, daß dasselbe Phänomen eintrat, wenn die Austern von dem Augenblick an, in dem man sie aus dem Meer fischte, in dunklen Behältern gehalten wurden. Nun gibt es zwar in der Nähe von Chicago keine Meeresgezeiten, aber wir vergessen nur zu leicht, daß die Anziehungskraft des Mondes nicht nur auf die Ozeane wirkt, sondern auch auf viel kleinere Gewässer. Das *Hughes Aircraft Laboratory* in Kalifornien hat einen »Neigungsmesser« entwickelt, der so empfindlich ist, daß er die Mondgezeiten in einer Teetasse anzeigt. (165) Der Mond zerrt außerdem auch an der Lufthülle der Erde und ruft täglich regelmäßige atmosphärische Gezeiten hervor. Brown verglich den neuen Rhythmus seiner Austern mit den Bewegungen des Mondes und beobachtete, daß sich die meisten öffneten, wenn der Mond genau über Evanston stand. Damit war der erste wissenschaftliche Beweis dafür geliefert, daß auch ein Organismus, der fern von den Meeresgezeiten lebt, durch die Bewegungen des Mondes beeinflußt werden kann.

Diese Mondrhythmen decken sich genau genug mit der Länge des Sonnentages, um noch in die Klassifikation zirkadian – »etwa einen Tag dauernd« – aufgenommen zu werden, aber der Mond schafft auch noch einen anderen Rhythmus mit einer Periode von etwa einem Monat. Wir sehen den Mond, weil er Sonnenlicht reflektiert, und wieviel wir jeweils von ihm sehen, hängt von seiner Stellung im Verhältnis zur Sonne und zu uns selbst ab. Die bekannten Mondphasen folgen einem Zyklus, der ein wenig länger ist als die Umlaufzeit des Mondes: Von Vollmond zu Vollmond vergehen 29,5 Tage. Zweimal im Laufe dieses Zyklus stehen Sonne und Mond auf einer Linie mit der Erde. Ihre Anziehungskräfte addieren sich und bewirken höhere Fluten als sonst. Diese »Springfluten« treten auf bei Vollmond und dann wieder, wenn wir den ersten schmalen Rand des Neumonds sehen. Und zweimal im Monat, jeweils bei Halbmond, d. h. im ersten und im letzten Viertel, wenn die Anziehungskräfte der beiden Himmelskörper gegeneinander wirken, beobachten wir erheblich schwächere Wasserbewegungen, die sogenannten »Nippfluten«.

Meereslebewesen werden von diesen Zyklen stark beeinflußt. Der Kalifornische Ährenfisch, *Leuresthes tenuis,* hat sich dem Mond so genau angepaßt, daß sein Leben von der Präzision seiner Reaktion abhängt. Ich kann es nicht besser beschreiben als Rachel Carson: »In den Monaten März bis August erscheinen die Ährenfische kurz nach dem Vollmond in der Brandung der Küsten Kaliforniens. Die Flut steigt an bis zum Hochwasser, staut sich, zögert, beginnt zurückzuebben. Auf den Wellen des fallenden Wassers kommen die Fische herein. Ihre Körper gleißen im Mondlicht, während sie auf den Wellenkämmen an den Strand getragen werden, dann liegen sie einen eben noch wahrnehmbaren Augenblick lang im nassen Sand, und schon schnellen sie sich in den Strudel der nächsten Welle und werden wieder in die See hinausgetragen.« (66)

Während dieses kurzen Augenblicks an Land legen die Ährenfische ihre Eier in den nassen Sand, wo sie zwei Wochen lang ungestört liegen bleiben, denn erst bei der nächsten Springflut wird das Wasser wieder einen so hohen Stand erreichen. Wenn dann die See zurückkehrt, haben die Larven ihre Entwicklung beendet, und sie warten nur auf die kühle Berührung des Wassers, um aus den Eiern zu schlüpfen und in der Brandung davonzuschwimmen.

Ein anderer auf den Mondrhythmus eingestellter Meeresbewohner ist der Palolowurm, *Eunice viridis,* eine abgeplattete, haarige Version des Regenwurms, die den größten Teil ihrer Zeit damit zubringt, in den Spalten der Korallenriffe des südlichen Pazifik nach Futter zu suchen. (74) Dieser Wurm ist bei seiner Fortpflanzung selbst nicht anwesend. Die Männchen sammeln das Sperma; die Weibchen die Eier im letzten Abschnitt ihres Körpers, der mit einem Augenfleck hinaufgeschickt wird, wo sich die Geschlechtssegmente der anonymen Eltern paaren. Die Würmer begegnen einander nie selbst, aber das Stelldichein ihrer Hinterenden wird vom Mond arrangiert. In der Morgendämmerung des Tages, an dem der Mond alljährlich im November sein letztes Viertel erreicht, stoßen alle Würmer ihre Hinterenden ab, und um die Riffe von Samoa und Fidschi rötet sich das Meer von den spermatragenden Segmenten. Die Bewohner der Inseln reagieren auf dasselbe Zeitsignal und sammeln sich in ganzen Kanuflotten über den Korallenriffen, um das »große Aufsteigen« zu feiern und die in solcher Fülle angebotene Delikatesse aufzufischen.

Die auffälligsten Beispiele einer Lunarperiodizität liefern Tiere, die im Meer leben, wo der Mond große Wasserbewegungen auslöst, aber es gibt Anhaltspunkte dafür, daß nicht so sehr der Gezeitenwechsel, sondern vielmehr das Mondlicht selbst als Signal dient. Das Licht des Mondes ist dreihunderttausendmal schwächer als das der Sonne, aber dennoch gibt es Lebewesen, die sogar noch durch mehrere Meter Seewasser hindurch auf diesen schwachen kosmischen Reiz reagieren. An der Universität Freiburg arbeitet man mit dem Vielborster *Platynereis dumerilii,* der etwa im letzten Mondviertel an die Meeresoberfläche ausschwärmt. (140) Diese Würmer verlieren ihren Rhythmus und schwärmen in allen Mondphasen, wenn man sie im Laboratorium ununterbrochener Beleuchtung aussetzt. Wird jedoch das übliche helle Licht in nur zwei Nächten des Monats durch ein anderes Licht ersetzt, das heller als der Mond, aber immer noch sechstausendmal weniger hell als die Sonne ist, so nehmen die Würmer die Helligkeitssteigerung wahr, deuten sie als den Vollmond und schwärmen genau eine Woche später. Wenn sie zum Zeitpunkt des Experiments physiologisch nicht auf Fortpflanzung eingestellt sind, warten sie 35 Tage bis zur gleichen Mondphase im darauffolgenden Monat. Das bedeutet, daß der Mond draußen in der Natur in allen Nächten außer zweien von Wolken verdeckt sein könnte – die Würmer wären immer noch imstande, ihre Uhr nach ihm zu stellen. Und selbst wenn der Mond im Monat des Schwärmens Nacht für Nacht vollständig verborgen wäre, würden sich die Würmer an den vorausgegangenen Monat erinnern und nach dem damals aufgenommenen Signal die Zeit für ihr Rendezvous an der Wasseroberfläche bestimmen.

Aber auch Landtiere werden vom Mond beeinflußt. Erwachsene Eintagsfliegen leben oft nur wenige Stunden. In dieser kurzen Zeit müssen sie einen Partner finden, sich paaren und die Eier ins Wasser abstoßen. Im gemäßigten Klima reagieren diese Insekten auf Veränderungen des Lichts und der Temperatur. Sie steigen alle zur selben Zeit in ungeheurer Zahl auf und tanzen an einigen warmen Maiabenden in zarten Schleiern über stillen Teichen. In den Tropen ist das Klima jedoch so konstant, daß Licht und Temperatur nicht als Signale in Frage kommen. Die Eintagsfliegen müssen einen anderen Zeitmesser und einen anderen Monat wählen. Der Viktoriasee in Afrika liegt auf dem Äquator, aber er hat dennoch eine sehr erfolgreiche Art von Eintagsfliegen, die *Povilla adusta,* die das Problem der Zeitbestimmung in der Weise löst, daß sie nur bei Vollmond aufsteigt. (138)

Die an den Ufern des Sees lebenden Luo sagen, es werde regnen, wenn sie die Eintagsfliegen schwärmen sehen, und sie könnten recht haben, denn wir sind eben dabei zu entdecken, daß sich hinter solchen abergläubischen Vorstellungen oft Wahrheiten oder Halbwahrheiten verbergen und daß ihnen alte und manchmal völlig richtige Beobachtungen zugrunde liegen.

Wir wissen nun, zum Beispiel, daß der Mond im Vorüberwandern an der Erdatmosphäre zerrt, sie zur Seite zieht und wieder zurückfließen läßt wie die Fluten der Ozeane. Unter zurückweichenden Luftfluten bleibt ein Kontinent zwar nie so leer zurück wie ein Strand bei Ebbe, aber die Tiefe des Luftmeeres über uns wechselt ständig, und mit diesem Wechsel steigt und fällt der Luftdruck. Wie bei den Meeresgezeiten werden nicht alle Teile des Planeten im gleichen Maße betroffen. Es gibt Gebiete mit einem besonders hohen oder besonders niedrigen Luftdruck. Sie sind gleichsam Fabriken, in denen in rascher Folge Hochs und Tiefs hergestellt werden, die mit gutem oder schlechtem Wetter geladen sind. Seit der Erfindung der Wettersatelliten ist es möglich, genaue Karten von diesen Störungen anzufertigen und durch die Beobachtung der Bewegungen der Warm- und Kaltfronten Wetterveränderungen schon mehrere Tage im voraus vorherzusagen. Doch obwohl wir diese Informationen besaßen, wurde unsere Aufmerksamkeit erst in jüngster Zeit auf die Rolle gelenkt, die der Mond beim Zustandekommen der Wetterabläufe spielt.

Die Neuigkeit wurde publik gemacht durch zwei kurze Artikel, die im Jahre 1962 in derselben Nummer der Zeitschrift *Science* auf zwei gegenüberliegenden Seiten erschienen. Die Verfasser dieser Artikel hatten voneinander unabhängig gearbeitet, der eine in den Vereinigten Staaten, der andere in Australien; beide waren zu den gleichen Schlüssen gelangt, und beide hatten aus Angst, sich lächerlich zu machen, gezögert, ihre Entdeckungen zu veröffentlichen. Erst als sie voneinander erfahren und festgestellt hatten, daß ihre Forschungsergebnisse übereinstimmten, traten sie gemeinsam in derselben Zeitschrift an die Öffentlichkeit.

Das amerikanische Team sammelte Daten von 1544 nordamerikanischen Wetterstationen, die in den fünfzig Jahren von 1900 bis 1949 ununterbrochen in Betrieb gewesen waren. Die Wissenschaftler stellten alle Angaben über Niederschläge zusammen und verglichen die Perioden besonders ausgiebiger Regenfälle mit den Mondphasen. Dabei ergab sich ein seltsames Schema, das sie zu dem folgenden Schluß führte: »In Nordamerika ist eine ausgeprägte Neigung zu extremen Niederschlägen um die Mitte der ersten und in der dritten Woche des synodischen Monats zu beobachten.« Mit anderen Worten: Schwere Regenfälle treten häufiger als sonst nach dem Vollmond und nach dem Neumond auf. (36)

In Australien sammelten die Meteorologen Aufzeichnungen von fünfzig Wetterstationen über Niederschläge in den Jahren 1901 bis 1925. Sie stellten fest, daß das gleiche Schema auch für die südliche Erdhalbkugel gilt. (1) In beiden Fällen ist das statistische Material offensichtlich zuverlässig. Es deutet darauf hin, daß der Mond tatsächlich das Wetter beeinflußt. Wir wissen, daß es regnet, wenn in einer Wolke genug Staub-, Salz- oder Eispartikeln vorhanden sind, die dem Wasserdampf als Kondensationskerne dienen, so daß er in Tropfen niederfällt. Man macht sich dieses Prinzip zunutze, wenn man Wolken mit Hilfe von Raketen oder von Flugzeugen aus mit Chemikalien bestäubt, um es an der gewünschten Stelle regnen zu lassen. Eine natürliche Quelle geeigneter Partikeln ist der Meteorstaub, von dem täglich etwa tausend Tonnen auf die Erde niedergehen. (34) Dieser Meteorstaub stellt vielleicht die Verbindung zwischen Mond und Wetter her, denn zwei andere voneinander unabhängige Forschungsteams entdeckten kürzlich, daß die Menge des an den Rändern der Erdatmosphäre eintreffenden Meteorstaubs bei Vollmond und bei Neumond zunimmt. (40)

Der durch seine Austern bekannt gewordene Frank Brown beschäftigt sich seit fünfundzwanzig Jahren mit der Frage, wie das Leben durch ferne Umweltfaktoren beeinflußt werden kann. Anstatt diese Faktoren der Reihe nach zu testen, versucht er, sie allesamt auszuschalten, und eben das gelingt ihm in den meisten Fällen nicht, aber gerade seine Fehlschläge lassen ein erstaunliches Bild von der Empfindlichkeit des Lebens für außerordentlich schwache Reize entstehen. Eines seiner ersten Experimente befaßte sich mit Seetang, Karotten, Kartoffeln, Regenwürmern und Salamandern. Brown interessierte sich für ihre Aktivitätszyklen und verwendete als Maß die Sauerstoffmenge, die jede Pflanze und jedes Tier im Laufe eines Tages verbrauchte. Alle seine Versuchsobjekte hielten deutlich ausgeprägte Rhythmen ein, auch wenn sie, wie die Austern, bei gleichbleibender Temperatur im Dunkeln gehalten wurden. Brown versuchte daraufhin den Einfluß des schwankenden barometrischen Drucks auszuschalten, indem er ein Gerät konstruierte, das alle Luftdruckänderungen ausglich. Seine Instrumente zeigten einen konstanten Druck in der Testkammer an, aber seine Pflanzen und Tiere hielten weiterhin Rhythmen ein, die ihm sagten, daß sie sich der Veränderungen in der Außenwelt noch immer bewußt waren. (43)

Brown verfügt heute über ein umfangreiches Datenmaterial, das dieses Phänomen in einer jeden berechtigten Zweifel ausschließenden Weise demonstriert. Allein seine Untersuchungen an Kartoffeln laufen seit neun Jahren ohne Unterbrechungen und liefern genaue Stoffwechseldaten für über eine Million Stunden »Kartoffelzeit«.

(47) Die Knollen »wissen«, ob der Mond gerade über den Horizont heraufsteigt, ob er im Zenit steht oder ob er eben untergeht. Brown sagt, daß sich »die Ähnlichkeit solcher Veränderungen des Stoffwechsels in Übereinstimmung mit der jeweiligen Zeit des Mondtages nur einleuchtend erklären läßt, wenn man annimmt, daß alle auf eine gemeinsame physikalische Fluktuation reagieren, die eine Lunarperiode hat«. Dieser ketzerische Gedanke, daß die »konstanten Bedingungen« (Brown selbst gebraucht diesen Ausdruck nur in Anführungszeichen), auf die in Tausenden von sorgfältigen Laborversuchen verwiesen wird, letzten Endes vielleicht doch nicht so konstant sind, hat einen Sturm von Kritik seitens jener Biologen hervorgerufen, die hartnäckig an der alten Vorstellung festhalten, daß Tiere, die in bezug auf Licht, Temperatur, Feuchtigkeit und Druck unter gleichbleibenden Bedingungen gehalten werden, durch nichts beeinflußt werden könnten. Brown sammelt jedoch weitere Beweise, um zu zeigen, daß es noch andere, subtilere Faktoren gibt, die in Betracht zu ziehen sind.

Ein möglicher Kandidat ist der Magnetismus. Wir wissen, daß das Magnetfeld der Erde leichten Veränderungen unterworfen ist, die sich nach der Stellung von Sonne und Mond richten. Messungen, die von 1916 bis 1957 vorgenommen wurden, zeigen, daß sich das erdmagnetische Feld in direkter Übereinstimmung mit dem Sonnentag, dem Mondtag und dem lunaren Monat stündlich verändert. (190) Sofern also Lebewesen für den Erdmagnetismus empfindlich sind, können sie die Bewegungen sowohl des Mondes als auch der Sonne selbst dann noch verfolgen, wenn sie unter den bewußten »konstanten Bedingungen« im Labor eingekerkert sind, und allem Anschein nach besitzt das Leben diese Empfindlichkeit.

Wenn man aufmerksam die oberen Schichten einer Süßwasserpfütze betrachtet, sieht man beinahe immer eine lebhafte kleine grüne Kugel von der Größe dieses »O« durch das Wasser rollen. Es ist die Kugelalge *Volvox,* vermutlich der einfachste aller lebenden Organismen. Sie setzt sich aus einer Anzahl von einzelnen Zellen zusammen, die einen gemeinsamen Zweck verfolgen, und ist zweifellos ein direkter und nur geringfügig veränderter Nachkomme der ersten versuchsweisen Vereinigung früher Zellen. Aus diesen Gründen wählte J. D. Palmer, ein Mitarbeiter Frank Browns in Evanston, die *Volvox aureus* als Versuchsobjekt für ein Experiment mit magnetischen Feldern. (239) Die *Volvox,* deren Name aus dem lateinischen Wort für »rollend« abgeleitet ist, ist eine photosynthetische Pflanze, jedoch eine, die sich durch die koordinierten Schläge von Geißelzellen an der Oberfläche der Kugel rasch und gut zu bewegen vermag. Palmer brachte seine Algenkolonie in einem kleinen Glasgefäß mit einem langen, engen Hals unter, der nach dem magnetischen Süden wies, und als die kleinen grünen Bälle herausgerollt kamen, notierte er die Richtungen, in die sie sich bewegten. Er registrierte insgesamt 6916 *Volvox,* von denen ein Drittel den Hals unter normalen Bedingungen verließ, ein Drittel, nachdem am Eingang ein Stabmagnet angebracht worden war, der das Erdfeld verstärkte, und ein letztes Drittel nach Anbringung eines Stabmagneten, der im rechten Winkel zum Erdfeld in ostwestlicher Richtung lag. Das Feld des Magneten war dreißigmal stärker als das natürliche, und die Ergebnisse waren völlig eindeutig.

Bei dem nach dem Erdfeld ausgerichteten Magneten wandten sich 43 Prozent mehr *Volvox* als unter normalen Bedingungen nach Westen, und bei dem quer zum Feld liegenden Magneten kamen weitere 75 Prozent dazu. Das zeigt, daß diese Organismen nicht nur imstande sind, ein Magnetfeld zu entdecken, sondern daß sie auch die Richtung der Kraftlinien dieses Feldes wahrnehmen. Und da die *Volvox* eine archaische Form ist, darf man annehmen, daß sich diese Empfindlichkeit des Lebens für den Magnetismus sehr weit in die Vergangenheit zurückverfolgen läßt und wahrscheinlich tief verwurzelt ist.

Brown setzte seine Untersuchungen fort an der Schlammschnecke *Nassarius obsoleta,* die in ganzen Herden über die Schlammbänke der Küste Neu-Englands zieht. Er setzte die Schnecken in einen Pferch, dessen einziger Ausgang auf der Südseite lag und so eng war, daß immer nur eines der Tiere durchkriechen konnte. Dann zeichnete er die Bewegungen von 34 000 Schnecken auf. Je nach der Tageszeit krochen sie nach links, nach rechts oder geradeaus. Am Morgen herrschte die Tendenz vor, nach links, das heißt nach Osten abzubiegen, während am Nachmittag die meisten Tiere nach Westen abbogen. Als Brown einen Magneten verwendete, der nur neunmal so stark war wie das Magnetfeld der Erde, stellte er keine Abweichungen fest, wenn der Magnet in die Richtung des Erdfeldes zeigte. Die Schnecken richteten sich weiter nach der Sonne. Sobald aber der Magnet im rechten Winkel zum Erdfeld lag, begannen die Schnecken, sich nach dem Mond zu richten. (46)

Da der Zyklus und das Magnetfeld der Erde von Sonne und Mond beeinflußt werden, ist es nicht weiter verwunderlich, daß beide Himmelskörper auch die Reaktionen eines Tieres auf den Magnetismus beeinflussen. Die Schlammschnecke ist an sich mehr an den Sonnenrhythmus angepaßt, aber bei einem späteren Experiment mit einer mehr nächtlichen Spezies konnte Brown eindeutige Reaktionen auf die Mondphasen beobachten. Er wählte die Planarie *Dugesia dorotocephala,* einen weitverbreiteten kleinen Süßwasser-Plattwurm, der etwa 2,5 cm lang ist, einen pfeilförmigen Kopf hat und im übrigen sehr hübsch schielt. In der beschriebenen Versuchsanordnung wandte sich der Wurm bei Neumond nach links, das heißt nach Osten, und bei Vollmond nach rechts. (45)

Nach diesen Arbeiten wurden ähnliche Experimente mit Ratten und Mäusen angestellt, die gewisse Anzeichen einer Reaktion auf Magnetfelder erkennen ließen, und die alte Theorie, daß Zugvögel möglicherweise längs der Kraftlinien des erdmagnetischen Feldes navigieren, lebte wieder auf und wird neuerlich untersucht. Die Experimente mit Schnecken und Würmern zeigen, daß das Leben die von einer Uhr geregelte Fähigkeit hat, sich in einem schwachen Magnetfeld zu orientieren. Mit dem Besitz einer lebenden Uhr und eines lebenden Kompasses sind aber die beiden wesentlichen Voraussetzungen für jedes Navigationssystem gegeben.

Die Sonne

Jenseits der Erdatmosphäre und jenseits der Umlaufbahn des Mondes erstreckt sich der Weltraum. Der Definition nach ist er angeblich leer, nichts weiter als ein Zwischenraum, der die Gestirne voneinander trennt, aber Instrumente, die ausgeschickt werden, um diesen Raum zu sondieren, zeigen, daß er alles andere als leer ist. Das Vakuum ist erfüllt von einer Reihe von Kräften, von denen viele die Erde erreichen und einige auf das Leben auf der Erde einwirken. Die stärksten dieser Kräfte gehen von dem Stern aus, den wir unsere Sonne nennen.

Die Sonne ist eine dichte Masse glühender Materie, deren Volumen über eine millionmal so groß wie das der Erde ist und die sich im Zustand ständigen Brodelns befindet. Jede Sekunde werden vier Millionen Tonnen Wasserstoff durch ungeheure Explosionen vernichtet, die irgendwo in der Nähe des Sonnenkerns, wo eine Temperatur von 13 Millionen Grad Celsius herrscht, beginnen und Flammensäulen Tausende von Kilometern weit in den Weltraum hinausschleudern. In diesem ununterbrochenen, unvorstellbaren Riesenbrand werden Atome in Ströme von Elektronen und Protonen gespalten, die mit hoher Geschwindigkeit als Sonnenwind, der alle Planeten unseres Systems anweht, in den Weltraum hinausjagen. Die Erde befindet sich noch innerhalb der »Atmosphäre« der Sonne und bekommt deren Wetterveränderungen ständig zu spüren. Wie ein Ausschlag sind über das Gesicht der Sonne Flecke verstreut, in denen eine von Zeit zu Zeit aufflammende noch heftigere Aktivität stattfindet. Diese Flecke sind gewöhnlich so groß wie die Erde, und manchmal breitet sich der Ausschlag rasch aus, und auf der Sonne bricht ein Schlechtwetter aus, das auch magnetische Stürme in unserer Erdatmosphäre hervorruft.

Wir erkennen diese Stürme zuerst am gestörten Radio- und Fernsehempfang und an der phantastischen Draperie des Nordlichts, aber ihre Auswirkungen spüren wir noch lange danach an den Veränderungen, die sie in unserem eigenen Wetter auslösen. In Zeiten erhöhter Sonnenfleckentätigkeit besteht die Neigung zur Bildung von Tiefs über dem Meer und von Hochs über den Landmassen, die schlechtes Wetter auf See und schönes Wetter an Land bedeuten. Der Mond kann das Wetter unter anderem dadurch beeinflussen, daß er den Sonnenwind ablenkt, so daß dieser die Erde unter einem anderen Winkel trifft oder vollends verfehlt. Der Satellit IMP-1 des Jahres 1964 registrierte Fluktuationen des Magnetfeldes der Erde, die auf diese Weise zustande kamen. (225)

Die Sonnenfleckentätigkeit könnte als Hilfsmittel bei der Wettervorhersage dienen, wenn sie sich nicht von Tag zu Tag scheinbar völlig willkürlich änderte. Immerhin sind jedoch regelmäßige Zyklen erkennbar, die sich über längere Zeiträume erstrecken. Im Jahre 1801 entdeckte Sir John Herschel einen Sonnenfleckenzyklus von elf Jahren, der seither immer wieder bestätigt wurde, und es besteht eine Korrelation zwischen der Sonnenfleckentätigkeit und der Dicke der Jahresringe in den Bäumen, dem Wasserstand des

Viktoriasees, der Zahl der Eisberge, dem Auftreten von Dürre und Hungersnot in Indien und den großen Jahrgängen der Burgunderweine. Alle diese Variablen hängen vom Wetter ab, und es erscheint als gesichert, daß diese regelmäßigen Veränderungen durch Sonnenzyklen bewirkt werden. Eine noch genauere Messung wurde in jüngster Zeit ermöglicht durch das Studium dünner Ablagerungen fossilen Schlamms auf dem Grunde alter Seen. Diese Ablagerungen werden Warven genannt. Ihre Dicke hängt von der jährlichen Schmelzgeschwindigkeit von Gletschern ab und liefert daher Hinweise auf klimatische Bedingungen. Mikroskopische Messungen von bis zu 500 Millionen alten Warven zeigen nun, daß es schon im Präkambrium Zyklen von etwa elf Jahren gegeben hat. (347)

Durch die Computeranalyse von Warven in Neumexiko konnte aber auch noch ein anderer, längerer Sonnenzyklus ermittelt werden. (7) Die alle elf Jahre auftretende erhöhte Sonnenfleckentätigkeit steigert sich etwa vierzig Jahre lang und wird dann wieder schwächer, bis ein Zyklus von 80 oder 90 Jahren abgeschlossen ist. Dieser Rhythmus wurde von dem deutschen Botaniker Schnelle bestätigt, der Daten über das erste Erscheinen von Schneeglöckchen im Gebiet Frankfurt von 1870 bis 1950 sammelte und feststellte, daß es sich in einer regelmäßig gekrümmten Kurve darstellen ließ. (297) In den ersten vierzig Jahren erschienen die Blumen immer vor dem als mittleres Datum errechneten 23. Februar, aber von 1910 an blühten sie immer später auf, bis sie 1925 bereits mit einer Verspätung von beinahe zwei Monaten kamen. Dann kehrte sich der Trend wieder um, und 1950 erschienen die Schneeglöckchen wieder ganze zwei Monate früher. Es besteht eine vollkommene statistische Korrelation zwischen den Schneeglöckchen und den Sonnenfleckenzyklen. In Jahren mit hoher Sonnenfleckentätigkeit blühten die Blumen später auf, und in den Jahren, in denen die Sonne ruhig war, kamen sie vor der Zeit. Nach demselben Zyklus scheint sich im Laufe der letzten hundert Jahre die Zahl der Erdbeben in Chile gerichtet zu haben. Es hat den Anschein, daß die kurzfristigen Klimaveränderungen überlagert werden von weltweiten, gleichförmigen Schwankungen und daß diese weitgehend von regelmäßig auftretenden magnetischen Stürmen in der Sonne bestimmt werden.

Diese und andere Studien liefern ausreichende Beweise für den elektromagnetischen Einfluß der Sonne, und sie zeigen, wie er vom

Mond beeinträchtigt wird und sich auf unser Wetter auswirkt. Das Leben wiederum unterliegt dem Einfluß des Wetters, und daher berühren uns die Sonnenstürme indirekt, aber es gibt darüber hinaus mindestens eine Art von direkter Beeinflussung aller Lebewesen durch kosmische Vorgänge. Wie kommt sie zustande? Die Antwort auf diese Frage finden wir in einigen besonderen Eigenschaften des Wassers. Sie klingt recht unglaublich, und ich will daher mit den Anfangsgründen beginnen und mich ihr vorsichtig nähern.

Jeder Schüler weiß, daß Wasser H_2O ist, eine chemische Verbindung zweier einfacher Elemente. Dennoch erscheinen in Fachzeitschriften zahllose Artikel, in denen die verschiedensten Theorien über die Struktur des Wassers diskutiert werden, und wir haben noch immer nicht richtig begriffen, was es mit dem Wasser auf sich hat. Es weist zu viele Anomalien auf: Wasser ist einer der ganz wenigen Stoffe, die im flüssigen Aggregatszustand eine größere Dichte haben als im festen, weshalb Eis schwimmt. Wasser hat als einziger Stoff die größte Dichte einige Grade über dem Schmelzpunkt, so daß es sich noch weiter zusammenzieht, wenn man es von 0 auf 4 Grad Celsius erwärmt. Und Wasser kann als Säure wie als Base wirken, so daß es unter gewissen Bedingungen chemisch mit sich selbst reagiert.

Der Schlüssel zu dem eigenartigen Verhalten des Wassers ist zum Teil im Wasserstoffatom zu finden, das mit irgendeinem anderen Atom, an das es sich bindet, nur ein einziges Elektron gemeinsam haben kann. Verbindet sich Wasserstoff mit Sauerstoff zu Wassermolekülen, so steht jedes Wasserstoffatom zwischen zwei Sauerstoffatomen in der sogenannten »Wasserstoffbindung«. Da es aber nur ein Elektron zu bieten hat, kann das Wasserstoffatom gewissermaßen nur auf einer Seite fest »angehängt« werden, so daß nur eine schwache Bindung entsteht. Tatsächlich hat sie nur ein Zehntel der Stärke der meisten üblichen chemischen Bindungen. Daher müssen, damit das Wasser überhaupt existieren kann, sehr viele Bindungen vorhanden sein, die es zusammenhalten. Flüssiges Wasser ist so eng ineinander verwoben, daß es eine beinahe kontinuierliche Struktur bildet, und ein Wissenschaftler scheute sich nicht, ein Glas Wasser als ein einziges Molekül zu bezeichnen. (252) Eis ist noch regelmäßiger aufgebaut. Es stellt die am vollkommensten gebundene Wasserstoffstruktur dar, die wir kennen. Sein Kristallschema ist so präzise, daß es sogar im flüssigen Zustand fortzubestehen scheint, und obwohl es klar und durchsichtig aussieht, enthält Wasser immer kurzlebige Eiskristalle, die in jeder Sekunde viele Millionen Mal gebildet werden und wieder schmelzen. Es ist gerade so, als erinnerte sich das flüssige Wasser an das Eis, aus dem es entstanden ist, und als repetierte es die Formel immer und immer wieder – jederzeit bereit, sich zurückzuverwandeln. Wenn man ein Foto mit einer hinlänglich kurzen Belichtungszeit machen könnte, würde man wahrscheinlich sehen, daß sogar ein Glas heißen Wassers eisähnliche Bereiche enthält.

Wasser ist also außerordentlich geschmeidig. Die Molekularstruktur ist durch die schwache Bindung zwischen den Atomen sehr zerbrechlich, und nur wenig äußerer Druck ist nötig, um die Verbindung zu zerstören oder ihr Schema zu ändern. Biologische Reaktionen müssen rasch und mit einem möglichst geringen Energieaufwand ablaufen, daher ist eine auslösende Substanz wie Wasser der ideale Vermittler. Tatsächlich finden alle Lebensprozesse in einem wäßrigen Medium statt, und der größte Teil des Körpergewichts jedes lebenden Organismus (beim Menschen 65 Prozent) entfällt auf Wasser.

Kein Wissenschaftler zweifelt heute daran, daß sich das Wasser in einer Pflanze oder in einem Tier in der beschriebenen Weise verhält. Da ich zeigen will, daß äußere, ja sogar kosmische Einflüsse die Erscheinungsform des Wassers innerhalb eines Organismus verändern können, muß der nächste Schritt meiner Beweisführung zunächst einmal der Nachweis sein, daß Wasser außerhalb von Organismen solchen Einflüssen unterworfen ist.

Während Frank Brown die Unbeständigkeit sogenannter beständiger oder »konstanter« Bedingungen demonstrierte, beunruhigte ein italienischer Chemiker seine Zeitgenossen durch den Nachweis, daß auch chemische Eigenschaften inkonstant sind und sich von Stunde zu Stunde ändern. Giorgio Piccardi, der Leiter des Instituts für Physikalische Chemie in Florenz, hatte sich seit jeher mit der Frage beschäftigt, warum chemische Reaktionen gelegentlich von der Regel abweichen und in der falschen Richtung verlaufen oder überhaupt ausbleiben. Er begann seine Untersuchungen mit einem experimentellen Verfahren zur Entfernung von Verkrustungen in

Industriekesseln. (246) Manchmal funktionierte dieses Verfahren einwandfrei, manchmal gar nicht. Piccardi vermutete, daß Umwelteinflüsse die Reaktion beeinträchtigten. Er schirmte die ganze Versuchsanordnung mit einem dünnen Kupferblech ab und stellte fest, daß das Experiment unter dem Blech immer gelang.

Piccardi interessierte sich für die Kräfte, die eine solche Reaktion beeinflussen konnten, und um mehr über sie in Erfahrung zu bringen, erdachte er ein Experiment, das eine größere Anzahl von Beobachtungen über einen langen Zeitraum hinweg gestattete. Er wählte eine einfache Reaktion: die Geschwindigkeit, mit der Wismutoxychlorid (ein Kolloid) einen wolkigen Niederschlag bildet, wenn es in destilliertes Wasser gegossen wird. Dreimal täglich führten Piccardi und seine Mitarbeiter diesen einfachen Versuch aus, bis sie über 200 000 verschiedene Ergebnisse registriert hatten. Diese wurden nun zusammen mit den Ergebnissen einer an der Universität Brüssel durchgeführten parallelen Versuchsreihe analysiert.

Es zeigte sich, daß die Fällungsgeschwindigkeit in den zehn Jahren, die das Experiment gedauert hatte, mehreren Arten von Veränderungen unterworfen war. Kurzfristige, plötzliche Abweichungen, die oft nur ein oder zwei Tage dauerten, kamen häufig vor, und alle ließen sich mit der Sonne in Verbindung bringen. Die Reaktion lief stets schneller ab, wenn eine Sonneneruption stattfand und Veränderungen im Magnetfeld der Erde gemessen werden konnten. Daneben waren langfristige Veränderungen festzustellen. Sie ergaben, graphisch dargestellt, eine Kurve, die zur Kurve der Sonnenfleckentätigkeit im 11-Jahres-Zyklus genau parallel lief. Zur Kontrolle experimentierte Piccardi gleichzeitig mit der gleichen Chemikalie unter dem Schutz eines Kupferblechs – und stellte fest, daß die Fällung immer mit der gleichen, normalen Geschwindigkeit verlief, wenn sie auf diese Weise gegen äußere Einflüsse abgeschirmt war.

Eine in Wasser verlaufende chemische Reaktion wird also durch kosmische Vorgänge beeinflußt. Das bedeutet, daß entweder die Chemikalie oder das Wasser für elektromagnetische Strahlungen empfänglich ist. Nach allen bisherigen Beobachtungen ist es das Wasser. Zwei andere italienische Chemiker stellten fest, daß sie die elektrische Leitfähigkeit von Wasser ändern konnten, indem sie es lediglich einem sehr kleinen Magneten aussetzten. (32) Und im *Atmospheric Reasearch Center* in Colorado ist derzeit eine Versuchsreihe im Gange, die zeigt, daß Wasser sehr empfindlich auf elektromagnetische Felder reagiert. (102)

Piccardi schließt unsere Beweisführung ab. Er sagte 1962: »Wasser ist für außerordentlich subtile Einflüsse empfindlich und imstande, sich sehr stark variierenden Umständen in einem Grade anzupassen, den keine andere Flüssigkeit erreicht. Durch das Wasser und das wäßrige System können vielleicht die äußeren Kräfte auf lebende Organismen einwirken.« (247) Diese Annahme wird bekräftigt durch den unlängst erbrachten Nachweis, daß Wasser besonders instabil und daher besonders wertvoll für das Leben ist, wenn seine Temerpatur 35 bis 40 Grad Celsius beträgt und somit der Körpertemperatur der meisten aktiven Tiere entspricht. (205)

Das führt uns, meine ich, zwangsläufig zu dem Schluß, daß es zweifellos Wege gibt, auf denen die Sonne und andere kosmische Kräfte das Leben beeinflussen können.

Andere Faktoren

Außer der Erde bewegen sich in unserem System noch acht weitere Planeten in derselben Richtung um die Sonne, und abgesehen von Pluto und Merkur liegen ihre Umlaufbahnen beinahe in der gleichen Ebene wie die der Erde. Wir wissen, daß sich die Planeten gegenseitig beeinflussen, denn Lowell konnte 1914 aufgrund von bis dahin unerklärlichen Bahnstörungen des Uranus die Existenz eines noch unbekannten neunten Planeten voraussagen, und 1930 wurde Pluto tatsächlich entdeckt.

Im Jahre 1951 wurde John Nelson von der RCA *(Radio Corporation of America)* beauftragt, die den Rundfunkempfang beeinträchtigenden Faktoren zu untersuchen. Man wußte damals bereits, daß die Sonnenflecken die Hauptursache von Interferenzen sind, aber die RCA wollte atmosphärische Störungen genauer voraussagen können. Nelson studierte bis 1932 zurückgehende Aufzeichnungen über schlechten Empfang und stellte, wie erwartet, fest, daß die Störungen eng mit der Sonnenfleckentätigkeit zusammenhingen. Er entdeckte aber auch noch etwas anderes: Eine erhöhte Sonnenflekkentätigkeit und somit Empfangsstörungen traten auf, wenn zwei oder mehr Planeten mit der Sonne auf dem gleichen Längenkreis standen oder wenn der Längenunterschied 90 oder 180 Grad betrug. (228) Er beschäftigte sich zunächst mit Mars, Jupiter und Saturn und konnte durch Berechnung ihrer Stellungen zukünftige Perioden erhöhter Sonnenfleckentätigkeit mit 80prozentiger Sicherheit voraussagen. (229) Bei einer späteren Studie verfeinerte er seine Methode, indem er Daten von allen Planeten mit einschloß, und seine Voraussagen erreichten die eindrucksvolle Genauigkeit von 93 Prozent. Die RCA war zufrieden, und zufrieden waren begreiflicherweise auch die Astrologen, denn zum erstenmal war durch eindeutige wissenschaftliche Fakten nachgewiesen worden, daß wir auf irgendeine Weise von den Planeten beeinflußt werden können. Es verhält sich offenbar so, daß die Stellung der Planeten das Magnetfeld der Sonne beeinflußt oder jedenfalls anzeigt und daß bestimmte Stellungen zeitlich mit einer erhöhten Sonnenfleckentätigkeit zusammenfallen, die wiederum das Leben auf unserer Erde berührt.

Wenn die Planeten auf die Sonne einwirken können, ist die Annahme gestattet, daß sie auch auf die Erde einwirken, die ihnen, Merkur ausgenommen, viel näher ist. Im Jahre 1955 entdeckte eines Nachts ein Astronom in Maryland, der ein Radioteleskop verwendete, in seinen Aufzeichnungen des Crabnebels einen Fremdkörper, der in den folgenden Nächten noch immer da war, sich aber weiterbewegt hatte. (106) Der Astronom dachte sofort an einen Planeten. Daher richtete er seine Antennen auf den Jupiter, und er stellte fest, daß dieser kurz- und langwellige Radiosignale mit einer Stärke von einer Milliarde Watt aussandte. Heute wissen wir, daß auch Venus und Saturn Quellen starker Radiostrahlung sind. (278) Zumindest ein Teil der Planetenwirkung könnte darauf zurückgehen, daß jeder Himmelskörper einen magnetosphärischen Schweif von Störungen hinter sich herzieht, der wie das Kielwasser eines Schiffes eine Weile braucht, bis er sich wieder glättet und beruhigt. Der Schweif der Erde könnte mehr als acht Millionen Kilometer lang sein. (35) Die Planeten sind also alles andere als unbedeutende Punkte im Weltraum. Sie gleichen vielmehr Tieren, die ihr Revier mit kräftigen Markierungen abstecken, deren Einfluß noch lange anhält, wenn sie selbst schon weitergezogen sind.

Das Universum endet nicht mit unserem Sonnensystem. In einer klaren Nacht sehen wir rund 3000 einzelne Sterne, von denen viele größer sind als unsere Sonne. Sie alle gehören zu den etwa 100 Milliarden Sternen, aus denen sich unsere linsenförmige Galaxis oder Milchstraße zusammensetzt. Jenseits unseres Milchstraßensystems gibt es, mehr oder weniger regelmäßig im Weltraum verstreut, vielleicht noch 10 Milliarden weitere Galaxen von ähnlicher Größe. Aus allen diesen Quellen empfangen wir Strahlungen von unterschiedlicher Stärke.

Wir wissen, daß manche Sterne ständig Radiowellen aussenden, während aus anderen nur starke Strahlungen hervorbrechen, wenn sie heftige Veränderungen durchmachen. Manche große, junge Sterne explodieren, sie werden zu Supernovae und produzieren dabei ungeheure Mengen kosmischer Energie. (319) Die normale Strahlendosis, die jährlich die Erdatmosphäre erreicht, beträgt etwa 0,03 Röntgen (r), aber seitdem es auf der Erde Leben gibt, war es mindestens einmal kurzfristig einer kräftigen Dosis von 2000 r, etwa viermal Dosen von über 1000 r und vielleicht zehnmal Dosen von 500 r ausgesetzt. Die tödliche Dosis für Versuchstiere liegt zwischen 200 und 700 r, aber weibliche Mäuse können schon bei nur 80 r völlig unfruchtbar werden. Insgesamt etwa fünfzehnmal wurde also die Erde infolge der Entstehung von Supernovae von Strahlungsschauern überschüttet, die stark genug waren, um die meisten Lebensformen zu töten. Pflanzensamen sind strahlungsresistent, und das Leben im Meer wurde bis zu einem gewissen Grade durch das Wasser geschützt wie das Land durch die Lufthülle, aber diese hohen Strahlungsstöße könnten auch ein bedeutsamer Evolutionsfaktor gewesen sein, und auch in geringeren Dosen könnten die Strahlungen von anderen Sonnen als der unseren starke Auswirkungen auf das irdische Leben gehabt haben.

Um die Mitte des 19. Jahrhunderts revolutionierte James Clerk Maxwell die Physik durch eine Reihe von elektrische und magnetische Phänomene betreffenden Gesetzen. In einem dieser Gesetze wies er nach, daß Zustandsänderungen oder Störungen des elektromagnetischen Feldes an einem Ort durch den Raum an einen anderen Ort getragen werden können. Die Träger nannte er elektromagnetische Wellen, und er stellte fest, daß diese sich im Falle aller Störungen mit der gleichen Geschwindigkeit bewegten, nämlich mit Lichtgeschwindigkeit. Das elektromagnetische Spektrum umfaßt Röntgenstrahlen sowie Licht- und Radio- und Fernsehwellen in einem ungeheuer großen Bereich. Es gibt Wellen, die länger sind als der Erddurchmesser, und Wellen, die so kurz sind, daß eine Milliarde aneinandergereiht kaum einen Fingernagel bedecken würde. Alle diese Wellen werden ununterbrochen vom Kosmos ausgesandt. Wir reagieren am stärksten auf die Lichtwellen, die ungefähr in der Mitte des Spektrums liegen, aber das Leben scheint auch für die extrem langen und extrem kurzen elektromagnetischen Wellen empfänglich zu sein.

In der Natur kommen radioaktive Stoffe vor, und in allen finden nukleare Umwandlungen statt, durch die drei Arten von Strahlungen ausgesandt werden. Die Alphastrahlen können schon von einem Blatt Papier aufgehalten werden. Die Betastrahlen gehen eben noch durch eine Aluminiumfolie, aber die Gammastrahlen bewegen sich mit so viel Energie durch den Raum, daß sie sogar Blei durchdringen. Ihre Wellenlänge ist so kurz, daß sie Materie wie beschleunigte Röntgenstrahlen durchqueren. Daher bekommen auch Tiere in den tiefsten Höhlen oder auf dem Grunde der Ozeane ihre Wirkung zu spüren. Frank Brown untersuchte die Reaktionen seiner Planarien auf eine sehr schwache, von einer Probe Zäsium 137 ausgesandte Gammastrahlung. (44) Er stellte fest, daß die Würmer die Strahlung wahrnahmen und ihr auswichen, jedoch nur, wenn sie sich gerade nach Norden oder Süden bewegten. Sie ignorierten die Strahlung, gleich woher sie kam, wenn sie in eine andere Richtung schwammen. Das zeigt, daß Gammastrahlen eine Vektorkraft sein können, die auf irgendeine Weise sowohl Richtung als auch Intensität anzeigt. Die Erde dreht sich von West nach Ost. Daher verfügt jeder Organismus, der sich wie diese Würmer verhält und nur in einer Richtung auf das Feld reagiert, über einen Mechanismus, der sich für die Navigation und für die Wahrnehmung aller wichtigen geophysikalischen Zyklen verwenden läßt.

Am anderen Ende des üblichen elektromagnetischen Spektrums finden wir außerordentlich lange Wellen, die erst vor kurzem durch Geräte entdeckt wurden, mit denen man die Schwankungen des erdmagnetischen Feldes aufzeichnet. Im allgemeinen werden Wellen in Schwingungen je Sekunde (Hertz) gemessen, aber diese sind so lang, daß ihre Schwingungsdauer mehr als eine Sekunde beträgt.

Das bedeutet, daß ihre Länge 300 000 km übersteigt und mehr als das Zwanzigfache des Erddurchmessers ausmacht. Nachts treten Wellen mit einer Schwingungsdauer von acht Sekunden auf, vor allem bei Nordlichterscheinungen, und es gibt Anzeichen für die Existenz von Wellen, die sogar 40 Sekunden schwingen und somit eine Länge von 12 Millionen Kilometern haben. (146) Im Augenblick können wir uns von der möglichen Bedeutung solcher Signale noch keine Vorstellung machen. Wir können nur feststellen, daß es solche Wellen gibt, daß sie ohne große Mühe ganze Milchstraßensysteme durchqueren und daß sie trotz ihrer geringen Feldstärke auf das Leben einwirken könnten.

Das ganze Universum hängt zusammen oder – je nach unserer theoretischen Ausgangsposition – fällt auseinander durch die elementarste aller kosmischen Kräfte: die Gravitation oder Massenanziehung. Elektromagnetische Wellen reagieren nur mit elektrischen Ladungen und Strömen, aber die Massenanziehung wirkt auf Materie in jeder Form. Die aus dem Zentrum unserer Galaxis kommende Gravitationsenergie ist zehntausendmal größer als die elektromagnetische Energie, aber ihre Messung bereitet uns immer noch Schwierigkeiten. (338) Gravitationswellen aus dem Kosmos sind aufgezeichnet worden, aber noch war niemand imstande, nachzuweisen, daß sich das Leben ihrer bewußt ist. Den bisher brauchbarsten Hinweis lieferte ein Schweizer Biologe, der mit Maikäfern experimentierte. (296) Er setzte Schwärme dieser Käfer in einen undurchsichtigen Behälter und beobachtete, daß sie auf die Annäherung eines für sie unsichtbaren Bleiklumpens reagierten. Wenn Blei im Gewicht von mehr als 80 Pfund an ihren Behälter herangebracht wurde, sammelten sich die Käfer an der vom Blei am weitesten entfernten Stelle. Sie konnten das Blei nicht sehen, und das Experiment war offensichtlich so angelegt, daß auch alle anderen Hinweise ausgeschaltet wurden. Wir müssen daher annehmen, daß sich die Insekten durch Veränderungen der Schwerkraft der Massenverteilung in ihrer Umgebung bewußt wurden. Es wäre also durchaus möglich, daß die von Sonne und Mond geschaffenen viel stärkeren Gravitationsfelder ähnliche Wirkungen auf das Verhalten von Lebewesen ausüben.

Wir wissen nunmehr also:

Das Leben entstand aus dem Chaos durch Ordnung, und es erhält diese Ordnung aufrecht, indem es Informationen aus dem Kosmos sammelt. Die Erde wird unaufhörlich von kosmischen Kräften bombardiert, aber die Bewegungen der Himmelskörper und die Bewegung der Erde im Verhältnis zu diesen Körpern lassen ein Schema entstehen, das nützliche Informationen liefert. Die Lebewesen sind für dieses Schema empfindlich, denn sie enthalten Wasser, und Wasser ist unbeständig und leicht beeinflußbar.

Das bedeutet, daß die Lebewesen in einen offenen Dialog mit dem Universum verwickelt sind, in einen freien Austausch von Informationen und Einflüssen, die alles Lebendige zu einem einzigen riesigen Organismus vereinigen, der seinerseits wiederum Teil einer noch größeren dynamischen Struktur ist. Man kann sich der Schlußfolgerung nicht entziehen, daß die grundlegende Ähnlichkeit in bezug auf Struktur und Funktion alle Lebewesen miteinander verbindet und daß der Mensch ungeachtet all seiner Besonderheiten einen integrierenden Bestandteil dieses Ganzen bildet.

2. *Kapitel:*
Mensch und Kosmos

Das Leben auf der Erde ist wie der Flaum auf einer Pflaume. In jüngster Zeit haben sich Teile dieses dünnen Belags zusammengetan, und durch große gemeinschaftliche Anstrengungen ist es ihnen gelungen, einige winzige Sporen so hoch von der Oberfläche weg zu schleudern, daß sie nicht mehr zurückfielen. Zu diesem Zweck mußten sie bis zur Entweichgeschwindigkeit von 11,2 km/sec beschleunigt werden, was kein leichtes Unterfangen war, und währenddessen eilte die Pflaume selbst mit etwa dem Dreifachen dieser Geschwindigkeit durch den Weltraum.

Wir vergessen nur zu leicht, daß wir alle Raumfahrer sind. Ein paar Männer, Hunde, Schimpansen und keimende Samen sind aus unserem Raumschiff hinausgeschickt worden, aber die ganze übrige Biosphäre mußte an Bord und an die Versorgungssysteme des Schiffes angeschlossen bleiben. Wir beginnen eben erst zu begreifen, wie wichtig die Rhythmen der Erde für unser Wohlbefinden sind. Düsenflugzeuge befördern heute zahllose Menschen von einer Zeitzone in eine andere, und wie bei den Schaben, denen man zusätzliche Ganglien einsetzte, wird ihrem eigenen Rhythmus ein fremder aufgezwungen. Dadurch kommen beträchtliche Störungen zustande, denn wie alle anderen Lebewesen werden auch wir Menschen von den durch die Erdrotation ausgelösten natürlichen Zyklen beeinflußt.

Unsere Körpertemperatur, zum Beispiel, beträgt selten genau 37 Grad. Sie ist vielmehr regelmäßigen zirkadianen Veränderungen unterworfen. Unsere Temperatur steigt mit der Sonne, und sie steigt mit der Pulsfrequenz und der Urinproduktion weiter, bis alle drei zusammen am frühen Nachmittag einen Höhepunkt erreichen. Dann wird der Stoffwechsel allmählich langsamer, und gegen vier Uhr morgens sinkt er auf seinen Tiefststand ab. Es ist kein Zufall, daß Geheimpolizei und Sicherheitsdienst diese Stunde wählen, um

Verdächtige zu verhaften und zu vernehmen. Während der »Hundewache« vor Tagesanbruch steht das Leben auf dem tiefsten Punkt der Ebbe.

Hebammen beklagen sich seit jeher darüber, daß sie in aller Frühe aus dem Bett geholt werden, weil so viele Kinder darauf bestehen, vor dem Frühstück zur Welt zu kommen. Halberg, der Physiologe, der den Begriff »zirkadian« prägte, hat statistisches Material vorgelegt, das zeigt, daß es sich dabei nicht nur um ein »Ammenmärchen« handelt. (132) Die Geburtswehen setzen zweimal häufiger um Mitternacht ein als zu Mittag, und die meisten Geburten erfolgen um ungefähr vier Uhr morgens, wenn der Stoffwechselzyklus auf den tiefsten Punkt absinkt und die Mutter am entspanntesten ist.

Um die Auswirkung von Hell und Dunkel auf diesen Zyklus zu untersuchen, fuhr Mary Lobban vom britischen *Medical Research Council* eines Sommers mit einer Gruppe von Studenten, die sich freiwillig für das Experiment gemeldet hatten, nach Spitzbergen. (197) Diese Inselgruppe liegt nördlich Norwegens innerhalb des Polarkreises, wo von Mai bis August ununterbrochen Tageslicht herrscht. Die Freiwilligen wurden in zwei Gruppen geteilt, die in Kolonien auf zwei verschiedenen Inseln lebten. Alle Angehörigen der ersten Gruppe erhielten Armbanduhren, die nachgingen. Wenn diese Uhren den Ablauf von 24 Stunden anzeigten, waren in Wirklichkeit schon 27 Stunden vergangen. Den Angehörigen der zweiten Gruppe gab man auf einen schnelleren Gang eingestellte Uhren. Ihr 24-Stunden-Tag dauerte tatsächlich nur 21 Stunden. Jede Gruppe lebte nach ihrem eigenen Zeitplan und wurde täglich sechsmal untersucht.

Der Temperaturrhythmus der Freiwilligen beider Gruppen paßte sich rasch dem neuen Zeitplan an: Die Temperatur erreichte ihren tiefsten Stand während der Schlafperiode und ihren höchsten kurz nach dem Aufstehen. Der Rhythmus richtete sich in jedem Falle nach der Aktivität, gleich ob die Versuchsperson nach dem 21- oder 27-Stunden-Zyklus lebte. Es scheint, daß die Schwankungen der Körpertemperatur des Menschen nicht von hell und dunkel abhängen. Der Zyklus der Urinproduktion brauchte länger, um sich den neuen Zeitplänen anzupassen, aber nach drei Wochen produzierten alle Freiwilligen die größte Urinmenge zu derselben Zeit, in der sie auch die höchste Körpertemperatur hatten. Auch diese Funktion scheint also vom Licht unabhängig zu sein und sich eher nach der Aktivität des ganzen Körpers zu richten, aber glücklicherweise nahm Mary Lobban noch eine weitere Stoffwechselmessung vor, die ganz andere Resultate zeigte.

Der menschliche Körper enthält neben anderen wichtigen Spurenelementen ungefähr 150 g Kalium. Es ist in Zellen wie denen der Nerven konzentriert, die Signale weiterleiten und, wenn sie stimuliert werden, rasch Natrium und Kalium durch ihre Oberflächenmembrane austauschen. Wenn sich der Nerv nach dem Durchgang des Impulses wieder erholt, wird Natrium ausgestoßen und Kalium wiederaufgenommen; die Zelle ist wieder »schußbereit«. Jedesmal, wenn dieser Austausch stattfindet, geht ein wenig Kalium verloren, und der Körper scheidet täglich etwa 3 g aus. Normalerweise folgt diese Kaliumausscheidung einem rhythmischen Schema ähnlich dem der Temperatur und der Urinproduktion, aber auf Spitzbergen stellte sie sich als davon unabhängig heraus. Alle Freiwilligen zeigten eine zyklische Kaliumausscheidung, aber die größte Menge wurde in regelmäßigen Intervallen von 24 Stunden abgegeben – und zwar tatsächlichen und nicht von den betrügerischen Armbanduhren gemessenen Stunden. Spätere Untersuchungen an Männern in Stützpunkten der Arktis und Antarktis zeigten, daß der 24-Stunden-Zyklus der Kaliumausscheidung auch zwei Jahre, nachdem der normale Tag-Nacht-Rhythmus aufgegeben worden war, noch unverändert fortdauerte.

Es verhält sich offenbar so, daß die groben Reaktionen unseres Organismus von kurzfristigen Milieuveränderungen beeinträchtigt werden, während jedoch die elementaren Lebensvorgänge wie, zum Beispiel, die Kommunikation zwischen getrennten Zellen, von tief eingewurzelten Mechanismen gesteuert werden, die auf das Zeitschema des ganzen Planeten reagieren.

Der Mensch hat außerdem eine natürliche Neigung zur Reaktion auf Jahreszyklen. So konnten einige Wissenschaftler einen Jahresrhythmus in den Schwankungen des Körpergewichts und in der Häufigkeit manisch-depressiver Anfälle feststellen, aber den überzeugendsten Beweis liefern die Geburtenziffern. (244) Auf der nördlichen Erdhalbkugel werden im Mai und Juni mehr Kinder geboren als im November und Dezember. Dafür gäbe es zwar die naheliegende Erklärung, daß diese Mai- und Junikinder im August des vorausgegangenen Jahres gezeugt wurden, als ihre Eltern ihren Sommerurlaub hatten und somit eine größere Bereitschaft gegeben war, aber tatsächlich dürfte ein elementares biologisches Prinzip vorliegen, denn im Mai geborene Kinder sind durchschnittlich um 200 g schwerer als die in anderen Monaten geborenen. (118) Dieser Unterschied kommt durch einen Jahresrhythmus in der Produktion von Hormonen zustande, die bei der Schwangerschaft eine Rolle spielen. Wir haben offenbar noch immer eine Brunftzeit.

In der südlichen Hemisphäre verhält es sich natürlich umgekehrt. Eine Untersuchung von 21 000 Rekruten in Neuseeland ergab, daß die größeren Männer alle zwischen Dezember und Februar geboren worden waren, d. h. den Jahreszeiten auf der Südhalbkugel der Erde entsprechend in den Mittsommermonaten.

In beiden Hemisphären scheinen die in den »besten« Monaten Geborenen einen natürlichen Anspruch auf ein längeres Leben und eine höhere Intelligenz zu haben. Die Langlebigkeit hängt natürlich von der Ernährung und von der Gesundheitspflege ab und vielleicht auch von Erbfaktoren, aber die Tatsache bleibt bestehen, daß in einem vergleichsweise homogenen Gebiet wie Neu-England die im März Geborenen im Durchschnitt vier Jahre länger leben als die in allen anderen Monaten Geborenen. (269) Die Bestimmung der Intelligenz allein mit Hilfe des Intelligenzquotienten ist zwar fragwürdig, aber eine Analyse von 17 000 Schulkindern in New York zeigte immerhin, daß wiederum die Maikinder bei diesem Test besser abschneiden als die zu allen anderen Zeiten Geborenen. (156) Eine ähnliche Untersuchung an geistig zurückgebliebenen Kindern in Ohio ergab dagegen eine andere Verteilung. Die meisten von ihnen waren in den Wintermonaten Januar und Februar zur Welt gekommen. (179)

Mensch und Mond

Der dritte elementare Lebensrhythmus, der Mondzyklus, schlägt sich ebenfalls in der Verteilung der Geburtsdaten nieder. Der Mond steht zur Geburt in einer so engen Beziehung, daß er in manchen Gegenden sogar »die große Hebamme« genannt wird. Um zu untersuchen, was es damit auf sich hat, sammelten die beiden Doktoren Menaker Daten über mehr als eine halbe Million Geburten, die zwischen 1948 und 1957 in New Yorker Kliniken stattgefunden hatten. Aus diesem riesigen Material ließ sich ein statistisch signifikanter Trend ablesen: Es gab mehr Geburten bei abnehmendem als bei zunehmendem Mond mit einem Maximum kurz nach dem Vollmond und einem deutlichen Minimum bei Neumond. Andere Untersuchungen, die in Deutschland und Kalifornien an kleineren Personengruppen durchgeführt wurden, ergaben keinerlei Beziehungen dieser Art, aber es ist zu berücksichtigen, daß sich die Mondeinflüsse an den verschiedenen geographischen Orten nicht gleich stark bemerkbar machen. So macht, zum Beispiel, der Tidenhub, das heißt die Differenz zwischen Hoch- und Niedrigwasser, in der Fundybai im Südosten Kanadas bis zu 15 m, in Tahiti dagegen nur einige Zentimeter aus. Zweifellos besteht eine Beziehung zwischen Geburten und Gezeiten. In den Orten an der deutschen Nordseeküste kommt es zu ungewöhnlich vielen Geburten bei Hochwasser, das heißt wenn die Flut ihren Höchststand erreicht. Mit anderen Worten, die Zahl der Geburten steigt plötzlich an, wenn der Mond gerade über dem betreffenden Ort steht. Eine ähnliche Beziehung ist in Köln zu beobachten, das grob gerechnet auf derselben Breite, aber weit von der See entfernt liegt, so daß offenbar nicht die Flut die Zusammenziehung der Gebärmutter bewirkt, sondern der Mond, der beide beeinflußt.

Der Zeitpunkt der Geburt steht selbstverständlich in direktem Zusammenhang mit dem Zeitpunkt der Empfängnis, der seinerseits von der Phase des Menstruationszyklus abhängt. Es konnte nicht unbemerkt bleiben, daß die durchschnittliche Länge des weiblichen Zyklus beinahe genau der Zeitperiode zwischen zwei Vollmonden entspricht. Selbstverständlich menstruieren nicht alle Frauen der Welt am selben Tag und in derselben Mondphase, aber es ist schwer zu glauben, daß die Ähnlichkeit der beiden Zyklen reiner Zufall sein sollte. Der große schwedische Chemiker Svante Arrhenius zeichnete einmal 11 807 Menstruationsperioden auf. Er stellte eine leichte Übereinstimmung mit dem Mondzyklus fest: Die Blutung setzte öfter bei zunehmendem als bei abnehmendem Mond ein, und eine Höchstziffer war am Abend vor dem Neumond festzustellen. Eine in letzter Zeit in Deutschland durchgeführte Untersuchung von 10 000 Menstruationen ergab ebenfalls eine Höchstziffer nahe dem Neumond. Andere Forscher konnten keine solche Korrelation entdecken, aber möglicherweise entsteht einige Verwirrung durch die Methode der Messung. Wir sagen, der Menstruationszyklus beginne mit dem ersten Tag der Blutung, aber das ist reine Konvention und ungenau obendrein. Die Ablösung der Gebärmutterschleimhaut dauert drei bis vier Tage, und die Blutung kann während dieser Zeit zu jedem beliebigen Zeitpunkt einsetzen. Ein schärfer begrenzter und in biologischer Hinsicht viel bedeutsamerer Vorgang ist die Ovulation, das heißt der Follikelsprung, bei dem das Ei frei wird und in den Eileiter eintritt, und Untersuchungen, die diesen Augenblick als Beginn des Zyklus annehmen, könnten vielleicht engere Beziehungen zu den Mondphasen aufdecken.

Das Ei lebt nicht ganz 48 Stunden. Wird es während dieser Zeit nicht von einer Samenzelle erreicht, so stirbt es ab. Die Frau kann also nur in diesem sehr kurzen Zeitraum empfangen. Der Tscheche Eugen Jonas entdeckte nun, daß der Augenblick des Follikelsprungs mit dem Mond zusammenhängt und daß die Empfängnisbereitschaft der geschlechtsreifen Frau in die Mondphase fällt, in der sie selbst geboren wurde. (284) Er richtete in mehreren osteuropäischen Ländern Beratungsstellen ein, die jeder Frau eine Tabelle ihrer lunaren Affinitäten zur Verfügung stellen. Diese Tabellen bieten hinsichtlich der Empfängnisverhütung eine Sicherheit von 98 Prozent, das heißt, sie sind ebenso gut wie die Pille und haben keine Nebenwirkungen. Selbstverständlich geben sie der Frau auch die Tage an, an denen sie empfangen kann, und sie werden zur Zeit in großem Umfang benutzt, um eine Befruchtung zu gewährleisten oder zu verhüten.

Jonas hatte unter den Gynäkologen viele Kritiker, aber zu seiner Verteidigung muß gesagt werden: Die Menstruation an sich ist ein dermaßen paradoxer Vorgang, daß wir sie zu einem großen Teil noch nicht verstehen. Sie stellt im menschlichen Körper insofern etwas Einzigartiges dar, als sie die regelmäßige Zerstörung von Geweben in einem normalen, gesunden Individuum bedeutet. George Corner in Princeton nennt sie »einen noch nicht erklärten Aufruhr in dem ansonsten koordinierten Prozeß der Gebärmutterfunktion«. (306) Vielleicht war dieser paradoxe Vorgang einst viel stärker dem Einfluß des Mondes unterworfen, und vielleicht ist die heute zu beobachtende Schwankungsbreite des Menstruationszyklus von 19 bis 34 Tagen nur ein Anzeichen seiner zunehmenden Unabhängigkeit von diesem kosmischen Einfluß. Zwei Wissenschaftler der amerikanischen Luftwaffe konnten unlängst nachweisen, daß es möglich ist, den Zyklus durch einen künstlichen Mond zu beeinflussen. Sie wählten zwanzig Frauen aus, die chronisch an unregelmäßigen Menstruationen litten, und überredeten sie dazu, in den drei der Ovulation nächsten Nächten die Schlafzimmerbeleuchtung brennen zu lassen. Daraufhin menstruierten alle zwanzig Frauen genau vierzehn Tage später. Der Mond übt also vielleicht noch immer eine starke Wirkung auf die Menstruation aus. (88)

Eindeutig besteht eine enge Verbindung zwischen dem Mond und Blutungen im allgemeinen. Nach gewissen abergläubischen Vorstellungen steuert der Mond den Blutfluß ebenso wie die Gezeiten. Als der Aderlaß noch zu den üblichen Formen der ärztlichen Behandlung gehörte, wurde er stets bei abnehmendem Mond vorgenommen, denn man hielt es für zu gefährlich, einen Menschen bluten zu lassen, wenn das Mondlicht zunahm. Dieser Aberglaube stützt sich vielleicht auf Tatsachen. Nach Edson Andrews in Tallahassee ergab die Beobachtung von mehr als tausend »Bluter«-Patienten, bei denen auf dem Operationstisch ungewöhnliche Methoden der Blutstillung angewandt oder die wegen nachträglicher Blutungen wieder in den Operationssaal zurückgebracht werden mußten –, daß 82 Prozent aller kritischen Blutungen zwischen dem ersten und letzten Mondviertel mit einer signifikanten Häufung bei Vollmond auftraten. Dr. Andrews beendete seinen Bericht mit der Bemerkung: »Diese Daten sind für mich so schlüssig und überzeugend, daß ich Gefahr laufe, ein Zauberdoktor zu werden, der nur noch in finsteren Nächten operiert und sich die Mondnächte für romantische Spaziergänge aufhebt.« (155)

Mondhelle Nächte haben etwas an sich, was auf manche Menschen seltsame Wirkungen ausübt, und in dem englischen Wort für Wahnsinn, *lunacy,* wird geradezu ein direkter Zusammenhang zwischen Mond, Luna, und Geistesgestörtheit angedeutet. Dieser Aberglaube war so weit verbreitet, daß er einmal sogar im Strafrecht Niederschlag fand. Vor zweihundert Jahren unterschied das englische Gesetz zwischen Personen, die *insane,* d. h. chronisch und unheilbar geisteskrank, und solchen, die *lunatic* waren – nur gelegentlichen, vom Mond hervorgerufenen Geistesstörungen unterworfen. Verbrechen, die Angehörige der zweiten Kategorie bei Vollmond begingen, wurden von den Gerichten milder beurteilt. Die Leiter der Irrenanstalten fürchteten den Einfluß des Mondes auf die als *lunatic* betrachteten Insassen und strichen ihrem Personal in Vollmondnächten den Ausgang. Im 18. Jahrhundert wurden die Patienten sogar am Tag vor dem Vollmond geprügelt – eine prophylaktische Maßnahme, die verhüten sollte, daß sie in der folgenden Nacht gewalttätig wurden. Behördliche Gewalttätigkeiten dieser Art sind heute Gott sei Dank gesetzlich verboten, aber der alte Mondaberglaube ist noch lange nicht ausgestorben. Vielleicht ist er auch nicht ganz unbegründet.

Das *American Institute of Medical Climatology* veröffentlichte einen Bericht über die Wirkung des Vollmonds auf das menschliche Verhalten, in dem festgestellt wird, daß Verbrechen mit stark psychotischer Motivation wie Brandstiftung, Kleptomanie, destruktives Verhalten am Steuer und Totschlag unter Alkoholeinwirkung eine deutliche Häufung bei Vollmond erkennen lassen und daß dieser Trend auch durch Bewölkung des Himmels nicht abgeschwächt wird. (155) Leonard Ravitz, ein Neurologe und psychiatrischer Berater, entdeckte eine direkte physiologische Beziehung zwischen Mensch und Mond, die diese Korrelation erklären könnte. (266) Er maß jahrelang die Differenzen im elektrischen Potential zwischen Kopf und Brust von Geisteskranken und von willkürlich ausgewählten Versuchspersonen, und er stellte fest, daß alle Personen ein zyklisches Schema zeigten, das sich von Tag zu Tag änderte, wobei die größten Potentialdifferenzen, d. h. die größten Unterschiede zwischen den Kopf- und Brustwerten, bei Vollmond zu beobachten waren, und zwar vor allem bei den Geisteskranken. Ravitz meint, die durch den Einfluß des Mondes auf das Magnetfeld der Erde zustande kommenden Veränderungen lösen Krisen bei Menschen aus, deren geistig-seelisches Gleichgewicht ohnehin schon prekär ist: »Was immer wir sonst noch sein mögen, wir alle sind elektrische Maschinen. Daher können Energiereserven mobilisiert werden durch periodische universelle Faktoren (wie die Kräfte des Mondes), die dazu neigen, bereits bestehende Fehlanpassungen und Konflikte zu verschlimmern.«

Weitere mögliche physiologische Beziehungen zwischen Mensch

und Mond werden derzeit noch untersucht. Es wurde behauptet, daß durch Tuberkulose verursachte Todesfälle am häufigsten sieben Tage vor dem Vollmond eintreten und daß dies mit einem Lunarzyklus des pH-Wertes (d. h. des Verhältnisses zwischen sauer und alkalisch) im Blut zusammenhängen könnte. (245) Und ein deutscher Arzt berichtet von Korrelationen zwischen Mondphasen, Lungenentzündung, der Harnsäuremenge im Blut und sogar der Todesstunde. (131)

Offenbar wirkt der Mond auf vielerlei Arten auf den Menschen ein. Die Anziehungskraft des Mondes ist eine unmittelbare Wirkung, aber hinsichtlich des Lichts ist der Mond nur ein Vermittler, der die Pracht der Sonne widerspiegelt. Die Entdeckung, daß der Mensch von der Sonne noch stärker beeinflußt wird als vom Mond, kann daher nicht überraschen.

Mensch und Sonne

Der »Schwarze Tod«, der Newton von seiner Universität vertrieb und einer Entdeckung von größter Tragweite entgegenführte, suchte England im Jahre 1665 heim. Astronomische Aufzeichnungen aus jener Zeit zeigen, daß dies ein Jahr mit besonders hoher Sonnenfleckentätigkeit war, und die Untersuchung von Jahresringen in Bäumen, die bei Sonnenstörungen breiter sind als sonst, ergibt, daß auch die schreckliche Pest des Jahres 1348 von erhöhter Sonnenaktivität begleitet war. (30) Ein russischer Geschichtsprofessor sammelte Korrelationen dieser Art vierzig Jahre lang – von denen er einige in Sibirien verbrachte, weil er es gewagt hatte anzudeuten, daß größere gesellschaftliche Veränderungen mehr mit den Sonnenflecken als mit dem Dialektischen Materialismus zu tun haben könnten. (316) Professor Tschijewskij behauptet, die großen Pest-, Diphtherie- und Choleraepidemien Europas, der Typhus in Rußland und die Pockenepidemie in Chicago seien immer ausgebrochen, wenn der 11-Jahres-Zyklus der Sonne einen Höhepunkt erreicht habe. Er weist außerdem darauf hin, daß England in den hundert Jahren von 1830 bis 1930 bei hoher Sonnenfleckentätigkeit jeweils liberale Regierungen hatte und daß die Konservativen nur in ruhigeren Jahren gewählt wurden.

Das klingt unglaublich, aber wir wissen, daß das menschliche Verhalten von der Physiologie beherrscht wird, und wir haben nun Beweise dafür, daß die Sonne eine direkte Wirkung auf unsere Körperchemie ausübt. Der Japaner Maki Takata von der Universität Toho ist der Erfinder der Takata-Reaktion, mit der die Eiweißmenge im Blutserum bestimmt wird. Sie soll bei Männern konstant sein und bei Frauen mit dem Menstruationszyklus schwanken, aber 1938 berichteten sämtliche Krankenhäuser, die diesen Test anwandten, von einem plötzlichen Anstieg bei beiden Geschlechtern. Takata leitete ein Experiment ein, bei dem laufend gleichzeitige Serumuntersuchungen an zwei Männern vorgenommen wurden, deren Wohnorte voneinander 160 km entfernt waren. Vier Monate lang verliefen die Kurven der täglichen Schwankungen genau parallel, und Takata kam zu dem Schluß, dieses Phänomen müsse auf der ganzen Welt zu beobachten und auf kosmische Faktoren zurückzuführen sein. (313)

Im Laufe von zwanzig Jahren konnte Takata nachweisen, daß die Veränderungen im Blutserum hauptsächlich auftraten, wenn eine stärkere Sonnenfleckentätigkeit das Magnetfeld der Erde störte. Er nahm Untersuchungen während der Sonnenfinsternisse der Jahre 1941, 1943 und 1948 vor und stellte fest, daß seine Reaktion ebenso stark beeinträchtigt war, wie wenn er sie in einem 180 m tiefen Bergwerksschacht beobachtete. (312) Er experimentierte mit Versuchspersonen in einem Flugzeug in einer Höhe von über 9000 m und verzeichnete allgemein eine stärkere Reaktion in Höhen, wo die Atmosphäre zu dünn war, um einen wirksamen Schutz vor den Sonnenstrahlen zu bieten. Neuere Arbeiten sowjetischer Wissenschaftler bestätigen die Annahme, daß unser Blut direkt von der Sonne beeinflußt wird. (299) In einem Kurort am Schwarzen Meer wurden mehr als 120 000 Personen Blutproben zur Bestimmung der Lymphozyten abgenommen. Diese kleinen Zellen machen beim Menschen normalerweise 20 bis 25 Prozent der weißen Blutkörperchen aus, aber in Jahren mit großer Sonnenaktivität nimmt dieser Anteil ab. Während des Sonnenfleckenmaximums der Jahre 1956 und 1957 war ein starker Abfall festzustellen, und die Zahl der Patienten, die an durch Lymphozytenmangel verursachten Krankheiten litten, verdoppelte sich während der gewaltigen Sonnenexplosion im Februar 1956.

Zu den anderen Krankheiten, die durch magnetische Störungen direkt beeinflußt werden, gehören die Thrombose und die Tuberkulose. (280) Am 17. Mai 1959 wurden drei sehr heftige Sonneneruptionen beobachtet. Am darauffolgenden Tag wurden zwanzig Patienten mit Herzanfällen in ein Krankenhaus am Schwarzen Meer eingeliefert, das normalerweise nur durchschnittlich zwei solche Fälle pro Tag behandelt. Zwei französische Herzspezialisten stellten eine sehr hohe Korrelation zwischen der Sonne und Myokardinfarkten (Herzversagen durch Verstopfung mit Blutpfropfen) fest. (253) Ihrer Ansicht nach fördert die Sonnenbestrahlung bei prädisponierten Personen die Bildung von Blutpfropfen nahe der Haut, die dann zu den tödlichen Verschlüssen in den Herzkranzgefäßen führen. Einem ähnlichen Schema folgen die Lungenblutungen tuberkulöser Patienten. (198) Die gefährlichen Tage sind dabei solche, an denen Nordlicht zu sehen ist, das heißt Tage, an denen eine hohe Strahlungsaktivität der Sonne die Erdatmosphäre stört.

Viele Körperfunktionen scheinen von durch die Sonne ausgelösten Veränderungen des erdmagnetischen Feldes beeinflußt zu werden. Wenn es sich so verhält, sollte man erwarten, daß das Nervensystem, das beinahe ganz von elektrischen Reizen abhängt, am stärksten betroffen sei. Das ist offenbar auch tatsächlich der Fall. Eine Untersuchung von 5580 Unfällen in Kohlenbergwerken des Ruhrgebiets zeigt, daß sich die meisten an Tagen nach erhöhter Sonnentätigkeit ereigneten. (207) Nach anderen Studien nehmen Verkehrsunfälle in Rußland und Deutschland an Tagen nach einem Strahlungsausbruch der Sonne zu. (249) Bei der Überprüfung von 28 642 Neuaufnahmen in New Yorker psychiatrischen Kliniken wurde ein merklicher Anstieg an Tagen beobachtet, an denen das magnetische Observatorium starke Aktivität meldete. (109) Man kommt zu dem Schluß, daß Unfälle oft auf tiefere Störungen als auf eine bloße Verlangsamung der Reaktionszeit zurückgehen, und die zitierten Forschungsergebnisse zeigen, daß der Mensch unter anderem eine bemerkenswert empfindliche lebende Sonnenuhr ist.

Die Planeten

Unsere Empfindlichkeit für die Sonne erstreckt sich von den Lichtstrahlen bis zu den längeren Radiowellen. Wir sehen die Sonne, wir fühlen ihre Wärme, wir reagieren auf die Veränderungen, die sie im Magnetfeld der Erde auslöst. Diese Veränderungen beeinträchtigen den Rundfunkempfang nach einem System, das, wie Nelson nachwies, anhand der Stellungen der Planeten vorausberechnet werden kann. (229) Quantitativ mögen die Veränderungen nur geringfügig sein, aber ihre Auswirkungen sind deutlich abzulesen an biochemischen Vorgängen wie der Nerventätigkeit. Wenn man nur zwei Löcher in einen Baumstamm bohrt, kann man schon Schwankungen im elektrischen Potential messen, die mit den Bewegungen der Himmelskörper in unserem Sonnensystem zusammenhängen. Es kann daher nicht überraschen, daß auch der komplexe menschliche Organismus von den Planeten beeinflußt wird. (54)

Michel Gauquelin vom Psychophysiologischen Laboratorium in Straßburg war der erste, der diesen Einfluß quantitativ bestimmte. Er faßte zwanzig Jahre sorgfältiger Beobachtungen in seinem ausgezeichneten Buch *Die kosmischen Uhren* zusammen. (119) Gauquelin begann sich 1950 für planetarische Rhythmen zu interessieren, und er suchte nach etwaigen Entsprechungen auf der Erde. Da unser Planet um seine Achse rotiert, scheinen sich Sonne und Mond über uns am Himmel zu bewegen. Sie gehen auf und unter in Sonnen- und Mondtagen, deren Länge vom Breitengrad, auf dem sich der Beobachter befindet, und von der Jahreszeit abhängt. Die anderen Planeten wandern ebenso über unseren Horizont und bilden Venus- oder Marstage, die gleichermaßen berechenbar sind. In manchen Ländern wird auf den Standesämtern die genaue Geburtsstunde eingetragen. Gauquelin konnte daher diese Daten sammeln und mit den astronomischen Tabellen entnommenen Planetenstellungen vergleichen. (119) Er wählte 576 Mitglieder der Französischen Akademie der Medizin aus und entdeckte zu seiner Überraschung, daß ein ungewöhnlich hoher Prozentsatz geboren worden war, als Mars und Saturn eben aufgegangen waren oder ihren höchsten Stand am Himmel erreicht hatten. Zur Überprüfung suchte er weitere 508 bekannte Ärzte aus und erhielt das gleiche Resultat. (120) Es bestand eine hohe statistische Korrelation zwischen dem Aufgang dieser beiden Planeten bei der Geburt eines Kindes und dessen zukünftigem Erfolg als Mediziner.

Faßt man die beiden Untersuchungen zusammen, so ist die Wahrscheinlichkeit, daß es sich lediglich um einen Zufall handelt, 1:10 000 000. Zum erstenmal in der Geschichte hatte ein Wissenschaftler bewiesen, daß die Planeten tatsächlich einen Einfluß auf unser Leben ausüben oder anzeigen, und damit hatte die Wissenschaft einen lebendigen Berührungspunkt mit den alten Glaubensvorstellungen der Astrologie gefunden.

Die Astrologie geht von der Prämisse aus, daß Himmelsphänomene auf das Leben und auf Vorgänge hier auf der Erde einwirken. Kein Wissenschaftler und vor allem kein Biologe, der mit den neuesten Arbeiten über das Wetter und über natürliche Rhythmen vertraut ist, kann leugnen, daß diese Grundvoraussetzung als erwiesen gilt. Die Erde und das Leben auf ihr sind der Einwirkung des Kosmos ausgesetzt, und zur Diskussion steht nur der Grad dieser Einwirkung. Die Astrologen behaupten vieles, was noch unbegründet und vielleicht wohl auch schlecht durchdacht ist, aber es mehren sich die Beweise dafür, daß zumindest einiges auf Tatsachen beruht.

Die wichtigsten Beiträge auf diesem Gebiet liefert nach wie vor Gauquelin. Nach seiner Entdeckung eines Zusammenhangs zwischen Mars und Medizin dehnte er seine Untersuchungen auf andere Berufe aus und sammelte alle erhältlichen Geburtsangaben über berühmte Franzosen. (115) Wieder stellte er eine eindrucksvolle Korrelation zwischen Berufen und Planeten fest. Berühmte Ärzte und Naturwissenschaftler waren geboren worden, als der Mars über den Horizont heraufkam, aber nur selten war um diese Zeit ein Maler oder Musiker zur Welt gekommen. Soldaten und Politiker wurden sehr häufig unter dem aufgehenden Jupiter geboren, aber nur selten wurden Menschen mit diesem Aszendenten Naturwissenschaftler.

Nicht ein einziger berühmter französischer Schriftsteller wurde unter dem aufgehenden Saturn geboren, aber nicht alle Befunde waren so eindeutig. Gauquelin mußte sich statistischer Techniken bedienen, um Korrelationen nachzuweisen, und deren Handhabung bringt gewisse Probleme mit sich. Wir wissen, daß auf der nördlichen Erdhalbkugel der Juni der Monat mit der höchsten Geburtenziffer ist und daß im Juni die Tage länger sind als in jedem anderen

Monat. Daher besteht, obwohl hell und dunkel in allen Jahren gleich verteilt sind, eine größere Chance, daß Kinder bei Tageslicht geboren werden. Wir wissen außerdem, daß die Geburten einem rhythmischen Schema folgen, nach dem mehr Kinder am Vormittag als am Nachmittag zur Welt kommen, und daraus ergibt sich eine weitere Beeinträchtigung der Resultate. Dazu kommt ferner, daß die Planeten die gleichen Bewegungen vollführen wie (scheinbar) die Sonne, so daß nicht in allen Stunden eines Planetentages die gleiche Chance einer Geburt besteht. Gauquelin nahm daher die nötigen, alle diese Umstände berücksichtigenden Korrekturen vor, ehe er seine Daten verglich und auswertete. Seine Statistiken wurden genau überprüft von Tornier, Professor für mathematische Theorie in Berlin, der keinen Fehler entdeckte, aber ein anderer Statistiker meinte, die Resultate spiegelten vielleicht nur eine nationale Eigenart der Franzosen wider, und dieselbe Methode könnte, auf andere Länder angewandt, zu ganz anderen Ergebnissen führen.

Gauquelin mußte daher weitere Untersuchungen in Italien, Deutschland, Holland und Belgien durchführen, bis er drei Jahre später insgesamt 25 000 Personen erfaßt hatte. An den Resultaten hatte sich nichts geändert. (116) Naturwissenschaftler und Ärzte waren eindeutig mit Mars und Saturn verbunden; Soldaten, Politiker und Mannschaftssportler mit Jupiter. Die Geburten von Schriftstellern, Malern und Musikern ließen sich mit keinem der Planeten in Verbindung bringen, aber Mars und Saturn wurden sichtlich gemieden, während bei Naturwissenschaftlern und Medizinern Jupiter fehlte. Menschen, die ihre Leistung allein erbringen wie, zum Beispiel, Schriftsteller und Langstreckenläufer hatten deutlich eher eine Beziehung zum Mond als zu einem der Planeten. Diesmal studierten drei bekannte Statistiker, darunter Faverge, Professor für Statistik an der Sorbonne, die Ergebnisse, und auch sie fanden an Gauquelins Berechnungen und an den bei der Datensammlung angewandten Methoden nichts auszusetzen. Ein Kontrollexperiment, das an willkürlich ausgewählten Personen vorgenommen wurde, ergab Resultate, die genau dem Gesetz der Wahrscheinlichkeit entsprachen.

Ein hartnäckiger Kritiker der Arbeiten Gauquelins mußte nun zwar widerwillig zugeben, daß die Stellung gewisser Himmelskörper in unserem Sonnensystem mit mindestens neun verschiedenen Berufen etwas zu tun hat, aber er tut das Ganze dennoch mit der Erklärung ab, es sei »der absurde Ausdruck einer absurden Erfahrung«. Seine emotionelle Abneigung gegen alles Okkulte läßt ihn übersehen, daß Gauquelins Arbeiten weit davon entfernt sind, die Astrologie als erwiesene Tatsache darzustellen. Sie zeigen lediglich über jeden berechtigten Zweifel hinaus, daß die Stellung der Planeten etwas zu bedeuten hat – die Stellung, nicht die Planeten selbst. Wir müssen uns noch darüber klar werden, ob die Planeten direkt auf uns einwirken, oder ob ihre Stellungen lediglich Zeichen eines viel größeren kosmischen Energieschemas sind, von dem sie – und wir – nur einen kleinen Teil bilden.

Ich möchte auf dieses Problem später noch einmal zurückkommen, aber in gewissem Sinne ist es unwesentlich, *was* als ursächliche wirkende Kraft anzusehen ist. Wenn ein Astrologe die Planetenstellung als brauchbaren Schlüssel für die Deutung und Voraussage der Wirkung einer kosmischen Kraft verwenden kann, ist es für alle praktischen Zwecke gleichgültig, ob diese Kraft aus dem Sternbild Andromeda oder von einer fliegenden Untertasse kommt. Lange bevor jemand verstand, wie sie funktioniert, wurde die Elektrizität entdeckt und sehr wirksam genutzt. Für uns kommt es im Augenblick darauf an, die Wirkung zu verstehen, die die Planeten auf uns auszuüben scheinen.

Wir wissen zunächst einmal, daß die Wehen leichter einsetzen, wenn die Schwangere den tiefsten Punkt ihres zirkadianen Zyklus erreicht hat und entspannt ist. Es wurde ferner nachgewiesen, daß die Zahl der Geburten während der magnetischen Stürme deutlich ansteigt; es ist daher möglich, daß elektromagnetische Bedingungen zu dem Zeitpunkt, in dem ein Planet wie der Mars über den Horizont heraufsteigt, die Wehen auslösen und die Geburt herbeiführen. (270) Das würde allerdings bedeuten, daß nur die Mutter betroffen wäre und daß die bei der Geburt herrschenden Bedingungen keinerlei Einfluß auf das Kind hätten, und nicht erklärt würde die Beziehung zwischen dem Planeten und dem späteren Beruf des Kindes.

Die zweite Möglichkeit ist die, daß die Planeten oder die vorherrschenden Bedingungen das Kind im Augenblick der Geburt verändern und auf irgendeine Weise seine Zukunft bestimmen. Das ist die orthodoxe Auffassung der Astrologen: Der Stand der Gestirne im exakten Augenblick der Geburt wirkt auf das Kind ein und formt sein Schicksal. Die meisten modernen Astrologen halten allerdings nicht an diesem starren und doch eher plumpen Glauben fest, und ich muß sagen, daß ich ihn als Biologe unbefriedigend finde. Was soll, zum Beispiel, als Augenblick der Geburt gelten? Bei der Geburt eines ersten Kindes vergehen zwischen dem Augenblick, in dem der Kopf des Kindes den Beckenausgang erreicht, und dem vollendeten Austritt aus dem Mutterschoß durchschnittlich zwei Stunden. In dieser Zeit kann sich die Stellung eines Planeten gründlich verändert haben. Für manche Astrologen beginnt das Leben mit dem ersten Schrei, den das Kind ausstößt, aber es ist nicht ganz einzusehen, warum gerade dies der bedeutsame Augenblick sein sollte. Es gibt während des Geburtsvorgangs kritischere Phasen. Die Reise durch die engen Geburtswege ist wohl die gefährlichste, die wir je antreten, und zu einem bestimmten Zeitpunkt erleidet das Kind ein beträchtliches Trauma oder jedenfalls ein großes Unbehagen, das es für äußere Einflüsse besonders empfänglich machen könnte. Es dreht sich beim Tieferrücken im Becken spiralig um seine Längsachse, um den Beckenkanal passieren zu können, und da seine Knochen noch weich und gegeneinander verschiebbar sind, kann der Kopf auch durch die enge Öffnung gedrückt werden, ohne äußerlich Schaden zu nehmen, aber von hinten schiebt die Gebärmutter mit einer Kraft nach, die ausreicht, um dem Geburtshelfer einen Finger zu brechen. Dies könnte der »astrologische Augenblick« sein: Das Gehirn wird durch den Druck von außen unter Qualen zu einer neuen Aktivität gezwungen und öffnet sich kosmischen Einflüssen. Durch diese Theorie wird aber nicht das Leben der Menschen erklärt, die durch einen Kaiserschnitt zur Welt kommen und auch ohne das Geburtsdrama ihr eigenes, einzigartiges Schicksal haben.

Noch mehr spricht gegen die Theorie vom »Augenblick der Geburt« alles, was wir nun über die in Betracht kommenden kosmischen Kräfte wissen. Man hat sich den Mutterschoß einmal als das lebende Gegenstück zu jener Experimentierkammer mit den »konstanten Bedingungen« vorgestellt, die vielen Zoologen so teuer war, aber heute müssen wir den Glauben an beide aufgeben. Gewiß, der Schoß ist warm und bequem, und Temperatur und Feuchtigkeit werden geregelt wie in einem Zimmer eines Hilton-Hotels, aber andere Bedingungen sind keineswegs so konstant. Eine gewisse Lichtmenge dringt durch die dünne, gespannte Bauchdecke der Mutter. Ein lautes Geräusch kann, wie jede Mutter weiß, ein ungeborenes Kind so erschrecken, daß es protestierend gegen die Wände des Schoßes stößt, und der größte Teil der Strahlungen geht beinahe ununterbrochen durch die Körper der Mutter und des Kindes. Es ist schwer zu glauben, daß elektromagnetische Kräfte aus der Umwelt das Kind erst im Augenblick der Geburt beeinflussen sollten, da es ihnen doch schon während der ganzen Dauer der Schwangerschaft ausgesetzt war.

Einer viel wahrscheinlicheren Theorie zufolge spielt die kosmische Umwelt eine wichtige Rolle im Augenblick der Empfängnis oder kurz danach, wenn das Rohmaterial der Vererbung noch aussortiert und endgültig zu dem neuen Individuum zusammengestellt wird. In diesem Augenblick genügt der kleinste Anstoß, um die Richtung der Entwicklung so zu ändern, daß im Endergebnis eine beträchtliche Wirkung erzielt wird. Die für eine Änderung nötige Energiemenge wird jedenfalls größer in dem Maße, in dem der Embryo älter, größer, komplexer und starrer wird, und da die meisten kosmischen Reize sehr subtil sind, ist mit größerer Wahrscheinlichkeit anzunehmen, daß sie im Frühstadium der Entwicklung wirken, als später, bei der Geburt. Und wenn der Schoß auch keineswegs ruhig ist, so ist der Embryo doch gegen die Umgebung abgepolstert und gegen ihre augenfälligeren Einwirkungen geschützt. Es wäre an diesem verhältnismäßig friedlichen Ort möglich, daß das Kind auf Signale zu reagieren lernt, die für uns von den Umweltreizen überlagert werden. Ein Hamster, den man in einem Laboratorium die Sonne nicht sehen läßt, die ihm sonst sagte, wann er seinen Winterschlaf anzutreten hatte, lernt, von der Natur in die Übernatur hinüberzuwechseln und auf den viel feineren Rhythmus des vorüberziehenden Mondes zu reagieren. Ein ungeborenes Kind reagiert vielleicht viel empfindlicher als seine Mutter auf subtile Synchronisatoren aus dem Weltraum und verwendet diese Impulse womöglich sogar, um zu »entscheiden«, wann es geboren werden soll. Plazenta und Fetus gehen aus derselben Zelle hervor, sie sind *ein* Fleisch, und es ist daher nicht unwahrscheinlich, daß das Kind der Plazenta das Signal gibt, das die Zusammenziehungen der Gebärmutter und die Geburtswehen auslöst. Wir kommen also letzten Endes zu der Ansicht, daß kosmische Kräfte den Menschen am besten beeinflussen können, wenn sie auf den Embryo in einem so frühen Stadium einwirken, daß an der Blaupause noch etwas zu ändern ist, und daß danach der sich entwickelnde Embryo auf den Kosmos eingestimmt bleibt – so sehr vielleicht, daß er selbst sein erstes öffentliches Auftreten inszeniert.

Gauquelin meint, daß die Neigung, unter einem bestimmten Planeten geboren zu werden, erblich sein könnte. Er arbeitete fünf Jahre lang mit Geburtsdaten aus mehreren Distrikten in der Umgebung von Paris und sammelte Informationen über mehr als 30 000 Eltern und Kinder, für die er die Stellungen von Venus, Mars, Jupiter und Saturn im Augenblick ihrer Geburt aufzeichnete. Er fand überwältigende Beweise dafür, daß Mütter am häufigsten niederkamen, wenn der Planet aufging, unter dem sie selbst geboren worden waren, beziehungsweise ganz allgemein, daß Kinder sehr oft unter denselben Planeten geboren werden wie ihre Eltern. Faktoren wie das Geschlecht des jeweiligen Elternteils und des Kindes, die Dauer der Schwangerschaft und die Zahl der vorausgegangenen Kinder spielten dabei keine Rolle, aber die Korrelation war am höchsten, wenn *beide* Eltern unter demselben Planeten geboren worden waren. Es läßt sich leicht eine Verbindung zu dem vorausgegangenen Gedanken herstellen, daß das Kind selbst den Augenblick der Geburt bestimmt, wenn man annimmt, daß jedes Individuum ein Gen besitzt, das es für ein bestimmtes kosmisches Reizschema empfänglich macht. Wir wissen, daß etwas Derartiges auf die Taufliegen zutrifft, die alle unfehlbar in der Morgendämmerung ausschlüpfen. Gauquelin folgert, daß der ganze Lebenslauf eines Menschen von seiner genetischen Anlage abhängt und daß ein Teil davon bestimmt, wann er geboren werden will. Er meint, durch das Studium der Planetenstellungen bei der Geburt ». . . scheint es möglich zu sein, zu einer Voraussage des zukünftigen Temperaments und gesellschaftlichen Verhaltens des Individuums zu gelangen«. (117)

Michel Gauquelin selbst scheint es nicht recht zugeben zu wollen, aber eben dazu behauptet die Astrologie imstande zu sein. Es wird Zeit, daß wir uns näher mit ihr befassen.

Die Astrologie

Streichen wir zunächst alles, was in Zeitungen und Zeitschriften als »Astrologie« ausgegeben wird. Diese leichtfertigen, allumfassenden Voraussagen, nach denen alle Fischegeborenen einen günstigen Tag für neue Pläne haben werden und ein weiteres Zwölftel der Erdbevölkerung damit beschäftigt sein wird, attraktive junge Damen oder Herren kennenzulernen, haben nichts mit Astrologie zu tun. Sie werden mit Recht sowohl von den Astrologen als auch von deren Kritikern verachtet. Am besten findet man vielleicht einen Zugang zur echten Astrologie, indem man ihr Handwerkszeug prüft und sieht, wie es verwendet wird. Das wichtigste Werkzeug ist das Horoskop, wörtlich übersetzt: »Betrachtung der Stunde«. Es besteht aus einer detaillierten Karte des Himmels, wie er an dem genauen Ort und in der genauen Stunde der Geburt der betreffenden Person aussah. Kein Horoskop gleicht einem andern. Ein mit der gebührenden Detailgenauigkeit gezeichnetes Horoskop ist beinahe ebenso einmalig und unverwechselbar wie ein Fingerabdruck.

Die Anfertigung eines Horoskops erfordert fünf Schritte:

1. Man stellt Datum, Stunde und Ort der Geburt fest.
2. Man berechnet die entsprechende siderische Zeit.

Wir halten uns aus praktischen Gründen an einen 24-Stunden-Tag, aber der wirkliche Tag, das heißt die Zeitspanne, in der sich die Erde im Verhältnis zum Universum einmal um sich selbst dreht, ist um vier Minuten kürzer. Die siderische Zeit wird Tabellen entnommen, die auf der Greenwichzeit basieren, und je nach Zeitzone, Länge und Breite des Geburtsorts müssen entsprechende Korrekturen vorgenommen werden.

3. Man sucht den »Aszendenten«.

Die Sonne wandert im Laufe eines Jahres auf ihrer scheinbaren Bahn, der Ekliptik, durch eine Himmelszone, in der auch die scheinbaren Bahnen der Planeten liegen. In dieser Himmelszone stehen die zwölf Sternbilder, die den berühmten Tierkreis bilden und von der Sonne nacheinander durchlaufen werden. Manche Sternbilder sind größer und heller als andere, aber man ordnet allen den gleichen Wert zu und teilt den Tierkreis in zwölf gleiche Abschnitte von je 30 Grad ein. Das aufsteigende Zeichen, der sogenannte Aszendent, ist das Sternbild, das im Augenblick der

Geburt über den Osthorizont heraufsteigt. Es ist nicht notwendigerweise auch das eigentliche Tierkreiszeichen. Wenn jemand sagt, er sei ein »Widder«, so meint er damit, daß er zwischen dem 21. März und dem 20. April geboren wurde, d. h. in der Zeit, in der die Sonne zugleich mit diesem Sternbild aufgeht. Nur wenn jemand bei Sonnenaufgang geboren wird, sind Tierkreiszeichen und Aszendent dasselbe.

4. Man sucht das Zeichen, das zum Zeitpunkt der Geburt im Zenit stand. Wie der Aszendent ist es Tabellen zu entnehmen.

5. Man zeichnet die Stellungen von Sonne, Mond und Planeten auf der Geburtskarte ein.

Diese Karte zeigt alle Planeten, auch die zum Zeitpunkt der Geburt unter dem Horizont stehenden. Die Einzelheiten sind in den sogenannten Ephemeriden zu finden, die Auskunft über die tägliche Stellung der Himmelskörper geben und jedes Jahr neu erscheinen.

So weit ist diese Technik durchaus respektabel. Kein Wissenschaftler hat gegen die Logik der angewandten Methode etwas einzuwenden, kein Astronom an den für die Berechnungen benutzten Tabellen etwas auszusetzen. Die Einteilung der Ekliptik in zwölf Abschnitte hat wohl etwas Willkürliches, aber sie ist praktisch, und da alle Abschnitte gleich groß sind, kann man auch keine Einwände dagegen erheben, daß sie miteinander verglichen werden. Das Zeichen, das jedem der zwölf Abschnitte zugeteilt ist, muß mehr als Gedächtnisstütze denn als echtes Sternbild oder kosmische Kraft aufgefaßt werden. Tatsächlich hat sich, seit die alten Babylonier ihren himmlischen Rorschachtest entwarfen und den Sternen Namen gaben, die Erdachse leicht verschoben, und die Abschnitte des Tierkreises entsprechen nicht mehr den Sternbildern, nach denen sie benannt wurden. Das spielt jedoch keine Rolle, denn die Abschnitte selbst sind in den für die Errechnung von Horoskopen verwendeten Tabellen genau definiert, und ihr Symbolismus ist belanglos.

Das wichtigste Werkzeug der Astrologie ist daher brauchbar und über jede Diskussion erhaben. Umstritten ist nur der Gebrauch dieses Werkzeugs, die Art und Weise, wie das Horoskop ausgedeutet wird, aber es überrascht, wie weit Wissenschaft und Astrologie übereinstimmen. Die Astrologen beginnen ihre Auslegung der Geburtsdaten mit der Erklärung, daß irdische Vorgänge durch außerirdische beeinflußt werden. Die Wissenschaftler müssen ihnen recht geben. Die Astrologie sagt, daß Personen, Ereignisse und Ideen im Augenblick ihrer Entstehung von den vorherrschenden kosmischen Bedingungen beeinflußt werden. Die Wissenschaft, die einen großen Teil ihrer Zeit damit zubringt, die ständigen Veränderungen der kosmischen Szenerie zu messen, muß zugeben, daß dies möglich sein könnte. Die Astrologie behauptet, wir unterlägen am stärksten dem Einfluß der uns nächsten Himmelskörper, die unserem eigenen Sonnensystem angehören, und die beiden wichtigsten seien die Sonne und der Mond. Wieder muß die Wissenschaft, die mittlerweile den Photoperiodismus und die Wirkungen solarer und lunarer Rhythmen entdeckt hat, ihr zustimmen. Die Astrologie behauptet ferner, die Stellung der Planeten zueinander sei für uns von Bedeutung, und die Wissenschaft muß nach Nelsons Arbeiten über den Einfluß der Planeten auf den Rundfunkempfang widerwillig zugeben, daß auch dies im Bereich des Möglichen liegt. Dann begibt sich die Astrologie allerdings auf eher unsicheren Boden mit der Behauptung, daß jeder der Planeten das Leben auf eine andere Weise beeinflusse, aber seit Gauquelins Arbeiten über die Beziehungen zwischen Planeten und Berufen gewinnt auch diese Vorstellung eine gewisse wissenschaftliche Achtbarkeit.

Die eigentlichen Meinungsverschiedenheiten zwischen Wissenschaft und Astrologie rühren aber nicht daher, daß die Astrologen auf Veränderungen im Kosmos hinweisen, sondern daher, daß sie behaupten, sie wüßten genau, was diese Veränderungen bedeuten. Sowohl Wissenschaftler als auch Astrologen beschreiben Vorgänge am Himmel und zeichnen die von ihnen ausgelösten erkennbaren Veränderungen in unserer Umwelt auf, aber die Astrologen gehen noch einen Schritt weiter. Sie haben ein kompliziertes und, wie es scheint, völlig willkürliches Bezugssystem errichtet, mit dessen Hilfe sie deuten, was sie sehen, ja die meisten praktizierenden Astrologen sehen gar nicht mehr hin, sondern verlassen sich voll und ganz auf das überlieferte System, aus dem sie alle Deutungen schöpfen. Da dies zur Zeit der eigentliche Stein des Anstoßes für die Wissenschaft ist, lohnt es sich, die astrologische Überlieferung genauer zu untersuchen.

Die Astrologie ist eine Gleichung, in die die Stellungen aller großen Himmelskörper unseres Sonnensystems als veränderliche

Größen eingesetzt werden. Die Stellungen von Körpern, die einen festen Ort umkreisen, lassen sich für jeden beliebigen Zeitpunkt vorausberechnen, und alle zusammen schaffen sie eine einzigartige Kombination von Bedingungen, die alle Vorgänge an diesem Ort beeinflussen. Die Astrologie behauptet, jeder der in Frage kommenden Himmelskörper habe eine bestimmte Funktion und Wirkung (so beherrscht, zum Beispiel, Merkur den Intellekt), die jedoch modifiziert werde durch die Sterne, die in dem betreffenden Augenblick hinter ihm stehen, und jedes der zwölf Sternbilder des Tierkreises übe ebenfalls einen besonderen Einfluß aus. Der Jungfrau beispielsweise schreibt man kritische, analytische Attribute zu. Erscheint also im Augenblick der Geburt Merkur in der Jungfrau, das heißt in dem Abschnitt des Horoskops, der den Einflußbereich des Sternbilds Jungfrau darstellt, so nimmt man an, daß die betreffende Person nicht nur Intelligenz besitzen wird, sondern auch die Fähigkeit, ihren Verstand geschickt zu gebrauchen.

Das Horoskop enthält außerdem noch eine zweite Unterteilung in zwölf Abschnitte, die sich auf keine astronomische Beobachtung stützt. Es sind dies die sogenannten »Häuser«, deren jedes wie die »Zeichen« (d. h. die Sternbilder) 30 Grad des Himmelskreises bedeckt. Das erste Haus weist nach dem Osthorizont und reicht ein Stück unter diesen hinunter, die anderen folgen in ost-westlicher Richtung, bis schließlich das zwölfte Haus genau über dem Osthorizont liegt. Der Aszendent steht daher immer im zwölften Haus, aber die Zeichen und die Häuser decken sich nie genau, es sei denn, das Kind wurde genau auf dem Übergang von einem Zeichen zum nächsten geboren. Wie die Planeten und die Sternbilder haben auch die Häuser traditionelle Attribute. Das zehnte zum Beispiel, betrifft den Ehrgeiz und die Geltung in der Öffentlichkeit. Wenn also in unserem Beispiel Merkur in der Jungfrau steht und beide in das zehnte Haus fallen, so wird ein Astrologe etwa voraussagen, daß der geschickte Gebrauch des Verstandes zu Ruhm und Ansehen führen wird.

Die Astrologie behauptet also, lange Erfahrung habe gezeigt, daß die Planeten einen voraussagbaren Einfluß auf den Charakter haben, der modifiziert wird durch sekundäre, aber gleichermaßen voraussagbare Einflüsse von Sternen, die mit den Planeten im gegebenen Augenblick in Konjunktion stehen, und weiter, daß die vereinigten Wirkungen dieser Kräfte auf einen Menschen bestimmt werden von der Stellung der Kombination Planet-Stern im Augenblick der Geburt des Kindes. Es gibt in unserem Sonnensystem außer der Erde selbst zehn große Himmelskörper, dazu kommen zwölf Gruppierungen von Sternen und zwölf Abschnitte, in denen sie alle sich befinden können, aber die Astrologen glauben, die wichtigsten Assoziationen seien diejenigen, die im Augenblick der Geburt über dem Osthorizont stehen (die Aszendenten), und diejenigen, die dort bei Sonnenaufgang stehen (die Tierkreiszeichen). Das stimmt mit den Untersuchungsergebnissen Gauquelins überein, nach denen der bei der Geburt aufgehende Planet, der »Geburtsgebieter«, wie die Astrologen sagen, etwas mit dem Beruf zu tun hat. Wenn aber eine kosmische Kraft einen besonderen Einfluß in gerade dem Augenblick ausübt, in dem sich ihr die Erde entgegendreht, so erscheint es vernünftig anzunehmen, daß diese Kraft noch verstärkt wird, wenn im gleichen Augenblick auch die Sonne in Sicht kommt. Wieder ist in der Mechanik dieser angenommenen Wirkungen nichts enthalten, was einen großzügig denkenden Wissenschaftler zum Widerspruch herausfordern müßte, aber die Schwierigkeiten ergeben sich eben aus den spezifischen Attributen, die man nach astrologischer Tradition den Gestirnen und ihren Stellungen zuschreibt.

Die Astrologie behauptet nämlich des weiteren, daß die Veranlagung eines Menschen (wie sie von einem Planeten bestimmt wird) und der Ausdruck, den diese Veranlagung findet (und der von einem Sternbild bestimmt wird), wiederum modifiziert werden durch die Beziehungen zwischen den verschiedenen Planeten. Die Planeten nehmen zueinander verschiedene Stellungen ein, die »Aspekte« genannt werden. Stehen zwei Planeten auf dem gleichen Längenkreis, so spricht man von einer »Konjunktion«, die einen besonders mächtigen Einfluß hat. Steht der eine über dem östlichen und der andere über dem westlichen Horizont, so daß der Längenunterschied 180 Grad beträgt, so liegt »Opposition« oder »Gegenschein« vor, eine Beziehung, die als negativ oder schlecht angesehen wird. Von »Quadratur« oder »Geviertschein« spricht man, wenn ein Planet über dem Horizont und der andere im Zenit steht, so daß der Längenunterschied 90 Grad ausmacht, und auch dieser Aspekt gilt als schlecht. Bei einem Längenunterschied von 120 Grad herrscht dagegen der als positiv und gut betrachtete »Trigonal«- oder »Gedrittschein«. Das sind die wichtigsten Aspekte, aber auch Längenunterschiede von 30, 45, 60, 135 und 150 Grad haben ihre besonderen Bedeutungen. In der Praxis gelten Abweichungen von bis zu 9 Grad von diesen genau festgesetzten Aspektwinkeln noch als zulässig.

Bei der Deutung eines Aspekts hält sich der Astrologe an den traditionellen Wert des Winkels zwischen den Planeten, um die Kombination ihrer traditionellen Attribute zu berechnen. Uranus, zum Beispiel, wird mit »plötzlichen Umstürzen« und Pluto mit »Vernichtung« in Verbindung gebracht. Diese beiden Planeten stehen nur alle 115 Jahre in Konjunktion, und zum letztenmal trat dieser Aspekt im Jahre 1963 ein. Die Astrologen versichern, jeder unter diesem Aspekt Geborene sei dazu ausersehen, ein großer Menschenführer mit ungeheurer Macht zum Guten oder zum Bösen zu werden. Greift man an diesem Punkt auf Nelsons Arbeiten über die Störungen des Rundfunkempfangs zurück (229), so stößt man auf faszinierende Zusammenhänge, denn Nelson stellte ein Auftreten von Störungen immer dann fest, wenn zwei oder mehr Planeten mit der Sonne in Konjunktion standen oder wenn die Längenunterschiede 90, beziehungsweise 180 Grad betrugen, und eben das sind die Aspekte, die in der Astrologie als die starken gelten und »unharmonisch« oder »schlecht« sein können. Nelson entdeckte außerdem, daß guter, störungsfreier Empfang gegeben war und vorausgesagt werden konnte, wenn die Planeten zur Sonne in Winkeln von 60 oder 120 Grad standen, und das wiederum sind nach astrologischer Überlieferung die »guten« Aspekte.

Diese Faktoren und diese Messungen sind äußerst kompliziert, aber sie bilden nur einen Teil des weitverzweigten Netzwerks verwickelter Beziehungen, die von den Astrologen aufgespürt werden. Es gibt Hunderttausende von überlieferten Anleitungen zur Interpretation von Millionen möglicher Kombinationen kosmischer Vorgänge. Selbst die leidenschaftlichsten Verfechter der Astrologie geben zu, daß ihrem Fach die klare philosophische Grundlage fehlt, daß die Gesetze und Prinzipien, die es beherrschen, noch nicht koordiniert wurden und daß die Literatur unübersichtlich ist und viele Irrtümer enthält. Die Gesamtheit dessen, was überblickt und überprüft werden kann, bildet jedoch ein eindrucksvolles Gebäude von Ansichten voller in Wechselbeziehung stehender Symmetrien, die ein elegantes, in sich selbst folgerichtiges System zu ergeben scheinen.

Wir müssen als nächstes die praktische Anwendung und die Leistungen der Astrologie untersuchen.

Ihren Überlieferungen im einzelnen nachzugehen, ist unmöglich. Die meisten sind im höchsten Grade unlogisch, sie scheinen sich auf kein wie immer geartetes dialektisches System zu stützen, und ihr Ursprung verliert sich in Mythen und uralten Glaubensvorstellungen, die sich nicht mehr erforschen lassen. Was wir aber überprüfen können, sind die praktischen Wirkungen dieser alten Überlieferungen und die Genauigkeit der mit ihrer Hilfe vorgenommenen Deutungen. Der Verbrauchertest muß also letzten Endes über die Qualität des Produkts entscheiden, das der Astrologe vertreibt. Den bisher strengsten und im striktesten Sinne wissenschaftlichen Test nahm 1959 der amerikanische Psychologe Vernon Clark vor.

Clark untersuchte zunächst die Behauptung der Astrologen, sie seien imstande, in der Zukunft zutage tretende Fähigkeiten und Begabungen direkt aus einem Horoskop abzulesen. (75) Er ließ Horoskope von zehn Personen anfertigen, die eine Zeitlang in einem eindeutig definierbaren Beruf gearbeitet hatten. Diese Berufe waren: Musiker, Bibliothekar, Tierarzt, Kunstkritiker, Prostituierte, Buchhalter, Reptilienkundler, Zeichenlehrer, Puppenspieler und Kinderarzt. Fünf der Versuchspersonen waren Frauen, und fünf waren Männer; alle waren in den Vereinigten Staaten geboren und zwischen 45 und 60 Jahre alt. Die Horoskope wurden zwanzig Astrologen übergeben, die dazu eine Liste mit den Berufen erhielten und aufgefordert wurden, jedem Horoskop den richtigen Beruf zuzuordnen. Die gleichen Unterlagen erhielt eine Kontrollgruppe von zwanzig Psychologen und Fürsorgern, die nichts von Astrologie verstanden. Das Ergebnis war überzeugend: Die Kontrollgruppe erzielte nur einige Zufallstreffer, aber 17 von den 20 Astrologen konnten Resultate vorweisen, die den Zufall mit einer Wahrscheinlichkeit von 100:1 ausschlossen. Das zeigt, daß die Veranlagung eines Menschen tatsächlich von kosmischen Konstellationen beeinflußt zu werden scheint und daß ein Astrologe das Wesen dieses Einflusses allein durch Betrachtung eines Horoskops zu erkennen vermag, das ein traditionelles, ritualisiertes Bild der jeweiligen kosmischen Konstellation darstellt.

Clark testete als nächstes die Fähigkeit der Astrologen, nicht nur zwischen Konstellationen zu unterscheiden, sondern auch die besondere Wirkung einer Konstellation vorauszusagen. Er gab denselben Astrologen zehn Paare von Horoskopen, und jedem Paar war eine Liste der wichtigen Ereignisse (Heirat, Geburt von Kindern, berufliche Veränderungen, Sterbefälle) angeheftet, die im Leben der Person stattgefunden hatten, der das eine der beiden Horoskope gehörte. Die Astrologen hatten zu entscheiden, welches der Horoskope solche Ereignisse voraussagte, und der Test wurde dadurch erschwert, daß die zwei zu einem Paar zusammengestellten Horoskope immer Personen des gleichen Geschlechts gehörten, die in demselben Jahr geboren waren und in demselben Gebiet lebten. Drei Astrologen trafen in allen zehn Fällen das Richtige, die übrigen schnitten wieder so gut ab, daß der Zufall mit einer Wahrscheinlichkeit von mehr als 100:1 auszuschließen war. Der Astrologe kann also erkennen, ob ein Unfall oder eine Heirat in einem bestimmten Horoskop vorgezeichnet ist oder nicht, was bedeutet, daß er theoretisch auch imstande gewesen wäre, diese Ereignisse vorauszusagen, bevor sie eintraten.

Damit gab sich aber Clark noch nicht zufrieden. Er argwöhnte, daß die Astrologen zu viele aufschlußreiche Hinweise erhalten hätten, und gab ihnen daher noch einmal zwanzig zu zehn Paaren zusammengestellte Geburtsdaten ohne Vorgeschichte, ohne Auskünfte über wichtige Ereignisse und ohne irgendwelche persönliche Angaben. Das einzige, was die Astrologen erfuhren, war, daß jeweils eine Person in jedem Paar an Gehirnlähmung litt. Wieder fanden sie so oft die richtige Person heraus, daß der Zufall unbedingt auszuschließen war. Clark folgerte, daß »Astrologen allein anhand von aus den Geburtsdaten abgeleitetem Material erfolgreich zwischen Individuen unterscheiden können«. Tatsächlich arbeiteten die Astrologen bei diesen Tests »blind«, das heißt, ohne die Personen zu sehen. Sie befanden sich daher in der Lage eines Arztes, der eine Krankheit diagnostiziert, ohne seinen Patienten zu sehen. Für mich als Wissenschaftler ist diese Leistung ein Beweis dafür, daß die astrologische Überlieferung nicht nur ein sinnloser Wirrwarr abergläubischer Vorstellungen ist, sondern ein brauchbares Instrument, das dazu verwendet werden kann, mehr Informationen aus einer einfachen Himmelskarte zu schöpfen, als wir mit irgendeinem anderen derzeit verfügbaren Mittel erhalten können.

Diese Ergebnisse besagen zusammen mit denen Nelsons und Gauquelins sehr deutlich, daß kosmische Ereignisse auf irdische Zustände einwirken, daß verschiedene Ereignisse die Zustände auf verschiedene Weise beeinflussen und daß die Natur dieser Einflüsse erkannt und vielleicht sogar vorausgesagt werden kann.

Eine Frage, die den Astrologen oft gestellt wird, lautet: »Wird es ein Junge oder ein Mädchen?« Ihre Voraussagen sind recht zutreffend, was angesichts der beschränkten Zahl der Möglichkeiten kaum überraschen kann, aber aus der ČSSR hört man von einer neuen Technik, die sehr viel mehr verspricht als nur die übliche 50prozentige Chance einer richtigen Antwort.

Eugen Jonas, der tschechische Psychiater, dessen Interesse an den Mondrhythmen zur Entdeckung einer erfolgreichen Methode der natürlichen Geburtenregelung führte, stieß im Verlauf seiner weiteren Arbeiten auf eine neue lunare Korrelation, die es ermöglicht, das Geschlecht eines Kindes mit großer Genauigkeit vorauszusagen. (168) Die Methode geht von der Stellung des Mondes im Augenblick der Empfängnis aus. In der klassischen Astrologie wird jedem Tierkreiszeichen ein Geschlecht zugeschrieben: Widder ist männlich, Stier weiblich und so fort. Jonas entdeckte nun, daß bei einem Geschlechtsverkehr zu einer Zeit, in der der Mond in einem »männlichen« Abschnitt des Tierkreises steht, ein Knabe gezeugt wird. In einer Klinik in Preßburg stellte er für 8000 Frauen, die Knaben haben wollten, die entsprechenden Berechnungen an. Sie stimmten in 95 von 100 Fällen, und als er von einem Gynäkologenkomitee getestet wurde, das ihm nur den jeweiligen Zeitpunkt des Verkehrs angab, konnte er das Geschlecht des Kindes mit einer Genauigkeit von 98 Prozent voraussagen.

Zur Zeit sind Arbeiten auf dem Gebiet der künstlichen Befruchtung im Gange, die ergeben haben, daß man »männliche« und »weibliche« Samenzellen trennen kann, indem man einen schwachen elektrischen Strom durch die Samenflüssigkeit schickt. (217) Wir wissen nun, daß der Mond regelmäßige Veränderungen im Magnetfeld der Erde hervorruft, und wir wissen, daß das Leben auf diese Veränderungen reagiert. Von diesen Voraussetzungen aus ist es nur ein einfacher, logischer Schritt zu der Annahme, daß eine ähnliche Samenauslese auch in einem lebenden Organismus stattfinden könnte. Die Wirkung von äußeren Magnetfeldern auf das Sperma könnte noch dadurch verstärkt werden, daß der Samen bei den meisten Säugetieren in außerhalb der Körperhöhle befindlichen Organen produziert und gespeichert wird. Eugen Jonas' Entdekkung teilt uns zwei wichtige Dinge über diesen Vorgang mit. Das eine ist, daß er offenbar einem regelmäßigen kosmischen Zweistundenrhythmus unterliegt – einem der kürzesten, die man bisher entdeckt hat –, und das andere ist, daß dieser Rhythmus genau dem von der traditionellen Astrologie vorausgesagten entspricht.

Wir haben auf diese Weise ein Bild von der Astrologie gewonnen, das sehr weit von dem entfernt ist, das uns der »Astrologische Wegweiser«, oder wie immer die betreffende Spalte in der nächstbesten Zeitung heißt, vermittelt, wo allein aufgrund der Tierkreiszeichen billige Ratschläge gegeben werden. Für viele Menschen sind Tierkreis und Astrologie dasselbe, aber die Jungfrau und ihre Genossen sind nur Teil eines viel größeren und vielschichtigeren Komplexes. Tatsächlich hängt dieser Komplex so fest in sich zusammen, daß man nur schwer begreift, wie er je auseinanderfallen konnte. Es wird allgemein angenommen, daß die Astrologie zum größten Teil auf die Babylonier (oder Chaldäer) zurückgeht, die als Nomaden in einem Klima, das einen freien, unbehinderten Blick auf den Himmel gewährt, bereitwillig die Vorstellung akzeptierten, daß sich die göttlichen Kräfte in der Bewegung der Himmelskörper manifestierten. Die Schulbuchgeschichte berichtet, wie diese Vorstellung sich allmählich erweiterte und auf Zeichen und Vorbedeutungen erstreckte, bis man schließlich die Planeten zu allen Lebenserscheinungen in Beziehung setzte. Das Ritual wurde weitergegeben an Griechen, Römer und Araber und immer mehr verfeinert, bis es seine volle Blüte im Mittelalter erreichte. John West und Jan Toonder lehnen diese Darstellung ab und zeigen in ihrer gründlichen historisch-kritischen Studie *The Case for Astrology,* daß die Astrologie weit mehr den Ägyptern verdankt, die ihrerseits die Stücke »einer alten Lehre« zusammensetzten, die »einst Kunst, Religion, Philosophie und Wissenschaft zu einem in sich geschlossenen Ganzen verschmolz«. (339)

Möglicherweise reichen die Wurzeln der Astrologie zurück bis in die letzte Eiszeit, denn man hat unlängst auf einem mehr als 30 000 Jahre alten Knochen Markierungen entdeckt, die eine Beobachtung der Mondphasen anzudeuten scheinen. Eine Kenntnis der Planetenbahnen und -perioden läßt sich jedoch erst um 2870 v. Chr. nachweisen, als in Ägypten die erste Pyramide gebaut wurde. Fünftausend Jahre sind aber nur 200 Generationen, und es fällt schwer zu glauben, daß diese kurze Zeitspanne genügt haben sollte, um ein System aufzubauen, in dem jede noch so einfache Behauptung immer erst eine Generation später nachgeprüft werden konnte. Einige der ungewöhnlicheren Ereignisse treten zu selten ein – Uranus und Neptun standen in geschichtlicher Zeit nur 29mal in Konjunktion –, als daß man sich eine solche Entwicklung aufgrund der Probiermethode vorstellen könnte. Ebenso unwahrscheinlich ist, daß die Astrologie im Laufe der Zeit langsam wuchs, indem immer wieder neue Beweisstücke entdeckt und hinzugefügt wurden. Herausfinden wollen, welche kosmische Konstellation eine bestimmte Wirkung hervorruft – das ist ebenso schwer wie der Versuch festzustellen, welches Gen von den Tausenden eines Chromosoms die Augenfarbe eines Individuums bestimmt. Der amerikanische Astrologenverband hat 1300 Mitglieder, die Amerikanische Gesellschaft der Genetiker doppelt so viele. Es ist daher statthaft, die Bemühungen der Astrologen und der Genetiker miteinander zu vergleichen, um das Problem in seiner ganzen Kompliziertheit darzustellen. Das wichtigste Werkzeug der genetischen Forschung ist die bereits erwähnte Taufliege. Eine Taufliegengeneration dauert zwei Wochen, 200 Generationen würden daher rund acht Jahre umspannen. Die Arbeiten an der Taufliege begannen 1909, aber man brauchte mehr als 50 Jahre, um ein vollständiges Bild von einem einzigen Chromosom zu erarbeiten. Selbst wenn wir voraussetzen, daß die Probleme ungefähr vergleichbar sind, so entspricht dem eine Spanne von 1400 Menschengenerationen oder 35 000 Jahren intensiver Forschung für die Erarbeitung des astrologischen Bildes. Tatsächlich ist aber das System der traditionellen Astrologie um so viel komplizierter, daß wir uns zu der Schlußfolgerung gezwungen sehen, die Astrologie müsse einen anderen Ursprung haben.

Sie ist offenbar nicht das Ergebnis einer plötzlichen Erkenntnis von der Art des Archimedischen »Heureka!«. Sie entsprang nicht fertig ausgeformt dem Gehirn *eines* Menschen. Wenn sie aber weder auf die eine noch auf die andere Weise entstand, bleibt nur eine Möglichkeit übrig: Sie muß sich wie ein lebender Organismus entwickelt haben – aus dem Stoff selbst, aus dem sie gemacht ist.

In der Buschlandschaft um die nordaustralische Stadt Darwin lebt eine Termite, die einen seltsam geformten Bau anlegt. Viele Termiten kleben feine Sandkörner mit Speichel zusammen und mauern auf diese Weise riesige steinharte Hügel, aber diese australische Art baut Platten, die ungefähr drei Meter im Quadrat groß und nur einige Zoll dick sind und im Busch umherstehen wie riesige Grabsteine. Die Längsachse jeder dieser Platten liegt genau in nord-südlicher Richtung, und daher hat dieses Insekt auch seinen Namen: *Omitermes meridionalis* oder Kompaßtermite. Jeder Termitenbau gleicht insofern einem Eisberg, als er zum größten Teil unter der Erde liegt, und der sichtbare Teil über der Erde ist von zahllosen Luftschächten durchzogen, die die Klimaanlage der Festung darstellen. Tausende von Arbeitern laufen die Schächte hinauf und hinunter, um sie zu öffnen und zu schließen wie Ventile, damit die Temperatur in den tiefer gelegenen Brutkammern während des ganzen Tages konstant bleibt. In der Morgenkühle muß so viel Wärme wie möglich aufgenommen werden, daher wendet der Bau, in diesem Falle die Platte, der Sonne die Breitseite zu. Um die Mittagszeit muß dagegen eher Wärme abgegeben werden: Der Bau bietet der über ihm stehenden Sonne nur seine schmale Schneide dar. Jede einzelne Arbeitstermite besitzt eine angeborene Kenntnis von der Bewegung der Sonne, die sie dazu befähigt, ihren kleinen Teil des Baus so anzulegen, daß das Ganze in einer Weise auf den Kosmos bezogen ist, die den Bedürfnissen der Gesellschaft entspricht. Der Termitenbau wird daher buchstäblich von kosmischen Kräften geformt.

Ich glaube, so entstand auch die Astrologie: Ein Bewußtwerden kosmischer Kräfte prädisponierte den Menschen für gewisse Vorstellungen und für die Erkenntnis gewisser Zusammenhänge, und obwohl jeder einzelne Astrologe, der einen Beitrag leistete, immer nur einen kleinen Teil des Baus überblickte, nahm die Synthese, das Ganze, zuletzt eine natürliche und relevante Form an.

Ich weiß, das klingt mystisch, aber es gibt gute wissenschaftliche Gründe für meine Anschauung. Während die Chemie entdeckte, daß alles Leben aus den gleichen, wenigen Grundstoffen aufgebaut ist, untersuchte die Physik diese Stoffe selbst und entdeckte, daß sich die Elementarteilchen der Materie alle gleich verhalten. Sie haben alle eine Wellenbewegung. Wir wissen, daß sich alle Informationen, gleich ob Schallsignale oder elektromagnetische Impulse wie das Licht, in Wellen fortbewegen. Die neue Quantenmechanik lehrt nun aber, daß es auch Materiewellen gibt und daß ein Information empfangender Organismus selbst in Wellen schwingt. Überlagern sich zwei Wellen mit verschiedener Frequenz, so schwingen die Wellenzentren bald synchron, bald im Gegentakt. Es entstehen die sogenannten Schwebungen, die sich bei Schallwellen in einem An- und Abschwellen der Lautstärke äußern. Mehrere Schwebungen nacheinander in regelmäßiger Folge bilden einen Rhythmus. Alles im Kosmos tanzt nach diesen Rhythmen.

Der englische Philosoph John Addey entdeckte solche Rhythmen in den menschlichen Geburtszeiten. Er wollte an sich die Behauptung nachprüfen, daß die unter dem Tierkreiszeichen Steinbock Geborenen länger leben als andere, und sammelte zu diesem Zweck Daten über 970 Neunzigjährige aus dem *Who's Who.* (2) Die »Steinböcke« waren unter ihnen natürlich nicht häufiger vertreten. Daraufhin untersuchte er, ob die Fischegeborenen tatsächlich besonders kurzlebig sind, indem er Daten über jugendliche Opfer der Kinderlähmung sammelte. (3) Wieder ließ sich keine Beziehung herstellen, aber als Addey die Daten beider Gruppen sorgfältiger betrachtete, fiel ihm ein Wellenmuster auf, das sich durch das ganze Jahr zog: eine regelmäßige Linie mit 120 Wellenbergen, das heißt eine Schwingung mit der Frequenz 120. Ein Horoskop ist auf dem Ekliptikkreis von 360 Grad aufgebaut. Trägt man das Wellenmuster in diesen Kreis ein, so entspricht jedem dritten Grad ein Wellenberg. Anhand seines Testmaterials stellte Addey nun fest, daß ein Kind, dessen Geburt auf einen dritten Grad fällt, mit einer um 37 Prozent höheren Wahrscheinlichkeit als die zu anderen Zeiten Geborenen an Kinderlähmung erkrankt.

Addey wandte daraufhin die Wellenanalyse auf andere Daten an (339) und stellte fest, daß die Geburtszeiten von 2593 Geistlichen der Frequenz 7 und die von 7302 Medizinern der Frequenz 5 entsprachen. (4) Dies ist wahrscheinlich die wichtigste aller neueren Entdeckungen, die der alten Astrologie und der neuen Wissenschaft eine Begegnung auf gemeinsamem Boden ermöglichen. Sie zeigt deutlich, daß astrologische Daten der statistischen Behandlung zugänglich sind und daß sie bei solcher Behandlung Resultate ergeben, die mit unseren Kenntnissen von den Grundgesetzen der Materie direkt übereinstimmen. Der Kosmos ist ein chaotisches Durcheinander von Wellen, von denen einige auf der Erde zu einem organisierten Lebenssystem orchestriert wurden. Die Harmonie zwischen Kosmos und Erde kann nur mit Hilfe einer Partitur verstanden werden, und von allen Interpretationsmöglichkeiten, die uns im Augenblick zur Verfügung stehen, scheint die Astrologie (ungeachtet ihrer seltsamen Ursprünge und oft noch seltsameren Anhänger) die beste zu bieten.

Zu dem Schluß gelange ich aus zwei Richtungen. Einmal reise ich als Wissenschaftler und suche mir meinen Weg mit Sorgfalt und Logik. Ich lasse mich von der Karte des gesicherten Wissens leiten und erreiche mein Ziel mit der Erkenntnis, daß die Astrologie, wenn schon nicht bewiesen, so doch wenigstens nicht widerlegt wurde. Es liegen gut begründete und sowohl überprüfbare als auch wiederholbare Beweise dafür vor, daß die Astrologie genug Wahres und Richtiges enthält, um ernst genommen und weiterverfolgt zu werden. Auf dem anderen Wege reise ich als Individuum, das zwar eine wissenschaftliche Ausbildung genossen hat, aber durchaus bereit ist, auch nahezu alles aus dem gewohnten Rahmen Fallende in Betracht zu ziehen. So gerate ich an die Astrologie und beschäftige mich lange genug mit ihr, um mich davon zu überzeugen, daß »etwas dran ist«. Gewiß, es gibt da Unvereinbares und viele vage, zwiespältige Behauptungen – die Astrologie ist auf dem Gebiet der Vorhersage besonders schwach und der Kritik ausgesetzt –, aber dennoch habe ich das Gefühl, daß sie auf dem richtigen Wege ist, daß sie, wenn ihre Ziele auch manchmal fragwürdig und ihre Argumente oft schwach sind, auf etwas im Grunde Sinnvolles gestoßen ist.

Ich glaube nicht, daß ein Mann aufgrund von Ausstrahlungen des Planeten Mars »entschlossen, freiheitsliebend und ein Wegbereiter« ist. Das ist in dieser groben Vereinfachung Unsinn. Ich glaube aber, daß es komplexe Kombinationen kosmischer Kräfte gibt, die ein Individuum für eine solche Entwicklung prädisponieren können. Die Astrologen haben vielleicht recht mit der Behauptung, daß bestimmte Bedingungen vorherrschen, wenn der Mars am Horizont aufgeht, aber auch wenn das zutrifft, ist der Planet lediglich ein Symptom der allumfassenden Komplexität. Er gleicht dem Sekundenzeiger einer Uhr, der zwar die genaue Zeit sichtbar anzeigt, aber doch ganz und gar von den verborgenen Federn und Rädchen abhängt, die in Wirklichkeit seine Geschwindigkeit bestimmen. Ich kann mich auch nicht der Anschauung anschließen, daß die Geburt der kritische Augenblick sei. Es erscheint mir weit sinnvoller anzunehmen, daß die kosmischen Kräfte ununterbrochen auf alles einwirken und daß sich der Augenblick der Geburt zum übrigen Leben nicht anders verhält als die augenblickliche Stellung des Mars zum gesamten Kosmos. Wir wissen nun, daß der Zeitpunkt der Geburt mit Mondzyklen, Sonnenrhythmen und einer ererbten Neigung zusammenhängt, in einer bestimmten Weise auf diese periodischen Vorgänge zu reagieren. Es ist anzunehmen, daß die Geburt, die frühen Stadien der fetalen Entwicklung, die Befruchtung und schließlich der Geschlechtsakt in derselben Weise zueinander in Beziehung stehen und ein Kontinuum bilden, in dem kein Augenblick an sich wichtiger ist als ein anderer.

Es ist etwas Mystisches an der Astrologie, aber es ist nichts Übernatürliches an ihrer Funktionsweise. Der Mensch wird von seiner Umgebung aufgrund von eindeutig definierten physikalischen Kräften beeinflußt, und sein Leben wird wie das aller anderen Wesen durch natürliche, allgemein gültige Gesetze organisiert. Etwas anderes zu glauben, wäre ebenso unsinnig wie die Annahme, die *Encyclopedia Britannica* sei durch eine Explosion in einer Druckerei rein zufällig zusammengeworfen worden.

3. Kapitel:
Die Physik des Lebens

Wir wählen das Leben. Und wir müssen wählen, weil in jeder Sekunde hundert Millionen Impulse auf unser Nervensystem eindringen. Wenn wir sie alle aufnehmen wollten, würden wir sehr rasch überwältigt werden und in heilloser Verwirrung sterben. Die Zufuhr wird daher überwacht und sorgfältig geregelt. Von all den Millionen eintreffender Signale erreicht nur eine kleine Anzahl das Gehirn, und eine noch kleinere Anzahl wird in jene Bereiche weitergeleitet, wo bewußte Wahrnehmung entsteht.

Ein Tonband scheint stets mehr Hintergrundgeräusche aufzunehmen, als in Wirklichkeit vorhanden sind, aber das Summen des Verkehrs, beispielsweise, oder das Ticken einer Uhr ist immer da – unser Gehirn ignoriert es lediglich. Alle Lebensformen sind in diesem Sinne selektiv. Aus der ständig vorhandenen Geräuschkulisse, aus dem, was Milton »das schaurige, allgegenwärtige Sausen« nannte, trifft ein Organismus seine Wahl. Die ausgewählten Teile sind nicht notwendigerweise auch die auffälligsten Reize, die lautesten Töne oder die hellsten Lichter; sehr oft sind es subtile Veränderungen in der Umgebung, die nur dadurch auffallen, daß sie nicht in diese Umgebung gehören. Als Zoodirektor mußte ich einmal zwei Feneks in meinem Haus halten. Das sind kleine, zarte Wüstenfüchse mit großen blattförmigen Ohren, die zitternd die Umgebung abhorchen wie Radarantennen und begierig jeden neuen Laut aufnehmen. Schwere Fahrzeuge donnerten unaufhörlich eine in der Nähe des Hauses vorbeiführende Hauptverkehrsstraße entlang, oft so laut, daß sie mit ihrem Motorenlärm und den Erschütterungen das Gespräch übertönten, aber mitten in diesem Dröhnen waren die beiden Füchse imstande, ein so leises Geräusch wie das Rascheln von Zellophan im übernächsten Zimmer wahrzunehmen, und wie durch Zauberei erschienen sie an der Armlehne meines Sessels, um zu sehen, was ich da auspackte.

Lebende Organismen wählen aus dem sie umgebenden Sperrfeuer elektromagnetischer Wellen nur jene Frequenzen aus, die vermutlich die brauchbarsten Informationen vermitteln. Die Erdatmosphäre reflektiert oder absorbiert große Teile des Spektrums der aus dem Weltraum einfallenden Wellen. Die Infrarot- und die Ultraviolettstrahlung wird teilweise eliminiert, aber sichtbares Licht mit zwischen diesen beiden liegenden Wellenlängen geht nahezu unbehindert durch die Schichten der Atmosphäre hindurch. Es ist daher kein Zufall, daß das Leben auf diese potentielle Nachrichtenquelle sehr empfindlich reagiert. Das menschliche Auge nimmt Wellenlängen von 380 bis 760 Millimikron wahr, und das ist genau der Frequenzbereich, der durch die Schutzhülle der Erde am wenigsten beeinträchtigt wird. Wir erhalten ein selektives Bild des Kosmos durch eine Anzahl derartiger schmaler Fenster.

Früher sprach man von nur fünf solchen Fenstern: Gesicht, Gehör, Geruch, Geschmack und Tastsinn. Doch wir müssen unsere Vorstellungen von der Architektur des Lebens unaufhörlich revidieren, denn wir entdecken neue Sinne in uns selbst und neue Kombinationen bekannter Sinne bei anderen Spezies. Fledermäuse »sehen« mit den Ohren; sie setzen sich genaue Bilder ihrer Umgebung zusammen, indem sie Hochfrequenztöne aussenden und auf die zurückkehrenden Echos horchen. Klapperschlangen »sehen« mit der Haut. Sie verfolgen in völliger Dunkelheit die Bewegungen ihrer Beute mit Hilfe von wärmeempfindlichen Zellen in zwei flachen Vertiefungen zwischen den Augen. Fliegen »schmecken« mit den Füßen. Sie betasten mit ihnen die Nahrung, um festzustellen, ob sie es wert ist, gefressen zu werden. Der ganze Körper ist letzten Endes ein Sinnesorgan, und scheinbar übernatürliche Fähigkeiten entpuppen sich bei gründlicherer Untersuchung als solche Abweichungen, die von einer bestimmten Spezies ihren eigenen, besonderen Bedürfnissen entsprechend entwickelt wurden.

In den roten, schlammigen Flüssen Afrikas lebt eine *Mormyridae* (Nilhechte) genannte Familie von Fischen. Zu ihr gehören einige der am seltsamsten gestalteten Fische der Welt mit langen Körpern und steifen Rücken, winzigen Augen und rüsselförmig verlängerten, nach unten gebogenen Schnauzen. Einige Arten wühlen im dicken Schlamm nach Würmern, die meisten gehen nur nachts auf Beute aus, und alle haben eine außerordentliche Fähigkeit, auf für den

Menschen nicht wahrnehmbare Reize zu reagieren. Wenn man sich mit einem Kamm durchs Haar fährt, wird er elektrisch aufgeladen. Die Spannung beträgt weniger als ein Milliardstel Volt, aber wenn man einen solchen Kamm außen an das Glas eines Aquariums hält, in dem ein Nilhecht lebt, reagiert dieser heftig auf das winzige elektrische Feld, das sich im Wasser bildet.

Professor Lissmann in Cambridge hielt einen dieser Nilhechte, den *Gymnarchus niloticus,* beinahe zwanzig Jahre lang und erforschte seine seltsame Welt. (200) Trotz seiner verkümmerten Augen, die gerade noch den Unterschied zwischen hell und dunkel wahrnehmen, ist dieser Fisch imstande, mit äußerster Präzision Hindernisse zu umgehen und den kleinen Fischen nachzujagen, von denen er sich ernährt. Wie Lissmann entdeckte, »sieht« er mit Hilfe von Elektrizität, die er in einem elektrischen Organ, einer Muskelbatterie in seinem langen, spitzen Schwanz, erzeugt. Lissmann hängte zwei Elektroden in das Wasser und stellte fest, daß der Fisch ununterbrochen schwache elektrische Entladungen, etwa 300 je Sekunde, aussendet. Bei jeder Entladung wird die Schwanzspitze vorübergehend negativ, während der Kopf positiv geladen ist. Der *Gymnarchus* wirkt daher wie ein Stabmagnet: er produziert ein Feld mit spindelförmig ausstrahlenden Kraftlinien. In offenem Wasser ist das Feld symmetrisch, aber ein in seinen Bereich geratender Gegenstand verformt es, und der Fisch spürt das als Änderung des elektrischen Potentials auf seiner Haut. Die betreffenden Sinneszellen sind kleine Poren am Kopf. Sie enthalten eine geleeartige Substanz, die auf das Feld reagiert und Informationen an einen besonderen elektrischen Empfindungsbereich im Innern des Kopfes weiterleitet, der so groß ist, daß er das ganze übrige Gehirn wie ein schwammiger Hut bedeckt.

Lissmann brachte seinen Nilhechten bei, Futter aufzusuchen, das jeweils hinter einem von zwei gleichen Keramiktöpfen am einen Ende des Aquariums versteckt war. Die Fische konnten den Inhalt der Töpfe nicht sehen oder riechen, aber deren Wände waren porös und bildeten, in Wasser getaucht, kein Hindernis für ein elektrisches Feld. Mit Hilfe ihres elektrischen Orientierungssinnes konnten die Fische Leitungswasser von destilliertem Wasser oder einen 1 mm dicken Glasstab von einem 2 mm dicken unterscheiden, und sie holten sich immer das Futter hinter dem Topf, der der bessere elektrische Leiter war. Wenn sich zwei oder mehr Fische in demselben Gebiet aufhalten, vermeiden sie Verwirrung, indem sie ihre elektrischen Stöße mit unterschiedlichen Frequenzen aussenden, so daß jeder Fisch seine eigene, deutlich unterscheidbare elektrische »Stimme« hat. Taucht man an einen Lautsprecher angeschlossene Elektroden nahe dem Flußufer, wo die Fische tagsüber ruhen, ins Wasser, so kann man ein verblüffendes Rasseln, Summen und Pfeifen – das elektronische Geplauder der Fische – hören.

Der *Gymnarchus* ist imstande, Lebewesen von leblosen Gegenständen zu unterscheiden, auch wenn sich das Lebewesen nicht bewegt. Dabei richtet er sich offensichtlich nicht nach der Gestalt, denn er unterscheidet einen lebenden Fisch von einem toten derselben Art. Man muß annehmen, daß er auf irgendwelche elektrischen Signale reagiert. (199) Lissmann konnte feststellen, daß viele Arten von Fischen, die angeblich nicht elektrisch sind, in Wirklichkeit starke Stromstöße austeilen können, und er nimmt an, daß sie entweder im Begriff sind, einen elektrischen Orientierungssinn zu entwickeln, oder daß sie sich der Elektrizität bereits zusätzlich zu ihren normalen Sinnen bedienen. Jedesmal wenn sich ein Muskel zusammenzieht, verändert er sein Potential. Es ist daher möglich, daß ein lebender Organismus, in dem immer irgendwelche Muskelbewegungen stattfinden, ein Feld schafft, das stark genug ist, um von einem Spezialisten wie dem *Gymnarchus* erkannt zu werden. Alle bekannten hochelektrischen Organismen leben im Wasser, das ein guter Leiter ist. Luft ist ein schlechter Leiter. Für die Orientierung eines Landtieres durch Elektrizität wäre daher eine erheblich größere Kraftquelle erforderlich. Keine Art hat es offenbar der Mühe wert gefunden, ein solches System zu entwickeln, aber es hat den Anschein, daß alle Lebensformen ein schwaches elektrisches Feld zu erzeugen und vielleicht auch zu erkennen vermögen.

Die Lebensfelder

Harold Burr in Yale wies die Existenz von Lebensfeldern durch eines der einfachsten und elegantesten biologischen Experimente nach, die je angestellt wurden. Er ging vom Prinzip des Generators aus, einer Maschine, die durch Umwandlung rein mechanischer

Energie, wie sie, zum Beispiel, fallendes Wasser oder der Wind liefert, elektrischen Strom erzeugt. In seiner einfachsten Form besteht der Generator aus einem Anker oder Läufer – einem mit Kupferwicklungen versehenen Teil oder auch nur einer Kupferdrahtschleife –, der in einem Magnetfeld rotiert und in raschem Wechsel das Feld unterbricht und wiederherstellt, so daß durch Induktion eine Spannung entsteht. Bei Burrs Experiment bestand nun der Generator aus einem lebenden Salamander, der in einer Schale mit Salzwasser schwamm. Burr nahm an, daß der Salamander ein Feld erzeugte und daß es ihm gelingen werde, dieses Feld zu unterbrechen und Strom herzustellen. Er wählte daher Salzwasser, das Strom beinahe ebensogut leitet wie Kupferdraht, als Anker und drehte die Schale immer um den schwimmenden Salamander herum. Das Feld wurde tatsächlich unterbrochen, und ins Wasser getauchte Elektroden nahmen bald einen Strom auf. Als dieser zur Messung einem Galvanometer zugeleitet wurde, schlug die Nadel nach links und nach rechts aus, das heißt, sie zeigte das typische negativ-positive Schema eines regelrechten Wechselstroms. Wurde die Schale ohne den Salamander gedreht, so entstand kein Strom.

Nachdem er auf diese Weise bewiesen hatte, daß auch ein kleines, verhältnismäßig langsames Tier sein eigenes elektrisches Feld erzeugt, entwickelte Burr ein Instrument, das empfindlich genug war, um die Feldstärke zu messen. (57) Er modifizierte ein übliches Röhrenvoltmeter, indem er einen sehr hohen Widerstand einbaute, um zu verhindern, daß die Messung durch die Aufnahme von Strom direkt vom Organismus beeinträchtigt wurde. Dieser Spannungsmesser wurde mit einer Skala versehen und mit zwei Silberchloridelektroden verbunden. Die Elektroden kamen nie mit dem zu messenden Lebewesen selbst in Berührung, sondern waren von diesem durch eine Spezialpaste oder eine Salzlösung mit derselben Ionenkonzentration wie der Organismus getrennt.

Den ersten Test mit diesem Instrument nahm Burr an Studenten und Studentinnen vor, die sich freiwillig gemeldet hatten. (60) Die Elektroden wurden in zwei kleine Schalen mit einer Salzlösung gehängt, die Versuchspersonen tauchten ihre Zeigefinger in die Schalen und wechselten dann die Seiten, so daß sich ein Durchschnittswert ablesen ließ. Die Messung wurde über ein Jahr lang täglich zur gleichen Zeit vorgenommen, und Burr stellte bei allen

Versuchspersonen kleine Schwankungen von Tag zu Tag fest. Die Studentinnen zeigten aber außerdem noch einmal im Monat einen starken Spannungsanstieg, der etwa 24 Stunden anhielt. Diese auffällige Veränderung trat ungefähr um die Mitte des Menstruationszyklus auf, und Burr vermutete, daß sie mit dem Eisprung zusammenfiel. Um sich zu vergewissern, begann er mit Kaninchen zu experimentieren. Das Kaninchenweibchen hat keinen regelmäßigen Menstruationszyklus und keine Brunftzeit. Es kann sich, seinem Ruf treu, jederzeit fortpflanzen. Wie viele kleine Säugetiere ist es ein sogenannter Schockovulator. Der Rammler braucht bei der Paarung nur kräftig genug zu stoßen, um den Gebärmutterhals zu reizen (manche Arten haben zu diesem Zweck sogar einen explosiven Spieß im Penis), und schon kommt es ungefähr neun Stunden später zur Ovulation. Burr stimulierte ein Weibchen künstlich, wartete acht Stunden, anästhesierte es, schnitt es auf und legte seine Elektroden an den Eierstock an. Während die Spannung laufend gemessen wurde, beobachtete er den Eierstock mit einem Mikroskop. Zu seiner Befriedigung schnellte die Spannung genau in dem Augenblick in die Höhe, in dem er einen Follikel platzen und das Ei heraustreten sah. (56)

Die Ovulation verursacht also eine merkliche Veränderung im elektrischen Feld des Körpers. Diese Feststellung konnte überprüft und bestätigt werden an einer Frau, die vor einer Operation stand und sich bereit erklärte zu warten, bis Burrs Spannungsmesser anzeigte, daß der Augenblick der Ovulation gekommen war. (58) Als die Eierstöcke auf dem Operationstisch freigelegt wurden, enthielt der eine einen Follikel, der soeben gesprungen war. Diese elektrische Methode der Feststellung der Ovulation wurde als System der Geburtenregelung für Frauen vorgeschlagen, die zu den lunaren Zeittafeln von Eugen Jonas kein Zutrauen haben. Beide Systeme sind weit sicherer als die rein mathematische Berechnung der periodischen Fruchtbarkeit, die, wie viele Frauen zu ihrer Bestürzung feststellen mußten, größere Schwankungen der Ovulationszeit nicht berücksichtigt. Burrs Methode ist mittlerweile auch angewandt worden, um eine erwünschte Befruchtung zu gewährleisten, und sie spielt eine Rolle bei der künstlichen Befruchtung, aber damit sind ihre Möglichkeiten noch nicht erschöpft.

Nachdem er entdeckt hatte, daß ein Lebensfeld existiert und daß

Änderungen der Feldstärke nicht willkürlich auftreten, sondern mit fundamentalen biologischen Vorgängen zusammenhängen, fragte sich Burr, ob das Feld nicht auch durch krankheitsbedingte Störungen beeinflußt werden kann. Zusammen mit einem Gynäkologen untersuchte er über 1000 Frauen im New Yorker *Bellevue Hospital* (59), und in 102 Fällen wurden abnormale Potentialgefälle zwischen Unterleib und Gebärmutter gemessen. Bei späteren Operationen wegen anderer Beschwerden stellte man bei 95 von diesen 102 Frauen bösartige (krebshafte) Geschwülste entweder in der Gebärmutter oder am Gebärmutterhals fest. Das bedeutet, daß sich das Lebensfeld bereits ändert, bevor die Symptome der Krankheit sichtbar werden, und sobald man diese Veränderungen zu deuten gelernt hat, werden sie wahrscheinlich ein wertvolles Warnsystem und eine brauchbare Hilfe bei der Frühdiagnose darstellen. Burr geht jedoch noch einen Schritt weiter. Er behauptet, daß ein direkter Zusammenhang zwischen den Spannungsdifferenzen und dem Verlauf der Wundheilung besteht und daß er seinen Voltmesser als eine Art Super-Röntgenapparat verwenden kann. (55) Innere Narben sind mit den normalen Apparaten nicht gut zu sehen, aber Burr ist es gelungen, den Zustand von Operationswunden zu bestimmen, indem er lediglich die Veränderungen im äußeren Lebensfeld beobachtete.

Bei diesem Feld handelt es sich um Gleichstrompotentiale. Es hat nichts zu tun mit Gehirnströmen oder mit den Aktionsströmen, die ein Elektrokardiograph aufzeichnet. Jedesmal wenn das Herz schlägt oder das Gehirn einen Impuls erhält, entsteht eine meßbare elektrische Ladung, aber das Lebensfeld scheint die Gesamtsumme dieser und aller anderen kleinen elektrischen Ladungen darzustellen, die als Ergebnis der ständig im Körper ablaufenden chemischen Vorgänge auftreten. Das Lebensfeld kann sogar gemessen werden, wenn man die Elektroden ein Stück von der Haut entfernt, was beweist, daß eine echte Feldwirkung vorliegt und nicht nur ein elektrisches Potential an der Oberfläche des Körpers. Das Feld besteht, solange der Organismus lebt. Es unterliegt bei Gesunden regelmäßigen Veränderungen und zeigt drastischere Abweichungen bei Kranken. Nimmt man in einem längeren Zeitraum Messungen vor, so läßt sich das Steigen und Sinken der Spannung in stetigen Zyklen darstellen, die anzeigen, wann sich ein Individuum am wohlsten fühlt und wann seine Vitalität herabgesetzt und seine Leistungsfähigkeit beeinträchtigt ist. Bei Gesunden sind die Zyklen so regelmäßig, daß man die »Hochs« und »Tiefs« für mehrere Wochen voraussagen und Personen, die – wie, zum Beispiel, Rennfahrer – gefährlichen Beschäftigungen nachgehen, vor Tagen warnen könnte, an denen sie besonders vorsichtig sein müssen oder am besten überhaupt zu Hause bleiben. Damit sind wir wieder in die nächste Nähe der Astrologie geraten, die sich darauf spezialisiert, Zeiten vorauszusagen, die für bestimmte Unternehmungen »günstig« oder »ungünstig« sind, und es braucht uns daher nicht zu überraschen, daß die Veränderungen des Lebensfeldes wiederum einem kosmischen Rhythmus folgen.

Es ist offensichtlich unmöglich, einen Menschen monatelang an einen Spannungsmesser zu fesseln, aber in New Haven, Connecticut, steht ein prachtvoller alter Ahornbaum, dessen Ströme seit 30 Jahren ununterbrochen gemessen und aufgezeichnet werden. (52) Die Analyse dieser Aufzeichnungen zeigt unregelmäßige Schwankungen, die elektrische Störungen durch Gewitter und lokale Fluktuationen des erdmagnetischen Feldes widerspiegeln. Sie ergibt aber auch, daß der Baum auf einen Sonnenrhythmus von 24 Stunden, einen Mondrhythmus von 25 Stunden und einen längeren Mondzyklus reagiert, der seinen Höhepunkt erreicht, wenn der Vollmond genau über dem Baum steht. Am Menschen wurde bisher nur eine ähnliche, lange Untersuchung vorgenommen. Leonard Ravitz machte mehrere Monate lang kontinuierliche Aufzeichnungen, die ergaben, daß das Lebensfeld einen maximal positiven Wert bei Vollmond und einen maximal negativen Wert zwei Wochen später, bei Neumond, erreicht. (267) Wir wissen, daß die Bewegungen der Sonne, des Mondes und der Planeten Schwankungen der magnetischen Zustände verursachen, die das Magnetfeld der Erde radikal verändern. Nun wissen wir darüber hinaus, daß die Lebewesen ihre eigenen Felder haben, die ihrerseits wieder durch die verschiedenen Zustandsbilder der Erde beeinflußt werden. Der Kreis schließt sich. Wir sehen einen natürlichen, meßbaren Mechanismus, der die Beziehungen zwischen Mensch und Kosmos zu erklären vermag. An die Stelle des Übernatürlichen tritt die Übernatur.

Die Vorstellung, daß wir ein elektrisches Feld besitzen, das wir nicht sehen, hören oder schmecken können, ist freilich mysteriös genug. Es soll darum gesagt werden, daß ein Feld nichts aus sich selbst heraus Existierendes ist. Es ist lediglich ein Bereich, in dem gewisse Dinge geschehen können. Wird eine elektrische Ladung in ein elektrisches Feld gebracht, so ist sie dort einer Kraft ausgesetzt. Jedes Atom besitzt eine elektrische Ladung und unterliegt daher im Feld eines Organismus einer Krafteinwirkung. Selbst ein einfaches, einzelliges Lebewesen wie die *Euglena* hat sein eigenes Feld; es baut Atome und Moleküle in seine Struktur ein und modifiziert, indem es deren Ladungen in sich aufnimmt, sein Feld. Ein komplexer Organismus hat daher ein vielfältig zusammengesetztes Feld, das eine Summe aller seiner Bestandteile darstellt. Man kann dieses Feld als Ganzes messen, um sozusagen einen »Geschmack« von der gesamten Struktur zu bekommen, oder man nimmt getrennte Messungen an Organen oder sogar einzelnen Zellen innerhalb des Organismus vor. Jeder Bestandteil hat seine eigene Funktion und entwickelt dieser Funktion entsprechend sein eigenes Potential. Burr untersuchte diese Differenzen und machte eine erregende Entdeckung.

Er führte Mikroelektroden in ein frisch gelegtes Froschei ein und konnte, schon bevor es sich zu teilen begann, um sich zur Kaulquappe zu entwickeln, Spannungsunterschiede in den Teilen des Eis messen, aus denen später das Nervensystem entstehen sollte. (50) Mit anderen Worten, das Eimaterial, das später die Funktion der Kommunikation übernehmen sollte, wies bereits die charakteristische Spannung dieses Teils des Organismus auf. Das bedeutet, daß das Lebensfeld die Fähigkeit der Organisation besitzt, daß es eine Art Schablone ist, durch die Form und Funktion des sich entwikkelnden Organismus festgelegt sind. Edward Russell griff dieses eine Beispiel einer Voraussage der künftigen Entwicklung auf und baute darauf eine These auf, die unlängst unter dem Titel *Design for Destiny* erschienen ist. Er sieht im Feld einen integrierenden Mechanismus, der den Organismus nicht nur formt, sondern auch nach dessen Tod weiterlebt – als Seele. (285)

Es wäre großartig, wenn man, wie auf dem Schutzumschlag des Buches von Russell verkündet wird, die Existenz der Seele wissenschaftlich nachweisen könnte, aber zu meinem Bedauern muß ich sagen, daß von dergleichen keine Rede sein kann. Burr nahm Messungen am Froschei vor, die es ihm ermöglichten zu sagen, wo der Nervenstrang des Tieres gebildet werden wird, aber er behauptete niemals, daß das Lebensfeld des Eis mit dem des erwachsenen Frosches identisch sei. Es müßte aber dasselbe sein, wenn es schon vor dem Frosch als Blaupause existiert hätte, mit dem Frosch als Intelligenz lebte und schließlich den Frosch als Seele überlebte. Tatsächlich deuten alle Anzeichen in die entgegengesetzte Richtung. Burr zeigte, daß ein Lebensfeld vor einer Erkrankung vom Normalen abwich und daß diese Abweichung ein frühes Warnsignal darstellte, aber er behauptete ganz gewiß nie, die Feldveränderung habe die Krankheit hervorgerufen. Seine Arbeit zeigt vielmehr, daß das Lebensfeld weitgehend ein Produkt des Lebens ist, ein genaues elektronisches Spiegelbild, in dem gewisse Einzelheiten bereits zu entdecken sind, bevor sie für die anderen Sinne erfaßbar werden. Das Leben bringt das Lebensfeld hervor, und wenn das Leben erlischt, erlischt mit ihm auch das Lebensfeld. Der Nilhecht kann einen toten Fisch nicht von einer Nachahmung aus Wachs unterscheiden.

Solange ein Organismus lebt, spiegelt sich jede Veränderung in seinem Feld. Burr bewies es durch ein weiteres, eindeutiges Experiment. Wenn man zwei reine Maisrassen kreuzt, erhält man Kolben, deren Körner teils reinrassig, teils hybrid sind. Die beiden Samenarten sehen völlig gleich aus und unterscheiden sich nur in ihrer inneren Struktur durch die Stellung eines einzigen Gens, das man nicht einmal mit dem Elektronenmikroskop sehen kann. Burr wies jedoch nach, daß sie unterschiedliche elektrische Potentiale haben, und es gelang ihm, allein mit seinem Voltmeter die reinrassigen von den hybriden zu trennen. (51) Das erinnert an die zutreffenden Vorhersagen von Lebensläufen allein anhand von Horoskopen, und es lohnt sich, diese Analogie weiter zu verfolgen. Die Messung eines elektrischen Potentials gleicht der Bestimmung eines Aszendenten: Beide, das Potential und das Gestirn, zeigen eine bestimmte Konstellation von Vorgängen an, aber keines ist selbst ein determinierender Faktor. Das Lebensfeld ist eine bedeutsame Entdeckung, aber es schließt nicht das Geheimnis des Lebens oder des Weiterlebens nach dem Tode ein. Es ist mehr ein Mittel zum Zweck, ein Schlüssel zum Verständnis der Übernatur.

Eines der Ergebnisse der neueren Untersuchungen auf dem Gebiet der Bioelektrizität ist eine Theorie, die erklären könnte, auf welche Weise das Leben durch Vorgänge außerhalb unseres Sonnensystems beeinflußt wird. Zusammen mit dem Licht empfangen wir von den Sternen auch eine äquivalente Menge von Energie in Form von sehr kurzwelligen kosmischen Strahlen. Die meisten werden in der Erdatmosphäre aufgeschluckt, wo ihre Energie teilweise dazu dient, Kohlendioxyd in das radioaktive Isotop Kohlenstoff 14 zu verwandeln, das in alle organischen Stoffe eindringt und uns die Altersbestimmung von Fossilien und anderem mit Hilfe der Kohlenstoff- oder Radiokarbonmethode ermöglicht. Die restliche Energie aus diesem kosmischen Bombardement ionisiert die Luft, wobei die neutralen Atome und Moleküle der Gase durch Abspaltung oder Anlagerung von Elektronen elektrisch geladen werden. Diese elektrisch geladenen Teilchen oder Ionen sammeln sich in Höhen von 50 bis 300 km (und darüber) in mehreren Schichten, die zusammen Ionosphäre genannt werden. Die Ionosphäre reflektiert die Radiowellen, vor allem die kurzen, nicht aber die ultrakurzen, und macht es uns möglich, sie über den Horizont hinaus zu senden und an dieser unsichtbaren Decke nach unten abprallen zu lassen.

Ein Teil der ionisierten Luft sinkt in die tieferen Atmosphärenschichten ab als Ozon, der auf das Leben eine sehr starke Wirkung ausübt. In einer Konzentration von nur einem Teil auf vier Millionen Teile Luft tötet Ozon viele Bakterien, und zu diesem Zweck wird er oft in die Belüftungsschächte von Bergwerken und U-Bahnen eingeleitet. (213) Wir erkennen ihn in dieser Konzentration an seinem frischen Geruch, der ein wenig an die See erinnert, aber wir nehmen ionisierte Luft auch in noch geringeren Konzentrationen wahr und können sogar zwischen positiven und negativen Ladungen unterscheiden. (185) Luft, in der positive Ionen vorwiegen, hat auf den Menschen eine deprimierende Wirkung, während negative Ionen eher anregen. Wir wären außerstande, solche Unterschiede zu spüren, wenn wir nicht selbst eine elektrische Ladung hätten, die die Teilchen in unserer Umgebung anzieht oder abstößt. Ravitz wies nach, daß unsere Felder bei Vollmond positiv sind, so daß wir mehr negative Ionen anziehen und uns angeregt fühlen. (267) Damit ist die Tatsache erklärt, daß psychotische Charaktere um diese Zeit ihre manische Phase haben und daß man bei Vollmond leichter blutet. Das Lebensfeld stellt einen vollkommenen Mechanismus dar, der uns mit den zyklischen Vorgängen in unserer Umgebung verbindet.

Der Mond löst im Wasser, in der Luft und in der Erde Strömungen aus, durch die das Magnetfeld der Erde verändert wird, das seinerseits wiederum die Ladung unseres Lebensfeldes beeinflußt. Wie um diese Veränderung zu akzentuieren und uns den Mondrhythmus als fundamentalen Zeitmesser noch deutlicher bewußt zu machen, produzieren die kosmischen Strahlen ionisierte Luft, die mit unserem Feld reagiert und unsere eigenen Reaktionen steigert. Wir sind empfindlich für Mondeinflüsse, aber diese Empfindlichkeit wird wiederum modifiziert durch Vorgänge, die sich viele Lichtjahre entfernt abspielen. Wieder finden wir komplexe Wechselbeziehungen, durch die unsere Erde und alles Leben auf ihr zum unabtrennbaren Bestandteil des ganzen Kosmos werden.

Am den kurzwelligen kosmischen Strahlen gegenüberliegenden Ende des elektromagnetischen Spektrums gibt es einige sehr lange Wellen, deren Ursprünge ebenfalls außerhalb unseres Sonnensystems zu liegen scheinen. Die Frequenzen dieser Wellen können nur in winzigen Bruchteilen von 1 Hertz ausgedrückt werden, ihre Längen betragen Millionen von Kilometern, und ihre Energie ist so schwach, daß sie kaum gemessen werden kann, aber wir scheinen sie trotzdem wahrzunehmen. Untersuchungen, die in Deutschland an 53 000 Personen vorgenommen wurden, ergaben, daß beim Auftreten von Wellen dieser Länge die Reaktionen auf normale Reize verzögert werden. (182) Und es ist höchst bedeutsam, daß das Muster dieser besonders niederfrequenten Wellen kaum von den Gehirnwellenmustern zu unterscheiden ist, die ein Elektroenzephalograph aufzeichnet.

Gehirnwellen

Die Wissenschaft der Elektrophysiologie wurde um die Mitte des 18. Jahrhunderts begründet, kurz nachdem die ersten Verfahren der Stromerzeugung aufgekommen waren. Anfangs wurde recht wild und ziellos drauf los experimentiert. So wird berichtet, daß Ludwig XV. in einem müßigen Augenblick »siebenhundert Kartäusermönchen, die einander an den Händen hielten, mit wunderbarer Wirkung einen elektrischen Schlag aus einer Batterie von Leidener Flaschen versetzen ließ«. (335) Später erkannte man allmählich, daß lebende Gewebe nicht nur stromempfindlich sind, sondern auch selbst kleine Spannungen erzeugen, die sich auffällig ändern, wenn sie verletzt werden oder in Tätigkeit treten. Im Jahre 1875 entdeckte ein englischer Arzt, daß auch das Gehirn solche Ströme erzeugt. An den freigelegten Gehirnen von Fröschen und Hunden wurden die ersten Experimente vorgenommen, aber sobald man empfindlichere Meßgeräte entwickelt hatte, begann man ernsthaft mit Untersuchungen an lebenden und unversehrten Menschen und Tieren. Hans Berger entdeckte schließlich 1928, daß der vom Gehirn erzeugte Strom nicht konstant ist, sondern in einem rhythmischen Wellenmuster fließt, das er in seinem »Elektro-Enkephalogramm« festhielt.

Heute wird Bergers einzige, zittrige Linie in viele Komponenten zerlegt – von Instrumenten, die imstande sind, Schwankungen von einem zehnmillionstel Volt aufzuzeichnen. Man macht sich ein Bild davon, wie schwach diese Ströme sind, wenn man überlegt, daß man einen etwa dreißigmillionenmal so starken Strom brauchen würde, um die Birne einer gewöhnlichen Taschenlampe zum Leuchten zu bringen. In dieser verwirrenden Vielfalt feinster Reize verbergen sich vier elementare rhythmische Wellenformen, die mit Alpha, Beta, Delta und Theta bezeichnet werden. Die Deltawellen sind die langsamsten. Sie treten mit einer Häufigkeit von 3 je Sekunde auf, vor allem im tiefen Schlaf. Die Theta- oder Zwischenwellen, 4 bis 7 je Sekunde, scheinen etwas mit den Stimmungen zu tun zu haben. Alphawellen, 8 bis 12 je Sekunde, erscheinen am häufigsten im Zustand der Entspannung und ruhigen Meditation und werden durch konzentrierte Aufmerksamkeit sofort unterbrochen. Die Betawellen, 13 bis 22 je Sekunde, scheinen auf das vordere Gehirn beschränkt zu sein, wo die komplizierten Denkvorgänge stattfinden.

Die ersten Untersuchungen dieser Rhythmen beschränkten sich auf einfache Experimente wie, zum Beispiel, Öffnen und Schließen der Augen, Kopfrechnen und Drogeneinnahme, und die Resultate waren sehr unbefriedigend. Um mehr über das Leistungsvermögen und die Empfindlichkeit des Gehirns zu erfahren, beschlossen Grey Walter und seine Mitarbeiter 1946 den Versuch zu unternehmen, die Gehirnrhythmen durch über die Sinne zugeleitete Impulse mit anderen Rhythmen zu überlagern. Sie ließen vor den Augen der Versuchspersonen in regelmäßigen Intervallen Lichter aufblitzen und stellten fest, daß dieses Blinken neue, seltsame Muster im Elektroenzephalogramm hervorrief. Bei einer gewissen Frequenz löste es sogar heftige Reaktionen aus, und die Versuchsperson erlitt eine Art von epileptischem Anfall.

Walter wandte sich daraufhin der Untersuchung der normalen Gehirnwellen von Epileptikern im Ruhezustand zu und entdeckte, daß ihre Gehirnrhythmen in bestimmten Frequenzen gruppiert waren. »Es war, als klängen in den Trillern und Arpeggios der normalen Aktivität ständig bestimmte größere Akkorde auf.« Diese harmonische Gruppierung brachte ihn auf den Gedanken, daß man, um die Rhythmen zu einer heftigen Explosion zu synchronisieren, lediglich einen äußeren Koordinator brauchte, einen Dirigenten, gewissermaßen, der die getrennten Akkorde zu einer gleichzeitigen großen Konvulsion zusammenfaßte. Ein Blinken im Bereich der Alpharhythmen übte auf Epileptiker tatsächlich diese Wirkung aus; es ließ sich mit ihm jederzeit ein Anfall auslösen. Diese Technik ist heute eine wertvolle klinische Hilfe bei der Diagnose der Epilepsie, aber es zeigte sich, daß auch eine große Anzahl von Nichtepileptikern unter gewissen Bedingungen ähnlich reagiert.

Walter untersuchte Hunderte von Personen, die nie Anfälle irgendwelcher Art gehabt hatten, und stellte fest, daß jeweils eine von zwanzig auf ein entsprechend eingestelltes Blinken reagierte. Die Versuchspersonen sprachen von »seltsamen Empfindungen«, Schwäche oder Schwindel; manche verloren für einige Augenblicke das Bewußtsein, oder ihre Glieder zuckten im selben Rhythmus, in dem die Lampe blinkte. Sobald irgendeine dieser Reaktionen auftrat, wurde die Lampe sofort ausgeschaltet, um eine vollständige Konvulsion zu verhindern. Bei anderen Versuchspersonen mußte das Blinken genau dem Gehirnwellenrhythmus entsprechen, um eine Wirkung hervorzubringen. Als eine Rückkoppelung hergestellt wurde, bei der das Blinken von den Gehirnströmen selbst ausgelöst wurde, erlitt mehr als die Hälfte der Versuchspersonen augenblicklich einen epileptischen Anfall.

Ähnlich starke Störungen können auftreten, wenn man beispielsweise durch eine Allee fährt und die Sonne in einem bestimmten Rhythmus zwischen den Baumstämmen aufblitzt. Man kennt den Fall eines Radfahrers, der auf der Heimfahrt durch eine solche Allee mehrere Male ohnmächtig wurde. Die vorübergehende Bewußtlosigkeit hinderte ihn daran, in die Pedale zu treten, er rollte bald in einem Tempo weiter, bei dem ihm das Blinken nichts mehr ausmachte, und kam jedesmal wieder zu sich, bevor er stürzte. Ein Auto hat jedoch einen erheblich größeren Schwung, es fährt in den meisten Fällen mit der kritischen Geschwindigkeit weiter, und der Fahrer ist dem Blinken ausgesetzt, bis er vollends die Gewalt über sich verliert. Wie viele tödliche Verkehrsunfälle schon auf diese Weise zustande kamen, vermag niemand zu sagen.

In einem anderen Fall stellte ein Mann fest, daß er jedesmal, wenn er im Kino saß, plötzlich von dem überwältigenden Drang gepackt wurde, die Person, die neben ihm saß, zu erwürgen, und einmal hatte er tatsächlich schon die Hände um den Hals seines Nachbarn gelegt, als er gerade noch rechtzeitig wieder zur Besinnung kam. Als er getestet wurde, stellte man fest, daß seine Glieder heftig zu zucken begannen, wenn man ihn mit einer Lampe anstrahlte, die 24mal je Sekunde aufblitzte, was genau dem Rhythmus der Spielfilme entspricht, die eine genormte Aufnahmegeschwindigkeit von 24 Bildern je Sekunde haben.

Die Bedeutung dieser Entdeckung ist unabschätzbar. Wir sind täglich auf irgendeine Weise blinkenden Lichtern ausgesetzt und laufen Gefahr, krank zu werden oder Anfälle zu erleiden. Leuchtröhren und Leuchtstofflampen blitzen je Sekunde 100- bis 120mal auf. Dieser Rhythmus ist zu schnell, um Konvulsionen auszulösen, aber noch weiß niemand, was für Wirkungen er auf Menschen haben kann, die ihm täglich mehrere Stunden ausgesetzt sind. Die *British Acoustical Society* ist besorgt wegen der niederfrequenten Vibrationen, die bei schnell fahrenden Motorfahrzeugen auftreten. (318) Dieser »Infraschall« hat etwa 10 bis 20 Schwingungen je Sekunde, aber er kann auf uns ebenso wirken wie blinkende Lichter. Die Gesellschaft weist darauf hin, daß diese Geräusche verschiedene Symptome wie Leichtsinn, Euphorie, Leistungsminderung und Schwindel durch Störung des Gleichgewichtssinnes hervorrufen können. Sie glaubt, daß Infratöne dafür verantwortlich zu machen seien, daß manche Fahrer plötzlich ohne Rücksicht auf den Gegenverkehr über den Mittelstreifen einer Autobahn rasen, und daß eine große Anzahl sonst völlig unerklärlicher Unfälle auf das Konto der Vibrationen gehen.

Professor Gavraud, ein Ingenieur, war nahe daran, seine Stellung in einem Institut in Marseilles aufzugeben, weil ihm bei der Arbeit immer übel wurde. Er entschloß sich zu bleiben, als er entdeckte, daß ihm die häufige Übelkeit immer nur zu schaffen machte, wenn er sich in seinem Büro im obersten Stockwerk des Gebäudes aufhielt. Er meinte, in dem Raum müsse etwas verborgen sein, was sein Wohlbefinden beeinträchtigte, und er versuchte es mit Hilfe von Geräten, die auf verschiedene Chemikalien reagierten, und schließlich sogar mit einem Geigerzähler zu entdecken. Er fand nichts, bis er sich eines Tages ratlos an die Wand lehnte und spürte, daß der ganze Raum mit einer sehr niederen Frequenz vibrierte. Als Quelle dieser Energie entpuppte sich die Maschine einer Klimaanlage auf dem Dach eines Gebäudes auf der gegenüberliegenden Straßenseite. Sein Büro hatte die richtige Form und die richtige Entfernung zur Maschine, um in Resonanz mitzuschwingen, und dieser Rhythmus, sieben Schwingungen je Sekunde, machte ihn krank.

Von diesem Phänomen fasziniert, beschloß Gavraud Maschinen zu bauen, die Infraschall für experimentelle Zwecke erzeugen. Als er nach geeigneten Formen suchte, entdeckte er, daß die Trillerpfeife mit der Erbse, die an alle französischen Gendarmen ausgegeben wird, eine ganze Skala niederfrequenter Töne hervorbringt. Er baute eine 1,80 m lange Trillerpfeife mit Luftdruckantrieb. Der Techniker, der diese Riesenpfeife zum erstenmal in Betrieb setzte, stürzte auf der Stelle tot zu Boden. Die Autopsie ergab, daß seine inneren Organe durch die Vibrationen zu einem amorphen Brei zerquetscht worden waren.

Gavraud arbeitete mit größerer Vorsicht weiter und nahm den nächsten Versuch im Freien vor. Die Beobachter suchten in einem Betonbunker Schutz. Dann wurde langsam die Druckluft aufgedreht – und im Umkreis von 800 m zersprangen sämtliche Fensterscheiben. Später lernten Gavraud und seine Mitarbeiter, die Amplitude des Infraschallgenerators genauer zu regulieren. Sie bauten eine Reihe kleinerer Maschinen für Versuchszwecke. Eine der bisher interessantesten Entdeckungen ist, daß die niederfrequenten Schallwellen gezielt eingesetzt werden können und daß zwei auf denselben Punkt gerichtete Generatoren auch in einer Entfernung von acht Kilometern noch eine Resonanz auslösen, die ein Gebäude ebenso wirksam zum Einsturz bringt wie ein stärkeres Erdbeben. Diese Maschinen mit der Frequenz 7 lassen sich sehr billig bauen, und die Pläne bekommt man für ganze 3 Francs beim Patentamt in Paris.

Seit vielen Jahren werden Erdbebenwellen ebenso aufgezeichnet wie Gehirnwellen, und man hat Seismographen entwickelt, die empfindlich genug sind, um Vibrationen im Erdboden aufzuspüren, die wir bewußt nicht wahrnehmen können. Sie zeigen Erdbeben in den entferntesten Gegenden der Erde an. Während des großen Bebens in Chile im Mai 1960, zum Beispiel, klang der ganze Planet mit wie ein Gong durch langwellige Schwingungen mit Perioden von bis zu einer Stunde. Mittlerweile hat man jedoch entdeckt, daß ein Erdbeben auch von Perioden niederfrequenter Vibrationen mit 7 bis 14 Schwingungen je Sekunde begleitet wird und daß ihm solche Vibrationen vorausgehen. Sie beginnen einige Minuten vor den ersten spürbaren Stößen des Bebens selbst und stellen somit ein Warnsystem dar, auf das viele Tiere zu reagieren scheinen. Die Japaner, die genau in einem der Bruchgebiete der Erdkruste leben, halten aus diesem Grund seit jeher Goldfische in ihren Häusern. Wenn die Fische plötzlich erregt im Wasser hin und her schießen, stürzen die Menschen ins Freie, um nicht in den Trümmern des Hauses begraben zu werden. Die Fische haben den Vorteil, in einem Medium zu leben, in dem sich die Vibrationen gut fortpflanzen, aber auch Landtiere empfangen die Warnsignale. Man hat beobachtet, daß Kaninchen und Rehe Stunden vor einem Erdbeben entsetzt aus dem Epizentrum flohen, und schließlich reagieren auch manche Menschen, vor allem Frauen und Kinder auf diese Frequenzen.

Die Tatsache, daß diese Frequenzen denen entsprechen, die beim Menschen auch unter anderen Umständen Unruhe und Unbehagen auslösen, erklärt vielleicht die wilde, unsinnige Angst, die man bei einem Erdbeben empfindet. F. Kingdon-Ward erlebte 1951 das große Beben in Assam und schilderte seine Eindrücke wie folgt: »Plötzlich, nach einem ganz leisen Zittern (das nur meine Frau spürte, ich aber nicht) war ein entsetzlicher Lärm zu hören, und die Erde begann heftig zu beben . . . Die Umrisse der Landschaft, die sich vor dem Sternhimmel abzeichneten, verschwammen – jeder Grat und jeder Baum wurde undeutlich, wie wenn er sich rasch auf und nieder bewegte . . . Die erste Verwirrung – ein ungläubiges Staunen darüber, daß diese so fest aussehenden Berge von einer Kraft gepackt wurden, die sie schüttelte, wie ein Terrier eine Ratte beutelt – wich bald nacktem Entsetzen.« (175) Hier ist von einem schweren Beben die Rede, bei dem sich die Menschen in großer Gefahr befanden, aber das Entsetzen, das man empfindet, scheint nichts mit der Stärke des Erdbebens zu tun zu haben. Ich erinnere mich, daß ich 1967 auf Kreta bei einem kleinen Beben aus dem Haus rannte, aber obwohl ich im Freien vollkommen sicher war und die Vorgänge fasziniert beobachtete, empfand ich eine irrationale Angst, die so tief in mir saß, daß ich es mehr als eine Woche nicht über mich brachte, unter einem Dach zu schlafen.

Durch ihre niedrigen Frequenzen unhörbare Vibrationen könnten auch die Depressionen und Ängste erklären, die an bestimmte Orte gebunden zu sein scheinen. Die meisten Menschen fühlen heftiges Unbehagen auf der Insel Santorin (Thera) in der südlichen Ägäis, und nur wenige Besucher bleiben länger als ein oder zwei Tage. Die Insel, die von manchen für das alte Atlantis gehalten wird, liegt in einem Gebiet mit reger Vulkantätigkeit und erlebte 1956 ein Erdbeben. Seither befindet sich dort eine seismologische Station, die eine ständige Unterströmung in Form eines Murmelns von sehr niedriger Frequenz aufzeichnet. Die Erde warnt mit sanfter, leiser Stimme.

Eine unerwartete Entdeckung wurde 1966 im Zusammenhang mit dem Erdbeben in Taschkent gemacht. Schon ein Jahr vorher hatten Wissenschaftler im Wasser der Stadt, das aus tiefen artesischen Brunnen stammt, überrascht eine immer höhere Konzentration des Edelgases Argon gefunden. Am 25. April 1966 erreichte sie das Vierfache des Normalen, am 26. April bebte die Erde. Am Tage nach der Katastrophe war die Argonkonzentration wieder auf den Normalwert gesunken. Die Ursachen dieser Schwankung sind unbekannt, aber sie stellt einen jener auffälligen Hinweise dar, auf den das Leben vielleicht wie durch Zauberei zu reagieren vermag.

Eines haben das leise Zittern der Erde, die Luftströmungen und die kosmischen Strahlen gemeinsam: Sie verbrauchen sehr wenig Energie und senden außerordentlich schwache Signale aus. Die scheinbar übernatürliche Fähigkeit des Lebens auf Stimuli wie die Stellung des unsichtbaren Mondes, die Konzentration unsichtbarer Ionen und die sehr geringe magnetische Einwirkung eines über den Horizont steigenden Planeten zu reagieren, läßt sich auf ein einziges physikalisches Phänomen zurückführen, nämlich das der Resonanz.

Resonanz

Wird eine Stimmgabel, die auf 256 Schwingungen je Sekunde (was dem mittleren c entspricht) abgestimmt ist, in der Nähe einer zweiten Gabel mit der gleichen natürlichen Frequenz angeschlagen, so schwingt die zweite leise mit der ersten mit, ohne selbst berührt worden zu sein. Von der ersten Gabel wird also Energie auf die zweite übertragen. Ein gehörloses Insekt würde den Klang der ersten Gabel nicht hören, aber es würde, auf der zweiten Gabel sitzend, sehr bald die Vibration spüren – und damit einen Vorgang außerhalb seiner normalen Sphäre wahrnehmen.

Ein Vorgang im Kosmos löst die Vibration elektromagnetischer Wellen aus, die den Raum durchqueren und durch Resonanz auf der Erde irgend etwas, was die gleiche natürliche Frequenz hat, in eine äquivalente Vibration versetzen. Das Leben kann auf solche Reize reagieren; meistens aber reagiert es in der Weise, daß es mit einem Teil der unmittelbaren Umgebung mitschwingt. Ein Licht, das mit der Frequenz eines Gehirnrhythmus blinkt, ruft Resonanz und beunruhigende Wirkungen hervor, auch wenn das Blinken zu schnell ist, um von uns als solches wahrgenommen zu werden. Ein sehr schwaches elektrisches oder magnetisches Feld kann bemerkt werden, weil es mit derselben Frequenz resoniert wie das Lebensfeld des reagierenden Organismus. Auf diese Weise werden Reize, die so schwach sind, daß sie die normalen Sinne nicht ansprechen, verstärkt und uns zur Kenntnis gebracht. Das Übernatürliche wird ein Teil der Naturgeschichte.

Bei den meisten Musikinstrumenten wird der Ton durch Saiten, gespannte Membrane, Zungen oder Rohrblätter erzeugt, und ein wichtiger Bestandteil dieser Instrumente ist irgendeine Vorrichtung, durch die die Kontaktfläche der schwingenden Teile mit der Luft vergrößert wird. Eine Gitarre hat einen Resonanzkörper, und zum Rohrblatt der Klarinette gehört das Schallrohr. Von der Form der jeweiligen Vorrichtung hängt es ab, wie die Luft mitschwingt und wie der Ton klingt. Zwischen Form und Funktion besteht eine enge Beziehung, nicht nur für den Sender des Signals, sondern auch für den Empfänger. Wenn der Zuhörer die Töne richtig aufnehmen will, darf er nicht in einem Raum sitzen, der die falsche Form hat, oder einen Rugbyhelm tragen.

Letzten Endes hängt die Fähigkeit, Töne zu hören, von den Vibrationen ab, die in der Flüssigkeit des inneren Ohrs, d. h. des Labyrinths, entstehen, aber zunächst muß der Ton vom äußeren Ohr aufgefangen und dem Trommelfell zugeleitet werden. Beim Menschen ist der Gang zwischen dem Trommelfell und der Ohröffnung trichterförmig, und seine Wände bilden mit dem Trommelfell einen Winkel von etwa 30 Grad. Dieser Winkel eignet sich am besten für die Verstärkung von Tönen im kritischen Bereich, und das am weitesten verbreitete – und daher wohl auch beste – der altmodischen Hörrohre hat ebenfalls einen Winkel von 30 Grad. Das könnte reiner Zufall sein, aber ich möchte es bezweifeln.

Der Schall ist selbstverständlich eine Vibration, die nur in einem elastischen Medium übertragen werden kann. Im Vakuum kann er sich nicht fortpflanzen. Elektromagnetische Wellen dagegen durchqueren den leeren Weltraum, und wir wissen weit weniger über die Faktoren, die ihre Resonanz bestimmen. Es gibt jedoch ein ganz außerordentliches Beispiel, das zeigt, daß die Form auch beim Empfang kosmischer Stimuli eine wichtige Rolle spielen könnte. Die Pyramiden Ägyptens liefern es uns, mit denen sich die Mystiker aller Zeitalter vorzugsweise beschäftigten.

Die Pyramiden am Westufer des Nils wurden von den Pharaonen als Grabmäler erbaut und stammen aus der Zeit um 3000 v. Chr. Die berühmtesten sind die von Giseh, die in der 4. Dynastie errichtet wurden, und die größte von ihnen nahm den Pharao Khufu, besser bekannt unter dem Namen Cheops, auf. Vor einigen Jahren besuchte ein Franzose namens Bovis diese Pyramide. Er suchte vor der Mittagssonne Zuflucht in der Grabkammer des Pharaos, die in der Mitte der Pyramide, genau auf dem ersten Drittel der Senkrechten von der Basis zur Spitze liegt. Bovis fand den Raum ungewöhnlich feucht; was ihn aber am meisten überraschte, waren die Kübel, die neben den üblichen Abfällen, wie sie von Touristen weggeworfen werden, auch die Kadaver einer Katze und einiger kleiner Wüstentiere enthielten, die in die Pyramide gelangt und drinnen verendet waren. Trotz der Feuchtigkeit waren diese Kadaver nicht verwest, sondern eingetrocknet wie Mumien. Bovis fragte sich, ob die Pharaonen von ihren Untertanen wirklich so gut einbalsamiert worden waren, oder ob nicht an den Pyramiden selbst etwas war, was die Leichname in mumifizierter Form konservierte.

Er fertigte ein maßstabsgetreues Modell der Cheopspyramide an und stellte es so auf, daß die Grundkanten wie die des Originals genau in nord-südlicher und ost-westlicher Richtung verliefen. In dieses Modell legte er, auf der Höhe des ersten Drittels, eine tote Katze. Sie wurde mumifiziert, und Bovis folgerte daraus, daß die Pyramide eine rasche Austrocknung förderte. Berichte von dieser Entdeckung erregten die Aufmerksamkeit von Karel Drbal, einem Prager Radioingenieur, der das Experiment mit mehreren toten Tieren wiederholte und zu dem Schluß kam: »Es besteht eine Beziehung zwischen der Form des Raumes im Innern der Pyramide und den physikalischen, chemischen und biologischen Prozessen in diesem Raum. Durch die Verwendung geeigneter Formen und Gestalten sollten wir imstande sein, Prozesse zu beschleunigen und zu verzögern.« (233)

Drbal erinnerte sich an einen alten Aberglauben, demzufolge ein Rasiermesser, das man ins Mondlicht legt, stumpf wird. Er legte eine Rasierklinge in sein Pyramidenmodell, konnte aber keine Veränderung feststellen. Daher rasierte er sich mit dieser Klinge weiter, bis sie stumpf war und legte sie dann noch einmal in die Pyramide. Sie wurde wieder scharf. In manchen osteuropäischen Ländern sind gute Rasierklingen noch schwer zu bekommen, daher versuchte Drbal, seine Entdeckung patentieren zu lassen und kommerziell auszuwerten. Das Prager Patentamt lehnte es ab, sich mit der Sache zu befassen, bis sich der Wissenschaftler, der es leitete, selbst ein Modell der Pyramide machte und feststellte, daß er damit tatsächlich Klingen schärfen konnte. Im Jahre 1959 wurde der »Cheopspyramidenrasierklingenschärfer« als Patent Nr. 91 304 der Tschechoslowakischen Sozialistischen Republik registriert, und bald darauf begann eine Fabrik kleine Pyramiden aus Pappe herzustellen. Heute werden sie aus Kunststoff gemacht.

Die Schneide einer Rasierklinge hat eine kristallinische Struktur. Kristalle sind beinahe etwas Lebendiges, insofern nämlich als sie wachsen, indem sie sich selbst reproduzieren. Wenn eine Klinge stumpf wird, werden einige Kristalle der nur eine Schicht dicken Schneide abgeschliffen. Theoretisch ist an sich nicht einzusehen, warum sie mit der Zeit nicht von selbst wieder nachwachsen sollten. Wir wissen, daß das Sonnenlicht ein in alle Richtungen weisendes Feld hat. Sonnenlicht, das von einem Objekt wie dem Mond reflektiert wird, ist jedoch teilweise polarisiert und schwingt im wesentlichen in nur einer Richtung. Es könnte daher möglicherweise die Schneide einer Klinge zerstören, die man im Mondlicht liegen läßt, aber damit ist freilich noch nicht erklärt, warum eine Pyramide die umgekehrte Wirkung hat. Wir können nur Mutmaßungen anstellen. Vielleicht wirken die Cheopspyramide und ihre kleinen Nachahmungen als Linsen, die Energie in einem Brennpunkt sammeln, oder als Resonatoren, das heißt als Körper, die durch eine Energie zum Mitschwingen veranlaßt werden, wodurch das Kristallwachstum gefördert wird. Die Form der Pyramide ähnelt sehr stark dem des Magnetitkristalls. Vielleicht baut die Pyramide ein Magnetfeld auf. Ich weiß es nicht. Ich weiß nur, daß »es funktioniert«. Mein bisheriger Rekord mit Klingen der Marke Wilkinson Sword ist vier Monate täglichen Gebrauchs. Ich fürchte, den Herstellern wird das nicht gefallen.

Versuchen Sie es selbst. Schneiden Sie aus kräftiger Pappe vier gleichschenkelige Dreiecke aus. Die Größe bestimmen Sie selbst, aber die Grundseite muß sich zu den Schenkeln wie 15,7:14,94 verhalten. Kleben Sie die Dreiecke zusammen. Sie erhalten eine Pyramide, die 10,0 der von Ihnen gewählten Einheiten hoch ist. Stellen Sie sie so auf, daß die Grundkanten genau vom magnetischen Norden nach Süden und von Osten nach Westen verlaufen. Basteln Sie einen 3,33 Einheiten hohen Ständer für Ihre Objekte, und stellen Sie ihn genau unter die Spitze der Pyramide. Die Schneiden der Rasierklingen müssen nach Osten und Westen zeigen. Stellen Sie das Ganze nicht in der Nähe elektrischer Geräte auf.

Ich habe entdeckt, daß die Geschwindigkeit der Austrocknung organischer Materie sehr stark von der betreffenden Substanz und von der Witterung abhängt. Das erwartet man an sich in jedem Falle, aber ich habe die gleichen Dinge – Eier, Rumpsteaks, tote Mäuse – nebeneinander in einer Pyramide und in einem gewöhnlichen Schuhkarton aufbewahrt. Die in der Pyramide hielten sich sehr gut, die im Schuhkarton begannen bald zu stinken und mußten weggeworfen werden. Ich komme also zwangsläufig zu dem Schluß, daß eine Nachbildung der Cheopspyramide nicht bloß eine willkürliche Anordnung von Pappestücken ist, sondern eine Gestalt mit besonderen Eigenschaften.

Diese Pyramidengeschichte hat noch ein faszinierendes Postskriptum. Im Jahre 1968 nahm ein Team von Wissenschaftlern aus den Vereinigten Staaten und von der Ein Shams Universität in Kairo ein Millionendollarprojekt in Angriff. Man wollte die Pyramide Chephrens, des Nachfolgers des Cheops, »durchleuchten«, um in den sechs Millionen Tonnen Stein etwaige verborgene Kammern zu entdekken. Das Verfahren war höchst einfach. Man stellte in der großen Kammer auf dem Boden der Pyramide Detektoren auf und maß die einfallenden kosmischen Strahlen. Wo sich Hohlräume befanden, mußten mehr Strahlen durchdringen. Die Geräte arbeiteten über ein Jahr lang täglich 24 Stunden. Anfang 1969 wurde der Universität der neueste IBM-Computer 1130 zur Auswertung der Bänder geliefert. Ein halbes Jahr später mußten die Wissenschaftler eine Niederlage eingestehen. In der Pyramide war etwas völlig Widersinniges geschehen. Bänder, die an aufeinanderfolgenden Tagen an denselben Stellen durch dasselbe Gerät gelaufen waren, zeigten ganz verschiedene kosmische Strahlen an. Der Leiter des Projekts, Amr Gohed, erklärte später in einem Interview: »Das ist wissenschaftlich gesehen unmöglich. Nennen Sie es, wie Sie wollen – Okkultismus, den Fluch der Pharaonen, Hexerei oder Magie –, in der Pyramide ist eine Kraft am Werk, die die Gesetze der Wissenschaft umstößt.«

Die Vorstellung, daß die Form eines Raumes einen Einfluß auf Vorgänge ausübt, die in diesem Raum stattfinden, ist allerdings nicht neu. Eine französische Firma ließ einmal einen Behälter für die Herstellung von Joghurt patentieren, weil seine besondere Form die Tätigkeit der Mikroorganismen förderte. Tschechische Bierbrauer versuchten von den üblichen runden auf eckige Fässer überzugehen, mußten aber feststellen, daß ihr Bier einen Qualitätsverlust erlitt, obwohl das Brauverfahren das gleiche geblieben war. Ein deutscher Forscher wies nach, daß Wunden bei Mäusen schneller heilen, wenn man die Tiere in kugelförmigen Käfigen hält, und kanadische Architekten berichten von einer plötzlichen Besserung bei schizophrenen Patienten, die in einem Krankenhaus in trapezförmigen Zimmern leben.

Möglicherweise haben alle Formen ihre besonderen Eigenschaften, und vielleicht sind alle Figuren, die wir um uns her sehen, die Ergebnisse von Kombinationen bestimmter Umgebungsfrequenzen. Im 18. Jahrhundert entdeckte der deutsche Physiker Ernst Chladni eine Methode, Schwingungsmuster sichtbar zu machen. Er brachte eine dünne Metallplatte auf einer Geige an, streute Sand darauf und stellte fest, daß sich der Sand zu schönen Mustern ordnete, wenn man mit dem Bogen über die Saiten strich. Diese sogenannten Chladnischen Klangfiguren entstehen, weil der Sand zuletzt nur auf den Stellen der Platte liegen bleibt, die nicht mitschwingen. Sie wurden in der Physik häufig benutzt, um die Wellenfunktion zu demonstrieren, aber sie zeigen auch sehr gut, daß bei verschiedenen Frequenzen verschiedene Muster entstehen. Wenn man ein wenig mit Pulvern von verschiedenem spezifischem Gewicht und Tönen mit möglichst großen Frequenzunterschieden experimentiert, kann man so gut wie jedes erdenkliche Muster hervorbringen. Interessant und vielleicht bedeutsam ist dabei, daß die Chladnischen Klangfiguren meistens bekannte organische Formen annehmen. Konzentrische Kreise wie die Jahresringe der Bäume, Streifen wie auf dem Fell eines Zebras, sechseckige Gitter wie die Zellen einer Honigwabe, von einem Zentrum ausgehende Speichen wie die Kanäle einer Qualle, auslaufende Spiralen wie auf den Schalen von Schnecken und Muscheln – all das sind Figuren, die sich häufig bilden. Die Wissenschaft von diesen Phänomenen, d. h. der Wirkung von Wellen auf Materie, wird Kymatik genannt. (166)

Das Grundprinzip der Kymatik ist, daß äußerer Druck in Wellen ansetzt und daß die Materie auf diesen Druck in der Weise reagiert, daß sie eine der jeweiligen Wellenfrequenz entsprechende Form annimmt. Die Anzahl der in Frage kommenden Frequenzen ist begrenzt, und die Natur reagiert auf sie in vorausberechenbarer Weise, indem sie eine ebenfalls begrenzte Anzahl funktioneller Formen ständig wiederholt. Die Spirale, in der erhitzte Luft aufsteigt (Thermik), zeigt sich auch im Wachstum einer Kletterpflanze, die sich um einen Baum windet und in der Anordnung der Atome in einem DNS-Molekül. Der Teufelsfisch (Manta) schwimmt durch die tropischen Meere mit Muskelwellen, die über seinen breiten, flachen Rücken laufen wie die Wellen, die der Wind über die Oberfläche der See treibt, und ebenso bewegen sich schalenlose Mollusken und im Wasser lebende Plattwürmer. Vor die gleichen Probleme gestellt, findet die Natur gewöhnlich auch immer die gleichen Lösungen. Das könnte ihr mit so unterschiedlichen Rohmaterialien nicht gelingen, wenn diese nicht auf gleiche Drücke gleich reagierten. Es gibt sogar ein Beispiel für eine konvergierende Evolution auf molekularer Ebene bei zwei Enzymen; das eine kommt in einer Bodenbakterie vor, das andere im Menschen, aber beide weisen genau die gleiche Kombination von Aminosäuren im »aktiven Teil« auf. (184)

Die ständige Wiederkehr eines kleinen Grundrepertoires von Formen kann kein Zufall sein. Es gibt zwar viele Variationen zu den gewählten Themen, aber sie sind gewöhnlich nichts anderes als ein Kompromiß zwischen dem Milieudruck und den individuellen Bedürfnissen. Das embryonische Material der meisten Reptilien beispielsweise, ist in eine der Standardverpackungen, die vollkommen runde Kugel, eingeschlossen, denn diese Form gewährleistet ein maximales Volumen bei minimaler Oberfläche und geringstem Materialverbrauch. Krokodile und Schildkröten legen runde Eier mit dünnen, elastischen Schalen, die in feuchtem Sand vergraben werden müssen, um nicht auszutrocknen. Die Vögel dagegen haben ein höheres Evolutionsstadium erreicht, sie sind relativ unabhängig vom Boden und kennen eine Brutpflege. Ihre Eier liegen an der Luft. Um nicht auszutrocknen, mußten sie eine härtere, weniger durchlässige Schale bekommen. Damit ergab sich aber wieder ein neues Problem. Die spröde, unelastische Verpackung zerbricht leichter unter Druck. Daher sind heute die Eier beinahe aller Vögel Ellipsoide, das heißt, sie wurden zu einer Form verzerrt, die ihnen die größtmögliche mechanische Festigkeit verleiht, ohne daß im Inneren irgendwelche Änderungen nötig sind. Die Grundform wurde also durch einen Milieudruck bestimmt und dann den spezifischen Bedürfnissen angepaßt.

In der Schweiz hat Hans Jenny in den letzten zehn Jahren auf der Basis der Chladnischen Klangfiguren weitergearbeitet und überzeugend nachgewiesen, daß Form eine Funktion der Frequenz ist. Eine seiner Erfindungen ist ein »Tonoskop«, das Töne in sichtbare dreidimensionale Formen aus trägem Material umsetzt. Als Lautquelle kann die menschliche Stimme verwendet werden, und wenn jemand den Laut »O« in das Mikrophon spricht, entsteht eine vollkommen runde Kugel. Die Kugel ist zwar eine der Grundformen der Natur, aber es überrascht doch, daß die Form, die von der Frequenz des O-Lautes gebildet wird, dieselbe ist, die wir gewählt haben, um diesen Laut in unserer Schrift bildhaft darzustellen. Die

Gespenster alter Glaubensvorstellungen stehen wieder auf, nach denen Wörter und Namen ihre besonderen Eigenschaften besitzen. Wir neigen noch heute dazu, Personennamen als etwas Besonderes zu betrachten, und können beobachten, daß Kinder ihren Namen oft verschweigen. Vor allem kleine Kinder fragen immer nach dem Namen eines Dings, sie setzen als selbstverständlich voraus, daß alles einen Namen hat, und betrachten seine Kenntnis als wertvollen Gewinn. Wäre es möglich, daß Wörter allein schon aufgrund der ihnen eigenen Frequenzen eine Kraft oder Macht besitzen? Können magische Formeln und heilige Sprüche und Gesänge tatsächlich einen Einfluß ausüben, der sich von dem anderer, willkürlich gewählter Wörter unterscheidet? Es hat den Anschein, und nach Jennys Entdeckung der Wortgestalten denke ich mit einigem Unbehagen und mit Ehrfurcht an die Behauptung des heiligen Johannes: »Am Anfang war das Wort.«

Als Biologe müßte ich allerdings in freier Wiedergabe sagen: »Am Anfang war der Klang des Wortes.« Denn es gibt beträchtliche nationale und individuelle Unterschiede hinsichtlich der gesprochenen Laute, mit denen ein und dasselbe geschriebene Wort wiedergegeben wird. (242) Die Lautschrift der *Association Phonétique Internationale* überwindet diese Schwierigkeit, indem sie durch abgewandelte und zusätzliche Zeichen die Möglichkeit bietet, jede Lautnuance in den meisten Sprachen schriftlich darzustellen. Bei der Analyse dieses Alphabets lassen sich gewisse elementare Grundmuster feststellen. Ein Laut entsteht durch die Resonanz der Luft in der Kehle, im Mund und im Nasenraum, und er erhält seine besondere Prägung durch das Gaumensegel, das Zäpfchen, den Gaumen, die Zunge, die Zähne oder die Lippen. Man unterscheidet grundsätzlich zwei Arten von Lauten: die Vokale oder Selbstlaute, die ohne Reibung oder Verschluß hervorgebracht werden, und die Konsonanten oder Mitlaute, bei denen der Luftstrom an irgendeiner Stelle eingeengt oder unterbrochen wird. Vokale sind immer von einem Schwingen der Stimmbänder begleitet, sie haben eine größere Energie als die meistens stimmlosen Konsonanten. Die Energie der Vokale reicht von 9 bis 47 Mikrowatt, während die Konsonanten nur selten 2 Mikrowatt erreichen. Vokale »tragen« daher weiter als Konsonanten und werden leichter empfangen. Durch die Resonanz in der Flüssigkeit im inneren Ohr sind die Vokale A, O, E, I und U, in dieser Reihenfolge, die am leichtesten hörbaren Sprechlaute. (Sie werden daher bevorzugt und treten in dieser reinen, ungetrübten Aussprache auch in nichteuropäischen Sprachen auf, zum Beispiel im Suaheli, der von mehr als zweihundert Stämmen gebrauchten Verkehrssprache Ostafrikas.) Die Konsonanten dagegen sind oft Explosivlaute wie, zum Beispiel, das »P«, bei dem der Luftstrom unterbrochen und dann plötzlich wieder freigegeben wird, oder Reibelaute, bei denen die Luft langsam durch eine Verengung entweicht wie etwa bei der Aussprache des »S«. Solche Konsonanten haben nur wenig Energie, dafür aber eine höhere Frequenz als die Vokale. Kombinationen dieser beiden kurzwelligen Konsonanten werden von allen Menschen, gleich welcher Sprache, gebraucht, wenn sie eine Katze rufen, das heißt ein Tier, das darauf eingestellt ist, auf die hochfrequenten Laute seiner Beutetiere zu reagieren.

Die Laute, aus denen sich die Wörter zusammensetzen, haben also verschiedene physikalische Eigenschaften. Wenn eine Resonanz hergestellt werden kann zwischen der Luftsäule in der Kehle des Sprechers, das heißt des Senders, und der Luftsäule im Ohr des Empfängers, so müssen auch ähnliche Energieübertragungen zwischen der Kehle und anderen Teilen der Umgebung herstellbar sein. Als das Volk Josuas »ein großes Feldgeschrei machte«, stürzten die Mauern Jerichos ein. Der plötzliche laute Schrei des Samurais entnervt den Gegner, und das Trillern eines Soprans läßt Glas zerspringen. Das sind große Anstrengungen und große Wirkungen, etwa mit der sengenden Hitze der Mittagssonne zu vergleichen, aber wir wissen, daß das Leben auf so feine Reize wie Mondlicht anspricht, das durch sechs Meter Wasser sickert, und es ist daher nicht unvernünftig anzunehmen, daß lebende Materie auf verschiedene Arten auf die ebenso feinen Frequenzänderungen der menschlichen Sprache reagiert.

Die Sprachwissenschaftler haben die Frage nach dem Ursprung der Sprache noch nicht beantwortet. Es gibt verschiedene Erklärungsversuche wie, zum Beispiel, die »Wauwau-Theorie«, die annimmt, die Sprache sei aus der Nachahmung von in der Natur vorkommenden Lauten entstanden, oder eine andere, die die Sprache aus den Grunzlauten ableiten will, die der Mensch bei körperlicher Anstrengung von sich gibt. Es scheinen aber noch keine systematischen Versuche unternommen worden zu sein, unter den Elementarlauten des phonetischen Alphabets nach biologischen Ursprüngen zu suchen. Jennys Nachweis, daß der O-Laut Kugelform hat, ist frappierend, aber er kann eigentlich kaum überraschen. Man hat das Gefühl: so muß es sein. Wir runden die Lippen, um diesen runden Laut hervorzubringen, und zugleich machen wir auch runde Augen. Ein Gesicht, das so den O-Laut ausspricht, nimmt aber auch den Ausdruck an, der bei den meisten Primaten aggressive Drohung bedeutet. Die Verhaltensforscher nehmen an, daß sich dieser Gesichtsausdruck aus verschiedenen zusammengehörigen Körperhaltungen herausentwickelte, die alle eine Drohung bedeuteten, und daß der Ausdruck zur Verstärkung der Wirkung von einem scharfen, wie »O« klingenden Grunzlaut begleitet wurde. Ebensogut wäre es aber auch möglich, daß zuerst der Laut da war und den entsprechenden Gesichtsausdruck nach sich zog, und schließlich, daß der Laut selbst gewählt wurde, weil er die Wirkung hat, einen Gegner zu beunruhigen. Seine Frequenzen lösen die richtige Resonanz aus, und vielleicht sind auch Infratöne mit im Spiel, die die Gehirnwellen des Gegners stören und ihn dazu bewegen, in wilder Panik zu fliehen. Die Japaner haben diesen Gebrauch von Lauten zur Kunst entwickelt im *kiai* oder Kampfschrei des Samurais. Man behauptet, daß ein *kiai* in Moll eine vorübergehende Lähmung des Gegners hervorruft durch eine Reaktion, die den Blutdruck jäh absinken läßt. Ein Schrei in Dur hat, wenn er laut und plötzlich genug ausgestoßen wird, sicherlich die umgekehrte Wirkung.

Die Musik ist ein weiteres Beispiel für die sinnvolle Anordnung und Verteilung von Wellen. Donald Andrews hat die harmonischen Schwingungen in eine komplexe Theorie des Universums einbezogen, die er die »Lebenssinfonie« nennt. In diesem System stellen die Atome die musikalischen Töne dar, die alle wie sphärische Glocken schwingen. Die Moleküle sind die Akkorde, die sich nach bestimmten Ordnungen aus den Tönen zusammensetzen, und gespielt wird die Musik auf Instrumenten, deren Form der Organismus selbst bildet. Andrews zeigte, daß auch eine Geige, die unberührt auf dem Tisch liegt, ständig leise vor sich hin summt, und er glaubt, ebenso verhalte es sich mit der gesamten Materie. Nachweislich geben Muskeln im Spannungszustand hörbare Geräusche von sich. Andrews stellte ein sehr phantasievolles Experiment an. Er ging durch das Museum von Baltimore, schlug Bronze- und Marmorstatuen mit einem Hammer an und nahm die Klänge auf einem mit hoher Geschwindigkeit laufenden Tonband auf in der Hoffnung, die wesentlichen, für ihre Formen charakteristischen Vibrationen einfangen zu können. Tatsächlich konnte er feststellen, daß gleiche Formen mit einem Größenunterschied im Verhältnis von 2:1 gleiche Töne, jedoch mit einer Differenz von einer Oktave erzeugen. Das entspricht genau der Wirkung, die man erzielt, wenn man eine Geigensaite halbiert, und es legt die Annahme nahe, daß für dreidimensionale Formen die gleichen musikalischen Grundgesetze gelten könnten.

Der Kosmos ist voller »Lärm«, voller Wellen in unregelmäßigem Durcheinander, aber alle seine brauchbaren Signale weisen regelmäßige Muster auf. Wahllos zusammengeworfene Töne gehen uns auf die Nerven; wir empfinden sie als unangenehm. Töne mit regelmäßigen Intervallen sind dagegen harmonisch; wir empfinden sie als angenehm. Wird ein Ton zusammen mit einem anderen gespielt, der genau die doppelte Frequenz hat, das heißt um eine Oktave höher ist, so entsteht ein sehr harmonischer Klang. Drei Töne bilden einen angenehmen Akkord, wenn sich ihre Frequenzen wie 4:5:6 verhalten. Das sind zwar rein mathematische Beziehungen, aber wir wissen aus Erfahrung, daß der Mensch positiv auf sie reagiert. Man hat begonnen, auch Tieren auf Bauernhöfen oder in Zoos Musik vorzuspielen, und stellt ähnliche unverkennbare Wirkungen fest. Die verschiedenen Spezies ziehen auch verschiedene Arten von Musik vor, vermutlich weil sie sich in bezug auf Körperbau und Sensibilität und somit auch hinsichtlich der Resonanzfrequenzen unterscheiden. Auch die Wirkung von Musik auf Pflanzen wird nun untersucht. Man hat bereits entdeckt, daß Geranien unter den Klängen von Bachs »Brandenburgischen Konzerten« schneller wachsen und größer werden. Sendet man den Pflanzen nur die in diesen Musikstücken vorherrschenden Frequenzen zu, so ist bereits eine gewisse Wirkung festzustellen, aber die Wachstumsbeschleunigung ist deutlicher ausgeprägt, wenn die Frequenzen in der vom Komponisten so sorgfältig abgewogenen räumlichen Beziehung auftreten. Bakterien lassen sich in ähnlicher Weise beeinflussen. Sie vermehren sich bei bestimmten Frequenzen und gehen ein bei anderen. Von dieser Entdeckung führt kein sehr weiter Weg zu der alten Vorstellung, daß die Wiederholung bestimmter Beschwörungsformeln oder Gesänge Krankheiten zu heilen imstande sei.

Es gibt noch andere räumliche Beziehungen, die Wirkungen auf uns ausüben. Die Künstler wissen seit vielen Jahrhunderten, daß gewisse Proportionen gefälliger sind als andere. Legt man mehreren Personen eine große Anzahl von Vierecken vom Quadrat bis zu einem sehr schmalen Rechteck vor, so werden die meisten ein Rechteck wählen, dessen lange Seiten ein wenig mehr als anderthalbmal so lang sind wie seine kurzen. (33) Diese Form, die den meisten Menschen am besten gefällt, entspricht dem sogenannten Goldenen Schnitt, und das genaue Verhältnis ist 1:1,618. Zwischen den künstlerischen Überlieferungen der verschiedenen Völker bestehen ungeheure Unterschiede, aber das ästhetische Empfinden scheint bei allen von ähnlichen Grundgesetzen bestimmt zu werden. (98) Bei Tests, die in London mit britischen und japanischen Studenten durchgeführt wurden, waren unabhängig von den Kulturbereichen, denen die Versuchspersonen angehörten, ähnliche Reaktionen in bezug auf Farbe und Form festzustellen. Unsere Reaktion auf Maßverhältnisse wird vermutlich von dem Abstand zwischen den Augen bestimmt. Ein Mensch, der von Geburt an auf einem Auge blind ist und das zweiäugige Sehen nie kennengelernt hat, findet vielleicht ein Quadrat schöner als das beschriebene Rechteck. Wir wissen, daß bei Einäugigen eine ungleiche Entwicklung in der einen Gehirnhälfte vorliegt, die an den Gehirnströmen abzulesen ist. Da sie andere Rhythmen haben, reagieren sie auch auf andere Frequenzen.

Nach einigen neuen Entdeckungen in bezug auf die Natur des Lichts, des Magnetismus und der Elektrizität erfreute sich im 19. Jahrhundert die Theorie vom »Klingenden Universum« großer Beliebtheit in Okkultistenkreisen, aber im Grunde hatte diesen Gedanken schon Pythagoras im 5. Jahrhundert v. Chr. entwickelt. Die Vorstellung, daß das ganze Universum nach einem einzigen großen Plan angelegt und miteinander verbunden sei, lag seit jeher der Magie zugrunde, und die Pythagoreer verwendeten die mathematischen Beziehungen musikalischer Intervalle, um diesen Weltplan numerisch auszudrücken. Sie waren die ersten professionellen Numerologen. Die Anhänger von Zahlensystemen verweisen auf die sieben Farben des Regenbogens, die sieben Tage der Woche, die sieben Siegel des Christentums, die sieben Devas des Hinduismus, die sieben Amesha Spentas der zarathustrischen Religion und so fort, und sie schreiben dieser und anderen Zahlen besondere okkulte Eigenschaften zu. Goethe war von der 3 besessen, Swoboda schwor auf 23, und Freud glaubte an Perioden von 27. Es fällt schwer, in irgendeinem dieser Intervalle eine biologische Bedeutung zu sehen, und man ist versucht, das Ganze als Unsinn abzutun. Jede Zahl, meint man, müsse doch mit der gleichen Wahrscheinlichkeit auftreten wie alle anderen. Ebendas scheint aber nicht der Fall zu sein.

Einem amerikanischen Mathematiker fiel auf, daß in Logarithmentafeln in der Bibliothek seiner Universität die ersten Seiten stärker verschmutzt waren als die späteren. Das bedeutete, daß die Studenten der Naturwissenschaften aus irgendeinem Grunde häufiger Gelegenheit gehabt hatten, mit Zahlen zu rechnen, die mit 1 begannen, als mit irgendeiner anderen Ziffer. (261) Er sammelte Logarithmentafeln und berechnete die relative Häufigkeit der Ziffern 1 bis 9. Theoretisch hätten sie alle gleich oft aufscheinen müssen, aber er stellte fest, daß 1 mit einer Häufigkeit von 30 Prozent auftrat, während 9 nur 5 Prozent des Raumes beanspruchte. In beinahe genau demselben Verhältnis sind die Ziffern auf den Skalen eines Rechenschiebers vertreten. Die Erfinder dieses Instruments müssen also erkannt haben, daß ein solcher Trend existiert. Das Vorwiegen der Ziffer 1 könnte darauf zurückgehen, daß die Tafeln nicht wirklich willkürlich zusammengestellt waren, aber bei umfangreicheren Tafeln ist ein ähnlicher Trend festzustellen. Der Ökologe Lamont Cole arbeitete mit einer von der *Rand Corporation* veröffentlichten, die eine Million willkürlich ausgewählter Ziffern enthält. (262) Er wählte Ziffern in regelmäßigen Intervallen, um die Stoffwechseltätigkeit einer Einhornschnecke jeweils am Ende einer Stunde über einen längeren Zeitraum hinweg darzustellen. Es hätte keine Beziehung zwischen den Zahlen und kein wie immer geartetes zyklisches Schema geben dürfen, aber Cole wird nun die aufsehenerregende Entdeckung zugeschrieben, daß Einhornschnecken um drei Uhr morgens am aktivsten sind. (77)

Möglicherweise hängen diese Diskrepanzen mit irgendeiner Besonderheit unserer Zählmethode zusammen, aber es hat den Anschein, als drückte sich in dem beschriebenen Trend ein Naturgesetz aus. Die Natur scheint exponentiell zu zählen: nicht 1, 2, 3, 4, 5, sondern 1, 2, 4, 8, 16; das heißt die Zahlen nehmen jeweils um eine logarithmische Potenz zu. Bevölkerungen vermehren sich auf diese Weise, und auf individueller Ebene variieren Dinge wie die Stärke eines Reizes und die Reaktion darauf exponentiell. Das ist jedoch lediglich eine Feststellung. Sie erklärt nicht das anomale Verhalten der Zahlen.

Die unerwartete Gruppierung gleicher Zahlen ist etwas Ähnliches wie die ungewöhnliche Gruppierung von Umständen, die wir Zufall nennen. Jeder hat schon die Erfahrung gemacht, daß er eines Tages zum erstenmal auf ein neues Wort oder einen neuen Namen stößt und dann plötzlich diesem Wort oder Namen rasch nacheinander an einem Dutzend Orten wiederbegegnet, oder daß man in einer kleinen Gruppe von Menschen feststellt, daß drei davon denselben Geburtstag haben. Diese Zufälle treten oft gehäuft auf. An manchen Tagen geht alles besonders gut, und dann wieder erlebt man eine Panne nach der andern. Es gibt Menschen, die es sich zur Lebensaufgabe machen, Informationen über solche Zufälle zu sammeln. Der Biologe Kammerer war einer von ihnen, und er gab dem Phänomen einen Namen und sprach von einem Gesetz der Serie. Er definierte die Serie als »ein gesetzmäßiges Vorkommen von gleichen oder ähnlichen Dingen oder Ereignissen . . . die nicht durch die gleiche aktive Ursache miteinander verbunden sind«, und behauptete, der Zufall sei in Wirklichkeit das Werk eines Naturprinzips. (171) Kammerer saß oft tagelang an irgendeinem öffentlichen Ort und notierte die Zahl der Passanten, die Art, wie sie gekleidet waren, was sie in der Hand trugen und dergleichen mehr. Bei der Analyse seiner Aufzeichnungen stellte er fest, daß gewisse Dinge serienweise auftraten und dann wieder völlig ausblieben. Dieses Wellenschema der Ereignisse ist allen Börsenmaklern und Spielern vertraut, und die Versicherungsgesellschaften betreiben ihr Geschäft aufgrund ähnlicher Wahrscheinlichkeitsrechnungen.

Die »zufälligen« Häufungen von Dingen und Ereignissen sind ein echtes Phänomen. Kammerer erklärte sie durch sein Gesetz der Serie, das besagt, daß gegenläufig zum 2. Hauptsatz der Thermodynamik eine Kraft am Werk ist, die auf Symmetrie und Kohärenz hinarbeitet, indem sie Gleiches zu Gleichem gesellt. Auf eine seltsame, unlogische Weise klingt dieser Gedanke recht überzeugend, aber es fehlen die stichhaltigen wissenschaftlichen Beweise, und im übrigen ist diese Theorie für uns nicht sehr wichtig. Es genügt zu wissen, daß es eine erkennbare Organisation der Ereignisse gibt. Nimmt man dazu die Harmonien in der Musik und in der bildenden Kunst, die Nichtzufälligkeit der Zahlen und die Periodizität der Planetenbewegungen, so erhält man allmählich das Bild einer Umwelt, in der es erkennbare Schemata oder Muster gibt. Dem kosmischen Chaos überlagert sind Rhythmen und Harmonien, die viele Lebenserscheinungen auf der Erde beherrschen durch eine Energieübertragung, die durch die Gestalt der irdischen Dinge und ihre Resonanz in Übereinstimmung mit kosmischen Themen ermöglicht wird.

Biophysik

Wir alle sind empfindlich für die physikalischen Kräfte, die in unserer Umgebung auftreten, und es scheint, daß es Möglichkeiten gibt, diese Sensibilität zu steigern. Eine davon wird seit mindestens 5000 Jahren angewandt. Basreliefs aus dem alten Ägypten zeigen Gestalten mit seltsamen Kopfbedeckungen, die mit ausgestreckten Armen gegabelte Stöcke halten, und eine Statue, die um 2200 v. Chr. in China entstand, zeigt den Kaiser Kuang Su mit einem ähnlichen Gegenstand. Sie alle, die Ägypter wie der Chinese, scheinen Wasser gesucht zu haben.

Viele Tiere reagieren außerordentlich empfindlich auf Wasser, und einige, wie zum Beispiel der Elefant, haben sogar die Fähigkeit, es in der Erde aufzuspüren. In Dürrezeiten leisten die Elefanten der Tiergemeinschaft lebenswichtige Dienste, indem sie mit ihren Rüsseln und Füßen verborgene Wasserquellen freilegen. Vielleicht riechen sie das Wasser, das durch das Erdreich sickert, oder vielleicht haben sie einige Grundkenntnisse in der Geologie erworben, denn sie graben immer an der tiefsten Stelle an der äußeren Krümmung eines ausgetrockneten Flußbetts, wo sich am ehesten noch ein wenig Wasser ansammelt. Es gibt jedoch Fälle, in denen keine dieser Erklärungen zutrifft und wir die Möglichkeit erwägen müssen, daß ein anderer Sinn verwendet wird. Wie die Oberfläche der Erde besteht auch der Körper der meisten Tiere zu zwei Dritteln aus

Wasser. Eine der Vorausbedingungen der Resonanz ist, daß bei Sender und Empfänger ähnliche oder zumindest miteinander vereinbare Strukturen gegeben sind. Wird von einer Wasserquelle Energie ausgestrahlt, so könnte sie möglicherweise im Körper der meisten Säugetiere eine Resonanz finden. Unser Gehirn besteht sogar zu 80 Prozent aus Wasser, so daß es noch flüssiger ist als Blut, und dort könnte daher auch eine Resonanz stattfinden, aber am deutlichsten scheint sich die Reaktion in den langen Muskeln unseres Körpers zu manifestieren.

Die klassische Methode der Wassersuche mit der Wünschelrute ist die folgende: Man schneidet einen gegabelten Zweig von einem Schattenbaum wie Weide, Haselnuß oder Pfirsich und hält ihn an den Gabelenden mit ausgestreckten Armen parallel zum Boden vor sich hin. Dabei sind die Armmuskeln gespannt, und es wird behauptet, sobald sich der Rutengänger oder »Rütler« der Wasserader nähere, werde diese Spannung auf den Zweig übertragen, der sich bewegt oder »ausschlägt«. Die Art des Ausschlags hängt stark vom Rutengänger ab. Manche behaupten, ein Ausschlag der Rute nach oben zeige den oberen Teil eines Wasserlaufs und die Art der Kreisbewegung deren Tiefe an, aber andere vertreten wieder völlig andere Ansichten. Die Techniken der Rutengänger unterscheiden sich sehr, und an Geräten werden neben gegabelten Zweigen verwendet: Metallruten, Kleiderbügel, Walknochen, Kupferdrähte, Spazierstöcke, Heugabeln, Bakelitstreifen, chirurgische Scheren und Pendel und in einem Fall angeblich sogar eine Wurst. Ebenso viele Arten gibt es, die Geräte zu halten und ihre Ausschläge zu deuten. Was diese sonderbare Pantomime davor bewahrt, zur reinen Farce zu werden, ist der Umstand, daß die Rutengänger auf eine sehr hohe Erfolgsquote hinweisen können.

Jede größere Wasser- oder Rohrverlegungsgesellschaft der Vereinigten Staaten hat einen Rutengänger auf ihrer Lohnliste. Das kanadische Landwirtschaftsministerium beschäftigt einen hauptberuflichen Rutengänger. Die UNESCO hat einen holländischen Rutengänger und Geologen verpflichtet, der für sie offizielle Untersuchungen durchführt. Pioniere der 1. und 3. US-Marineinfanteriedivision in Vietnam wurden im Gebrauch von Wünschelruten zur Entdeckung von Minen und verschütteten Blindgängern ausgebildet. Die tschechoslowakische Armee hat eine eigene Rutengängereinheit, und die geologischen Institute der staatlichen Universitäten Moskau und Leningrad haben Untersuchungen großen Maßstabs eingeleitet – nicht, um festzustellen, *ob* die Wünschelrute funktioniert, sondern *wie* sie funktioniert.

Mit dem ernsthaften Studium des Phänomens wurde offenbar 1910 in Frankreich begonnen, vor allem unter dem Einfluß des Vicomte Henri de France, der das Buch *Le Sorcier moderne* (»Der moderne Hexer«) veröffentlichte und an der Gründung der Britischen Gesellschaft der Rutengänger im Jahre 1933 mitbeteiligt war. Die in beiden Ländern erzielten Forschungsergebnisse wurden in zwei Büchern, *The Divining Rod* (16) und *The Physics of the Divining Rod* (204) zusammengefaßt, die an sich interessant sind, aber doch sehr deutlich die Grenzen privater Unternehmungen kleinen Maßstabs erkennen lassen. Die Tatsache, daß sie meist ohne die nötige sorgfältige Überwachung durchgeführt und daß über die Resultate unzulänglich berichtet wird, gestattet es den meisten Wissenschaftlern im Westen, die Rutengängerei als unwissenschaftlich abzutun, aber in der Sowjetunion genießt sie nun staatliche Förderung, und dort werden zur Zeit auch die größten Fortschritte gemacht.

Diese Forschungsarbeiten begannen, als eine offizielle Kommission bekannte Geologen und Hydrologen beauftragte, mit Rutengängern der Roten Armee zusammenzuarbeiten. Nach Tausenden von Versuchen berichtete die Kommission, daß die gegabelten Zweige sowohl auf unterirdische Wasserquellen als auch auf elektrische Kabel reagierten, und zwar mit einer Kraft, die mit 1000 g/cm gemessen wurde. Man stellte fest, daß die Ruten auch ausschlugen, wenn sich der Rutengänger sehr rasch bewegte, oder wenn er durch Stahlplatten oder eine Rüstung aus Blei abgeschirmt war. Im Bericht wird ferner erwähnt, daß die frisch geschnittenen Zweige nur zwei oder drei Tage lang mit Erfolg verwendet werden konnten und daß ein abgebrochener Zweig nicht repariert werden konnte, ohne etwas von seiner Empfindlichkeit einzubüßen. Bei einigen Versuchen wurden Blei, Zink und Gold in einer Tiefe von 73 m entdeckt, und die Kommission kam zu dem Schluß, daß die Wünschelrute mit verblüffendem Erfolg verwendet werden kann, um unterirdische Kabel, Rohrleitungen, Schadenstellen an Kabeln, Minerale und schließlich Wasser aufzuspüren. Sie schlug vor, den alten russischen

Namen – wörtlich übersetzt »Wahrsagerute« – fallenzulassen, und heute läuft die Wünschelrutenforschung unter dem neuen, entmystifizierten Namen »Methode der biophysikalischen Wirkungen«.

Im Jahre 1966 leitete ein Leningrader Mineraloge, Nikolaj Sochewanow, eine Expedition in die Kirgisenrepublik an der russisch-chinesischen Grenze. Man überflog das Gebiet zuerst in einer Maschine, die mit einem Magnetometer ausgerüstet war, wie es für die Entdeckung von Erzvorkommen aus der Luft verwendet wird. Im Flugzeug hielten sich Sochewanow und seine Mitarbeiter mit Wünschelruten bereit. Als sie über den Tschu flogen, stellten sie fest, daß die große Wassermenge in der Mitte des Flusses keine Wirkung hatte, während über den beiden Ufern ein merklicher Druck an den Ruten zu spüren war. Versuche in anderen Weltgegenden lieferten ähnliche Resultate. Es scheint sich so zu verhalten, daß Wasser den Menschen nicht dort am stärksten beeinflußt, wo es in großen Mengen rasch strömt, sondern dort, wo eine Reibung mit der Erde vorhanden ist, vor allem bei einer großen Reibungsfläche, das heißt überall dort, wo das Erdreich mit Wasser gesättigt ist, das langsam durch die Kapillarien sickert. Deutliche Reaktionen verzeichnete Sochewanow auch beim Überfliegen noch unbekannter Erzlager, und in einem Falle konnte bei nachträglichen Bohrungen festgestellt werden, daß die Wünschelrute auf eine nur 7,6 cm dicke Schicht von Bleierz in einer Tiefe von 150 m angesprochen hatte.

Bei größeren Erzvorkommen näher an der Erdoberfläche erlebten es Sochewanow und seine Mitarbeiter, daß ihnen die Ruten regelrecht aus der Hand gerissen wurden. Sochewanow entwarf daher ein neues Instrument aus Stahl, das frei rotiert. Es besteht aus einem U-Bügel, der an den Enden mit zwei etwa 60 cm auseinanderstehenden Handgriffen mit Kugellagern gehalten wird und in der Mitte der Krümmung zu einer Schleife mit einem Durchmesser von 20 cm gebogen ist. Sochewanow behauptet, die Anzahl der Umdrehungen zeige die Tiefe und Größe des Lagers an, und er konstruierte einen Apparat, der am Gerät befestigt ist und dessen Umdrehungen automatisch aufzeichnet. Durch großangelegte Versuche mit Hunderten von Rutengängern konnten die unterirdischen Profile großer Gebiete erarbeitet werden. Eine dieser Vermessungen wurde am 21. Oktober 1966 bei Alma Ata vorgenommen, wo im Zuge eines Entwicklungsprojekts drei Millionen Kubikmeter Felsgestein gesprengt werden sollten. Das Team vermaß das Gelände unmittelbar vor und nach der Explosion. Die Ruten zeigten enorme Veränderungen der unterirdischen Struktur an, und noch vier Stunden nach der Explosion verschob sich das Profil, während es vermessen wurde, ständig. Schließlich beruhigte es sich wieder, und als die Seismographen kein Beben mehr aufzeichneten, stellten die Rutengänger fest, daß es beinahe wieder dieselbe Form wie vor der Sprengung angenommen hatte. Spätere Grabungen zeigten, daß die kleinen Unterschiede zwischen »vorher« und »nachher« auf unterirdische Brüche zurückgingen, die durch die Explosion entstanden waren.

Sochewanow führte Feldversuche mit Rutengängern durch, die in fahrenden Autos saßen und ihre Aufzeichnungsgeräte an den Lenksäulen befestigt hatten. Die Ruten reagierten weiterhin, machten aber bei hoher Fahrgeschwindigkeit weniger Umdrehungen. Aus der Tatsache, daß in einem Fahrzeug aus Metall überhaupt eine Reaktion zu verzeichnen war, darf man offenbar folgern, daß die in Betracht kommende Energie keine elektrische ist, und alle Versuche, die eintreffenden Signale durch die Anbringung langer Drahtantennen an den Handgelenken der Rutengänger zu verstärken, führten nach bisherigen Beobachtungen nur zu einer Abschwächung der Reaktionen. Starke Magneten, die man den Rutengängern auf den Rücken band, hatten keinerlei Wirkung, aber Lederhandschuhe vereitelten die Reaktionen völlig. Wenn man mehrere Rutengänger zusammenband, ergab sich keine kumulative Wirkung, wenn aber ein erfahrener Rutengänger die Hand eines Neulings berührte, wurde die Rute in dessen Händen lebendig.

Experimente in allen Ländern zeigen, daß die Kraft, welcher Art sie immer sein mag, auf die Rute allein nicht wirkt. Es muß ein Lebewesen als »Mittler« vorhanden sein. Der holländische Geologe Solco Tromp wies nach, daß Rutengänger eine besondere Empfindlichkeit für das Magnetfeld der Erde besitzen und auf mit Magnetometern nachmeßbare Feldänderungen reagieren. (323) Er stellte außerdem fest, daß ein guter Rutengänger ein künstliches Magnetfeld zu entdecken vermag, das nur ein Zweihundertstel der Stärke des Erdfeldes hat, und daß er mit seiner Rute sogar die Ausdehnung dieses in einem Versuchsraum angelegten Feldes bestimmen kann. Rutengänger, die im *Laboratoire de Physique* in Paris getestet wurden, waren imstande zu sagen, ob ein elektrischer Strom ein- oder ausgeschaltet war, indem sie mit ihren Ruten im Abstand von einem Meter an einer Spule vorbeigingen. (279) An der Universität Halle entdeckte man, daß Rutengänger in gewissen Feldern eine Erhöhung des Blutdrucks und der Pulsfrequenz aufwiesen. (233) Die sowjetischen Wissenschaftler teilen alle Menschen, je nachdem wie die Wünschelrute sie »sieht«, in vier Gruppen ein. Die erste Gruppe, der alle Frauen angehören (die beim Rutengehen eine um 40 Prozent höhere Erfolgsquote als die Männer haben), zieht die Rute an. Die zweite Gruppe stößt die Rute mit dem ganzen Körper ab, während die Angehörigen der dritten und vierten Gruppe die Rute mit den Schultern, beziehungsweise der Hüfte abstoßen. Polaritätskarten des menschlichen Körpers, die Tromp mit Hilfe eines Elektrokardiographen anfertigte, bestätigen diese Gruppierung.

Gebiete oder Felder, in denen Rutengänger starke Reaktionen hatten, wurden mit Protonenmagnetometern nachgemessen, die so empfindlich sind, daß sie das Magnetfeld eines Atoms anzeigen, und Versuche mit solchen natürlich vorkommenden Feldern ergaben interessante Resultate. Mäuse, die man in einer länglichen, halb innerhalb, halb außerhalb eines Feldes liegenden Einfriedung unterbrachte, weigerten sich, im Feld zu schlafen. (323) Gurken, Sellerie, Zwiebeln, Mais, Liguster und Eschen gedeihen sehr schlecht in einem Feld, in dem die Ruten ausschlagen. Dagegen wird behauptet, daß Ameisen ihre Haufen immer in einem solchen Feld anlegen und daß schwärmende Bienen sich auf Ästen über solchen Feldern niederlassen. Ebenso wird behauptet, daß Rheumatiker in von Wasser erzeugten Feldern an Muskelkontraktionen und Schmerzen in den Gelenken leiden und daß starke Felder gleich welcher Art die Gesundheit beeinträchtigen. Die einschlägige Literatur ist voll von »schädlichen Strahlungen«, deren Wirkung man abschwächen kann, indem man einen Sessel oder ein Bett aus der gefährlichen Zone rückt oder im Feld Spulen aus Kupferdraht anbringt, die es »neutralisieren«. Es ist schwer, solche Berichte objektiv zu beurteilen und festzustellen, was für eine Rolle bei den angeblichen Heilungen die Suggestion spielt, aber Tatsache ist, daß auch das Elektrokardiogramm eines Menschen, der kein Rutengänger ist, einen Potentialunterschied anzeigt, wenn er in ein Feld gebracht wird.

Sehr häufig stößt man in der Literatur auch auf Berichte von

Rutengängern, die Vermißte, Verbrecher und Leichen ausfindig machten, indem sie sich von einem »sensibilisierten« Gerät leiten ließen. Dieses ist meistens ein Pendel mit einer Kapsel, die etwas enthält, was der gesuchten Person gehört, oder das »abgestimmt« wurde, indem man es über ein Muster hielt, um festzustellen, wie lang der Faden sein muß, um die richtige Reaktion zu ergeben. Mit dieser Technik wurden aufsehenerregende und vielbesprochene Erfolge erzielt, und am eindrucksvollsten waren die Fälle, in denen der Pendler den Gesuchten nicht am Ort selbst aufspürte, sondern auf einer Karte eines ihm selbst unbekannten Geländes. Soweit sich das anhand von Berichten beurteilen läßt, die selten wissenschaftlichen Kriterien entsprechen und im übrigen Ereignisse betreffen, die ihrer Natur nach unwiederholbar sind, funktioniert die Methode tatsächlich. Wenn man etwas von der Wirkung der Form auf die Frequenz weiß, könnte man zwar mutmaßen, daß die zweidimensionalen Formen auf Karten oder Fotografien ähnliche Eigenschaften haben wie wirkliche Gegenstände, aber der Verstand wehrt sich gegen diese Vorstellung.

Die Technik der Verwendung eines Pendels, um Auskünfte nicht nur über den Ort, an dem sich Personen oder Gegenstände befinden, sondern auch über deren Charakter oder Art zu erhalten, wird »Radiästhesie«, wörtlich »Strahlenfühligkeit«, genannt. Sie wird unter anderem auch bei der Geschlechtsbestimmung angewandt. Die Japaner waren schon immer Meister in der schwierigen Kunst, das Geschlecht von nur einen Tag alten Küken festzustellen, aber nun gelingt ihnen die Geschlechtsbestimmung bereits, bevor die Eier ausgebrütet werden. Sie brauchen dazu nichts weiter als eine Perle an einem seidenen Faden. Die Eier laufen mit nord-südlich ausgerichteter Längsachse auf einem Fließband an dem Experten vorbei. Dessen Pendel schwingt in der Längsachse mit, wenn das Ei unfruchtbar ist. Bei einem Hahn kreist es im Sinne des Uhrzeigers, und bei einer Henne gegen den Uhrzeiger. Das System funktioniert angeblich mit 99prozentiger Sicherheit. In England gibt es Pendler, die das Geschlecht eines Menschen angeben können, wenn man ihnen nur einen Tropfen Blut oder Speichel auf Löschpapier vorlegt. (20) Sie wurden schon mehrere Male von gerichtsmedizinischen Laboratorien bei der Aufklärung von Mordfällen zu Rate gezogen.

Es ist leicht zu sagen: »Alle Stoffe senden Strahlen aus, und der menschliche Körper, der nicht viel anders arbeitet als ein Rundfunkempfänger, nimmt sie eben auf.« (322) Solche oberflächlichen Erklärungen, die man von Rutengängern hören kann, sagen absolut nichts über die Wirkungsweise oder die betreffenden biologischen Vorgänge. Was wir bisher an unbestreitbaren Tatsachen wissen, ist nicht mehr als dies: Wasser erzeugt durch Reibung mit dem Erdreich ein Feld, das möglicherweise elektromagnetische Eigenschaften besitzt. Gummi und Leder isolieren dieses Feld, aber Metalle haben anscheinend keine Wirkung. Die Metalle selbst üben, vielleicht aufgrund ihrer Lage im erdmagnetischen Feld, ebenfalls eine Feldwirkung aus. Die von anorganischen Stoffen geschaffenen oder modifizierten Felder können von manchen Tieren und Menschen gefühlt werden. Eine unbewußte Empfindlichkeit für diese Felder kann sichtbar gemacht werden durch die Verwendung von Gegenständen wie Ruten oder Pendeln zur Anzeige von Feldstärken und -richtungen.

Der Mensch wendet die verschiedenen Techniken des Rutengehens und Pendelns schon so lange an, daß wir möglicherweise auch Tiere finden, die sie beherrschen. Antilopen und Wildschweine haben gebogene Hörner, beziehungsweise Hauer, die eine ähnliche Form aufweisen wie der traditionelle gegabelte Zweig. Tatsächlich sind diese Tiere imstande, verborgene Wasserquellen aufzuspüren. Könnte es sein, daß ihnen dabei ihre »eingebauten« Wünschelruten in irgendeiner Weise helfen? Die besten Rutengänger können allein mit ihren Händen arbeiten. Es wäre also denkbar, daß sich auch Tiere ohne Antennen ähnlich orientieren. Soviel ich weiß, hat noch niemand, der sich mit dem Problem der Orientierung der Zugvögel befaßt, diese Möglichkeit in Betracht gezogen. Wenn ein Weidenzweig in den Händen eines Menschen Wasser anzeigt – wie funktioniert er dann, solange er sich noch am Baum befindet? Baumwurzeln sind eindeutig geotropisch – sie wachsen dem Zentrum der Schwerkraft entgegen –, aber sie suchen auch Wasser. Vielleicht mit Hilfe ihrer »Wünschelruten«?

Die Entdeckung, daß Tiere für Felder empfindlich sind und stark auf sie reagieren, kann niemanden überraschen, der einmal zugesehen hat, wie sich ein wild lebendes Säugetier zum Schlaf niederlegt. Selbstverständlich muß der Ruheplatz im Hinblick auf Wärme und

Schutz und Sicherheit vor Feinden sorgfältig ausgesucht werden, aber oft wählt das Tier eine Stelle, die offensichtlich weniger gut geeignet ist als eine andere nahebei. Haushunde und Katzen verhalten sich nicht anders, und ihre Besitzer wissen, daß es keinen Zweck hat, ihnen einen Schlafplatz zuweisen zu wollen. Man muß warten, bis sich das Tier seinen Platz selbst ausgesucht hat, und dort seinen Schlafkorb hinstellen. Es gibt Orte, an denen sich ein Tier um keinen Preis niederlegen würde. Daß Menschen ähnliche Fähigkeiten haben können, zeigt Carlos Castaneda in einem unlängst erschienenen Buch über die Glaubensvorstellungen der Yaqui, dem lebendigsten und erregendsten ethnographischen Werk, das ich je gelesen habe. (67) Der Zauberer Don Juan sagte Castaneda, es gebe auf der Veranda seines Hauses eine Stelle, die einzigartig sei und an der er sich stark und glücklich fühlen könne, aber er müsse sie selbst finden. Castaneda suchte stundenlang, er setzte sich nacheinander überall nieder und wälzte sich sogar auf dem Boden, aber es geschah nichts, bis er zufällig auf einen Punkt genau vor ihm starrte und die ganze Umgebung, so wie er sie aus den Augenwinkeln sah, eine grüngelbe Färbung annahm. »Plötzlich bemerkte ich an einer Stelle nahe der Mitte des Fußbodens eine weitere Farbveränderung. Zu meiner Rechten, am Rande meines Gesichtsfeldes, verwandelte sich das Grüngelb in ein intensives Purpurrot. Ich konzentrierte meine Aufmerksamkeit darauf. Das Purpurrot ging in eine blasse, aber immer noch leuchtende Farbe über, die blieb, solange ich sie aufmerksam betrachtete.« Castaneda beschloß, sich an dieser Stelle hinzulegen. »Ich fühlte eine ungewöhnliche Beklemmung. Es war mehr so etwas wie die körperliche Empfindung eines Drucks auf den Magen. Mit einer einzigen Bewegung sprang ich auf und wich zurück. Meine Nackenhaare sträubten sich. Die Beine waren mir leicht eingeknickt, mein Oberkörper beugte sich vornüber, die Arme streckte ich starr vor mich hin, und die Finger verkrampften sich wie Klauen. Meine sonderbare Haltung wurde mir bewußt, und mein Entsetzen wuchs. Ich tat unwillkürlich ein paar Schritte nach hinten und . . . fiel schlaff auf den Boden.« Er hatte die Stelle gefunden.

Im Jahre 1963 wurde ein zwölfjähriger Südafrikaner namens Pieter van Jaarsveld als »der Junge mit den Röntgenaugen« weltberühmt. Er war imstande, Wasser tief in der Erde zu entdecken, aber er verwendete keine Wünschelrute, sondern behauptete, er könne das Wasser »wie grünes Mondlicht schimmern« sehen. Pieter war sehr überrascht, als er erfuhr, daß andere Menschen es nicht ebenso sehen konnten. Ich glaube, in dem Maße, in dem wir erkennen, daß die Natur und die herkömmlichen fünf Sinne nur ein kleiner Teil der wahren Magie der Übernatur sind, werden immer mehr von uns die Dinge gleich ihm sehen, wie sie wirklich sind.

Teil II

Die Materie

»Was weiß ein Fisch
von dem Wasser, in dem er sein
ganzes Leben lang schwimmt?«

ALBERT EINSTEIN,
Mein Weltbild, 1934

Die griechischen Philosophen zerschnitten die Materie im Geiste in immer kleinere Teilchen, bis Demokrit der Zerlegung ein Ende setzte und erklärte, es gebe eine Grenze, wo die Partikeln unteilbar oder a-tomisch würden. Mehr als zweitausend Jahre später behauptete John Dalton, daß die gesamte Materie des Universums aus Grundbausteinen, den Atomen, zusammengesetzt sei.

Beide hatten recht, aber wir wissen heute, daß noch eine weitere Teilung möglich ist und daß Atome in noch elementarere Teilchen aufgespalten werden können. Zuerst sah es so aus, als umkreisten die Elektronen nach dem Planetenprinzip einen Kern. In jüngerer Zeit erkannte man aber, daß die Elektronen eher mit Wolken von Elektrizität zu vergleichen sind, die in Wellenmustern vibrieren. Zu sehen ist davon nichts, aber man hat eindeutige Beweise dafür, daß sich im Zentrum dieses Nebels eine Ballung von Kernteilchen befindet, die beinahe die gesamte Masse des Atoms und beinahe seine gesamte Energie enthalten. Könnte man ein Atom aufblasen, bis es ein Olympiastadion ausfüllt, so läge dieser Kern so groß wie eine Erbse mitten im Feld. Das heißt, daß ein Atom proportional ebensoviel leeren Raum enthält wie das Weltall.

So ist jede Art von Materie beschaffen. Wenn man einen Menschen nehmen und alle leeren Räume in ihm zusammenpressen könnte wie die Löcher in einem Schwamm – es bliebe als feste Substanz nur ein winziges Häufchen übrig, nicht größer als ein Stückchen Fliegendreck. Wir sind hohl, und unsere substanzlosen Körper werden zusammengehalten durch elektromagnetische und nukleare Kräfte, die nur die Illusion der Materie schaffen. In dieser Hinsicht gibt es nur wenig, was Belebtes von Unbelebtem trennt; beide sind aus den gleichen spärlichen elementaren Teilchen aufgebaut, die in der gleichen elementaren Weise aufeinander einwirken.

Der einzige wirkliche Unterschied besteht darin, daß die Atome des Lebens organisiert sind. Sie sind geordnet zu sich selbst wiederholenden Formen, die dem kosmischen Chaos trotzen, indem sie sich selbst immer wieder instand setzen und ersetzen. Sie nähren sich von Ordnung und lernen, diese zu erkennen und auf sie zu reagieren. Je besser organisiert sie sind, desto zahlreicher sind ihre Reaktionen. Das Leben muß in enger Berührung mit der Materie stehen, und auf der höchsten Ebene bedeutet das, daß es seiner Umgebung Energie und Information nicht nur entnimmt, sondern auch zurückgibt.

In diesem zweiten Teil soll gezeigt werden, wie das Leben seine Umgebung beeinflussen kann.

4. Kapitel:
Der Geist ist stärker als die Materie

Die Ökologie befaßt sich im wesentlichen mit dem komplizierten System der Wechselbeziehungen zwischen den Lebewesen und ihrer Umwelt. Die großen Herden der Zebras und Wildebeest oder Weißschwanzgnus in der Serengeti reagieren auf Umweltsignale, die ihre jährliche Wanderung auslösen, und wenn sie zu Millionen aus den Olduvai-Ebenen in das Waldland von Mara ziehen, lassen sie einen kahlen Streifen zurück, der noch jahrelang zu sehen ist. Biber reagieren auf die Anzeichen des nahenden Winters, indem sie zum Schutz ihrer Behausung einen Damm bauen und damit ein Stück Land der Überschwemmung preisgeben und seine Natur völlig verändern. Der Mensch antwortet auf die Herausforderung seiner Umgebung auf eine direkte und oft brutale Weise. Er rodet Land für den Ackerbau, und er verliert Land durch Erosion und durch seine eigene Unachtsamkeit an das Meer und gewinnt es mit seinen monströsen Maschinen wieder zurück.

All das sind direkte physikalische Beziehungen zwischen belebter und unbelebter Materie, aber es gibt andere, weit weniger offenkundige. Jahr für Jahr geben die Pflanzen durch Transpiration 20,5 Billionen Kubikmeter Wasser an die Luft ab, das als Regen wieder auf die Erde zurückfällt. Durch die Atmung und andere für seine Existenz notwendige Verbrennungsvorgänge verbraucht der Mensch mehr Sauerstoff, als seine Umgebung produzieren kann. Er schafft dadurch einen Kohlendioxyd-Stau, der eine neue Eiszeit mit all ihren dramatischen Folgen für die Materie auslösen könnte. Selbst auf der einfachsten individuellen Ebene lassen sich indirekte Einwirkungen dieser Art beobachten. Ein Moschusochse, der sich jeden Abend an derselben Stelle zum Schlafen niederlegt, taut durch seine Körperwärme den Schnee auf und legt einen Fleck nackter Erde frei, der noch im Sommer als blasse Narbe in dem grünen Grasteppich zu sehen sein wird, der den vollen Schutz der winterlichen Schneedecke genoß.

Über diese Wirkungen des Lebens auf die Materie hinaus bestehen noch viel subtilere Beziehungen. Sie haben nichts mit der direkten Muskeltätigkeit oder der indirekten Beeinflussung durch Atmung und Wärme zu tun, sondern betreffen die Kraftfelder, von denen alle Lebewesen umgeben sind. Ich bin überzeugt, daß sich diese scheinbar übernatürlichen Kräfte physikalisch beschreiben und begreifen lassen, aber das Thema ist so neu und doch wiederum so sehr mit alten abergläubischen Vorstellungen belastet, daß wir uns vorsichtig heranarbeiten und versuchen müssen, seiner gleichsam durch Überrumpelung habhaft zu werden.

Ein lebender Organismus benötigt Informationen von außen. Diese kommen in drei Formen auf ihn zu: als elektromagnetische Wellen wie im Falle des Lichts, als mechanischer Druck wie im Falle des Schalls und als chemische Reize wie beim Schmecken und Riechen. Ist der Organismus animalischer Natur, so werden alle drei Arten von Signalen durch Sinnesorgane an der Außenseite des Körpers in elektrische Energieimpulse umgewandelt, die Botschaften in das Zentralnervensystem befördern. Daß alle durch die Nerven reisenden Nachrichten dieselbe Art von Fahrzeug benutzen, kann bewiesen werden, indem man den Verkehr umleitet. Wenn man eine Nervenfaser der Zunge mit einer Faser verbindet, die vom Ohr zum Gehirn führt, wird ein auf die Zunge gebrachter Essigtropfen als lauter Knall »geschmeckt«. So kommen Halluzinationen zustande: Durch Kurzschlüsse im Sinnesapparat, die durch Streß oder Drogen verursacht werden, erreicht beispielsweise Musik das Gehirn in Form von Lichtmustern. Die Art der Empfindung hängt also davon ab, welcher Teil des Gehirns gereizt wird.

Eine Nervenfaser ist eine sehr lange, dünne Zelle, die bei Erregung eine elektrische Ladung nicht nur hervorbringt, sondern auch an die nächste Zelle weitergibt, und zwar durch eine Reihe von chemischen Veränderungen, die an ihr mit einer Geschwindigkeit von durchschnittlich 320 km/h wie ein Rauchring entlanggleiten. Dieser Vorgang ist immer der gleiche. Strommenge und Geschwindigkeit ändern sich nicht, und solange nicht der ganze Vorgang beendet ist, kann nichts anderes geschehen. Ein starkes Signal aus der Umwelt kann keine größere elektrische Ladung im Nerv erzeugen, sondern nur eine häufigere. Die Intensität einer Empfindung, so wie sie vom Gehirn eingestuft wird, hängt also von der Frequenz der eintreffenden Reize ab.

Wenn ein Reiz durch eine Nervenfaser geht, wird eine kleine Menge Sauerstoff verbraucht und eine kleine Menge Kohlendioxyd abgegeben. Es kommt zu einer leichten lokalen Temperaturerhöhung und einem Pulsieren in der Faser, das mit einem stark vergrößernden Mikroskop beobachtet werden kann, aber die am besten meßbare Wirkung ist eine Veränderung des elektrischen Feldes. Mit geeigneten Apparaten und an die Haut angelegten Elektroden kann man den Weg eines Reizes von einem Nadelstich in einen Finger über den Arm hinauf verfolgen und sein Eintreffen in der Cortex auf der gegenüberliegenden Seite des Gehirns registrieren. Diese Messung wird durch eine Änderung des elektrischen Potentials ermöglicht, und man kann mit dem Apparat, indem man den Weg einer einzigen elektrischen Ladung verfolgt, sogar feststellen, ob ein bestimmter Nerv richtig arbeitet oder nicht. Wenn aber schon ein einziger Reiz ein meßbares elektrisches Feld erzeugt, das außerhalb des Körpers eines komplexen Organismus entdeckt werden kann, so leuchtet ein, daß Millionen ähnlicher, unaufhörlich ablaufender Vorgänge ein beträchtliches Feld um den Körper herum erzeugen müssen.

Pawel Guljajew von der Universität Leningrad entwickelte eine hochempfindliche Elektrode mit hohem Widerstand, mit deren Hilfe sich die Feldstärken noch genauer messen lassen als mit den Apparaturen Harold Burrs. (294) Das Geheimnis dieses Instruments ist noch nicht ganz gelüftet, aber es scheint den bei der Weltraumforschung verwendeten Magnetfeldmessern zu ähneln. Guljajew ist damit jedenfalls imstande, 30 cm von dem freigelegten Hüftnerv eines Frosches entfernt noch ein elektrisches Feld festzustellen, und mit gutem Erfolg konnte er auch aus größerer Entfernung vom Körper das Feld eines Menschen aufzeichnen. (129)

Ein solches Feld besteht, während der einzelne Reiz weitergeleitet wird, immer nur für die Dauer eines Sekundenbruchteils, aber wenn der Reiz verlängert wird, schafft ein ständiger Reizstrom ein stehendes Feld, das für eine Weile Bestand hat. Ist der Reiz stark genug, so kann er direkt auf einen Muskel wirken und eine Reflexbewegung hervorrufen. Wenn man beispielsweise auf einen Dorn tritt, so braucht der Nervenreiz nur eine zwanzigstel Sekunde für den Weg zum Rückenmark und wieder zurück zu dem Muskel, der den Fuß zurückzucken läßt. Die meisten Reize müssen jedoch vom Gehirn klassifiziert werden, und das dauert viermal so lang. Bei der Giraffe braucht ein Reiz sogar eine drittel Sekunde für die fünf Meter von einem Fuß bis hinauf zum Gehirn. Das Gehirn muß sodann den Reiz prüfen, als schmerzhaft einstufen und die Anweisung aussenden, diesem Reiz auszuweichen. Bis die entsprechende Bewegung eingeleitet und während sie ausgeführt wird, sendet das Gehirn weiter seine Anweisungen an die betreffenden Muskeln und schafft damit ein elektrisches Feld, das erheblich stärker ist als das vom ursprünglichen Reiz ausgelöste. Guljajew und andere zeigten, daß dieses vom Gehirn geschaffene Feld die höchste Intensität besitzt und in der größten Entfernung vom Körper noch entdeckt werden kann.

Psychokinese

Im Jahre 1967 drehte eine Filmgesellschaft aus Kiew einen sehr kostspieligen Dokumentarfilm über eine Leningrader Hausfrau in mittleren Jahren. (271) Man sieht diese Frau in einem physiologischen Laboratorium an einem Tisch sitzen. Zuvor war sie ärztlich untersucht und durchleuchtet worden, so daß man die Gewißheit hatte, daß sie nichts an oder in ihrem Körper verbarg. Sie hält ihre Hände mit gespreizten Fingern etwa 15 cm über einem Kompaß in der Mitte des Tisches und spannt die Muskeln. Während sie konzentriert auf das Instrument starrt, verraten die tief in ihr Gesicht eingegrabenen Furchen die heftige Anspannung ihres ganzen Körpers. Minuten vergehen, Schweiß tritt ihr auf die Stirn, während sie verbissen weiterkämpft. Dann beginnt die Kompaßnadel zu zittern, sie bewegt sich, zeigt in eine andere Richtung. Die Frau beschreibt mit den Händen Kreise, und die Nadel dreht sich mit, bis sie wie der Sekundenzeiger einer Uhr rotiert. Das von einem menschlichen Körper erzeugte Feld kann offenbar unter gewissen Bedingungen sogar stärker sein als das Magnetfeld der Erde.

Man kennt unzählige Berichte über ähnliche Fälle einer offenbar direkten Beeinflussung der Materie. Meistens ist in solchen Schilderungen von Großvaters Standuhr die Rede, die »für immer stehenblieb, als der alte Herr starb«, oder von Bildern, die in dem Augenblick von der Wand fielen, in dem irgendwo ein Unglück geschah. Derartige Ereignisse sind ihrer Natur nach unwiederholbar und ergeben bei nachträglicher Analyse nichts Brauchbares. Sie werden unter dem Begriff Telekinese – Fernbewegung – zusammengefaßt und, außer von eingefleischten Parapsychologen, hartnäckig ignoriert, aber hin und wieder findet man jemanden, der imstande zu sein scheint, Gegenstände auf Wunsch aus der Ferne zu bewegen.

Der eindrucksvollste der ersten Laborversuche auf diesem Gebiet wurde in London von Harry Price durchgeführt, der sich in den dreißiger Jahren als höchst skeptischer Geisterjäger einen Namen machte. (309) Die Versuchsperson war ein junges Mädchen, und man stellte ihr die Aufgabe, ohne einen Teil der Apparatur zu berühren, eine Morsetaste niederzudrücken, die einen Stromkreis schloß, so daß eine kleine rote Birne aufleuchtete. Harry Price erschwerte die Versuchsbedingungen, indem er aus einer Mischung aus Seife und Glyzerin eine große Blase machte und sie vorsichtig über die Apparatur setzte. Über die Blase wurde eine Glasglocke gestülpt, die ihrerseits wieder von einem Drahtkäfig umschlossen war, der in der Mitte eines Holzgitters stand. Zeugen berichten, daß das Mädchen trotz dieser Barrieren imstande war, die Glühbirne mehrere Male aufleuchten und wieder verlöschen zu lassen, und daß die Seifenblase bei Beendigung des Versuchs unversehrt war. Eine, wie es scheint, einwandfreie Demonstration, über die offenbar auch ehrlich berichtet wurde, aber wie die meisten älteren Experimente auf dem Gebiet des Okkulten hat sie ihre Lücken, die es den modernen Wissenschaftlern ermöglichen, sie lächerlich zu machen und zu verwerfen. In dem Bericht steht nämlich nicht, ob jemand sah, wie sich die Taste bewegte, was von Bedeutung sein könnte, da wir heute wissen, daß es möglich ist, elektrische Ströme aus der Ferne zu induzieren.

Grundlegend neue Forschungen wurden 1934 eingeleitet, als ein Psychologiedozent an der Duke-Universität in North Carolina eines Tages von einem jungen Spieler angesprochen wurde, der behauptete, er könne den Fall eines Würfels durch seinen Willen beeinflussen. Der Dozent, J. B. Rhine, war bereits mit langfristigen statistischen Untersuchungen des Phänomens der Telepathie beschäftigt, aber was ihm der Spieler auf dem Boden seines Arbeitszimmers vorführte, bewog ihn, einen völlig neuen Weg einzuschlagen.

Rhine und seine Freunde kauften sich einige gewöhnliche Kunststoffwürfel und begannen zu würfeln. Sie versuchten, jeweils zwei Würfel durch den Willen so zu beeinflussen, daß ihre oben liegenden Seiten zusammen mehr als sieben Augen zeigten. Mit zwei Würfeln sind 36 Kombinationen möglich, von denen 15 mehr als sieben Augen ergeben. Sie rechneten sich daher aus, daß sie ihr Ziel bei 6744 Würfen 2810mal erreichen mußten. Tatsächlich würfelten sie aber 3110mal mehr als sieben. Dieses Ergebnis war vom bloßen Zufall so weit entfernt und so unwahrscheinlich, daß es nur einmal in über einer Milliarde Fälle eintreten konnte. Rhine folgerte daraus, daß die Möglichkeit einer Beeinflussung der Würfel durch den Willen tatsächlich bestand, und er begann, ein Phänomen zu untersuchen, das er »Psychokinese« – Bewegung durch den Geist – nennt.

Experimente dieser Art waren schon früher angestellt worden, aber Rhine führte in die Erforschung des Okkulten eine wissenschaftliche Methode ein, die auf der statistischen Analyse einer großen Anzahl von Tests basiert. Der Wert seines Systems erwies sich eindeutig schon bei diesem ersten Test. Zu erwarten war ein Durchschnittswert von 15 Treffern bei 36 Würfen, aber der tatsächlich erzielte Wert war 16,5. Eine so geringfügige Abweichung kann ignoriert werden bei *einem* Test. Tritt sie aber bei Hunderten von Tests auf, so nimmt sie eine gänzlich andere Bedeutung an, die sich nur durch eine komplizierte statistische Analyse erfassen läßt. Das ist mehr als nur mathematische Taschenspielerei; es ist eine Methode, mit deren Hilfe definiert wird, was dem Zufall zuzuschreiben ist und was sich aus irgendeinem anderen Grunde ereignen muß. Bei den meisten wissenschaftlichen Untersuchungen gilt ein Resultat als signifikant, wenn es sich in nur 5 von 100 Fällen durch Zufall ergeben haben könnte, was einem Verhältnis von 1:19 entspricht, aber Rhine trieb seine Vorsichtsmaßnahmen so weit, daß er alles verwarf, was in mehr als einem von hundert Fällen durch Zufall zustande kommen konnte.

Nach fünfundzwanzig Jahren unaufhörlichen Experimentierens kommt Rhine zu dem Schluß, daß »der Geist eine Kraft besitzt, die physikalische Materie unmittelbar beeinflussen kann«. (275) Er ist der Ansicht, das Gewicht des Beweismaterials zugunsten der Psychokinese (PK) sei so groß, daß »die Wiederholung von PK-Tests allein mit dem Ziel, weitere Beweise für den PK-Effekt selbst zu finden, als undenkbare Zeitverschwendung angesehen werden muß«.

Rhines Tests ergeben bei der Auswertung mit seinen eigenen statistischen Methoden Resultate, die in hohem Maße gegen den Zufall sprechen. Diese Methoden sind, vielleicht mit Recht, kritisiert worden, aber von unabhängigen Statistikern vorgenommene Analysen enthüllten, daß sich in den Ziffern andere, noch bedeutsamere Trends verbergen. (254) Der Erfolg aller Versuchspersonen weist im Laufe eines Experiments Schwankungen auf. Beinahe alle erzielten gute Ergebnisse beim Beginn und dann wieder nahe dem Ende jeder Versuchsreihe. Daraus kann gefolgert werden, daß der Leistungsabfall in der Mitte des Experiments nicht auf Ermüdung zurückgeht, sondern auf ein Nachlassen des Interesses. Solche »Einstellungseffekte« zeigten sich am deutlichsten bei Experimenten, bei denen die Versuchsperson die Aufzeichnungen selbst vornahm und den sich abzeichnenden Trend beobachten konnte. Es war, als ob der Würfelnde den Fall der Würfel beeinflußte – und ob er dazu imstande war, sollte ja gerade durch die Tests festgestellt werden. Eine Tendenz, die gleichmäßig bessere Ergebnisse in einem Teil des Experiments als in einem anderen hervorbringt, darf mit weit größerer Wahrscheinlichkeit einer persönlichen Beeinflussung zugeschrieben werden als irgendeinem Fehler in der Anordnung oder bei der Durchführung des Experiments, und den Grad dieser Tendenz zeigte ein englischer Mathematiker auf, der genau die gleiche Abweichung von Zufallswerten erzielte, als er einige Versuchspersonen auf gut Glück mit Würfeln arbeiten ließ, die »geladen«, das heißt auf einer Seite mit Blei beschwert waren. (180)

Andere Tests erbrachten weitere Beweise für eine geistige Beeinflussung. In einer Reihe wurde gezeigt, daß die Versuchspersonen mehr Erfolg hatten, wenn sie etwas würfeln sollten, was ihnen Spaß machte, zum Beispiel einen Sechserpasch. (268) In anderen Versuchsreihen wiederum wurden stets mehr Treffer erzielt, wenn man die Versuchspersonen Würfel von der Größe wählen ließ, die ihnen am meisten zusagte. (151) Wichtig war offensichtlich immer ein starkes Interesse am Ausgang des Tests. Wenn die Versuchsperson absichtlich eine bestimmte Kombination zu würfeln versuchte und dabei wußte, daß der Versuchsleiter an einer anderen Augenzahl interessiert war, erschien diese ebenfalls häufiger, als zu erwarten war. (274) Die Bedeutung psychologischer Faktoren wurde eindeutig durch eine sehr lange Reihe von 200 000 Würfen nachgewiesen, bei der die Versuchspersonen ein Mann und eine Frau waren. Nach einer Analyse der Resultate, die deutliche Schwankungen je nach den Beziehungen der beiden zueinander erkennen ließen, kam ein Statistiker zu der Überzeugung, daß die erhaltenen Werte nicht dem Zufall oder »voreingenommenen Würfeln, Wunschdenken, Aufzeichnungsfehlern oder irgendeiner anderen vernünftigen Gegenhypothese« zugeschrieben werden konnten. (255) Er schloß mit den Worten: »Die Psychokinese bleibt als einzige angemessene Ursache dieser Wirkungen übrig.«

Aus allen Tests geht hervor, daß die Stimmung der Versuchsperson eine außerordentlich wichtige Rolle spielt. Die besten Würfelresultate kamen zustande bei einem Wettkampf zwischen vier erfolgreichen Glücksspielern, die alle von ihrem Glück, und vier Theologiestudenten, die ebenso fest von der Kraft des Gebets überzeugt waren. (114) Es scheint notwendig zu sein, daß der Würfelnde mit einer gewissen Erregung am Experiment teilnimmt und selbst gern sehen möchte, ob es ihm gelingen wird, die Würfel seinem Willen untertan zu machen. Noch bei keinem Test ist es bisher Versuchsleitern gelungen, durch Wiederholung einer Serie die gleichen guten Resultate zu erzielen wie die ursprüngliche Versuchsperson. Rhine meint dazu: »Diejenigen, die bemüht sind, sich ihren eigenen Weg zu bahnen und in unbekanntem Gelände ihre eigenen Methoden zu entwickeln, haben immer wieder gezeigt, daß sie am ehesten imstande sind, Beweise für die Psychokinese zu erbringen.« (275)

Dieses Bestreben der Forscher, die so heiß ersehnten Resultate zu erlangen, hat natürlich Kritik an ihrer Arbeit auf den Plan gerufen. Man wirft ihnen Voreingenommenheit und Mangel an Objektivität vor. Die wissenschaftliche Forschung soll streng neutral sein, aber dieses Ideal wird selten erreicht, und in den Wissenschaften, die sich mit dem Leben befassen, sind die Gefahren besonders groß. Ein aufschlußreiches Beispiel dafür findet sich in der umfangreichen Literatur über Versuche mit Ratten, die sich ihren Weg durch

Labyrinthe suchen müssen. Bei dem betreffenden Experiment wurden Ratten aufgrund ihrer ähnlich guten Leistungen bei früheren Tests ausgewählt und völlig willkürlich auf zwei Käfige mit den Aufschriften KLUG und DUMM verteilt. Dann wurde jede Ratte von mehreren anderen Forschern in einer neuen Reihe von Labyrinthversuchen getestet. Die »klugen« Ratten schnitten am besten ab – aber nur, wenn sie ihre Verdienstmedaillen trugen, das heißt wenn sie aus dem Käfig mit der Aufschrift KLUG genommen wurden. Wechselte man die Schilder aus, so litten ihre Leistungen dementsprechend. (282)

Um der Kritik an Voreingenommenheiten solcher Art vorzubeugen, schaltete Rhine jede direkte Berührung mit den Würfeln aus, indem er eine elektrische Vorrichtung entwarf, die für ihn würfelte, während er selbst nur noch dabeistand und seinen Willen auf die Würfel konzentrierte. (273) Die Resultate waren sogar noch besser. Ein Physiker aus Pittsburgh argwöhnte Voreingenommenheit bei der Aufzeichnung der Versuchsergebnisse und baute, um »Aufzeichnungsirrtümer, Unterdrückung oder willkürliche Selektion von Daten, Wahl des Experiments, nachträgliche Änderung des Versuchsziels und willkürliche Beendigung des Experiments« auszuschalten, eine Maschine, die alles selbst besorgte. Sie schüttelte und warf die Würfel und fotografierte und registrierte die Resultate, ohne daß die Versuchsperson sehen konnte, wie gut oder wie schlecht sie abschnitt. (223) Sie brauchte nur noch auf einen Knopf zu drücken, um den Wurf auszulösen, und ein bestimmtes Ergebnis zu wünschen. Nach 170 000 Würfen hatte der Physiker Resultate in der Hand, die mit einer Wahrscheinlichkeit von mehr als 100:1 gegen den Zufall sprachen. Als er aber die Maschine vervollständigte und auch noch einen automatischen Auslöser einbaute, so daß der Mensch überhaupt nicht mehr in den Vorgang eingriff, erhielt er Resultate, die strikt dem Zufall entsprachen.

Alle diese Experimente zusammen liefern – zumindest im Falle von Würfeln – Anzeichen für eine Kraft geistigen Ursprungs, die die Bewegung physikalischer Objekte zu beeinflussen vermag.

Wenn der psychokinetische Effekt auf die Wirkung einer sehr subtilen geistigen Kraft zurückgeht, sollte man meinen, daß die beschriebenen Tests nur ein sehr grobes, unempfindliches Instrument zu ihrer Messung darstellen. Nachdem Rhine seine ersten

Ergebnisse veröffentlicht hatte, wurden verschiedene andere Techniken entwickelt. In Deutschland erzielte ein siebzehnjähriger Schüler unglaublich gute Resultate mit Münzen. Er warf eine Münze 10 000mal in die Luft und war imstande, mit einer solchen Sicherheit vorauszusagen, auf welche Seite sie fallen werde, daß dem Zufall eine Chance von nur 1:1 000 000 000 eingeräumt werden konnte. Bei einem Test mit einer Roulettscheibe erzielte derselbe Schüler 75 direkte Treffer bei nur 500 Durchgängen, so daß dem Zufall wiederum nur eine Chance von eins zu mehreren Millionen blieb. (25)

In anderen Laboratorien ging man bei der weiteren Arbeit von der Annahme aus, daß zwar nicht jeder zu solchen außergewöhnlichen Leistungen imstande ist, aber alle Menschen gewisse psychokinetische Fähigkeiten besitzen, die vielleicht nur durch sehr empfindliche Tests entdeckt werden können. John Beloff, ein Psychologe an der *Queens University* in Belfast, überlegte, daß mikroskopische Teilchen leichter zu beeinflussen sein müßten als makroskopische, und er kam auf den Einfall, die »Würfel der Natur«, wie er es nannte, zu verwenden. (21) Im Kern jedes Atoms sind zwei Grundtypen von Partikeln oder Elementarteilchen enthalten: Neutronen und Protonen. Es gibt 275 verschiedene Kombinationen dieser Elementarteilchen, die stabile Verbindungen bilden und den größten Teil der Erdmaterie ausmachen. Daneben gibt es jedoch noch etwa fünfzig weitere natürlich vorkommende chemische Elemente mit einem instabilen Kern, der Partikeln in Form von Radioaktivität ausschleudert. Beloff meinte, da diese Partikeln willkürlich abgestrahlt werden, müßten sie ein ideales Testmaterial für psychokinetische Fähigkeiten darstellen, die darauf gerichtet werden könnten, die Emission von Teilchen entweder zu bremsen oder zu beschleunigen.

Zwei französische Wissenschaftler griffen Beloffs Vorschlag auf. Sie wählten Urannitrat als radioaktive Quelle und einen Geigerzähler zum Messen der Geschwindigkeit, mit der die Teilchen abgestrahlt wurden. (70) Ihre Versuchspersonen waren zwei Schüler, die das Experiment begreiflicherweise faszinierte, und sie hatten die Aufgabe, das Ticken des Zählers zu beschleunigen oder zu verlangsamen. Ihre Erfolge räumten dem Zufall wiederum eine Chance von nur 1:1 000 000 000 ein.

Das gleiche Prinzip wandte Helmut Schmidt an der Universität Durham in North Carolina an, indem er eine Art von elektronischem Münzenwerfer konstruierte. Seine Strahlungsquelle trieb einen binären Generator an, der einmal je Sekunde willkürlich nur jeweils eine von zwei möglichen Reaktionen auslöste. Dann brachte er auf einer Vorführtafel in einem Kreis neun Glühbirnen an, die so angeschlossen waren, daß immer nur eine zu einer Zeit aufleuchten konnte. Eine dem »Kopf« der Münze entsprechende Reaktion brachte die Birnen nacheinander im Uhrzeigersinn zum Aufleuchten, während eine dem »Adler« entsprechende Reaktion das Licht gegen den Uhrzeigersinn umlaufen ließ. Die Versuchspersonen konzentrierten sich darauf, das Licht dazu zu bringen, immer in der einen oder anderen Richtung zu laufen, anstatt ständig hin und her zu springen. Es gelang ihnen bei insgesamt 32 000 Versuchen so gut, daß der Zufall mit einer Wahrscheinlichkeit von 10 000 000:1 ausgeschlossen werden konnte. (295)

Die Ergebnisse dieser beiden Experimente geben offenbar Beloff recht: Die Psychokinese wirkt am besten auf subatomarer Ebene. Dieser Entdeckung kommt große Bedeutung zu, denn wir wissen heute, daß die sogenannten Teilchen des Atoms keineswegs fest sind, sondern offensichtlich als wellenartige Bereiche elektromagnetischer Wirkungen aufgefaßt werden müssen. Es gibt aber nur eine Kraft, die ein elektrisches Feld beeinflussen kann, und das ist ein anderes elektrisches Feld. Es sieht also so aus, als wäre die psychokinetische Kraft eine elektrische Felderscheinung.

Ein Ingenieur in South Carolina lieferte Beweismaterial, das für diese Theorie spricht. Er baute eine elektrische Uhr, deren Antriebsstrom durch eine Kochsalzlösung fließen mußte. (80) Kochsalz wird durch Anlegen einer Spannung an die Lösung in positiv geladene Natrium- und negativ geladen Chlorionen aufgespalten, die zur Kathode, beziehungsweise zur Anode wandern. Von der Geschwindigkeit der Ionenbildung hängt das Fließen des Stroms und hing im vorliegenden Fall die Drehung der Uhrzeiger ab. Der Ingenieur nahm an, die Psychokinese müsse auf die Ionen wirken und daher die Uhr vor- oder nachgehen lassen – was auch tatsächlich in einer den Zufall mit einer Wahrscheinlichkeit von 1000:1 ausschließenden Weise der Fall war. Diese Beispiele zeigen, daß die Psychokinese eine rein elektrische Kraft auf Teilchen von atomarer und subatomarer Größe einwirken lassen kann. Einen Schönheitsfehler hat die elektrische Theorie allerdings: Man kennt auch Fälle, in denen Kräfte von offensichtlich psychokinetischer Natur auf elektrisch inaktive Stoffe wie Plastik und Holz wirkten.

Haakon Forwald, ein schwedischer Ingenieur, ging daran, die Psychokinese zu erforschen, indem er die von ihr angewandte Energie maß. Er baute eine schräg zu einer Tischplatte abfallende Rampe und brachte an deren oberem Ende eine Vorrichtung an, die eine Anzahl von Würfeln gleichzeitig freigab. Die Würfel rollten die schiefe Ebene hinunter und blieben auf dem Tisch links oder rechts von einer Mittellinie liegen. Forwald versuchte nun, sie in eine bestimmte Richtung rollen zu lassen, und war durch Messung ihrer Entfernung von der Mittellinie imstande, die angewandte Kraft zu errechnen. Bei Würfeln aus Birkenholz mit einem Gewicht von je 2 g betrug die Kraft, die benötigt wurde, um einen Würfel von der Mittellinie weg zu bewegen, im Durchschnitt 300 dyn. (104) Ein dyn ist »die Kraft, die der Masse 1 g die Beschleunigung 1 cm/sec^2 erteilt«. Das ist ein sehr genaues physikalisches Maß, und man stellt mit Befriedigung fest, daß es in wenigstens einem Fall möglich war, der an einer psychokinetischen Wirkung beteiligten Energie einen klaren Zahlenwert zuzuweisen. Das Phänomen sieht gleich viel normaler und legitimer aus, aber wie es zustande kommt, ist damit freilich noch nicht erklärt.

Forwald arbeitete auch mit Würfeln aus Zink, Bakelit, Kupfer, Kadmium, Silber, Blei und Aluminium. Er stellte fest, daß die verschiedenen Stoffe auch unterschiedlich reagierten, daß aber der Grad der Ablenkung, d. h. die Entfernung von der Mittellinie, nicht von ihrem Gewicht abhing. Er nimmt eher an, daß alle Unterschiede – da sein Wille alle Würfel mit der gleichen Anstrengung zu bewegen versuchte – in den Würfeln selbst begründet sein müssen und daß diese vielleicht selbst Energie abgeben. (105) Er meint, es verhalte sich vielleicht so, daß »die geistige Tätigkeit eine Art Schaltung darstellt, die imstande ist, einen Energieprozeß innerhalb des Atoms auszulösen, ohne ihm selbst Energie zu vermitteln«. Forwald untersuchte die Würfel auf Spuren irgendeiner sekundären Strahlung, die durch eine solche Reaktion entstehen würde, konnte aber keine entdecken.

Die Vorstellung einer geistigen Kraft, die nur als Auslöser wirkt, erscheint sinnvoll, wenn man sie auf alle jene psychokinetischen Experimente anwendet, bei denen normale Menschen Gegenstände zu beeinflussen versuchen, die sich bereits bewegen. Die meisten Resultate sind keineswegs aufsehenerregend und erlangen ihre Bedeutung erst durch die statistische Betrachtung. Es ist denkbar, daß eine kleine Anzahl der fallenden Würfel oder sich drehenden Münzen in einem bestimmten Augenblick einen Gleichgewichtszustand erreicht, aus dem sie leicht in die eine wie in die andere Richtung kippen kann, und daß auf sie nur eine sehr schwache Kraft – vielleicht nicht mehr als der Druck eines Lichtstrahls – einzuwirken braucht, um das gewünschte Resultat zu erzielen. Diese Theorie bietet aber nicht einmal den allerersten Ansatz einer Erklärung für gewisse außerordentliche Leistungen, die von Personen mit einer besonderen psychokinetischen Begabung vollbracht werden.

Die Willenskraft

Von diesen besonderen Menschen ist zweifellos keiner so begabt und zu so gleichbleibenden Leistungen fähig wie Nelja Michailowa. Sie wurde zehn Jahre nach der Russischen Revolution geboren und kämpfte schon mit vierzehn Jahren in den vordersten Reihen der Roten Armee. Gegen Ende des Krieges wurde sie durch Artilleriefeuer verwundet und lag danach lange in einem Lazarett. Während dieser Zeit begann sie ihre seltsamen Fähigkeiten zu entwickeln. »Ich war eines Tages sehr zornig und erregt«, erinnerte sie sich. »Ich ging auf ein Küchenregal zu, und plötzlich glitt ein Krug an den Rand des Bretts, fiel herunter und zersprang.« (223) Danach geschahen in ihrer Umgebung die sonderbarsten Dinge. Gegenstände bewegten sich von selbst, Türen sprangen auf und fielen zu, Lichter gingen an und aus. Im Gegensatz zu den meisten von Poltergeistererscheinungen heimgesuchten Personen erkannte Nelja Michailowa, daß sie selbst auf irgendeine Weise für diese Vorgänge verantwortlich war und Gewalt über die daran beteiligte Energie hatte. Sie konnte sie nach ihrem Willen sammeln und auf ein Ziel richten.

Einer der ersten, der ihre besondere Gabe wissenschaftlich untersuchte, war Eduard Naumow, ein Biologe von der Universität Moskau. Bei einem Labortest leerte er eine Schachtel Streichhölzer auf dem Tisch aus, und Nelja bewegte ihre Hände, vor Anstrengung zitternd, über den Hölzern, bis sie alle wie Baumstämme, die einen Fluß hinuntertreiben, zur Tischkante wanderten und nacheinander auf den Boden fielen. Um sicherzugehen, daß die Hölzchen nicht durch einen Luftzug oder durch Fäden oder Drähte bewegt wurden, legte Naumow eine zweite Partie unter eine Plexiglasglocke, aber Nelja ließ sie wieder rasch hin und hergleiten. (233) Dann wurden fünf Zigaretten unter die Glocke gelegt, und Nelja zeigte, daß sie imstande war, das Ziel der Krafteinwirkung genau auszuwählen, indem sie nur eine der Zigaretten Bewegungen ausführen ließ. Nach dem Experiment riß Naumow die Zigaretten auf, um sich zu vergewissern, daß nichts in ihnen versteckt war.

Zwei bekannte sowjetische Schriftsteller prüften Nelja Michailowa, zugegebenermaßen ohne wissenschaftliche Kontrolle, aber ihre Berichte vermitteln einen Eindruck von dem Ausmaß der Begabung dieser Frau. Lew Kolodnij suchte sie zu einem Interview in ihrer Wohnung auf und sah verblüfft zu, wie die Kappe seines Füllfederhalters von einem Wasserglas quer über den Tisch verfolgt wurde. »Die beiden Gegenstände bewegten sich auf die Tischkante zu wie durch ein Zugseil verbunden. Das Tischtuch bewegte sich nicht, die anderen Gläser außer dem meinen standen still. Konnte sie irgendwie blasen, um die Gegenstände zu bewegen? Es war kein Luftzug zu spüren, und die Michailowa atmete auch nicht schwer. Warum bewegte sich ein Krug auf ihrem Weg nicht mit? Ich fuhr mit den Händen durch den Raum zwischen der Michailowa und dem Tisch – keine Fäden oder Drähte. Wenn sie Magneten verwendet hätte, würden sie auf das Glas nicht gewirkt haben.« (181)

Vadim Marin, der mit Nelja in einem Restaurant speiste, berichtet: »Ein Stück Brot lag in einiger Entfernung von ihr auf dem Tisch. Die Michailowa konzentrierte sich und starrte es aufmerksam an. Eine Minute verging, eine zweite . . . Da begann sich das Brot zu bewegen, ruckweise zuerst, aber dann, in der Nähe der Tischkante, fließender und schneller. Die Michailowa bückte sich, öffnete den Mund, und wie im Märchen sprang ihr das Brot von selbst in den Mund (ich bitte um Vergebung, aber ich finde keine anderen Worte dafür!)« (233)

In beiden Fällen sind Betrug und Hypnose nicht ganz auszuschließen, aber mindestens eine Versuchsreihe wurde unter strenger wissenschaftlicher Kontrolle durchgeführt, die jeden Schwindel unmöglich machte. Gennadij Sergejew, ein Neurophysiologe am Utomskij-Institut in Leningrad, baute die Versuchsanordnung in einem physiologischen Labor auf. Die Michailowa wurde an einen Elektroenzephalographen und an einen Elektrokardiographen angeschlossen, und physiologische Messungen im Ruhestand wurden vorgenommen. Sergejew stellte fest, daß der Körper der Frau von einem Magnetfeld umgeben war, das nur zehnmal schwächer als das der Erde war. (271) Diese Messung wurde später durch Tests am Leningrader Meteorologischen Institut bestätigt. Sergejew entdeckte außerdem ungewöhnliche Gehirnströme: Im Hinterkopf wurde eine fünfzigmal stärkere Spannung erzeugt als im vorderen Teil des Gehirns.

Der eigentliche Test begann mit einer der schwierigsten und eindrucksvollsten Demonstrationen der Psychokinese, die je gelangen. (233) In eine Salzlösung in einem Aquarium, das etwa zwei Meter vor der Versuchsperson stand, wurde ein rohes Ei geschlagen, und während Kameras jede Sekunde aufzeichneten, gelang es Nelja Michailowa unter großen Anstrengungen, den Dotter vom Eiklar zu trennen und die beiden Stoffe ein Stück voneinander zu entfernen – eine Leistung, die niemand verborgenen Fäden oder Magneten zuschreiben konnte.

Während der Demonstration zeigte das EEG eine heftige emotionelle Erregung an. Große Aktivität herrschte in den tieferen Schichten der Formatio reticularis, wo Informationen koordiniert und in das Gehirn weitergeleitet werden. Das EKG ließ eine unregelmäßige Herzfunktion mit der für große Unruhe typischen Verwirrung zwischen den beiden Kammern erkennen. Der Puls stieg auf 240, das heißt das Vierfache der normalen Frequenz, und zusammen mit für Streßreaktionen typischen endokrinen Störungen wurde ein hoher Blutzuckerspiegel gemessen. Der Test dauerte dreißig Minuten, und in dieser Zeit verlor Nelja zwei Pfund an Gewicht. Am Ende des Tages war sie sehr schwach und vorübergehend blind. Ihr Geschmackssinn war beeinträchtigt, sie klagte über Schmerzen in den Armen und Beinen, fühlte sich schwindelig und konnte mehrere Tage lang nicht schlafen.

All das ist schon aufsehenerregend genug, aber bei derselben Demonstration führte Sergejew zudem noch ein neues und außerordentlich wichtiges Instrument ein. Man kennt es vorerst nur unter der Bezeichnung »Sergejew-Detektor«, und es scheint im Prinzip ähnlich zu arbeiten wie eines, das unlängst an der Universität Saskatchewan verwendet wurde. (320) Es besteht im wesentlichen aus Kondensatoren und einem Vorverstärker in Verbindung mit einem Kardiographen und ist darauf abgestimmt, auf Veränderungen des Lebensfeldes zu reagieren. Sergejew hatte das Instrument während des Experiments in Neljas Nähe aufgestellt, und in den Augenblicken, in denen sie durch ihre psychokinetische Kraft Objekte bewegte, beobachtete er auffällige Veränderungen der elektrostatischen und magnetischen Meßwerte. (233) Während der heftigsten Anstrengungen begann ihr elektrostatisches Feld zu pulsieren, bis es regelmäßige Schwingungen, und zwar vier je Sekunde, ausführte. Diese Störung trat genau gleichzeitig mit einer Pulsbeschleunigung auf vier Schläge je Sekunde und mit starken Gehirnwellen vom Theta-Typ mit derselben Frequenz auf. Die Körperrhythmen schienen einen Gleichtakt zu bilden, der von dem sie umgebenden Feld aufgenommen, verstärkt und auf den Punkt hin ausgerichtet wurde, auf den sich ihr Blick konzentrierte. Nach Sergejews Darstellung wirken die Feldschwingungen wie magnetische Wellen. »Sobald diese magnetischen Schwingungen oder Wellen auftreten, veranlassen sie das Objekt, auf das sich Frau Michailowa konzentriert, sich so zu verhalten, als wäre es magnetisiert. Das Objekt wird von ihr angezogen oder abgestoßen.«

Zum Teil könnte diese Anziehung zurückgehen auf ein ungewöhnlich weit ausgedehntes elektrostatisches Feld, das von einem pulsierenden Magnetfeld unterstützt wird. Man weiß, daß die Elektronen oder allgemein die Elementarteilchen der meisten Atome einen Drehimpuls oder Spin entwickeln können, der Spinwellen und ein schwingendes magnetisches Feld von eben der Art hervorbringt, die nötig wäre, um die Reibung zwischen einem Gegenstand und der Tischplatte, auf der er ruht, zu vermindern. Im Augenblick sind das noch reine Mutmaßungen. Noch hat niemand diese Art von magnetischen Wechselwirkungen an oder nahe bei durch Psychokinese bewegten Gegenständen beobachtet, aber es finden sich immer mehr und immer erstaunlichere Anzeichen dafür, daß die nötige Kraft von den meisten lebenden Körpern erzeugt wird. Leonard Ravitz konnte feststellen, daß geistige Veränderungen meßbare

Wirkungen auf Instrumente hervorbringen, die zur Aufzeichnung von Lebensfeldern verwendet werden. (265) Er behauptet, mit solchen Instrumenten imstande zu sein, die Geistesverfassung eines Menschen und sogar die Tiefe einer Hypnose zu bestimmen. Neurophysiologen in Kanada verwenden einen Feldstärkemesser, um aus der Entfernung festzustellen, ob der Erregungsgrad eines Patienten hoch, mittel oder niedrig ist. Man kann nicht mehr daran zweifeln, daß ein Feld irgendeiner Art den menschlichen Körper umschließt wie ein Kokon.

Die Aura

Die Berichte über das pulsierende Feld werden mit Freude und Genugtuung von spiritistischen Medien in aller Welt gelesen werden, die schon immer behaupteten, ihre Sensibilität gehe auf »Vibrationen« zurück. Viele, wie zum Beispiel die berühmte New Yorker Hellseherin Eileen Garrett, berichten von Energiespiralen, die von einem soeben Verstorbenen aufsteigen, (113) und nun erklärte Sergejew, seine Detektoren hätten neben dem Körper eines Mannes zu arbeiten begonnen, dessen Herz- und Gehirnströme bereits ausgesetzt hatten und der daher chemisch gesehen tot war, aber dennoch offenbar noch elektrische Energie abgab. Die Vorstellung von einer Energiewolke oder »Aura«, die den Körper umgibt, ist viele Jahrhunderte alt. Schon lange bevor die Christen den Heiligenschein erfanden, wurden auf alten Bildern heilige Männer mit einer leuchtenden Umrandung dargestellt. Dieser Dunst oder Schleier mit seinen mythischen Eigenschaften wurde erstmals von Walter Kilner am *St. Thomas Hospital* in London erforscht, der 1911 entdeckte, daß er durch bunte Gläser um die meisten Körper herum einen etwa 15 cm breiten, strahlenden Rand sehen konnte. (174) Er behauptete, diese Aura ändere sich in Form und Farbe mit dem Befinden des Menschen, den sie umgibt, und er verwendete sie sogar als Hilfsmittel bei der ärztlichen Diagnose.

Unsere Augen nehmen Licht der Wellenlängen von 380 bis 760 Millimikron wahr. Mit sehr hochintensiven künstlichen Lichtquellen können wir in beiden Richtungen des Spektrums in die Bereiche des infraroten und ultravioletten Lichts vordringen. Daß der menschliche Körper elektromagnetische Wellen aussendet, die für die meisten Menschen gerade eben ein wenig zu lang sind, um noch gesehen zu werden, wird anschaulich demonstriert durch das neue »thermographische« Verfahren, das Wärmestrahlen in wunderbare farbige Bilder übersetzt. (308) Atome erzeugen durch ihre ständige Bewegung infrarote Strahlen. Je wärmer sie sind, desto aktiver werden sie auch. Auf thermographischen Porträts erscheinen das kalte Haar und die Fingernägel schwarz oder blau und die kühlen Ohrläppchen grün, die Nase ist ein warmes Gelb, und der Hals und die Wangen glühen orange und rot. Man verwendet dieses Verfahren heute zur Entdeckung von Tumoren, Arthritis und Krebs, denn diese Krankheiten, beziehungsweise die von ihnen betroffenen Körperstellen, bilden sich als heiße Zonen ab. Der Körper strahlt also tatsächlich mit einer Wellenlänge, die knapp außerhalb unseres normalen Sehbereichs liegt, und die Strahlung ändert sich entsprechend dem Gesundheitszustand des Senders.

Vielleicht hatte Kilner recht. Das sinnliche Wahrnehmungsvermögen des Menschen hat einen ziemlich weiten Spielraum. Manche hören Töne, die für andere bereits Ultraschall sind, und manche sehen Wellenlängen, die für andere unsichtbar bleiben. Wer behauptet, um Lebewesen herum eine Aura zu sehen, ist vielleicht überempfindlich für den infraroten Bereich unseres Spektrums. Wellen dieser Länge übersteigen normalerweise das Aufnahmevermögen der Zapfen der Netzhaut, mit deren Hilfe wir Farben sehen, aber sie fallen vielleicht in den Aufnahmebereich der Stäbchen, die noch auf sehr schwaches Licht reagieren. Okkultistische Schriften, die dem Leser erklären, »wie man die Aura sieht«, empfehlen, sie bei dämmerigem Licht mit halb geschlossenen Augen zu suchen und dabei den Kopf so zu wenden, daß das Licht nur die Augenwinkel trifft. Tatsächlich ist das die beste Methode, die Zapfen in der Mitte der Netzhaut auszuschalten und die viel lichtempfindlicheren Stäbchen an ihren Rändern stärker zu beanspruchen und anzuregen. Tiere, die in der Nacht gut sehen, haben keine Zapfen und keine Farbwahrnehmung, aber sie finden sich in beinahe stockfinsterer Nacht zurecht und scheinen eine gewisse Sensibilität für die von ihren Beutetieren ausgesandte Infrarotstrahlung zu besitzen. Man hat nachgewiesen, daß Eulen eine still liegende Maus aus größerer Entfernung auszumachen vermögen, während sie ein Stück totes

Fleisch von derselben Größe und Form nicht wahrnehmen. Wenn alle Nachttiere Infrarot und damit die »Aura« sehen können, wissen wir, warum nach alter Überlieferung Eule und Katze die beiden Tiere waren, mit denen sich die Hexen am liebsten umgaben.

Alle, die behaupten, die Aura gesehen zu haben, beschreiben sie als eine eiförmige Körperhülle, die am Kopf breiter ist als an den Füßen, und interessanterweise scheint diese Form auch in Berichten auf, die sich mit auraähnlichen Phänomenen befassen, wie sie in anderen Kulturen geschildert werden. In dem zweiten schönen Buch über seine Gespräche mit einem weisen Yaqui gibt Castaneda eine Diskussion über gewöhnliches Sehen und echtes »Schauen« wieder. (68) Don Juan sagt: »Ich sitze gern in Parks und auf Autobahnhöfen und sehe den Leuten zu. Wenn man *schaut,* sehen wirkliche Menschen wie leuchtende Eier aus.« Er erklärt dann weiter, daß er manchmal in einer Menge solcher eiförmiger Gestalten jemanden entdeckt, der einfach nur wie ein Mensch aussieht. Er wisse dann, daß da etwas nicht stimme und daß der ohne das Leuchten gar kein richtiger Mensch sei.

An Kilners Arbeiten anknüpfend, versuchte der Biologe Oscar Bagnall in Cambridge, die Aura physikalisch zu erklären. Er behauptet, sie könne am leichtesten gesehen werden, wenn man die Augen vorher »sensibilisiert«, indem man eine Zeitlang durch eine Lösung des Teerfarbstoffs Dizyanin oder Pinazyanol blickt. Um das zu erreichen, konstruierte er Brillen mit hohlen Linsen, die mit einer Lösung des Farbstoffs in Triäthanolamin gefüllt werden können. (12) Bagnall berichtet, daß die Aura durch einen Luftzug nicht gestört wird. Ein Magnet in der Nähe der Haut zieht sie jedoch an, und wie das elektrische Feld um einen geladenen Leiter erstreckt sie sich am weitesten von einem Vorsprung wie einem Finger oder der Nasenspitze aus. Nach seiner Schilderung besteht die Aura aus einer dunstigen äußeren und einer hellen inneren Schicht, in der sich Streifen zu befinden scheinen, die einen rechten Winkel mit der Haut bilden. Bagnall und andere Beobachter berichten außerdem, hin und wieder könne man einen viel helleren Strahl sehen, der einige Fuß weit aus der Aura herausschieße wie ein Scheinwerferstrahl und dann wieder verlösche.

Man vergleiche dazu die folgende Beschreibung: »Ganze leuchtende Labyrinthe, aufblitzend, blinkend, flackernd. Manche der

Funken waren unbeweglich, andere zogen vor einem dunklen Hintergrund dahin. Über diesen phantastischen Galaxien gespenstischer Lichter helle Flammen in vielen Farben und blasse Wolken.« Dieser Auszug ist nicht der Schilderung eines LSD-Trips entnommen, sondern dem Bericht eines führenden sowjetischen Wissenschaftlers an das Präsidium der Akademie der Wissenschaften über eine Untersuchung, die derzeit in Krasnodar, nahe dem Schwarzen Meer, durchgeführt wird. (233)

Im Jahre 1939 wurde der Elektriker Semjon Kirlian in ein Universitätslaboratorium gerufen, um ein bei der Elektrotherapie verwendetes Gerät zu reparieren. Er bemerkte, daß immer wenn ein Patient mit dem Gerät behandelt wurde, ein winziger Lichtblitz zwischen den Elektroden zu sehen war, und versuchte, mit diesem Licht fotografische Aufnahmen zu machen. Dabei entdeckte er, daß das ohne Kamera möglich war. Er brauchte nur eine Platte direkt zwischen den Hochfrequenzfunken und seine Hand zu halten. Die entwickelte Platte zeigte ein leuchtendes Abbild seiner ausgestreckten Finger. Andere lebende Objekte ergaben ebenfalls mit Punkten und Blitzen übersäte Bilder, aber unbelebte Gegenstände bildeten sich nicht ab. Kirlian baute sich selbst eine Maschine zur Erzeugung hochfrequenter elektrischer Felder mit einer Oszillation von 200 000 Funken je Sekunde zwischen zwei Elektroden. Außerdem konstruierte er ein optisches Beobachtungsgerät (heute Gegenstand von vierzehn sowjetischen Patenten), mit dessen Hilfe der Vorgang ohne Film und Emulsion betrachtet werden kann. (192) Die Beobachtung eines seiner Finger mit diesem Gerät inspirierte das Akademiemitglied zu der oben zitierten pyrotechnischen Schilderung.

Jeder belebte Gegenstand, der in die Hochfrequenzentladung gebracht wird, ergibt solche Muster. Eine ganze Hand kann vor einem Hintergrund in Gold und Blau blitzen und blinken wie die Milchstraße. Ein frisch gepflücktes Blatt ist von einem inneren Leuchten erfüllt, das in Strahlen durch seine Poren bricht, aber diese Strahlen verlöschen nacheinander allmählich, wenn das Blatt abstirbt. Blätter von Pflanzen derselben Art zeigen ähnliche Juwelenmuster, aber wenn eine dieser Pflanzen krank ist, erscheint im Blatt ein völlig anderes Muster. Bilder, die von der Fingerspitze eines Menschen hervorgebracht werden, ändern sich mit dessen Stimmung und Befinden. Kirlian erklärt: »Bei lebenden Dingen sehen wir die Signale des inneren Zustandes des Organismus widergespiegelt in der Helligkeit oder Dunkelheit und Farbe der Lichtblitze. Mit diesen ›Lichthieroglyphen‹ werden die inneren Lebensvorgänge des Menschen niedergeschrieben. Wir haben einen Apparat geschaffen, mit dem man diese Hieroglyphen schreiben kann, aber wir werden Hilfe brauchen, um sie lesen zu können.« (233)

Fünfundzwanzig Jahre lang arbeiteten Kirlian und seine Frau an der Vervollkommnung ihres Apparats. Der Strom der Besucher riß nie ab. Physiker, Ärzte, Biochemiker, Pathologen, Elektronikfachleute und Minister kamen, um sich nach den Ergebnissen zu erkundigen. Alle reisten beeindruckt wieder ab, und die Literatur über das Kirlianverfahren nahm einen beachtlichen Umfang an, aber bis 1964 geschah nichts. Dann öffneten sich den Kirlians plötzlich alle Türen. Sie bekamen ein eigenes Labor mit der modernsten Einrichtung, und an einem Dutzend anderen Instituten wurden Forschungsprojekte mit Hilfe von Geräten in Angriff genommen, die Kirlian entworfen hatte. Die ersten Ergebnisse werden nun gesammelt, und sie versprechen viele Aspekte der Biologie und Parapsychologie zu revolutionieren.

Auf vielen Zweiggebieten des Okkultismus stößt man auf den Glauben an einen »Astralleib« oder »ätherischen« Leib, der gleichsam als ein geistiger Doppelgänger unseres physischen Leibes aufgefaßt wird. Menschen, denen man ein Bein amputiert hat, erklären, sie könnten es noch spüren, ja sie klagen sogar über ein Jucken in den Zehen, die sie längst nicht mehr besitzen. Das kann zwar dadurch erklärt werden, daß im Gehirn noch die alten sensorischen Schemata vorhanden sind, aber es gibt medial veranlagte Menschen, die behaupten, solche Phantomglieder noch am Körper des Verstümmelten »sehen« zu können. Der Kirlianeffekt zeigt nun, daß sie recht haben könnten. In Moskau wurde mit einem der Kirlianschen Apparate Aufnahmen von einem unversehrten Blatt gemacht. Dann schnitt man ein Drittel des Blattes weg und nahm weitere Bilder auf. Für kurze Zeit blieb noch ein Bild der abgeschnittenen Teile als »Geist« zurück, und es war der vollständige leuchtende Umriß des ursprünglichen ganzen Blattes zu sehen.

Man könnte also annehmen, daß in allen lebenden Dingen eine Art von Energiematrize vorhanden ist, die die Form des betreffenden Organismus hat, von diesem aber relativ unabhängig ist.

Eine unglaubliche Vorstellung, aber sie wird in der Sowjetunion durchaus ernst genommen. An der staatlichen Kirow-Universität in Alma-Ata versucht eine Gruppe von Physikern und Biochemikern diesem Energiekörper mit einem Elektronenmikroskop auf die Spur zu kommen. (233) Diese Wissenschaftler behaupten, er sei »eine Art elementare, plasmaähnliche Konstellation von ionisierten Partikeln, kein chaotisches System, sondern in sich selbst ein ganzer, einheitlicher Organismus.« Sie nennen ihn den »Biologischen Plasmakörper«.

Der Ausdruck »Plasma« klingt nach spiritistischer Sitzung Anno 1890, aber er ist heute eine physikalische Realität. Man versteht darunter ein Gas, das so vollständig ionisiert wurde, daß alle Elektronen von den Atomkernen getrennt sind. Das geschieht bei einer thermonuklearen Reaktion, wenn die Temperatur auf 300 Millionen Grad Celsius steigt und die Gaspartikeln so stark beschleunigt werden, daß Fusionen stattfinden, aber es gibt keine Beweise dafür, daß etwas Ähnliches bei Körpertemperatur eintreten kann. Das bedeutet nicht, daß es unmöglich sei. Es bedeutet lediglich: Dieser Zweig der Physik ist so neu, daß noch niemand genau zu sagen vermag, was ein Plasma ist und welche Eigenschaften es wirklich hat. Eine interessante Tatsache, die man *kennt,* ist, daß ein Magnetfeld das einzige ist, was die Energie eines Plasmas wirksam erhalten kann – und wir wissen, daß unser Körper ein solches Magnetfeld besitzt.

Einer von denen, die nach Krasnodar pilgerten, um die Kirlians zu besuchen, war Michail Gajkin, ein Chirurg aus Leningrad. Nachdem er die Lichtströme in seinen Händen betrachtet hatte, stellte er sich die Frage nach ihrem Ursprung. Die stärksten Lichter kamen wie Scheinwerferstrahlen direkt aus der Haut, aber die Austrittstellen entsprachen keinen größeren Nervenenden, und ihre Verteilung zeigte auch keine Übereinstimmung mit den Arterien oder Venen. Dann fielen ihm seine Erlebnisse an der Zabaikalfront im Jahre 1945 wieder ein, und er dachte an das, was er von einem chinesischen Arzt über die Kunst der Akupunktur erfahren hatte. Er folgte seinen Ahnungen und schickte den Kirlians eine Akupunkturkarte mit 700 wichtigen Hautpunkten. Sie stimmte genau mit den Karten der unter ihrer Hochfrequenzmaschine zutage tretenden Lichtblitze überein, die die Kirlians zu zeichnen begonnen hatten.

Die Akupunktur (wörtlich: »Stechen mit einer Nadel«) ist eine sehr alte und hochgeachtete chinesische Kunst, die das Hauptgewicht mehr auf die Verhütung von Krankheiten als auf die Behandlung von Symptomen legt. In alter Zeit bezahlte man in China einen Arzt dafür, daß er einen vor Krankheit bewahrte. Wurde man dennoch krank, so zahlte der Arzt, nicht der Patient. (189) Die Essenz der Akupunktur ist der Glaube, daß alle Dinge zwei Prinzipien oder Urkräfte enthalten – Yin und Yang – und daß das Wohlbefinden von dem rechten Gleichgewicht zwischen den beiden abhängt. Diese Kräfte manifestieren sich als feine Energieströme, die durch den Körper zirkulieren und an manchen Stellen nahe genug an die Oberfläche herankommen, um beeinflußt werden zu können. Die betreffenden Hautpunkte wurden in jahrtausendelanger Praxis ermittelt, und an jedem Punkt kann ein Überschuß der einen oder anderen Energie entweder durch Massage mit den Fingerspitzen oder durch die Einführung einer Metallnadel abgeleitet werden.

Der vielleicht kritischste Teil der Akupunktur ist ihre Wirksamkeit als Anästhetikum. Journalisten aus dem Westen wurden vor einiger Zeit eingeladen, in Peking einer Reihe schwererer Operationen beizuwohnen, bei denen zur Schmerzbetäubung nur die Akupunktur angewandt wurde. Neville Maxwell berichtet über die Entfernung eines tuberkulösen Lungenflügels: Dem Patienten wurde nur eine dünne Stahlnadel in den rechten Unterarm gestochen, die offenbar den ganzen Brustraum betäubte. Während der Operation plauderte der Patient mit den Ärzten und schlürfte Tee. »Die Zuschauer«, schreibt Maxwell, »durften sich mit den Patienten unterhalten und so nahe herantreten, wie sie wollten, solange sie die Chirurgen nicht behinderten. Als die Operation beendet war, wurde die Wunde zugenäht und die Nadel entfernt. Dann half man Herrn Han, sich aufzusetzen. Sein Arm wurde massiert und man half ihm in seine Pyjamajacke; er verzog noch immer keine Miene.« Und dann gab Herr Han eine Pressekonferenz. (209)

Die chinesischen Akupunkteure verbringen viele Jahre damit, die genaue Lage der Punkte zu studieren, aber den ungeduldigen Ärzten des Westens war das immer zu mühselig. Nun haben Gajkin und Kirlian ein elektronisches Gerät gebaut, mit dem sich die Hautpunkte auf einen Zehntelmillimeter genau bestimmen lassen. Die

Russen führten dieses »Tobiskop« genannte Gerät stolz zusammen mit der Raumkapsel »Wostok« auf der Expo 67 in Montreal vor. Es steht heute schon in medizinischen Laboratorien in aller Welt, man verwendet Nadeln, elektrische Ströme und Schallwellen, um die Hautpunkte zu reizen, und erzielt aufsehenerregende Heilerfolge. Diese Entwicklung liefert überzeugende praktische Beweise für die Wirksamkeit der Akupunktur und die Wirklichkeit des »Plasmas«, mit dem sie offensichtlich etwas zu tun hat. (331)

Wenn ein biologischer Plasmakörper existiert, so wird er meiner Meinung nach vom Organismus erzeugt. Und sobald er geschaffen ist, könnte er im Hinblick auf den Organismus, dem er entstammt, eine Art organisatorischer Funktion ausüben. Bei einem Experiment wurde gezeigt, daß ein Muskel, den man einer Maus entnommen und in kleine Stücke zerschnitten hatte, sich vollkommen regenerierte, als man dieses Hackfleisch wieder in die Wunde zurücklegte. (289) Das beste Beispiel liefert aber vielleicht der Schwamm. Es gibt Kolonien von Einzellern, die große soziale Gruppen bilden, aber die Schwämme sind komplexer aufgebaut und werden als einheitliche Organismen klassifiziert. Die Zellen ihrer Körper sind zwar nur lose organisiert, aber sie treten in verschiedenen Formen auf und erfüllen verschiedene Funktionen. Kragengeißelzellen in der inneren Schicht erzeugen mit ihren Geißeln Wasserströme, die durch die Poren des Tieres fließen und ihm Nahrung und Sauerstoff zuführen, Geschlechtszellen produzieren Eier und Sperma, und eine dritte Art von Zellen baut Stützskelette von so vollendeter geodätischer Konstruktion, daß sich die Flugzeugbauer von ihnen inspirieren lassen. Manche Schwämme erreichen einen Durchmesser von mehr als einem Meter, aber wenn man sie zerschneidet und durch ein Seidentuch passiert, um alle Zellen voneinander zu trennen, beginnt der Brei, sich neu zu formen, und wie ein Phönix entsteht wieder der vollständige Schwamm. Ein unzerstörbarer Plasmakörper würde eine vollkommene Schablone für eine solche Regeneration darstellen.

Wie immer man es nennen will – Bioplasma oder Aura oder Lebensfeld –, es wird immer schwerer, der Schlußfolgerung auszuweichen, daß unsere Einflußsphäre nicht an der Haut endet. Über die bisher geltenden Grenzen unseres Körpers hinaus reichen Kräfte, die wir selbst zu erzeugen scheinen und möglicherweise auch beherrschen können. Wenn man diesen Gedanken akzeptiert, hat die Psychokinese nichts Seltsames mehr. Niemand bestreitet, daß der Geist die Muskeln des Körpers beherrscht und steuert. Daß er dazu imstande ist, stellt aber schon einen Fall von Psychokinese dar. Etwas Ungreifbares, Unsichtbares wie der Geist überbrückt die Kluft zwischen dem Unwirklichen und dem Wirklichen, er schafft neurale Energie, die Muskelenergie steuert, welche ihrerseits körperliche Gegenstände bewegt. Von hier aus ist es nur ein kleiner Schritt zur Psychokinese. Wir brauchen nur die Kluft am anderen Ende aufzufüllen. Eben das haben die Russen vielleicht getan.

Die Beziehung zwischen Geist und Gehirn ist noch ein unerforschtes Geheimnis. Sir John Eccles, ein großer australischer Neurophysiologe, beschrieb das Gehirn als ein System von »zehntausend Millionen Neuronen ... das im Augenblick hart an einer Reizschwelle verharrt. Es ist genau die Art von Maschine, deren sich ein Geist bedienen könnte, wenn wir unter ›Geist‹ in erster Linie ein ›Agens‹ verstehen, dessen Wirken der Entdeckung durch die feinsten Instrumente entgangen ist.« (92) Dieser Geist in der Maschine der Psychokinese scheint durch die empfindlichen Instrumente Sergejews und Kirlians gebannt worden zu sein. Vielleicht ist es derselbe, den wir »Poltergeist« nennen.

Poltergeister

Es mangelt nicht an handfesten Beweisen für Poltergeisterscheinungen, und viele davon wurden von skeptischen Wissenschaftlern, Polizisten und hartgesottenen Reportern erbracht. Das Phänomen ist überall in der Welt das gleiche. Gegenstände fallen von Tischen, Glühbirnen aus ihren Fassungen, Flüssigkeiten werden ausgegossen, sinnlose Klopftöne sind zu hören, Steine fliegen durch Fensterscheiben, Wasserhähne werden aufgedreht. Diese offenbar kindischen Tricks scheinen oft an die Gegenwart eines Jugendlichen gebunden zu sein, der eine Periode emotioneller Umstellung durchmacht. Gewöhnlich ist es ein Mädchen in der Pubertät. (142) In einem gut bekannten Fall war es eine empfindsame junge Frau von 20 Jahren, die eben geheiratet hatte. Daß Poltergeisterscheinungen eher an Personen als an Orte gebunden sind, ist von entscheidender Bedeutung, denn es zeigt, daß ungewöhnliche geophysikalische Phänomene wie etwa eine lokale Abweichung der Schwerkraft eine geringere Rolle spielen als Kräfte psychischen Ursprungs. (292) Es gibt zwar ein Gebiet am Ende des Sognefjords in Norwegen und ein anderes im Vulkankrater des Kintamani auf Bali, wo die Steine nicht so fest auf dem Boden liegen, wie sie es eigentlich sollten, aber Untersuchungen wie, zum Beispiel, George Owens gründliche Beobachtung des Poltergeistes von Sauchie zeigen immer wieder, daß die Erscheinungen der Person, in deren Umgebung sie auftreten, auch bei einem Ortswechsel folgen. (237)

Der Psychoanalytiker Nandor Fodor nannte den Poltergeist »ein Bündel projizierter Verdrängung«. (103) Wenn das stimmt, ist die Projektion völlig unbewußt. Man könnte an psychokinetische Energie denken, die blind ausschlägt, etwa der Reflexbewegung zu vergleichen, mit der man ein Glas umstößt, wenn man durch ein lautes Geräusch erschreckt wird. Manche Poltergeisterscheinungen verraten jedoch ein gewisses Maß von Intelligenz oder Absicht, zum Beispiel wenn Schriftzeichen an der Wand erscheinen oder Gegenstände nach einer bestimmten Person geworfen werden. In solchen Fällen könnte die psychokinetische Tätigkeit auf einer tieferen, unbewußten Ebene gesteuert werden, aber auch hier ist der »Geist« nicht so sehr eine Spukgestalt als vielmehr eine geistig-seelische Manifestation.

Was beinahe alle Poltergeisterscheinungen unter anderem gemeinsam haben, ist der Umstand, daß nur selten jemand die Gegenstände im Zustand der Bewegung sieht, und unter den wenigen Fällen, in denen das geschah, konnte ich nicht einen einzigen finden, in dem jemand berichtet hätte, er habe gesehen, wie sich ein Gegenstand zu bewegen *begann.* Das könnte von Bedeutung sein. Bei psychokinetischen Labortests mit gewöhnlichen, das heißt nicht besonders begabten Personen bleiben die erwarteten Wirkungen oft aus, solange sich die Versuchsperson angestrengt konzentriert, und sie treten dann plötzlich ein, sobald ihre Aufmerksamkeit abgelenkt wird. Poltergeisterscheinungen hören oft auf, sobald ein Wissenschaftler eintrifft, um sie zu beobachten. Rhine vergleicht einige seiner Experimente mit »dem Versuch, Filme bei Tageslicht zu entwickeln«. (275) Wie Dunkelheit eine Grundvoraussetzung für die Entwicklung von Filmmaterial ist, so scheint Spontaneität für die psychokinetische Aktivität von Versuchspersonen im Labor oder von Poltergeistern unerläßlich zu sein. Die wenigen besonders Begabten, die gelernt haben, PK-Effekte auf Wunsch hervorzubringen, fallen offensichtlich in eine andere Kategorie. Rhine kommt jedenfalls zu dem Schluß, daß die Psychokinese »eine Fähigkeit ist, die nur unter einer beschränkten Anzahl von psychologischen Bedingungen wirkt und leicht gehemmt werden kann, wenn die Bedingungen ungünstig sind«. Bei den meisten Menschen ist sie immer gehemmt.

Der brauchbarste Schlüssel, den diese Untersuchungen bisher lieferten, ist vielleicht Sergejews Entdeckung, daß während der psychokinetischen Aktivität das elektrostatische Feld, das Herz und das Gehirn mit der gleichen Frequenz von vier Schwingungen je Sekunde arbeiten. Man weiß seit langem, daß die Gehirnströme sehr kleiner Kinder langsame Rhythmen aufweisen. Elektroden, die man an den Leib einer Hochschwangeren anlegt, zeigen, daß das ungeborene Kind weniger als drei Wellen je Sekunde erzeugt – und zwar die gleichen (Delta-)Wellen, die man bei einem Erwachsenen mißt, wenn er »wie ein Säugling« schläft.

In den ersten Lebensjahren herrschen die Deltarhythmen vor. Erst später kommen die schnelleren Alpharhythmen der ruhigen Meditation und die noch schnelleren des komplizierten Denkens und Rechnens hinzu. Man glaubte zuerst, Rhythmen von vier bis sieben Wellen je Sekunde bildeten nur den Übergang zwischen den Deltarhythmen, die bei drei je Sekunde aufhören, und den Alpharhythmen, die bei acht Wellen je Sekunde beginnen, und man nahm an, diese Zwischenwellen seien typisch für das Wachstumsalter, aber später entdeckte man sie unter gewissen Bedingungen auch bei Erwachsenen und nannte sie Thetawellen.

Thetawellen gehen vom Thalamus aus, einem Nervenfeld im Zwischenhirn, das die emotionellen Erlebnisse zu regieren scheint. Sie können bei einem kleinen Kind sehr leicht ausgelöst werden, indem man ihm beispielsweise eine Süßigkeit oder ein Spielzeug wegnimmt und knapp außerhalb seiner Reichweite hinhält. Beinahe ebenso leicht lassen sie sich aber auch bei einem Erwachsenen hervorrufen, den man beleidigt oder enttäuscht. Im Labor werden Thetawellen in der Weise demonstriert, daß man der Versuchsperson einen angenehmen Reiz verschafft, etwa indem man ihr von einem hübschen Mädchen die Stirn streicheln läßt und ihr dann den Reiz wieder entzieht (indem man das Mädchen plötzlich wegschickt). Sobald die angenehme Empfindung aufhört, erscheinen Thetawellen. Sie steigern sich zu einem kurzen Crescendo und klingen wieder ab. Die meisten Erwachsenen sind häufige Enttäuschungen gewohnt, und es scheint, daß sie mit ihnen fertig werden, indem sie die Thetawellen rasch wieder unterdrücken. Bei Kindern dagegen halten die Rhythmen sehr viel länger an, und sie führen oft zu Wutanfällen oder sinnloser Zerstörung. Man hat jedoch entdeckt, daß auch unter den Gehirnwellen von Erwachsenen, die sich leicht zu heftigen Aggressionshandlungen hinreißen lassen, oft die Thetarhythmen dominieren. Das Symptom ist so charakteristisch, daß man es schon zur Erkennung von Psychopathen dieser Art verwendet hat.

Es scheint, daß wir als kleine Kinder alle die natürliche Neigung haben, auf Enttäuschungen durch Aggressionshandlungen zu reagieren, die mit dem Auftreten von Thetawellen im Gehirn zusammenhängen, und es hat ferner den Anschein, daß Tiere nicht anders reagieren. Hebb berichtet von einem Schimpansen, der stundenlang still dasaß und ein Weibchen in einem anderen Käfig beobachtete. Als sich aber das Weibchen in seine Schlafhöhle zurückzog, zeigte er die Symptome plötzlicher, heftiger Wut, die von dem bei Schimpansen auftretenden Äquivalent unserer Thetawellen begleitet waren. (144) Als Kinder brausen wir ebenso leicht auf, aber mit zunehmender Reife lernen wir, die heftigen Rhythmen zu unterdrücken. Daß es sich dabei um einen vorsätzlichen, bewußten Akt handelt, demonstrierte Walter durch Laborversuche, bei denen Zorn künstlich hervorgerufen wurde, indem man die Versuchspersonen Lichtern aussetzte, die im Thetarhythmus – zwischen vier- und siebenmal je Sekunde – blinkten. (335) Die Fähigkeit, sich zu beherrschen, schwankt sehr stark, und es sieht so aus, als wären übellaunige Menschen oft solche, denen es weniger gut gelingt, ihre Thetawellen im Zaum zu halten.

In den Lehrbüchern werden bei der Schilderung des Verhaltens unter dem Einfluß von Thetarhythmen oft die Begriffe »Unduldsamkeit«, »Selbstsucht«, »Ungeduld«, Mißtrauen« und »kindisches Benehmen« gebraucht. Und diese Beschreibung paßt sehr gut auch auf die meisten Poltergeister. Man fühlt sich versucht, Parallelen zu ziehen und darauf hinzuweisen, daß Poltergeisterscheinungen am häufigsten in der Umgebung von Menschen auftreten, die schwierige Lebensabschnitte durchstehen müssen: es würde ihnen wahrscheinlich gut tun, wenn sie sich durch einen Wutanfall Luft machen könnten, aber sie sind schon zu alt, als daß das noch gesellschaftlich annehmbar wäre. Vielleicht staut sich die Frustration so lange an, bis sie nur noch durch das Unbewußte abreagiert werden kann, nämlich durch sinnlose psychokinetische Akte wie das Zerschlagen von Fensterscheiben oder das Schleudern von Gegenständen. Das sind reine Mutmaßungen. Ich kann für eine solche Theorie keine Beweise vorlegen, aber ich möchte immerhin auf die Aufzeichnungen über Nelja Michailowa und ihre physiologischen Reaktionen verweisen. Während PK-Effekte beobachtet wurden, arbeitete sie beinahe ausschließlich mit einem starken, von ihr selbst ausgelösten Thetarhythmus, und die Messungen des Blutzuckers und der inneren Sekretionen zeigten, daß sie sich in einem Zustand beherrschter Wut befand. Vielleicht sind ebendies die für die Psychokinese erforderlichen Bedingungen.

In Tiergemeinschaften führt hochgradige Aggressivität oft zu Kämpfen, die streng stilisiert oder »ritualisiert« sind, so daß Emotionen ausgedrückt werden können, ohne daß einer der Gegner gefährlich verletzt wird. Es gibt Regeln, aber unter bestimmten Umständen versagen diese Regeln, und ein Tier kann seine Aggressivität nicht abreagieren. Das ist beispielsweise der Fall, wenn zwei Antilopen genau gleich stark sind und keine nachgeben will oder wenn sich zwei Möwen genau an der Grenze ihrer Reviere begegnen, wo keine ein Wegrecht besitzt. Die einander widersprechenden Neigungen zu kämpfen oder zu fliehen, geraten in einen direkten Konflikt, und es entsteht ein Unentschieden, aber die Emotion hat einen solchen Grad erreicht, daß sie irgendeine Abfuhr finden muß. Es kommt daher zu einer »Ersatzhandlung«. Die Antilope kratzt sich vielleicht an einem Hinterbein, so als verspürte sie plötzlich ein unerträgliches Jucken, und die Möwe beginnt vielleicht Gras zu rupfen, so als müßte sie sich augenblicklich ein Nest bauen. Auf diese Weise wird gestaute Aggressivität durch eine völlig andersartige Handlung ausgedrückt. Dasselbe geschieht vielleicht in der Psychokinese. Die durch Thetawellen ausgelöste Wut hat einen solchen Grad erreicht und ist in einem solchen Maße frustiert, daß sie in einen anderen Kanal geleitet wird. Und statt daß der Mann gegen einen Stuhl tritt, was als kindisch und tadelnswert gelten würde, baut sein Unbewußtes ein Kraftfeld auf, das die Handlung für ihn ausführt.

Es gibt in all dem noch zu viel »mag sein« und »vielleicht«. Wir kennen die Antworten auf viele Fragen noch nicht, aber ein gewisses Muster beginnt sich immerhin schon abzuzeichnen. Es ist schwer, in der biologischen Evolution einen logischen Platz für die Psychokinese unterhalb der menschlichen Ebene zu finden. Bei allen anderen Spezies wird die Aggressivität leicht ausgedrückt. Nur der Mensch kennt den Konflikt zwischen Aggressivität und gesellschaftlichem Zwang. Nur der Mensch hat ein Gehirn, das weit genug entwickelt ist, um einen Geist hervorzubringen, der selbst Verhaltensmaßstäbe schafft und bewußt Triebe unterdrückt, die diesen Maßstäben nicht entsprechen. Kinder müssen das erst noch lernen, aber in einer Lebensphase, in der sie dem größten Zwang ausgesetzt sind, reagieren sie sich möglicherweise unbewußt ab. Die wenigen Menschen, die psychokinetische Effekte bewußt hervorbringen können, haben diese Fähigkeit vermutlich dadurch erworben, daß sie diese Ersatzhandlungen unter die Kontrolle des Bewußtseins brachten. Wenn wir mehr über uns selbst erfahren, wird das vielleicht einer größeren Zahl von Menschen ebensogut gelingen. Vorerst muß es uns allerdings noch recht sinnlos erscheinen, Energie zu vergeuden und zwei Pfund Körpergewicht zu verlieren, wenn wir einen Dotter vom Eiklar trennen wollen. Dergleichen Dinge erledigen wir leichter mit den Händen, aber für einen Geist, der wirklich über die Materie herrscht, wären solche psychokinetischen Tricks vielleicht auch nur kindische Spielereien.

5. Kapitel: Materie und Magie

Theoretisch hängen Spiele wie Roulett und Würfeln allein vom Zufall ab, aber wenn die Menschen davon wirklich überzeugt wären, würde längst niemand mehr spielen. Wer bei einem Pferderennen mitreitet oder Fußball oder Poker spielt, beweist zweifellos großes Können, und wer auf die Fähigkeiten seines Favoriten setzt und Wetten abschließt, muß ebenfalls etwas können, insofern nämlich, als er Urteilsvermögen besitzen muß. Dagegen sterben viele der beliebtesten »Glücksspiele« nur deshalb nicht aus, weil der Spieler eben doch immer wieder glaubt, d er ihren Ausgang irgendwie selbst bestimmen kann. Er glaubt, daß er, indem er die zum Spiel gehörenden Gegenstände direkt oder aus der Entfernung manipiliert, einen Einfluß zu seinen Gunsten auszuüben vermag. Er nennt diesen Einfluß »Glück«, aber tatsächlich sieht er eher nach Psychokinese aus.

Richard Taylor forderte vor einiger Zeit Versuchspersonen in seinem Labor auf, die Reihenfolge der Farben in einem gemischten Paket Spielkarten zu erraten. Nach dem ersten Durchgang wurden die Personen, die gut abgeschnitten hatten, von den anderen getrennt, und bei den folgenden Tests erzielten alle, die beim erstenmal »Glück« gehabt hatten, durchwegs viel bessere Ergebnisse als die Gruppe derer, die »Pech« gehabt hatten. Taylor folgerte vorsichtig, daß »diese Daten eine gewisse emp rische Bestätigung der allgemeinen Vorstellung vom Glückhaben liefern«. (315) Ähnliche Beweise verleiteten den Direktor der Niederländischen Stiftung für Betriebspsychologie zu der Erklärung: »Es gibt deutliche Anzeichen dafür, daß manche Menschen eine gewisse Gabe besitzen, das Glück anzuziehen.« (326) Das sind durchaus richtige Feststellungen, aber beide gehen am Eigentlichen vorbei, was sofort klar wird, wenn man bei Taylors Test noch einen Schritt weiter geht. Stellt man nämlich nach dem ersten Durchgang eine Gruppe von Personen ohne Rücksicht auf die Ergebnisse völlig willkürlich zusammen und sagt man dieser Gruppe, sie habe außerordentlich gut abgeschnitten und großes Glück gehabt, so weist sie in der Folge tatsächlich bessere Ergebnisse auf als die anderen. Glück ist, wie es scheint, eine Gemütsverfassung.

In allen Spielkasinos weiß man, daß es Menschen gibt, die langsam und beständig gewinnen und immer wieder gewinnen, und vor einigen Jahren hat nun die Redaktion einer Spielerzeitschrift ein Buch mit genauen Anweisungen veröffentlicht, wie man zu diesen wenigen Glücklichen gehören kann. Die Verfasser haben die Methoden der Laborversuche auf dem Gebiet der Psychokinese studiert und für die Kasinopraxis adaptiert. Einer ihrer Ratschläge hebt die Bedeutung der richtigen Einstellung hervor. Man muß nach ihren Worten »zuversichtlich, entspannt und geradezu spielerisch« an die Sache herangehen, wenn man gewinnen will. (283) Wir sind zwar noch lange nicht so weit, daß die Spielkasinos allesamt durch eine Parapsychologeninvasion in den Bankrott getrieben werden, aber es mehren sich die Anzeichen dafür, daß manche Menschen allmählich darauf kommen, wie man sich das Glück gefügig machen kann.

Wenn die Psychokinese dem Spieler eine echte Hilfe sein sollte, müßte sie stark genug sein, um Würfel und Kugeln zu bewegen. Dazu ist aber bereits eine sehr hoch entwickelte, besondere Gabe erforderlich, und es ist zweifellos angebracht, einen Überblick über die praktische Anwendung der Psychokinese mit einigen Beispielen auf molekularer Ebene zu beginnen. Am leichtesten zu beeinflussen sind Objekte, die sich bereits in Bewegung oder gestörtem oder labilem Gleichgewicht befinden, und in unserer Technologie gibt es nur wenige instabile Systeme, die so häufig sind wie Silbernitrat in der Emulsion eines unbelichteten Films.

Gegen Ende des vorigen Jahrhunderts, als der Spiritismus grassierte und Tausende um klopfende Tischchen saßen oder Planchetten über Ouija-Bretter (Alphabettafeln) schoben, war auch die Geisterfotografie ein beliebter Zeitvertreib. Man versuchte, Bilder oder »psychische« Abbilder auf fotografischen Platten erscheinen zu lassen. Viele behaupteten, es sei ihnen gelungen, aber nicht eines der Resultate hielt einer genauen Prüfung stand, und das Interesse ließ nach. In Japan stellte zwischen 1910 und 1913 Tomokichi

Fukurai die, wie es scheint, ersten wissenschaftlichen Versuche mit vom Geist hervorgebrachten Bildern an. Es gelang ihm, Gedankenbilder direkt auf trockene, in ihrer Papierhülle steckende Platten zu übertragen, aber seine Ergebnisse fanden nur geringe Beachtung, bis der unglaubliche Ted Serios erschien.

Gedankenfotografie

Serio wurde 1918 in Kansas City, Missouri, als Sohn eines griechischen Kaffeehausbesitzers geboren. Als er 1963 Jule Eisenbud, Professor der Psychiatrie an der *Medical School* in Denver, traf und beeindruckte, lebte er in ungeordneten Verhältnissen in Chicago. Er hatte seinen Job als Hoteldiener verloren und war arbeitslos und oft betrunken. Eisenbud arbeitete und experimentierte drei Jahre lang mit Serios und bewies über jeden berechtigten Zweifel hinaus, daß er erkennbare Abbilder entfernter Gegenstände zu produzieren imstande ist, indem er lediglich in eine Kamera starrt. Serios machte im Laufe verschiedener sorgfältig überwachter Experimente vor zahllosen glaubwürdigen Zeugen Hunderte von Bildern von Gebäuden, Personen, Landschaften, Raketen, Omnibussen und Rennwagen. Er wurde bis auf die Haut ausgezogen, untersucht und durchleuchtet, in eine Art Zwangsjacke genäht, in der er nur noch den Kopf bewegen konnte, und mit Kameras und Filmen getestet, die von unabhängigen und kritischen Beobachtern zur Verfügung gestellt wurden. Trotz aller Vorsichtsmaßnahmen und ohne die verwendeten Apparate zu berühren, machte er immer noch seine *thoughtographs* (wörtlich: »Denkogramme«). (96) Alle Einzelheiten über den Ablauf der Experimente, die Zeugenaussagen und die Bilder selbst sind in Eisenbuds Buch zu finden, aber es lohnt sich, einige der Resultate im Zusammenhang mit dem, was wir nun über Psychokinese wissen, genauer zu betrachten.

Magnetische Felder scheinen auf Serios keine Wirkung zu haben. Er machte seine Bilder auch in einem Feld von 1200 Gauß, was dem Tausendfachen der Stärke des erdmagnetischen Feldes entspricht, und in einem Faraday-Käfig, der das natürliche Feld auf ein Drittel seiner normalen Stärke reduzierte. Er wurde hinter den fünf Zoll dicken Stahlwänden einer Strahlungszählkammer mit einem hochempfindlichen Kristallempfänger getestet, der elektromagnetische Strahlungen aufnehmen sollte, aber nicht reagierte, als Serios in einer Entfernung von 45 cm seine Bilder produzierte. Er war imstande, Bilder zu machen, als die Kamera durch das einen halben Zoll dicke Bleiglasfenster eines gegen Röntgenstrahlung abgeschirmten Krankenzimmers auf ihn gerichtet wurde, und Infrarot und Ultraviolett kommen ebenfalls nicht in Betracht, denn Serios »fotografierte« auch durch Holz und Plastik. Durch alle diese Versuche wurde die Möglichkeit, daß die Bilder durch irgendeine der üblichen Arten von elektromagnetischer Strahlung – von den langen Radiowellen bis zu den kurzen Gammastrahlen – zustande kommen könnten, praktisch ausgeschaltet. Es wäre faszinierend, wenn Serios in Rußland mit dem Sergejew-Detektor untersucht und wenn festgestellt werden könnte, ob er die gleichen Reaktionen erkennen läßt wie Nelja Michalowa, aber eine Zusammenarbeit auf dieser Ebene liegt wohl noch in ferner Zukunft.

Ein wenig wissen wir immerhin schon über die Physiologie der Gedankenbilder. Serios versetzte sich gewöhnlich in einen Zustand »intensiver Konzentration mit offenen Augen, zusammengepreßten Lippen und einer sehr merklichen Spannung des Muskelsystems. Seine Glieder zitterten oft ein wenig wie bei einer leichten Schüttellähmung, und der Fuß des über das andere geschlagenen Beines begann manchmal ein wenig krampfhaft auf und ab zu zucken. Sein Gesicht wurde rot und fleckig, auf der Stirn traten ihm die Adern hervor, und seine Augen waren sichtbar blutunterlaufen«. Während aller Experimente trank er reichlich, und sein Herz schlug oft sehr schnell. Diese Beschreibung zeigt, daß Serios eine ähnliche Wut in sich aufbaute wie die Michailowa, aber er reagierte sie oft durch Beschimpfungen und Angriffe auf Kameras ab, die nicht nach seinem Willen funktionieren wollten. Es scheinen gute Gründe für die Annahme zu bestehen, daß beide, die Michailowa und Serios, nach dem gleichen Prinzip arbeiten. Die russischen Demonstrationen verraten uns ein wenig über die beteiligten geistigen Faktoren, aber in den Bildern von Ted Serios besitzen wir eine lebendige, fertige Analyse seiner Geistesverfassung.

Eisenbud meint, Serios habe manchmal offenbar Einfluß auf die Motive seiner Bilder, aber meistens »schien Ted nur der passive Beobachter nicht identifizierter vorbeitreibender Gegenstände zu sein, für die sein Geist lediglich einen Spiegel darstellte«. Gelegentlich kam es zu Konflikten zwischen Bildern, die er bewußt anvisierte, und anderen, die sich trotz seiner Anstrengungen, sie fernzuhalten, dazwischenschoben. Er benahm sich dann »wie ein leicht verzweifelter Schiedsrichter bei einem Boxkampf zwischen zwei jungen Männern, die sich nicht ganz an die Regeln halten wollen«. Es scheint klar zu sein, daß die Bilder Ausdruck seines Unbewußten und ihre Motive eine Spiegelung seiner Persönlichkeit sind. Als er aufgefordert wurde, ein Bild des Triumphbogens in Paris zu produzieren, kam das Bild eines Autos der Marke Triumph heraus, das ihn weit mehr interessierte. Er machte erkennbare Bilder von der Westminster-Abtei, der Münchner Frauenkirche und dem Hilton-Hotel in Denver. Sie zeichnen sich alle durch großen Detailreichtum aus, aber das wirklich Interessante an ihnen ist, daß sie Einzelheiten zeigen, die nie existierten, und Schatten, die sich nur erklären ließen, wenn die Aufnahmen von einer Kamera in einem Ballon gemacht worden wären. Die Quelle der Bilder scheint immer etwas zu sein, was Serios in der Natur oder auf Fotografien gesehen hat und was dann in seinem Unbewußten verborgen und durch die Erinnerung und die Phantasie abgewandelt wurde.

Die Psychoanalyse von Ted Serios läßt Unreife in mehr als einer Hinsicht erkennen, und wieder finden wir eine Verbindung zwischen Psychokinese und kindischem Verhalten. Unlängst durchgeführte Untersuchungen über die kindliche Phantasie zeigten, daß erstaunlich viele Kinder sogenannte Eidetiker sind, das heißt, sie sind imstande, nach einem kurzen Blick auf ein Bild ein lebhaftes und physisch wahrgenommenes Nachbild des Geschehens auch bei geschlossenen Augen zurückzubehalten. (130) Daß diese Nachbilder wirklich existieren und reich an Einzelheiten sind, wurde auf eindrucksvolle Weise demonstriert. Eine Zeichnung, die das Gesicht eines Mannes darstellte, wurde in zahllose sinnlose Striche und Schnörkel aufgebrochen und dann in zwei getrennte Muster zerlegt, die jedes für sich nichts bedeuteten. Die Kinder durften einen kurzen Blick auf das eine Muster werfen und dann das andere länger betrachten. Die mit eidetischen Fähigkeiten Begabten waren imstande, sich das erste Muster zu vergegenwärtigen, es im Geiste über das zweite zu legen und das ursprüngliche Gesicht zu sehen. Bei den meisten der getesteten Kinder blieben die Bilder etwa zehn Minuten bestehen, aber einige behielten sie mehrere Wochen zurück. Wenn die Bilder verblaßten, verwandelten sie sich wie die Figuren eines Trickfilms, bis sie nur noch eine entfernte Ähnlichkeit mit dem Original aufwiesen. Dasselbe geschieht mit den Bildern, die Ted Serios produziert. Wenn Kinder älter werden und sich mit den tausend Dingen befassen müssen, die durch die Schule an sie herangetragen werden, scheinen sie ihre eidetische Fähigkeit zu verlieren, aber bei manchen Erwachsenen, die wie Ted Serios nur wenig Schulbildung und eine sehr einfache Lebensanschauung haben, bleibt diese Gabe bestehen.

Damit kennen wir nun zwar den Mechanismus eines Geistes, der jener präzisen visuellen Erinnerung fähig ist, die man braucht, um genaue Bilder hervorzubringen, aber die Frage, wie diese Bilder auf den Film gelangen, ist noch nicht beantwortet. Wir wissen, daß es hilft, »zu werden wie die Kinder«, aber dem Verständnis der physikalischen Vorgänge sind wir nicht nähergekommen. Genauer gesagt handelt es sich allerdings eher um chemische Vorgänge, denn die Wirkung macht sich in der Emulsion des Films bemerkbar. Vielleicht finden wir eine Antwort, wenn wir uns mit anderen Untersuchungen über den Einfluß der Psychokinese auf chemische Reaktionen beschäftigen.

Bernard Grad von der *McGill University* hat auf diesem Gebiet Pionierarbeit geleistet. Seine Versuchsperson war ein Heiler, der behauptete, Krankheiten durch die biblische Methode des Handauflegens kurieren zu können. Beim ersten Experiment wurden 300 Mäuse mit gleichen Verletzungen verwendet. Bei den Mäusen, die der Heiler täglich eine Viertelstunde in der Hand hielt, heilten die Wunden tatsächlich schneller als bei denen, die von anderen Personen gehalten wurden. (127) Grad versuchte, diese Fähigkeit einer kritischeren Analyse zu unterziehen, indem er ihre Wirkungen in einem sinnreichen Experiment mit Gerstenkörnern einengte. Die Körner wurden mit Salz behandelt und in einem Ofen so lange angeröstet, daß sie beschädigt, aber nicht abgetötet wurden. Dann wurden in 24 Blumentöpfen je 20 Körner ausgesät und täglich gegossen. Das zu verwendende Wasser wurde direkt aus der Leitung in zwei Glasflaschen gefüllt, die versiegelt wurden, und jeweils eine dieser Flaschen hielt der Heiler täglich dreißig Minuten in den Händen. Gegossen wurde nach einem bestimmten System, so daß die beteiligten Personen im einzelnen nicht wußten, welche Pflanzen das behandelte Wasser erhielten, aber nach zwei Wochen stellte man fest, daß die Pflanzen, deren Wasser durch die Hände des Heilers gegangen war, nicht nur in größerer Anzahl aufgegangen, sondern auch höher waren als die anderen, und später zeigte sich, daß sie auch vollere Ähren hatten. (124)

Grad untersuchte das behandelte Wasser und stellte keine merkliche Veränderung fest, aber eine spätere Analyse ergab, daß der Abstand zwischen den Wasserstoff- und Sauerstoffatomen leicht vergrößert war. (125) Die Veränderung in einem Molekül, das wir bereits als instabil kennengelernt haben, war offensichtlich durch die Einwirkung eines individuellen menschlichen Feldes ausgelöst worden. Dieser Spur folgend, versuchte Grad, die Persönlichkeit zu bestimmen, von der diese Heilreaktion ausging. Er ließ Wasser für einen zweiten Gerstenkörnertest von drei verschiedenen Personen behandeln: einem in psychiatrischer Hinsicht gesunden Mann, einer Frau mit einer schweren depressiven Neurose und einem Mann, der an wahnhaften Depressionen litt. Das von dem Gesunden behandelte Wasser hatte keine besondere Wirkung auf die Pflanzen – sie unterschieden sich nicht von der Kontrollgruppe –, aber alle Pflanzen, die Wasser erhielten, das von den beiden an Depressionen leidenden Personen behandelt worden war, blieben stark im Wachstum zurück. (126) Die Entdeckung einer negativen und nicht nur einer positiven Reaktion ist von Bedeutung. Es ist auch bei einem so klug erdachten Experiment denkbar, daß irgendein Fehler übersehen wurde und daß das positive Ergebnis nichts mit dem Heiler zu tun hatte. Wenn aber eine negative – nämlich kranke – Person die entsprechende negative Reaktion auslöst, wird die Richtigkeit der ursprünglichen Prämisse bestätigt, und der Heiler kann einen echten Erfolg für sich buchen.

In diesem Fall bekam der Mann, der seinen Einfluß ausübte, die Pflanzen nie zu Gesicht. Er lud nur das Wasser auf, und das Wasser tat alles Übrige. Bei einem Experiment in Frankreich wurde dagegen der Versuch unternommen, lebende Organismen direkt zu beeinflussen. (17) Im Landwirtschaftlichen Institut in Bordeaux wurden zwei Pilzparasiten – *Stereum purpureum* und *Rhizoclonia solani* – auf Nährböden in Glasschalen angesetzt, und jeden Tag starrten die Versuchspersonen eine Viertelstunde auf die Schalen und versuchten das Wachstum der Pilze zu hemmen. Mit besonderer Sorgfalt wurde darauf geachtet, daß die Pilze genetisch rein waren, daß die Nährböden genau gleich zusammengesetzt und daß auch Temperatur und Feuchtigkeit in allen Schalen gleich waren. Bei 33 von 39 Tests konnte anhand von Vergleichen mit Kontrollschalen festgestellt werden, daß das Wachstum der Pilze in einem Grade gehemmt wurde, der dem Zufall nur noch eine Chance von eins zu mehreren Millionen übrigließ. Es ist kaum noch daran zu zweifeln, daß der Mensch – jedenfalls bei diesen beiden Pilzarten – das Wachstum beeinflussen kann, indem er sich jeden Tag nur eine Weile in der Nähe aufhält.

Die Gärtner haben schon immer behauptet, daß es auf den genauen Zeitpunkt des Säens und Pflanzens ankomme, und wie unsere neuen Kenntnisse von den Mondrhythmen zeigen, steckt ein Sinn in ihrem alten Aberglauben, daß man nur bei Vollmond pflanzen solle. Nun hat es den Anschein, daß auch so manche andere alte Vorstellung in bezug auf den Umgang mit Pflanzen durchaus gerechtfertigt ist. Zweifellos gibt es wirklich Menschen, die eine beinahe magische Gabe besitzen, Pflanzen gedeihen zu lassen, während andere, die genau die gleichen Methoden anwenden und ihrem Garten ebensoviel Zeit widmen, zuletzt nur welkes Laub und Blattläuse zu sehen bekommen. Die guten Gärtner erzeugen möglicherweise ein Feld, das einen günstigen Einfluß auf das Pflanzenwachstum ausübt. Und es ist keineswegs unmöglich, daß ein ähnliches Feld ebenso wohltuend auf Menschen wirkt. Es gibt Menschen, die auch in einer größeren Menge sofort dadurch auffallen, daß sie spürbar Gutes oder ebenso spürbar Böses auszustrahlen scheinen. Wir sind dem Verständnis dieser Wirkungen nicht sehr viel nähergekommen, aber die Experimente Grads und die der Franzosen mit den Pilzen machen es uns unmöglich zu leugnen, daß solche Wirkungen tatsächlich existieren könnten.

Die Wachstumshemmung der Pilze könnte ebenso wie das Gedeihen der Gerstenkeime durch molekulare Veränderungen in der Wasserstruktur verursacht worden sein, aber es gibt ein Experiment, bei dem die erzielte Veränderung das Verhalten betrifft und daher auf komplexe chemische Wirkungen zurückgehen muß. Nigel Richmond versuchte seine Willenskraft am *Paramecium caudatum* oder Pantoffeltierchen, jenem kleinen, frei schwimmenden Protozoon, das wie ein winziges durchsichtiges Gelatineklümpchen mit tausend zitternden Wimpern durch das Wasser stagnierender Tümpel rudert. Die Pantoffeltierchen sind vielleicht die geschäftigsten aller Protozoen. Zielbewußt eilen sie mit einer Geschwindigkeit von beinahe 25 mm pro Sekunde umher. Richmond beobachtete sie durch ein Mikroskop, dessen Gesichtsfeld er durch zwei gekreuzte Haare in vier gleiche Segmente geteilt hatte. Er suchte sich ein Pantoffeltierchen aus, das so aussah, als wollte es sich in Bewegung setzen, nahm es genau in den Mittelpunkt seines »Fadenkreuzes« und versuchte es dazu zu bringen, in eines der vier Segmente, das er willkürlich auswählte, zu schwimmen. Bei 3000 solchen Versuchen erreichte er eine Erfolgsquote, die den Zufall mit einer Wahrscheinlichkeit von 1:10 000 000 ausschloß. (277) Das Pantoffeltierchen sucht sich normalerweise seinen Weg nach der Probiermethode. Es schwimmt umher, bis es auf ein Hindernis stößt oder in ein Milieu gerät, das zu warm oder zu kalt, zu sauer oder zu alkalisch ist. Dann weicht es zurück und versucht es an einer anderen Stelle wieder. Diese Ausweichreaktion behält es bei, bis es sich ganz aus der ungünstigen Zone entfernt hat. Das Tier, das lediglich weiß, was es nicht will, ist daher unter normalen Umständen ein vom Zufall gelenktes System und bietet somit eine ideale Angriffsfläche für die Psychokinese. Der leiseste Stoß genügt, und es scheint, daß ihm der Mensch diesen Stoß durch seinen Geist zu versetzen vermag.

Die beschriebenen psychokinetischen Effekte wurden von Forschern demonstriert, die sich dazu entschlossen haben, in den Randgebieten der Parapsychologie zu arbeiten. Es ist beinahe unmöglich, für solche Forschungsarbeiten finanzielle Zuschüsse zu erhalten. Die Experimente sind langwierig und oft sehr ermüdend, die Ergebnisse sind mager, und sie lassen sich nur schwer veröffentlichen – und für den Spott braucht man nicht zu sorgen. Man darf getrost annehmen, daß jeder, der auf diesem Gebiet arbeitet, von Haus aus ein ungewöhnlicher Mensch ist. Daher kann man einen Mann wie Richmond nicht als lebendigen Beweis dafür hinstellen, daß jeder imstande sei, psychokinetische Resultate zu erzielen. Aber auch Richmond machte sich ohne besondere Ausbildung auf diesem Gebiet an die Arbeit, und daher werden wahrscheinlich die meisten Menschen zu ähnlichen Dingen fähig sein, sofern sie nur die richtige Einstellung mitbringen. Wenn es aber zutrifft, daß jeder Mensch latente psychokinetische Fähigkeiten besitzt, ergibt sich eine neue Frage: Warum? Und was haben wir davon? Glücksspiele machen Spaß, aber eine biologische Notwendigkeit sind sie nicht. Pantoffeltierchen umherdirigieren zu können, stärkt vielleicht das Selbstbewußtsein, aber es hat keinerlei echten Erhaltungswert. Wozu sollte uns also die Evolution diese Gabe beschert haben? Die Antwort lautet vielleicht, daß eine Rückkoppelung vorhanden ist und daß das Kraftfeld, das unseren Einfluß auf die Umgebung überträgt, auch Information aus der Umgebung hereinholt.

Die Hydra hatte neun Köpfe, und sooft Herkules einen abschlug, wuchsen an seiner Stelle zwei neue. Im seichten Wasser sauberer Bäche lebt ein nackter kleiner Polyp, der die gleiche Fähigkeit und den gleichen Namen hat. *Hydra pirardi* ist nur etwa 1,7 cm lang, und sein Körper ist fadendünn und endet in fünf fransigen Fangarmen. Er hat eine ausgesprochene Vorliebe für das Licht und findet es auf die gleiche negative Weise wie das Pantoffeltierchen. Wenn ein Schatten – und sei es der seines eigenen Körpers – auf einen der Fangarme fällt, zieht der Polyp den Arm ruckartig zurück und bewegt sich in der entgegengesetzten Richtung weiter. Sein ganzer Körper ist überempfindlich für Licht, und dennoch hat er keine Augen oder Augenflecke oder lichtempfindliche Zellen irgendwelcher Art. Das Licht löst vielmehr eine chemische Reaktion in seiner Körperflüssigkeit aus: Die Viskosität des Protoplasmas verändert sich, Fette werden verseift, Enzyme inaktiviert. Wenn sich das Licht entfernt, werden alle diese Prozesse umgekehrt, und der Polyp versucht, wieder ins Licht zu gelangen. (38) Diese Art von Lichtempfindlichkeit gibt es aber wahrscheinlich nicht nur bei Süßwasserpolypen.

Sehen ohne Augen

Als die ersten Weißen nach Samoa kamen, fanden sie dort Blinde, die imstande waren, Gegenstände mit vielen Einzelheiten zu beschreiben, indem sie die Hände darüber hielten. In Frankreich testete Jules Romain kurz nach dem Ersten Weltkrieg Hunderte von Blinden und fand, daß einige zwischen hell und dunkel unterscheiden konnten. Er stellte fest, daß sie lichtempfindliche Zonen auf der

Nase oder an den Fingerspitzen hatten. In Italien entdeckte der berühmte Neurologe Cesare Lombroso ein blindes Mädchen, das mit der Nasenspitze und dem linken Ohrläppchen »sehen« konnte. Wenn man unversehens ein helles Licht auf ihr Ohr richtete, zuckte sie zurück. In Schottland lehrte man 1956 einen blinden Schüler, zwischen Lichtern verschiedener Farbe zu unterscheiden, und er lernte, helle Gegenstände aus einer Entfernung von mehr als einem Meter zu erkennen. Im Jahre 1960 untersuchten Ärzte in Virginia ein Mädchen, das imstande war, mit mehreren Binden und Klebestreifen über den Augen Farben zu unterscheiden und kurze Abschnitte großgedruckter Texte zu lesen. (95) Das Phänomen ist offensichtlich nicht neu, aber neu ist der Grad der Sensibilität, den eine junge Frau aus einem Dorf im Ural erreicht.

Rosa Kuleschowa kann mit den Fingern sehen. Sie ist nicht blind, aber sie wuchs in einer Familie von Blinden auf. Sie lernte, Blindenschrift zu lesen, um ihren Angehörigen helfen zu können, und übte sich darin, auch andere Dinge wie Blinde mit den Händen zu erfühlen. Im Jahre 1962 fuhr ihr Arzt mit ihr nach Moskau, wo sie an der Sowjetischen Akademie der Wissenschaften untersucht wurde. Ihre Begabung wurde als echt anerkannt, Rosa Kuleschowa wurde über Nacht berühmt. (161) Der Neurologe Schäfer arbeitete intensiv mit ihr und fand, daß sie mit fest verbundenen Augen und hinter einem Schirm, durch den sie nur die Arme streckte, drei Grundfarben voneinander unterscheiden konnte. Um die Möglichkeit zu prüfen, daß die Farbkarten Wärme unterschiedlich reflektierten, erwärmte er die einen und kühlte er die anderen, aber seine Versuchsperson ließ sich dadurch nicht irritieren. Er stellte fest, daß sie Zeitungen und Notenblätter auch durch eine Glasplatte mit den Fingern lesen konnte, womit bewiesen war, daß sie nicht die Textur ertastete. Als sie von dem Psychologen Nowomeiskij getestet wurde, konnte sie die Farbe und die Form von Lichtflecken erkennen, die man auf ihre Handfläche projizierte oder auf dem Schirm eines Oszillographen erscheinen ließ.

Bei streng überwachten Tests las Rosa Kuleschowa mit verbundenen Augen hinter einem Schirm und mit einem Stück Pappe um den Hals, das so breit war, daß sie nicht seitlich daran vorbeisehen konnte, kleinen Zeitungsdruck mit dem Ellbogen, und bei der überzeugendsten Demonstration vollbrachte sie die gleiche Leistung, während ihr jemand, der hinter ihr stand, kräftig auf die Augäpfel drückte. (281) Unter solchen Bedingungen kann niemand schwindeln, und selbst wenn der Druck auf die Augen aufgehört hat, ist man noch minutenlang kaum imstande, klar zu sehen.

Die Kuleschowa löste in der Sowjetunion eine regelrechte Lawine aus. Nach ihren ersten Erfolgen wurden Reihenuntersuchungen vorgenommen, und es zeigte sich, daß von etwa je sechs Menschen einer lernen konnte, nach einer Schulung von nur einer Stunde den Unterschied zwischen zwei Farben mit verbundenen Augen zu erkennen. Nowomeiskij, der »Sehen ohne Augen« unterrichtete, hatte bald achtzig Hörer. Sie erklärten übereinstimmend, daß Farben eine Textur haben und sich glatter oder rauher anfühlen. Gelb ist sehr glitschig, Rot ist klebrig, und Violett übt eine Bremswirkung auf die Finger aus. (231) Als die Farbkarten in isolierte Kästchen gelegt wurden, waren die beschriebenen Wirkungen in der Luft über den Karten zu spüren. Diese Studenten konnte ohne die Binden alle normal sehen, aber im Institut in Swerdlowsk bringt man nun die gleichen Fähigkeiten auch Blinden bei, und viele erklären in den Unterrichtsstunden, sie hätten schon immer diese Unterschiede ertastet, aber niemand habe ihnen gesagt, was sie bedeuten. Einige der fortgeschritteneren blinden Kinder im Institut lesen Farben durch Kupferplatten hindurch – sie »sehen« Dinge, die sogar für ihre Lehrer unsichtbar sind.

Wenn das Licht die Körperchemie des Süßwasserpolypen so stark beeinflußt, daß das Tier veranlaßt wird, das jeweils günstigste Milieu aufzusuchen, erscheint es nicht unvernünftig anzunehmen, daß die Körperflüssigkeit des Menschen eine ähnliche Empfindlichkeit besitzen könnte. Die Tatsache, daß blinde Kinder mit den Ohren, der Zunge oder den Zehenspitzen »sehen« können, legt die Vermutung nahe, daß keine besonderen Sinneszellen am Werk sind, sondern daß sich diese Fähigkeit über den ganzen Körper verteilt und allen Zellen gemeinsam ist. Wenn das zutrifft, verhält es sich möglicherweise so, daß verschiedene Lichtfrequenzen und -muster verschiedene chemische Reaktionen auslösen und daß man lernen kann, diese Unterschiede zu erkennen und zwischen den Lichtquellen zu unterscheiden. Das würde erklären, warum die Russen feststellten, daß die Fähigkeit, ohne Augen zu sehen, bei hellem Licht am besten entwickelt ist und, ganz wie das normale Sehen, nachläßt, wenn das Licht schwächer wird. Es erklärt dagegen nicht, warum isolierte Kästchen dazu beitragen, die Wirkung in größerem Abstand fühlbar zu machen, oder warum keine Wirkung zu spüren ist, wenn die Gegenstände oder die Hände der Versuchsperson elektrisch geerdet werden. Hier kommt vielleicht die Psychokinese ins Spiel.

Wieder ist die besondere Fähigkeit bei Kindern am stärksten ausgeprägt, und sie erreicht einen Höhepunkt bei den Elfjährigen. Es könnte sein, daß das menschliche Feld bei dieser Art von Wahrnehmung eine entscheidende Rolle spielt, indem es ähnlich wie beim »Echolot« der Fledermäuse Impulse aussendet und Echos auffängt und zu sinnvollen Bildern zusammensetzt. Wenn unsere primären Sinne versagen, greift die Übernatur ein und ersetzt die fehlende Fähigkeit, aber auch bei normal sehenden Menschen könnte die Übernatur wie eine Katze mit ihren Barthaaren die unmittelbare Umgebung »erfühlen« und für das Überleben wichtige Informationen einholen.

Wenn wir wirklich eine physiologische Reaktion auf Licht haben und diese von der jeweiligen Frequenz des Lichtes abhängt, wäre darin zum Teil die Erklärung für die mystischen Werte zu suchen, die wir den Farben beimessen. Die augenscheinliche Farbe eines Gegenstandes hängt direkt von der Wellenlänge des von ihm reflektierten Lichtes ab. Es ist daher möglich, daß uns dieser physikalische Unterschied auch auf andere Weise beeinflußt. Fabrikanten wissen aus Erfahrung, daß sich Zucker in grünen Packungen schlecht verkauft, daß blaue Nahrungsmittel als unschmackhaft angesehen werden und daß Kosmetika nie in brauner Verpackung angeboten werden sollten. Aus Entdeckungen dieser Art, an denen der Handel aus praktischen Gründen lebhaft interessiert war, entstand ein ganzer Wissenschaftszweig: die Farbpsychologie, die heute auf unzähligen Gebieten von der Mode bis zur Innenarchitektur Anwendung findet. Zum Teil ist unsere Einstellung zu den Farben rein psychologisch erklärbar. Dunkelblau ist die Farbe des Nachthimmels, es wird daher mit Passivität und Ruhe assoziiert, während Gelb eine Tagesfarbe ist, die anregt und Energien weckt. Für den primitiven Menschen war Tätigkeit bei Tage gleichbedeutend mit Jagd und Kampf, und dafür drängte sich ihm Rot, die Farbe des Blutes, der Wut und der Hitze der Anstrengung auf. Grün, die

Komplementärfarbe zu Rot, wurde daher zwangsläufig mit Passivität und Selbsterhaltung in Verbindung gebracht. Experimente haben gezeigt, daß Farben, zum Teil wegen der psychologischen Assoziationen, auch direkte physiologische Wirkungen ausüben. Ein helles Rot beschleunigt die Atmung und den Herzschlag und hebt den Blutdruck. Reines Blau hat die entgegengesetzte Wirkung. Es ist eine beruhigende Farbe. Das erregende Rot wurde als Signal für Gefahr gewählt, aber genauere Untersuchungen zeigen, daß ein lebhaftes Gelb mit noch größerer Eindringlichkeit warnt und aufschreckt. Daher rasen in fortschrittlicheren Gemeinden Feuerwehr- und Ambulanzwagen schon in giftigen Gelbtönen durch die Straßen und bringen den Verkehr zum Stillstand.

Ästhetische Gesichtspunkte, erlernte Reaktionen und primitivere, instinktive Reaktionen wurden zu einem sehr empfindlichen Persönlichkeitstest kombiniert, dem in Basel entwickelten Lüscher-Farbtest, bei dem die Versuchsperson aus insgesamt 25 Farbtönen die ihr zusagenden auswählt. (301) Dunkelblau bedeutet »Gefühlstiefe«, Hellgelb »Spontaneität«, Orangerot »Willenskraft« und so fort. Auf den ersten Blick sieht das ein wenig oberflächlich und bedenklich nach der Populärpsychologie der Zeitungshoroskope aus, aber der Test befaßt sich vor allem mit der Reihenfolge, in der die Farben gewählt werden, und mit der tieferen Bedeutung von Farbkombinationen. Er wird in der Medizin, in der Psychiatrie, in der Eheberatung und bei der Personalauswahl bereits häufig und gern angewandt.

Wer – bei diesem Test oder für die Tapete in seinem Schlafzimmer – eine Farbe auswählt, läßt sich von der Wirkung leiten, die sie auf ihn hat. Die Farbe liefert daher einen Hinweis auf seine Geistes- und Gemütsverfassung. Der geschulte Beobachter betrachtet die gewählte Farbe und die Person und kann dank seiner besonderen Kenntnisse die Beziehung zwischen den beiden beschreiben, aber wir alle tun etwas Ähnliches, wenn wir zu jemandem sagen: »Diese Farbe steht dir.« Wir sind dazu vielleicht imstande, weil unsere eigene psychologische Reaktion auf die Farbe mit unserer subjektiven Beurteilung des Charakters der Person übereinstimmt, aber die Tatsache, daß eine solche Kombination von Farbe und Persönlichkeit gewöhnlich von allen Betrachtern gleich beurteilt wird, läßt vermuten, daß es tiefergehende Ursachen geben muß. Ich möchte sagen, daß hier wieder das Prinzip der Resonanz am Werk ist und daß eben die Wellenlänge der Farbe und die Frequenz des Feldes der betreffenden Person übereinstimmen, wenn wir die Wirkung als harmonisch empfinden.

Das ist freilich ein sehr mystischer Gedanke, der sich ganz mit all den alten abergläubischen Vorstellungen von den Farben deckt, aber ich habe das Gefühl, daß er richtig ist, wenn ich den Zusammenhang zwischen Farbe und Tarnung betrachte.

Die Eier des Kiebitzes sind gesprenkelt wie der Boden, auf dem sie liegen. Die Flügel des Blattspanners zeigen ein unterbrochenes Muster wie die mit Flechten bedeckte Rinde der von ihm bevorzugten Bäume. Der Körper des Kupferkopfs, einer Mokassinschlange, ist mit verschiedenen Flecken gezeichnet, die genau den Farben des abgefallenen Laubes entsprechen, in dem er lebt. Alle diese wunderbaren Wirkungen dienen der Tarnung. Sie wurden im Laufe von Jahrmillionen durch natürliche Auslese entwickelt, aber nicht von dem Tier selbst. Farben und Muster können von dem Tier, das sie trägt, nicht gesehen werden; ihre Tarnwirkung kommt erst in einiger Entfernung zur Geltung, daher mußte immer erst ein natürlicher Feind kommen, sie gleichsam wie ein Kunstkritiker beurteilen, die Exemplare mit den weniger erfolgreichen Tarnmustern vertilgen und die mit den gelungenen Mustern am Leben lassen, so daß sie sich fortpflanzen konnten.

Dieser Ausleseprozeß kann in langen Zeiträumen zur Wirkung kommen, wenn sich die Anpassung in Tausenden von Generationen vollzieht, aber manche Arten sind imstande, ihre Tarnmuster spontan zu ändern. Das Chamäleon nimmt sehr rasch die Farben und Muster an, die der jeweiligen Umgebung am besten entsprechen. Diese Fähigkeit hängt zwar zum Teil von dem ab, was das Tier um sich her sieht, aber auch ein völlig blindes Chamäleon paßt sich seinem Milieu an. Es bringt Muster hervor, die, aus der Entfernung betrachtet, mit der Umgebung übereinstimmen. Für den Biologen ist das seit langem ein ungelöstes Rätsel, und es kann meiner Meinung nach nur gelöst werden, wenn man eine Wechselbeziehung zwischen dem Tier und seinem Habitat voraussetzt. Man braucht nur ein Chamäleon zu beobachten, um sich darüber klar zu werden, daß es sich nicht auf gut Glück nach der Probiermethode anpaßt und beispielsweise einen schwarzen Streifen auf dem Schwanz hervorbringt, weil sich gerade ein schwarzer Streifen auf dem Untergrund befindet, auf dem es sitzt. Das Reptil nimmt vielmehr ein Muster an, das mit den schwarzen Streifen verschmilzt; es braucht nicht einmal von derselben Farbe zu sein, aber es fügt sich unauffällig in die Umgebung ein. Das blinde Chamäleon »paßt hinein«, es vollzieht die Verwandlung in einem Augenblick, und aus einigem Abstand betrachtet, ist die Wirkung vollkommen. Nach meinem Dafürhalten kann diese Harmonie nur dadurch erklärt werden, daß man die Existenz von etwas dem Lebensfeld Vergleichbarem annimmt, das die Frequenz der Umgebung auffängt und in eine entsprechende, resonierende Eigenfrequenz überträgt.

Wenn eine solche Fähigkeit existiert, so ließe sich damit vielleicht ein Phänomen erklären, über das sich auch die Okkultisten nicht einig werden. Manche Menschen behaupten, sie könnten Auskünfte über den oder die früheren Besitzer eines Gegenstandes erhalten, indem sie diesen in die Hand nehmen. Antiquitätenhändler, zum Beispiel, deren Existenz von der richtigen Einschätzung von Gegenständen abhängt, halten oft eine ägyptische Bronze oder eine mexikanische Jadearbeit in der Hand und erklären, sie »fühle sich richtig an«. Sie lassen sich vielleicht von einer ganzen Anzahl von Hinweisen leiten, die sie dem Gegenstand entnehmen, aber nur selten können sie auch nur einen davon als positiven Beweis für die Echtheit des Stückes anführen. Sie verlassen sich lieber auf ein Gefühl, das sie durch den häufigen Umgang mit anderen, ähnlichen Stücken erworben haben, deren Echtheit außer Zweifel stand. Diese unterbewußte Sensibilität ist nichts Ungewöhnliches, und obwohl es nahezu unmöglich ist, etwas dergleichen zu beweisen, erscheint es vernünftig anzunehmen, daß der Mensch Spuren an den Dingen zurückläßt, mit denen er sich umgibt. Die angebliche Fähigkeit, solche Spuren zu lesen, wird Psychometrie genannt.

Psychometrie

Ein Spürhund entdeckt die Spur einer bestimmten Person in einem Zimmer noch lange, nachdem sie es verlassen hat – und womöglich an einem anderen Ort gestorben ist. Der mit psychometrischen Fähigkeiten Begabte behauptet, dasselbe zu können, nur eben nicht mit Hilfe des Geruchssinns. Wenn ein Heiler die Struktur von Wasser verändern kann, indem er es lediglich eine halbe Stunde in der Hand hält, was für eine Wirkung übt er dann auf eine Uhr aus, die er ein halbes Leben lang am Handgelenk trägt? Ist es, wenn ein Gerstenkorn den Unterschied zwischen gewöhnlichem und behandeltem Wasser spürt, unvernünftig anzunehmen, daß ein Mensch imstande sein kann, einen neuen, von Menschenhand noch unberührten Gegenstand von einem zu unterscheiden, der zwanzig Jahre lang gehätschelt wurde? Ich glaube, daß es da Unterschiede gibt und daß sie auch erkannt werden können, aber das zu beweisen ist eine Sache für sich. Man hat gelegentlich Tests vorgenommen, bei denen den Versuchspersonen Gegenstände in versiegelten Behältern vorgelegt wurden, aber gründliche, wissenschaftlich streng überwachte Untersuchungen liegen noch nicht vor. Ich sage voraus: Wenn man einmal solche Experimente anstellt, werden sie Beweise für unsere Fähigkeit erbringen, Spuren menschlicher Berührung an Gegenständen zu entdecken, aber sie werden zeigen, daß wir auf diese Weise nur beschränkte Informationen erhalten können. Ein Fuchs kann den Spuren an einem Baumstamm nicht nur entnehmen, daß sich ein anderer Rüde in seinem Revier aufhält; er weiß auch, wer er ist und was er zuletzt gefressen hat. Unsere Reviermarkierungen sind heute vorwiegend visueller Natur. Wir schneiden unsere Initialen in einen Baumstamm und fügen ein Datum und gegebenenfalls noch eine Adresse hinzu, aber es muß eine Zeit gegeben haben, in der der prähistorische Mensch, der mit einem vergleichsweise schlechten Geruchssinn ausgestattet war, von einer Fähigkeit wie der Psychometrie großen Nutzen gehabt hätte. (194) Man findet heute Menschen, die behaupten, sie könnten das Geschlecht der Person bestimmen, die eine bestimmte Steinaxt zuletzt benutzt hat. In der Steinzeit mag dergleichen eine sehr nützliche Information gewesen sein.

Dem Verständnis der Psychometrie am nächsten kommt man mit einer Reihe von Experimenten, die in der Tschechoslowakei noch im Gange sind. Ihr geistiger Urheber ist Robert Pavlita, ehedem Chefkonstrukteur einer Textilfabrik in der Nähe von Prag. Er erfand ein neues Webverfahren, das so erfolgreich war, daß er sich aus dem Berufsleben zurückziehen und ganz seinem Hobby, der Metallurgie, widmen konnte. Eines Tages entdeckte er, daß ein

Metallstück aus einer besonderen Legierung und von einer bestimmten Form seltsame Eigenschaften hatte. Es schien sich, wenn man es öfter in die Hand nahm, mit Energie aufzuladen und zog auch nicht-magnetische Gegenstände an. Man denkt unwillkürlich an elektrostatische Energie, wie man sie in Bernstein durch Reibung erzeugen kann, bis sie stark genug wird, um Papier anzuziehen, doch statische Elektrizität wirkt nicht unter Wasser, was aber bei Pavlitas »Generator« der Fall ist.

Er ging mit diesem Metallstück in das physikalische Institut der Universität Hradec Králové (Königgrätz) und ließ es in einen Metallbehälter einschließen und neben einen kleinen, elektrisch betriebenen Ventilator legen. Pavlita stellte sich in einer Entfernung von etwa zwei Metern auf und starrte lediglich konzentriert auf seinen Generator. Nach einer Weile lief der Propeller des Ventilators immer langsamer, so als hätte man den Strom abgeschaltet, und blieb schließlich ganz stehen. Dann aber begann er wieder zu laufen – in der entgegengesetzten Richtung. (233) Zwei Jahre lang arbeiteten die Wissenschaftler des Instituts zusammen mit Pavlita an der Entschleierung dieses Geheimnisses. Sie kamen keinen Schritt weiter. Man weiß nur, daß das Phänomen nichts mit statischer Elektrizität, Luftzügen, Temperaturschwankungen oder Magnetismus zu tun hat, und man bestitzt heute schon eine ganze Sammlung von Generatoren in den verschiedensten Formen, die alle aussehen wie kleine Metallskulpturen von Brancusi. Alle haben sie die gleiche unerklärliche Eigenschaft, von einer bestimmten Person Energie aufzunehmen, die später für gewisse Zwecke freigesetzt werden kann – beispielsweise um einen Elektromotor zu treiben.

Die Regierung schaltete sich ein und beauftragte den Physiologen Zdenek Rejdak mit der Überprüfung der aufgestellten Behauptungen. Er fand keine Anzeichen für einen Betrug und arbeitete mit Pavlita weiter. Zusammen stellten sie einen Generator her, der die Form eines breiten Ringes hatte und Fliegen tötete, die man in die Mitte setzte. Als nächstes kam ein quadratischer Generator, der das Wachstum von Bohnen beschleunigte, wenn man ihn in eine Schale mit Erde legte, und schließlich konstruierten die beiden noch einen kleinen Generator, durch den mit Industrieabwässern verschmutztes Wasser binnen kurzer Frist kristallklar wurde. Bei einer amtlichen Analyse dieses Wassers kam man zu dem Schluß, daß es nicht durch chemische Stoffe gereinigt worden sein konnte, und das Gutachten gipfelte in der verblüffenden Feststellung, daß die Molekularstruktur des Wassers leicht verändert war. Dieser Tatsache begegnen wir nun schon zum zweitenmal, und wieder stoßen wir auf Reaktionen, die auf der Instabilität des Wassers, dieser universalen Auslösesubstanz, beruhen.

Die einzige Theorie, die bisher über diese Generatoren aufgestellt wurde, besagt, daß ihr Geheimnis in der Form begründet sei, der eine entscheidende Bedeutung zukomme, und daß immer nur eine bestimmte Form eine bestimmte Wirkung hervorzubringen imstande sei. Diese Entwicklungen lassen sich aus der Ferne nur schwer verfolgen. Bisher sind noch über keinen der Generatoren Einzelheiten veröffentlicht worden, aber Pavlita erklärt, er verdanke ihre ursprüngliche Beschreibung und seine Inspiration einem alten Manuskript, und wir wissen, daß es in den Prager Bibliotheken noch zahllose unübersetzte und unerforschte alchimistische Texte gibt.

Alchimie

Die Alchimie blühte bis 1661, als Robert Boyle seinen *Sceptical Chymist* veröffentlichte und der alten aristotelischen Vorstellung von den vier »Elementen« – Feuer, Erde, Luft und Wasser – den Garaus machte. Achtzig Jahre später führte Black die quantitative Chemie ein, kurz darauf entdeckte Priestley den Sauerstoff, und Lavoisier analysierte die Luft und das Wasser. Diese chemische Revolution machte der Romantik und dem Abenteuer der Alchimie ein Ende und leitete eine neue Objektivität ein. Der Glaube, daß es möglich sei, ein Element in ein anderes zu verwandeln, wurde nun von der Wissenschaft verlacht, bis Lord Rutherford 1919 Stickstoff mit Alphateilchen aus einer radioaktiven Quelle beschoß und in Sauerstoff verwandelte. Heute ist die Umwandlung von Metallen mit Hilfe von Geräten wie dem AG-Beschleuniger nichts Ungewöhnliches mehr, und die Alchimisten sind gleichsam rehabilitiert.

In der Alchimie vereinigten sich zwei Richtungen, eine äußerliche, die den »Stein der Weisen« suchte, und eine verborgene, die mehr auf die Entwicklung eines Glaubenssystems abzielte. Die irdische Verwandlung der Metalle war für sie nur ein Symbol der Verwandlung des Menschen in ein vollkommeneres Wesen durch die Erforschung des Kräftepotentials der Natur. Der Psychologe C. G. Jung erkannte das und sah in der Alchimie mehr eine Vorläuferin der modernen Psychologie als der modernen Chemie. In seiner Autobiographie erklärte er, seine Psychologie des Unbewußten sei fest verwurzelt in den Schriften der Alchimisten, deren Studium er zehn Jahre seines Lebens widmete. Dem unauffindbaren Stein der Weisen wurde die Kraft zugeschrieben, nicht nur die unedlen Metalle in Gold zu verwandeln, sondern auch das Leben des Menschen ins Unendliche zu verlängern. Colin Wilson beschreibt diesen Aspekt der alchimistischen Forschungen als »den Versuch des Menschen, nach Wunsch Verbindung aufzunehmen mit der Quelle der Macht, des Sinns und des Zwecks in den Tiefen des Geistes, und die Dualitäten und Vieldeutigkeiten des alltäglichen Bewußtseins zu überwinden«. (342)

Die Ursprünge der Alchimie sind bei den frühen Ackerbauern zu suchen, bei denen die Technologie noch nicht von den anderen Erscheinungen des täglichen Lebens getrennt war, und bei den Handwerkern, die landwirtschaftliche Geräte aus Metall oder Farben für die Stoffe herstellten und ihre Arbeiten unter religiösen und magischen Riten verrichteten. Ägypter, Griechen und Araber – alle trugen sie ihre praktischen Kenntnisse und Philosophien bei, und große Entdeckungen wurden gemacht. Im Museum von Bagdad sind einige Steine zu sehen, die in einem entlegenen Teil des Iraks gefunden und zunächst als »rituelle Gegenstände« klassifiziert wurden. Mittlerweile wurde nachgewiesen, daß es sich um die Kerne elektrischer Batterien handelt, die 2000 Jahre vor Galvani erfunden worden waren. (240) Und einige Bronzestücke, die man vor der griechischen Insel Antikythera im Meer fand, entpuppten sich als Bestandteile einer Maschine zur Berechnung von Gestirnstellungen. (333) So viele unserer stolzesten Errungenschaften scheinen schon von den Alchimisten und ihren Zeitgenossen vorweggenommen worden zu sein, daß man sich fragt, welche anderen verlorenen Kenntnisse wir noch wiederentdecken müssen.

In der Mayastadt Chichen Itzá auf der Halbinsel Yukatan gibt es Hunderte Meter von Reliefs, von denen viele beinahe vollrund herausgemeißelt wurden – von einem Volk, das keine Metallwerkzeuge kannte. In den Mauern der Inkastadt Cuzco in Peru ruhen riesige, unregelmäßig geformte Steinblöcke, die mit solcher Präzision geschnitten und ineinandergepaßt wurden, daß man keine Messerklinge in die Fugen schieben könnte. (290) Ingenieure und Architekten betrachten voll Ehrfurcht und Bewunderung diese Leistungen, die wir mit allen unseren technischen Kenntnissen kaum zu wiederholen imstande wären. Sie wurden vielleicht mit Hilfe eines Verfahrens vollbracht, das wieder verlorengegangen ist und beinahe an Psychokinese gemahnt: Es hat den Anschein, daß es die Inkas verstanden, Stein weich zu machen. Colonel Fawcett, der britische Forscher, der zuletzt im Dschungel des Amazonas verscholl, berichtete in seinen Tagebüchern, auf einem Marsch längs des Perené-Flusses in Peru seien seine großen mexikanischen Sporen im Laufe eines einzigen Tages von dem Saft einiger niedriger Pflanzen mit fleischigen roten Blättern bis auf zwei kleine Stümpfe zerfressen worden, und ein Rancher aus dieser Gegend habe ihm gesagt, diese Pflanzen seien »das Zeug, mit dem die Inkas Steine formten«. Daneben finden sich Berichte über einen kleinen Vogel, vermutlich den weißköpfigen Wasserschmätzer *Cinclus leucocephalus,* der in den bolivianischen Anden in runden Höhlen nistet und diese an den Ufern von Gebirgsbächen in den massiven Fels bohrt, indem er den Stein so lange mit einem Blatt einreibt, bis er weich wird und sich herauspicken läßt. Es scheint, daß die Inkas genug von Chemie verstanden, um diese Substanz zu extrahieren und zu destillieren. Bei der Ausgrabung einer Begräbnisstätte in Mittelperu fand man jedenfalls einen irdenen Krug mit einer zähen schwarzen Flüssigkeit, die einige Steine, auf die man sie goß, in einen weichen, knetbaren Kitt verwandelte.

Entdeckungen solcher Art waren das Entzücken der Alchimisten. Auf ihrem Wege zu einem höheren Bewußtsein lernten sie beinahe durch Zufall, die Materie zu beherrschen und Energie freizusetzen, und es ist daher keineswegs unmöglich, daß sich in einer ihrer Schriften Anweisungen für die Herstellung von Generatoren finden, wie sie nun Robert Pavlita gebaut hat. Einer davon war vielleicht lang und dünn und sah aus wie ein Zauberstab.

Magie und Wissenschaft haben eines gemeinsam: Sie gehen beide von der Annahme aus, daß dem Universum ein Plan zugrunde liegt, eine Ordnung und Regelmäßigkeit. Beide versuchen, diesen Plan zu erkennen, einmal indem sie Beziehungen zwischen Dingen herstellen, die oberflächlich betrachtet verschieden sind, und zum andernmal durch Analogieschlüsse. Nur durch die Suche nach Ordnung kann das Leben in einem Kosmos bestehen, der zu maximaler Unordnung tendiert. Für den Menschen ist diese Suche ein komplexerer Vorgang, denn er sucht nicht nur Ordnung, sondern auch einen Sinn, um die Gewähr zu haben, daß er diese Ordnung wiederentdecken, ja mehr noch: neu schaffen kann. Der Aberglaube ist ein Preis, den wir für unsere Gewohnheit zahlen, immer und überall ein System zu suchen. Konrad Lorenz sagt, magische Rituale haben »eine gemeinsame Wurzel in einem Verhaltensmechanismus, dessen arterhaltende Funktion offenkundig ist; für ein Lebewesen, dem die Einsicht in die Beziehung zwischen Ursache und Wirkung fehlt, muß es außerordentlich nützlich sein, sich an ein Verhaltensmuster zu klammern, das einmal oder mehrere Male nachweislich zum Ziel geführt hat, und das ohne Gefahr.« (203) Mit anderen Worten: Wenn eine komplexe Reihe von Handlungen zum Erfolg geführt hat und man nicht weiß, welche Teile des ganzen Handlungsablaufs die entscheidenden waren, wiederholt man jedesmal am besten genau und sklavisch das Ganze, denn »man kann nie wissen, was sonst passiert«.

Die Pedi in Südafrika glauben zum Beispiel, daß man Infektionen heilen kann, indem man Getreidekörner ißt, die von einem schielenden Kind gekaut wurden und dann drei Tage lang in einem schlangenförmigen Flaschenkürbis an einem bestimmten Baum hingen, der am Wasser wächst. Sie haben recht, denn unter diesen Bedingungen bildet sich auf den Körnern ein penicillinartiger Schimmel mit antibiotischen Eigenschaften, aber die Augen des Kindes, die Form des Kürbisses und die Art des Baumes müssen nicht notwendigerweise etwas mit der Heilung zu tun haben. In genau der gleichen Weise stieß die Alchimie auf einige große Wahrheiten, aber dann errichtete sie theoretische Systeme, in denen die klare Beziehung zwischen Ursache und Wirkung durch alle erdenklichen irrelevanten, mystischen und magischen Spiegelfechtereien unkenntlich gemacht wurde, und eben das hält die moderne Wissenschaft davon ab, das Quellenmaterial zu studieren, was sehr zu bedauern ist, denn wir können zweifellos noch sehr viel von einer Wissenschaft lernen, die zweitausend Jahre lang blühte und zu ihren Anhängern Männer wie Roger Bacon, Thomas von Aquin, Ben Johnson und schließlich auch Isaac Newton zählte.

Sympathiezauber und Aberglaube spielen bei psychokinetischen Phänomenen ohne Zweifel eine große Rolle, aber ich glaube, daß wir auch ohne solche Stützen genug Beweismaterial besitzen, um die Psychokinese ernsthaft als eine biologische Realität betrachten zu können. Wir haben noch einen langen Weg zurückzulegen, bis wir eines Tages erkennen werden, wie sie zustande kommt, aber wir können trotzdem schon einmal über ihre Bedeutung in evolutionärer Hinsicht nachdenken. Beim Menschen scheint sich die psychokinetische Fähigkeit hauptsächlich bei Kindern oder ihrem Wesen nach kindlichen Personen zu manifestieren, und zwar auch in diesen Fällen als ein zufälliger Effekt, ja beinahe als ein Versehen. Es kommt offenbar darauf an zu glauben, daß der Geist die Materie beeinflussen kann, oder jedenfalls nicht zu bezweifeln, daß er dazu imstande ist, was darauf hindeutet, daß die Ursprünge der Psychokinese in einem primitiveren Seinszustand liegen, der im Unbewußten noch erhalten ist, später aber zugedeckt wird durch die erworbenen kulturellen und intellektuellen Zwänge. Eine wahrscheinlich völlig neue Entwicklung ist es dagegen wohl, daß man lernt, PK-Effekte auf Wunsch und durch einen bewußten physikalischen Prozeß hervorzubringen.

Wir haben bisher noch keine Anhaltspunkte dafür, daß irgendeine andere Spezies imstande wäre, psychokinetische Wirkungen zu produzieren. Wir sagen, sie bedeuteten einen »Sieg des Geistes über die Materie«, aber ein Bewußtsein muß keine unerläßliche Voraussetzung für die Psychokinese sein. Es wäre denkbar, daß viele Organismen auf allen Entwicklungsstufen fähig sind, die Kraftfelder zu schaffen, durch die Fernbewegungen offenbar bewirkt werden. Wenn dem so ist, könnte sich diese Fähigkeit sehr wohl als eine der großen biologischen Determinanten entpuppen, die noch engere Verbindungen zwischen dem Leben und seiner Umgebung herstellt, als selbst die meisten prophetischen Ökologen zu erträumen wagten.

Ich vermute, daß die Übernatur noch viele solcher Überraschungen für uns bereithält.

Teil III

Der Geist

»Die Antwort lautet
›ja‹ oder ›nein‹,
je nachdem,
wie man's auslegt.«

Albert Einstein
in *Scientific American,* April 1950

Materie ist eine Form von Energie. Belebte Materie ist Energie, die so organisiert ist, daß sie ihren instabilen Zustand beibehält. Das Gehirn ist jener Teil der belebten Materie, dem die Koordinierung einer solchen Organisation obliegt. So weit, so gut, aber das nächste Evolutionsstadium läßt sich nicht mehr mit diesen einfachen, mechanistischen Ausdrücken beschreiben. Das Leben ist eine Sache der Chemie und der Physik, aber der Geist entzieht sich einer solchen Analyse. Er scheint von Energie unabhängig zu sein.

Der Geist ist eher etwas, was wir erleben, als etwas, was wir beobachten. Der Physiologe beobachtet zwar einen elektrischen Strom, der durch ein lebendes Gehirn fließt, und deutet ihn richtig als eines der Zeichen des Geistes, aber seine Instrumente können das Ungeheuer nicht erfassen, das diese Wellen an der Oberfläche des Meeres aufwarf. Der Ethologe studiert Verhaltensweisen, und auch in ihnen kann er Manifestationen des Geistes erkennen; er kann sogar Änderungen des Verhaltens herbeiführen, die von einer Änderung der geistigen Einstellung abzuhängen scheinen, aber das alles bringt ihn der Lösung des Problems nicht sehr viel näher. Der Geist ist verantwortlich für das Bewußtsein, und wahrscheinlich ist der wertvollste Beitrag, den die vergleichende Verhaltensforschung bisher geleistet hat, die Entdeckung, daß so etwas wie ein Bewußtsein auch bei anderen Arten existiert und sich im Laufe der Evolution mehrere Male entwickelt haben muß.

Während der letzten fünf Millionen Jahre scheint die Evolution den größten Teil ihrer schöpferischen Energie auf die Entwicklung des Menschen konzentriert zu haben. Diese Intensität hat eine Spezies hervorgebracht, die sich auch von ihren nächsten lebenden Verwandten wesentlich unterscheidet, aber ich glaube, daß dieser Unterschied auch in den undurchsichtigen Dingen des Geistes nur ein gradueller ist. Ich habe nicht die Absicht, die Bedeutung der

Unterschiede zwischen dem Menschen und anderen Tieren zu schmälern, aber ich kann denen nicht zustimmen, die den Menschen außerhalb der Ordnung der Natur stellen möchten. Zu den besonderen Merkmalen des Menschen zählt man im allgemeinen Dinge wie seine Gabe, abstrakt zu denken, seine Fähigkeit, Symbole zu bilden und zu gebrauchen, und seine Neigung zu scheinbar sinnlosen Beschäftigungen wie dem Spiel. Wir wissen aber heute, daß auch Vögel abstrakte Begriffe zu bilden vermögen. Raben, zum Beispiel, kann man lehren, Futterschüsseln nach der Anzahl der Punkte auszuwählen, mit denen sie markiert sind. Die Tanzsprache der Bienen ist ein Wunder an Symbolismus, denn die Insekten übermitteln durch ihre Bewegungen komplizierte Informationen über die Art des Futters, die Richtung und die Entfernung, in der es zu suchen ist, und etwaige Hindernisse auf dem Wege dorthin. Und das Spiel kommt bei Tieren nicht nur vor, sondern es kann beinahe einen ästhetischen Beigeschmack erhalten. Man braucht nur zu beobachten, mit wieviel Hingabe und Geschicklichkeit ein Schimpanse mit Pinsel und Farbe umgeht.

Für mich ist diese Kontinuität ein Zeichen dafür, daß keine der menschlichen Eigenschaften etwas grundsätzlich Neues ist. Keine Komponente unseres Gehirns oder unseres Verhaltens wurde auf übernatürliche Weise hinzugefügt, um uns zu dem zu machen, was wir sind. Nicht eine einzige Fähigkeit ist uns gegeben, die nicht irgendwo auch irgendein anderes Tier besitzt. Was uns tatsächlich von den anderen unterscheidet, ist, daß wir alles auf eine gänzlich neue Art und Weise miteinander verbunden haben. Der Mensch ist ein einzigartiges Modell, eine neue, machtvolle Kombination alter Talente. Lange herrschten eine oder mehrere dieser Talente und Fähigkeiten vor und überdeckten die anderen, aber nun beginnen wir mehr und mehr unsere außerordentlichen Gaben wiederzuentdecken.

Ich möchte mich in diesem Abschnitt mit einigen der Zeichen des Geistes und der seltsamen Dinge beschäftigen, zu denen uns der Geist befähigt.

6. Kapitel:
Zeichen des Geistes

Im Jahre 1957 begann man nach einer Reihe von Kernwaffenversuchen im Pazifik mit immer größerer Sorge über die Gefahren der radioaktiven Niederschläge nachzudenken. Die Weltgesundheitsorganisation warnte im März jenes Jahres vor den genetischen Auswirkungen radioaktiver Strahlung, und bald darauf berichteten Ärzte und Physiologen an mehreren Orten entsetzt, bei einer sehr großen Zahl von Patienten mache das Blutbild in bezug auf die weißen Blutkörperchen eine rasche und möglicherweise schädliche Änderung durch. Tatsächlich waren an dieser Erscheinung Kernreaktionen schuld, aber sie fanden nicht im Pazifik statt, und tatsächlich wurde in den Jahren 1957 und 1958 eine besonders starke nukleare Aktivität gemessen, doch sie war von einer Art, gegen die alle Kernwaffenversuchsverbote nichts ausrichteten: Die Explosionen, deren Strahlungen die Erde zu spüren bekam, fanden auf der Sonne statt.

Diese Entdeckung ist heute Teil eines immer größeren Schatzes an Kenntnissen und Erfahrungen, die die Sensibilität des Lebens für subtile Reize demonstrieren, aber immer wieder machen wir den alten Fehler anzunehmen, nur die dramatischen, ins Auge springenden Ereignisse in unserer nächsten Umgebung könnten von Bedeutung sein. Diese Kurzsichtigkeit läßt sich mit dem Irrtum vergleichen, dem einige Wissenschaftler des 19. Jahrhunderts in bezug auf den »Klugen Hans«, ein berühmtes »rechnendes« Pferd, erlagen. Sie nahmen an, das Pferd löse tatsächlich Rechenaufgaben, die an eine Tafel geschrieben wurden, während es in Wirklichkeit die für die richtige Antwort benötigten Hinweise durch Beobachtung der unfreiwilligen Bewegungen erhielt, die die Wissenschaftler in Erwartung der Antwort machten. Die tierische Kommunikation beruht zum großen Teil auf der Deutung kaum wahrnehmbarer Stimmungsäußerungen bei anderen Tieren derselben Art, und der

»Kluge Hans« reagierte eben auf die versammelten berühmten Wissenschaftler so, als wären sie ebenfalls Pferde.

Physiologisch gesehen, ist die Kluft, die uns von anderen Tieren trennt, nicht sehr breit, und obwohl wir längst eine sehr kunstvolle Lautsprache und andere hochentwickelte Kommunikationssysteme besitzen, gibt unser Körper immer noch unsere inneren Empfindungen durch äußerliche Zeichen zu erkennen, und instinktiv reagieren wir auch noch auf diese Signale. Wir können einen Rundfunkvortrag hören und genau verstehen, was uns der Sprecher mitteilen will, aber wo es sich um spontanere und mehr gefühlsbetonte Mitteilungen handelt, fehlt uns etwas Entscheidendes, wenn wir die sprechende Person nicht auch sehen. Wer je ein Telefon benutzt hat, weiß, wie schwierig es ist, wirklich komplizierte Empfindungen allein durch die Stimme mitzuteilen – und wie leicht es ist, jemanden zu belügen, der einen beim Sprechen nicht beobachten kann. Taube, die auf die von der Stimme weitergegebene Information verzichten müssen, lernen wieder, sich allein durch Gesten mitzuteilen, und aus dieser alten Gabe haben nun die Erforscher der »Körpersprache« ein neues Instrument der Psychoanalyse und der psychologischen Forschung gemacht. (100)

Laborversuche und klinische Studien zeigen, daß die Körpersprache oft den mit Worten ausgedrückten Mitteilungen widerspricht und das dieselbe Person, die »Ich habe keine Angst« sagt, gleichzeitig automatische Signale aussendet, die ihre Angst verraten. Dieser äußere Ausdruck innerer Empfindungen beschränkt sich keineswegs auf die Reaktionen der willkürlichen Muskeln; er zeigt sich ebenso auch in den Augen. (147) Eckhard Hess von der Universität Chicago entdeckte, daß zwischen Pupillengröße und geistiger Tätigkeit eine direkte Beziehung besteht. Bei einer Testreihe, bei der die Augen der Versuchspersonen gefilmt wurden, während sie wechselnde Bilder betrachteten, stellte er fest, daß sich die Pupillen erweiterten, wenn sie etwas Interessantes oder Reizvolles betrachteten, während sie sich beim Anblick uninteressanter oder reizloser Dinge verengten. Ein weiterer Versuch zeigte, daß wir auf solche Veränderungen bei einem anderen Menschen automatisch reagieren. Einer Gruppe männlicher Versuchspersonen wurden zwei Bilder eines hübschen Mädchens gezeigt, die bis auf eine kleine Retusche völlig gleich waren: man hatte auf dem einen Bild die Pupillen des Mädchens vergrößert. Die Versuchspersonen erklärten, sie könnten zwischen diesen beiden Fotos keinen Unterschied erkennen, aber ihre Augen verrieten, daß sie auf das Mädchen mit den vergrößerten Pupillen stärker reagierten. Sie fanden es vermutlich attraktiver, weil sie unbewußt das Signal lasen, das sagte: »Du interessierst mich sehr.«

Daß die Pupillenreaktion direkt mit der geistigen Tätigkeit verbunden ist, war an sich zu erwarten. Das Auge ist, embryologisch und anatomisch gesehen, eine Verlängerung des Gehirns, und durch das Auge blicken wir beinahe wie durch ein Guckloch in einen Teil des Gehirns selbst. Der Augenreflex auf Licht wird durch den Parasympathicus ausgelöst, die emotionelle Reaktion des Auges durch den Sympathicus. An diesen Vorgängen sind also beide Teile unseres autonomen oder vegetativen Nervensystems beteiligt, und wir dürfen erwarten, daß auch andere Teile des Körpers, die von ihnen versorgt werden, Zeichen des Geistes erkennen lassen.

Bei emotioneller Erregung treten Pupillenreaktionen zusammen mit einer Erhöhung der Pulsfrequenz und des Blutdrucks, einer beschleunigten Atmung und einer stärkeren Transpiration auf. Schweißausbrüche lassen sich zuerst vor allem in den Handflächen feststellen, und man spricht von der sogenannten psychogalvanischen Reaktion – einem elektrischen Sturm in der Haut, der plötzlich losbricht, wenn die betreffende Person Angst empfindet. Man macht sich diese Reaktion beim sogenannten Lügendetektor zunutze, der den elektrischen Widerstand der Haut mißt. Die Testergebnisse werden im allgemeinen vor Gericht nicht anerkannt, da sie über wahr oder unwahr nichts Gültiges aussagen, sondern lediglich emotionellen Streß anzeigen. Dieser Streß ist oft auch schon aus der Entfernung zu erkennen, etwa wenn sich ein nervöser Mann die nassen Handflächen reibt oder an der Hose abwischt, und man bemerkt ihn selbstverständlich sofort, wenn man jemandem die Hand gibt. Darin liegt auch die Erklärung für den Ursprung dieser Sitte – eine Erklärung, die in biologischer Hinsicht sinnvoller erscheint als die bisher geltende, derzufolge man durch das Hinstrekken der Hand zeigen will, daß man keine Waffen trägt.

Daß wir in den Handflächen schwitzen und nicht an den Ellenbogen oder hinter den Ohren, hat offenbar noch einen weiteren Signalwert, nämlich den der Kommunikation durch Geruch. Die meisten Säugetiere kennzeichnen ihre Reviere durch Absonderungen aus eigenen Duftdrüsen. Manche Antilopen haben solche Drüsen an den Füßen und hinterlassen dadurch überall deutliche Spuren. Andere Tiere treten in ihren Dung und tragen den Geruch an den Füßen mit sich herum. Tupajas lassen ein wenig Harn, treten mit allen Pfoten in die Pfütze und bringen dann überall kräftig riechende Abdrücke an. Makis und Lemuren harnen direkt in die Pfoten, so daß jeder Griff an einem Ast den Bewohner des Baumes ebenso unmißverständlich anzeigt wie die Namensschilder, die wir an unseren Büro- und Haustüren anbringen.

Bei einem Primaten sind die Körperstellen, an denen er am besten Gerüche abgeben kann, die unbehaarten Handflächen und Fußsohlen. Zwar haben die meisten höheren Primaten auf Kosten des Geruchssinns einen schärferen Gesichtssinn entwickelt, doch den Gebrauch der Nase haben sie darum nicht aufgegeben. Keiner der großen Menschenaffen harnt in die Hände, aber alle haben gut ausgebildete Schweißdrüsen in den Händen, und diese haben offenbar bei jedem Tier einen eigenen, charakteristischen Geruch. Man braucht kein Schimpanse zu sein, um die Unterschiede zu erkennen. Der Geruch der Handflächen wird zum Teil durch die Nahrung bestimmt. Wenn man einige Stunden, nachdem man Spargel gegessen hat, an seinen Handflächen riecht, wird man feststellen, daß der unverwechselbare Geruch durch die Poren der Haut dringt. Jeder Körpergeruch ist aber zum Teil auch sexuellen Ursprungs. Die physiologischen Vorgänge im Körperinnern werden durch Hormone geregelt, aber man weiß heute, daß ähnliche chemische Stoffe auch nach außen abgesondert werden, und zwar zum Zweck der Kommunikation und der Regelung physiologischer Vorgänge bei anderen. Diese Wirkstoffe sind die Pheromone. Wanderheuschrekken sondern sie ab, um das Wachstum ihrer Nachkommen zu beschleunigen. Ameisen verwenden sie, um die Wege vom und zum Bau zu kennzeichnen, Falterweibchen locken mit ihrer Hilfe die Männchen aus großen Entfernungen an. Beim Menschen kann die Fähigkeit, gewisse Substanzen zu riechen, vom Geschlecht abhängen. (343) So berichtet ein französischer Biologe, daß der Geruch eines synthetischen Laktons nur von geschlechtsreifen Frauen wahrgenommen werden kann, und zwar am deutlichsten zum Zeitpunkt der Ovulation. Männer und junge Mädchen riechen diesen Stoff nicht, es sei denn man injiziert ihnen eine kräftige Dosis des weiblichen Geschlechtshormons Östrogen. Es scheint, daß eine Chemikalie dieser Art einen Bestandteil des natürlichen »Aromas« des Mannes bildet und durch die Schweißdrüsen, vor allem die der Handflächen, ausgeschieden wird.

Die Handflächen werden also in Augenblicken emotioneller Erregung nicht nur feucht: sie teilen auch eben dadurch bestimmte Absichten, das Geschlecht und die individuelle Identität mit.

Die Handdeutung

Abgesehen von dem besonderen Geruch trägt jeder Mensch auch ein unverwechselbares Muster in den Händen. Die Haut ist an den Fingerspitzen und in den Handflächen auffällig mit Wirbeln, Schleifen und Bögen gezeichnet, die bei jedem Menschen in einer anderen Anordnung auftreten. Es gibt – auch bei eineiigen Zwillingen – nicht einen einzigen Fall, in dem die Muster nicht zu unterscheiden gewesen wären, und daher werden diese Formen zur Identifizierung verwendet, seit die Chinesen um 700 n. Chr. ein brauchbares Klassifikationssystem entwickelten.

Die Dermatoglyphik ist die Wissenschaft von den Rillenmustern der Handflächen und Fußsohlen. Diese Muster spielen seit langem eine Rolle bei der Polizeiarbeit und waren daher auch in mehreren Ländern Gegenstand gründlicher statistischer Untersuchungen. In neuerer Zeit erregen sie auch das Interesse der Genetiker, denn sie enthalten erbliche Charakteristika, und sie entstehen im dritten oder vierten Monat der fetalen Entwicklung und ändern sich während des ganzen Lebens nicht mehr. Die Verteilung der Rillen oder Tastlinien wird von der Anordnung der Schweißdrüsen und Nervenenden bestimmt. Sie liegt so eindeutig fest, daß es unmöglich ist, die Muster für immer zu zerstören oder zu ändern. Auch nach schweren Verbrennungen erscheinen sie wieder, wenn sich die natürliche Haut neu bildet, und sie brechen sogar nach Hautverpflanzungen wieder durch.

Bezüglich der Rillen gibt es kaum Meinungsverschiedenheiten, denn sie sind nicht die Zeichen, an die sich aus der Hand lesende Zigeunerinnen halten. Der Physiologe Johannes Evangelista Ritter von Purkinje war der erste, der ihre Muster beschrieb, und seine Klassifikation und Interpretation gilt heute noch. In London hat eine »Gesellschaft für das Studium physiologischer Muster in der Hand« begonnen, Daten zu sammeln, um Beziehungen zwischen charakteristischen Mustern und bestimmten pathologischen Zuständen aufzudecken. Die Ergebnisse sehen vielversprechend aus, aber statistisch signifikant können sie erst werden, wenn man mehr Material gesammelt hat.

Über die feinziselierten Jugendstilmuster in unseren Händen ziehen sich die gröberen, auffälligeren Linien und Falten hin. Sie sind das Material, mit dem die Handleserin auf dem Jahrmarkt arbeitet, und überraschenderweise stellt man nun gerade an diesen Linien erregende biologische Korrelationen fest. Die Anatomen erklären die Falten in den Handflächen als »Beugungslinien«, aber es gibt keine rechten funktionellen Gründe dafür, daß die Falten gerade so und nicht anders verlaufen. Tatsächlich scheint jede Hand ihre charakteristischen Eigentümlichkeiten zu haben, und die Chiromanten behaupten, sie hätten eine Bedeutung.

Sir Francis Galton, ein Vetter Charles Darwins, war einer der ersten angesehenen Wissenschaftler, die sich ernsthaft mit dem Problem der Handdiagnose beschäftigten. Er legte eine Sammlung von Handabdrücken an und übergab sie der Universität London, als er dort das erste Institut für Eugenik gründete. Das Galton-Laboratorium führte seine Studien weiter und konnte 1959 nachweisen, daß der Mongolismus auf eine Mißbildung der Chromosomen zurückgeht, die auch eine charakteristische Linie, die sogenannte Affenfalte, quer über den oberen Teil der Handfläche hervorbringt. (158) Seither hat man etwa dreißig verschiedene angeborene Leiden mit besonderen Mustern in der Hand in Verbindung bringen können, von denen manche schon zu sehen sind, bevor sich die Krankheit selbst bemerkbar macht, und im Jahre 1966 wurde zum erstenmal eine Beziehung zwischen abnormalen Handabdrücken und einer Virusinfektion hergestellt. Drei New Yorker Kinderärzte nahmen Handabdrücke von Neugeborenen, deren Mütter im Frühstadium der Schwangerschaft an Röteln gelitten hatten, und es zeigte sich, daß alle Kinder, obwohl sie völlig gesund waren, eine charakteristische, ungewöhnliche Falte in der Hand hatten. (306)

Ein Team japanischer Mediziner erweiterte 1967 das System der

Identifizierung von Neugeborenen, indem es Patienten aller Altersstufen mit einschloß, die in ein Krankenhaus in Osaka aufgenommen wurden. Nachdem die Ärzte über 200 000 Abdrücke und die dazugehörigen Krankengeschichten gesammelt hatten, entdeckten sie zahlreiche Korrelationen zwischen den Mustern und den behandelten Krankheiten. Sie behaupten, nicht nur die Lage und der Verlauf einer bestimmten Linie sei wichtig, sondern auch ihre Länge und Breite, der Grad ihrer Aufspaltung in Inseln und Dreiecke und schließlich sogar ihre Farbe hätten eine diagnostische Bedeutung, und sie sind heute imstande, allein von einem Handabdruck abzulesen, ob die betreffende Person an organischen Krankheiten wie Schilddrüsenunterfunktion, Rückgratverkrümmung und Funktionsstörungen der Leber leidet oder in letzter Zeit gelitten hat. Außerdem versichern diese japanischen Ärzte, man könne mit großer Sicherheit voraussagen, ob ein Patient Gefahr läuft, sich Infektionskrankheiten wie Tuberkulose zuzuziehen, und vielleicht sogar auch eine Anfälligkeit für Krebs feststellen.

In den Händen endet eine sehr große Zahl von Nerven in Sinnesorganen für Schmerz-, Wärme- und Druckempfindungen. So viele von ihnen haben direkte Verbindungen zum Gehirn, daß wir, wenn sich unsere Proportionen allein nach der Versorgung der verschiedenen Körperteile mit Nerven richteten, Hände so groß wie Strandschirme haben müßten. Wenn die Behauptung der Handdeuter stimmt, daß in unseren Nerven ein Verkehrsstrom in beiden Richtungen fließt und daß alle inneren physischen Zustände äußerlich in unseren Handflächen gespiegelt werden, hat es für den Arzt wenig Sinn, sich die Zunge eines Patienten anzusehen. Selbst wenn er nur von dem ausgeht, was jetzt bereits als gesichert gelten kann, erfährt er wesentlich mehr, wenn er sagt: »Guten Morgen, wie geht es Ihnen heute? Zeigen Sie mir mal Ihre Hand!«

Die Chiromantie, das Wahrsagen aus den Linien der Hand, verhält sich zur ernsthaften Chirologie (auch Chirognomie) oder Handdeutung ungefähr ebenso wie die Zeitungshoroskope zur echten Astrologie. Der Chirologe beachtet das ganze Bild, das die Hand ihm bietet. Er studiert das grundlegende Hautmuster mit dem Vergrößerungsglas, um Veränderungen in der Textur und im Rhythmus festzustellen. Er betrachtet alle Beugungslinien und die feineren Linien, die diese kreuzen, wobei seine besondere Aufmerksamkeit den Unterbrechungen und Verästelungen gilt. Er tastet die Muskeln und Sehnen ab und achtet auf die Hügel und Grate, die sie bilden. Er studiert die Dicke und Form der Mittelhand, die relative Länge der Finger und des Daumens, die Biegsamkeit und Form der Gelenke und die Farbe und Textur der Nägel und der Haut. Erst nach all diesen Beobachtungen wird ein gewissenhafter Chirologe versuchen, die einzelnen Fäden miteinander zu verknüpfen und etwas über die körperliche und seelische Verfassung des Untersuchten auszusagen.

Die Annahmen der Chirologen scheinen auf richtigen physiologischen Voraussetzungen zu beruhen. Das Gehirn, das Nervensystem und die Sinnesorgane gehen alle zugleich mit der Haut aus dem Ektoderm, dem äußeren Keimblatt des Embryos, hervor. Ihr gemeinsamer Ursprung bedeutet, daß zwischen ihnen während des ganzen Lebens eine sehr enge Verbindung bestehen bleibt, und es ist keineswegs unvernünftig anzunehmen, daß viele Vorgänge im Körperinnern durch die Haut nach außen in Erscheinung treten. Die Gelbsucht, deren Ursache meistens eine Leberkrankheit ist, verrät sich im Anfangsstadium durch eine typische Gelbfärbung der Haut. Die Arthritis deformans, die die Gelenke der kleineren Knochen befällt, kann an trockenen, silbrigen Schuppen auf der Haut zu erkennen sein. Das sind augenfällige äußerliche Veränderungen, aber zahlreiche andere physische Störungen könnten sehr wohl schwächere Wirkungen auslösen, die sich nur durch sorgfältige Untersuchungen von empfindlichen Hautzonen wie denen der Hand feststellen lassen. Zweifellos besteht jedenfalls eine sehr enge Verbindung zwischen den meisten Hautkrankheiten und der geistig-seelischen Verfassung der Patienten. Dermatitis, Nesselsucht, Akne, Warzen und viele allergische Reaktionen sind Hautleiden, die beinahe ausschließlich durch Angstzustände und andere Arten von emotionellem Streß hervorgerufen werden. Theoretisch spricht daher nichts dagegen, daß es möglich sein könnte, anhand von Zeichen, die in der Haut erscheinen, die vorherrschende geistig-seelische Verfassung und somit die Persönlichkeit eines Menschen zu beurteilen.

Allerdings wirkt sich diese Verfassung meistens nur auf die allgemeine Beschaffenheit und Textur der Haut aus. Zwischen den Linien und Falten in der Handfläche und der inneren körperlichen oder geistigen Verfassung läßt sich nicht so leicht eine Verbindung herstellen. Die Falten haben nichts mit der Anordnung der Knochen, Muskeln, Sehnen, Blutgefäße, Nerven, Lymphknoten oder Schweißdrüsen zu tun. Die Anatomen erklären, sie entständen völlig willkürlich und seien nichts anderes als natürliche Einschnitte, die es dem Fleisch der Handfläche gestatten, sich zu falten, wenn man die Hand zur Faust ballt. Die typische Teilung der Handfläche durch zwei ungefähr waagrecht verlaufende Falten (in der Handlesekunst Kopf- und Herzlinie genannt) und zwei ungefähr senkrechte Falten (die Schicksals- und die Lebenslinie) kommt sicherlich durch das Zusammenspiel der physikalischen Kräfte des Beugens und Streckens der Handmuskeln zustande. Daneben scheint aber auch noch ein anderes Prinzip zu wirken, das die genaue Form der Linien und das sich ständig verändernde Aussehen der kleineren Falten bestimmt. Wenn allein physikalische Kräfte im Spiel wären, müßte man erwarten, daß die Linien in der Hand eines Mannes, dessen Leben und Arbeit verhältnismäßig gleichförmig verlaufen, unverändert bleiben, aber längere Untersuchungen zeigen, daß die Handflächenmuster ständig fluktuieren. Besonders eindrucksvoll ist der Fall eines Anstreichers, der aus großer Höhe abstürzte und eine so schwere Gehirnerschütterung erlitt, daß er zwei Wochen bewußtlos war und intravenös ernährt werden mußte. Nach einer Woche verschwammen die Linien in seinen Handflächen, als hätte man sie mit einem Schwamm weggewischt. Als er das Bewußtsein wiedererlangte, kehrten auch die Linien allmählich zurück. (158)

Totenmasken sehen oft der lebenden Person überhaupt nicht ähnlich. Solange der Mensch lebt, werden die vielen feinen Gesichtsmuskeln auch im tiefsten Schlaf durch ununterbrochen vom Gehirn ausgehende Reize im Zustand variierender Spannung gehalten. Als Gesamtwirkung dieser vielen Bewegungen kommt eine Ausdrucksskala zustande, die jedem Gesicht seine unverwechselbaren Merkmale verleiht. (344) Wahrscheinlich sendet das Gehirn ähnliche Stimuli oder Signale, die ständig Form und Funktion der Muskeln aufrechterhalten, in alle Teile des Körpers aus. Das genaue Muster der Handlinien scheint ebenso wie beispielsweise der Herzschlag oder das Lebensfeld von diesen Signalen abzuhängen, denn die Handlinien beginnen zu zerfallen, wenn die Signale mit dem Tod aussetzen.

Vom Gehirn ausgehende Signale bestimmen auch, wie die Hand gebraucht wird. Mit dieser Frage befaßt sich nicht nur die neue Wissenschaft von der Körpersprache, sondern auch eine viel ältere. Sie studiert Bewegungen, die viel subtiler sind und den Vorzug haben, mit allen Einzelheiten in einem schriftlichen Code aufgezeichnet zu werden, der mit Muße untersucht und analysiert werden kann.

Graphologie

Camillo Baldo veröffentlichte 1622 das erste bekannte Buch über dieses Thema. Es trug den Titel: »Wie eine schriftliche Botschaft Wesen und Eigenschaften des Verfassers zu enthüllen vermag.« Baldo hatte illustre Nachfolger: Goethe, die beiden Brownings, Poe, van Gogh, Mendelssohn und Freud. Heute haben die Graphologen ebenso wie die ernsthaften Chirologen ihre Wissenschaft quantifiziert und die Deutung der Handschrift aus der Jahrmarktsatmosphäre herausgehoben und zu einem nützlichen Werkzeug umgeformt, das in der Psychoanalyse und bei der Erziehungs- und Berufsberatung häufig verwendet wird.

Das Schreiben ist kein instinktiver Vorgang. Niemand wird mit der Fähigkeit geboren, mit Feder und Papier umzugehen. Es ist ein im strengen Sinne erlerntes Verhalten, das im Laufe mehrer Jahre unter der Aufsicht eines Lehrers mühsam erworben wird. Alles Geschriebene weist daher kulturelle und milieubedingte Schemata auf, die ganz davon abhängen, wo und wann der Schreiber gelernt hat, die traditionellen Symbole nachzuformen. Nach jahrelanger Übung erwirbt man jedoch eine rein mechanische Geschicklichkeit, und die automatischen Bewegungen der Hand werden mehr von persönlichen Faktoren beeinflußt. Beim Erwachsenen setzt die Feder beinahe ohne Beteiligung seines Bewußtseins einen Buchstaben nach dem andern aufs Papier, während der Geist mit Klang und Inhalt des Wortes beschäftigt ist. Zwischen dem Gedanken und dem Endresultat ist genug Spielraum für den Ausdruck des Charakters gegeben, und es kann kaum ein Zweifel daran bestehen, daß jede Linie jedes Buchstabens den Stempel des Schreibenden trägt.

Es gibt viele Beispiele für individuelle Abweichungen von erlernten Verhaltensmustern auch bei Tieren. Junge Eichhörnchen, die zum erstenmal eine hartschalige Nuß finden, bearbeiten sie auf gut Glück mit den Zähnen, bis sie schließlich aufbricht. Mit zunehmender Erfahrung lernen sie, mit der geringsten Anstrengung die größte Wirkung zu erzielen, indem sie in der Richtung der Fasern und nicht »gegen den Strich« nagen. Die Techniken unterscheiden sich dann jedoch insofern, als das eine Tier die Spitze der Nußschale aufbeißt, während ein anderes in der Spitze zusammenlaufende Rillen anlegt, wieder ein anderes einen Kreis um die Spitze herum nagt und dann den Deckel abhebt und ein viertes schließlich die Nuß säuberlich halbiert. (337)

Jedes Eichhörnchen hinterläßt ein so unverwechselbares Muster, daß der Fachmann nur in den Wald zu gehen und die Nußschalen zu betrachten braucht, um sagen zu können, von wie vielen verschiedenen Tieren sie stammen. Wenn er sein Fach sehr gut versteht, kann er die »Zahnabdrücke« aller Eichhörnchen in einem bestimmten Gebiet sammeln und nicht nur ihre Entwicklung verfolgen und ihre Aufenthaltsorte genau bestimmen, sondern auch ein Bild von dem Gesundheitszustand jedes einzelnen Tieres gewinnen.

Zwischen der Handschrift und der Gesundheit besteht ein eindeutiger Zusammenhang. Manche Analytiker behaupten sogar, spezifische Krankheiten an der Schrift erkennen zu können. Zweifellos müßte sich, zum Beispiel, der Verlust des Koordinationsvermögens, wie er beim Parkinsonismus auftritt, in einer groben Deformation der Handschrift auswirken. Die *American Medical Association* berichtet: »Es gibt bestimmte organische Erkrankungen, zu deren Erkennung im frühesten Stadium die graphologische Diagnose beitragen kann.« (158) Sie führt unter anderem Anämie, Blutvergiftung, Tumoren und verschiedene Knochenkrankheiten an, fügt jedoch hinzu, daß sich hohes Alter in den gleichen Schriftmerkmalen ausdrücken kann. Einige besonders erfahrene Geriater glauben, daß es möglich sei, die Handschrift als eine Art Röntgenbild dazu zu verwenden, zwischen echter psychischer Gestörtheit und normaler Senilität zu unterscheiden. Jedenfalls ist die allgemeine Zerrüttung des Schriftbildes, wie sie bei emotionellen und physischen Störungen auftritt, klar zu erkennen, und es ist so gut wie völlig unmöglich, sie bewußt zu verbergen.

Wie der ernsthafte Astrologe oder Chirologe achtet auch der gute

Graphologe auf die Einzelheiten. Bevor er ein Urteil abgibt, sammelt er mehrere, zu verschiedenen Zeiten entstandene Schriftproben, wenn möglich solche, die mit verschiedenen Federn geschrieben wurden, und er arbeitet nie mit Material, das eigens für die Analyse angefertigt wurde. Er prüft die Neigung und die Druckstärke der Schrift, die Ränder, die Wortabstände und die Lesbarkeit, die Zeichensetzung und die Art und Weise, wie das »T« mit dem Querstrich und das »I« oder »J« mit dem Punkt versehen wird; er studiert die Form der Schleifen und den Ansatz und das Auslaufen der Striche. Bei all diesen Einzelmerkmalen ist die Wiederholung ausschlaggebend. Je öfter ein besonderes Merkmal in der Schrift aufscheint, desto größer ist die Bedeutung, die ihm beigemessen wird. Gemessen wird auch die relative Häufigkeit, so daß Schrifteigentümlichkeiten, die auf widersprechende Charakterzüge hinweisen, gegeneinander abgewogen werden können. Wenn dem Graphologen nur eine kleine Schriftprobe zur Verfügung steht, richtet er sein besonderes Augenmerk auf die Unterschrift des Schreibers. Sie ist etwas, was so oft und mit einem so starken Bezug auf das eigene Ich geschrieben wird, daß sie als eine stilisierte Selbstdarstellung des Schreibers angesehen werden kann, die so unverwechselbar ist wie ein Fingerabdruck, weshalb sie auch für Identifikationszwekke verwendet wird.

Bei der Beurteilung aller Verhaltensweisen muß entschieden werden, wieviel durch rein funktionelle Erfordernisse bestimmt ist, und erst wenn man die entsprechenden Abstriche gemacht hat, darf man das Übrige als Hinweis auf kulturelle und persönliche Idiosynkrasien betrachten. Ein Angehöriger eines primitiven Völkerstammes zieht soviel Kleidung an, wie er braucht, um sich vor Kälte oder Hitze zu schützen. Trägt er mehr, so muß das andere Ursachen haben, aber bei der Beurteilung solcher überflüssiger Kleidungsstücke ist größte Vorsicht geboten. Sie werden vielleicht aus traditionellen oder kulturellen Gründen, der Konvention und Sittsamkeit zuliebe getragen, oder soziale Werte wie Rang und Status spielen eine Rolle. Erst wenn wir alle diese Möglichkeiten in Betracht gezogen haben, können wir beispielsweise eine Halskette aus Kaurimuscheln zur Hand nehmen und erklären, sie sei Ausdruck der Persönlichkeit des Trägers und deute auf einen geselligen Charakter und tiefe Naturverbundenheit hin . . . Und dann erfahren wir, daß Kaurimuscheln an dem betreffenden Ort das übliche Zahlungsmittel darstellen und daß der Träger der Kette lediglich fortgegangen war, um sich eine neue Harpune zu kaufen. Solche Irrtümer sind in allen Wissenschaften, die sich mit dem Leben befassen, und damit eben auch in der Graphologie, keine Seltenheit.

Die Buchstaben und Wörter, aus denen sich Geschriebenes zusammensetzt, sind Symbole der Sprache und der Gedanken. Sie sind funktionelle Signale, die in bestimmte Formen mit einer Vielfalt traditioneller, kultureller Nuancierungen gebracht wurden. Mit einiger Erfahrung ist es möglich, beispielsweise von den wohlgerundeten Bögen, den langgeschwungenen Ober- und Unterlängen und der freigebigen Ausschmückung der Schrift abzusehen, das heißt von Einzelzügen, die in der Nationalität des Schreibers begründet sind und nur anzeigen, daß er seine Feder in Frankreich zu gebrauchen gelernt hat. Ebenso sollte es möglich sein zu erkennen, daß dicke Striche nur auf die schlechte Qualität des Papiers in einem unterentwickelten Land zurückzuführen sind – oder auf den in wohlhabenden Ländern um sich greifenden Gebrauch von Filzstiften. Solche »Voruntersuchungen« werden nicht immer mit der nötigen Sorgfalt vorgenommen, aber abgesehen von allen irreführenden oberflächlichen Details scheint es in der Graphologie gewisse Grundmuster zu geben, die brauchbare wissenschaftliche Anhaltspunkte für die Beurteilung eines individuellen Charakters liefern.

Ich glaube, wir alle reagieren auch ohne besondere Schulung auf die subtilen Signale in der Handschrift anderer, und der Brief eines geliebten Menschen enthält in jeder Zeile und in jedem Schnörkel eine unbewußte verschlüsselte Botschaft, die nicht notwendigerweise mit dem Inhalt der verwendeten Wörter übereinstimmt. Warum würde uns der maschinengeschriebene Brief eines guten Freundes befremden, wenn es nicht eben das wäre, daß die Maschine zwischen ihn und uns getreten ist und uns der Möglichkeit beraubt, die Zeilen selbst zu deuten?

Ein amerikanischer Psychologe sagt: »Wie lang Ihre Striche und wie weit Ihre Schleifen sind und wo Sie Ihre i-Punkte hinsetzen, hängt nicht vom Zufall ab. Es wird von den Gesetzen der Persönlichkeit bestimmt . . . Die Bewegungen, die Sie beim Schreiben vollführen, sind Gebärden – sie drücken aus, was Sie empfinden. Alles, was Sie – in emotioneller oder körperlicher Hinsicht –

bewegt, stört oder erregt, tritt in den Zeichen in Erscheinung, die Sie mit Ihrer Feder machen.« (158) Daher haben heute große Firmen wie General Motors, General Electric, US Steel oder die Firestone Tire and Rubber Company ihre Angestellten, die nichts anderes zu tun haben, als diese Zeichen zu studieren – und sie scheinen sich ihre Gehälter ehrlich zu verdienen.

Die Hand und ihr Verhalten gehören zu den empfindlichsten Instrumenten, mit denen sich die Arbeit des Gehirns äußerlich messen läßt. Aber damit ist die Zahl der äußeren Zeichen des Geistes noch immer nicht erschöpft.

Physiognomik

Die meisten Amöben pflanzen sich fort, ohne selbst zu sterben – sie teilen sich einfach in der Mitte, so daß zwei Tochterzellen entstehen, und diese teilen sich nach Bedarf immer weiter und weiter. Es gibt jedoch auch einige Arten, die zu gemeinschaftlicher Reproduktion übergegangen sind, indem sie sich zu Gruppen von bis zu einer halben Million Individuen zusammenschließen, die einen besonderen geschlechtlichen Organismus bilden. *Dictyostelium discoideum* ist normalerweise eine Einzelzelle, die sich mit der für Amöben typischen Ziellosigkeit umherbewegt, aber wenn die Nahrung knapp wird und genug andere Zellen in der Nähe sind, strömen alle an bestimmten Sammelstellen zusammen und bilden Türme, die immer höher werden, bis sie umfallen und als kleine, glitzernde Klümpchen daliegen. Diese nehmen die Form einer Gewehrkugel an und werden zu einer Schnecke mit einem deutlich unterscheidbaren vorderen und hinteren Ende. Alle Zellen zeigen nun eine gemeinsame Empfindlichkeit für Wärme und Licht, und das neue Tier sucht als zielstrebiges Geschöpf die günstigste Umgebung auf. Dort stellt es sich an einem Ende auf, bildet einen langen, dünnen Stiel und hebt eine kugelrunde Masse von Zellen in die Höhe, die aussieht wie ein Ballon an einer Schnur. Die einzelnen Amöben, aus denen diese Struktur besteht, übernehmen verschiedene Funktionen; die einen bilden den stützenden Stiel, aus anderen werden Sporen, die weggeschwemmt werden, um anderswo wieder frei lebende Amöben zu bilden.

Diese gemeinschaftliche Unternehmung einzelliger Organismen ist eine bemerkenswerte Entwicklung. Sie wird, wie John Bonner entdeckte, dadurch ermöglicht, daß nicht alle Amöben von Anfang an gleich sind. Es gibt sichtbare Unterschiede zwischen denen, die den Stiel bilden, und denen, die sich zu Sporen entwickeln werden. Erstere sind ein wenig größer als letztere, und sie bewegen sich auch schneller. Selbst in einer so alten Gesellschaft wie dieser ist es also möglich, Individuen allein aufgrund ihres Aussehens auszuwählen und anhand ihrer äußeren Erscheinung ihr Verhalten zu beschreiben und ihr Schicksal vorauszusagen.

Komplexere Organismen liefern noch mehr Hinweise, mit denen man arbeiten kann, und ganze Wissenschaftszweige wie, zum Beispiel, die Paläontologie sind gezwungen, aus dem wenigen, was man vom Körperbau längst ausgestorbener Arten weiß, Rückschlüsse auf Ernährung, Habitat und Verhalten dieser Tiere zu ziehen. Die Zusammenarbeit zwischen dem Ingenieur George Whitfield und der Zoologin Cherrie Bramwell von der Universität Reading erbrachte neue deduktive Informationen solcher Art über den *Pteranodon ingens,* das größte fliegende Geschöpf, das es je gab. (340) Von einzelnen Skelett-Teilen ausgehend, rekonstruierten sie das Tier, wie Luftfahrtingenieure ein abgestürztes Flugzeug wieder zusammensetzen. Sie schätzten seine Flügelspannweite auf 7 m, das Gesamtgewicht aber auf nur 24 kg, und folgerten aus diesen Daten, daß das Tier ein schlechter Flieger gewesen sein muß, wenn es sich mit seinen Schwingen vorwärtsbewegte, dafür aber ein vorzüglicher Gleiter mit einer außerordentlich geringen Sinkgeschwindigkeit und einer extrem niedrigen Fluggeschwindigkeit und kritischen Geschwindigkeit (worunter man die Mindestgeschwindigkeit versteht, die ein fliegender Körper haben muß, um nicht abzustürzen). Diese Hinweise und die Form der Zähne deuten darauf hin, daß dieses geierartige schwebende Reptil am Meer lebte, sich in die über den Wellen aufsteigenden Luftströmungen schwang und im Sturzflug niederging, um Fische von der Wasseroberfläche wegzufangen. Es muß auf den Klippen gehorstet haben, die dem Meer und den vorherrschenden Winden zugewandt waren, und es kehrte nach der Jagd zu seinem Horst zurück, indem es sich von den Aufwinden an der Vorderseite der Klippe hinauftragen ließ. Als Whitfield und Bramwell einen fossilen Schädel in einem Windkanal testeten, entdeckten sie, daß die lange, dünne, senkrechte Knochenplatte auf dem Schädel des *Pteranodon* ein aerodynamisches Ruder war, das die Last des Schnabels ausglich, wenn der Kopf bei der Beutesuche hin und her gedreht wurde – und daß es diese Entwicklung dem Tier gestattete, bei den Halsmuskeln Gewicht einzusparen, so daß es alles in allem für die leichten Winde und die warmen, seichten Meere der Kreidezeit vorzüglich ausgerüstet war.

Ähnliche wissenschaftliche Detektivarbeiten spielen eine große Rolle bei der Suche nach den Urahnen des Menschen. Dubois, der 1891 den berühmten Javamenschen (*Pithecanthropus*) entdeckte, ging zunächst nur von einigen Zähnen aus, aber als eine Schädelkappe und ein Stück Oberschenkelknochen dazukamen, war er schließlich imstande zu sagen, daß der Javamensch primitiv war, daß sich seine Gehirngröße ungefähr zwischen der des Gorillas und des Menschen bewegte und daß er aufrecht ging. Spätere, ergiebigere Funde zeigten, daß diese Diagnose stimmte. (346)

Wenn Überlegungen und Berechnungen solcher Art bei fossilen Formen greifbare Resultate erbringen, ist nicht einzusehen, warum sie nicht ebensogut auch auf lebende Formen angewandt werden sollten. Wir wissen, daß die Konstitution vieler Menschen direkt mit dem Klima zusammenhängt, in dem sie leben. Die Dinka in Afrika sind groß und hager, denn so haben sie die größtmögliche Körperoberfläche im Verhältnis zum Gewicht und können Wärme am besten abgeben, während die Eskimos vergleichsweise klein und mit Fett gepolstert sind, so daß die Körperwärme möglichst gut erhalten wird. Die Gesichter der Mongolen Nordostasiens sind flach, was Erfrierungen vorbeugt, die Augen sind durch eine Fettablagerung über dem Oberlid gegen grelle Sonne und Schneeblindheit geschützt, und die Haut ist spärlich behaart, so daß die Gefahr der Kondensation des Atems und damit der Eisbildung in den Haaren um den Mund herum reduziert wird. In Äquatornähe lebende Menschen sind meist dunkelhäutig, das heißt die Epidermis ist kräftig pigmentiert, so daß die tieferen Hautschichten vor der Sonne geschützt sind, während der nordische Mensch sehr hellhäutig ist, um möglichst viel von dem selteneren, zur Bildung von Vitamin D benötigten Sonnenlicht aufnehmen zu können. (15) Diese Anpassung an das Klima ermöglicht es, von der Gestalt eines Menschen auf seine (oder seiner Vorfahren) Herkunft und Lebensweise zu schließen, und bis zu einem gewissen Grade kann uns dieses Wissen auch etwas über seinen Charakter sagen. Doch man kann vielleicht sogar sehr viel über Persönlichkeitstypen in Erfahrung bringen, wenn man nur die körperliche Erscheinung selbst betrachtet.

Schon Aristoteles und Plato beschäftigten sich mit diesem Gedanken, aber die ersten wissenschaftlichen Arbeiten über die »Physiognomik« verfaßte der Schweizer Philosoph und Pfarrer Johann Kaspar Lavater in den Jahren 1775 bis 1778. Charles Darwin nahm ähnliche Ideen in sein Werk *Der Ausdruck der Gemütsbewegungen bei den Menschen und den Tieren* auf und wies darauf hin, daß sich bestimmte Eigentümlichkeiten des Körperbaus immer entwickelten, um bestimmte Emotionen zu signalisieren, und daß man aus dem Vorhandensein solcher Eigentümlichkeiten schließen dürfe, daß die betreffende Emotion im Leben des Tieres eine große Rolle spiele. In neueren und weniger gelehrten Arbeiten über Physiognomik nahmen die Autoren oft recht phantastische Verallgemeinerungen vor. So soll »ein eingekerbtes Kinn ein sicheres Zeichen für ein warmherziges, liebevolles Wesen« sein. Wenn solche Verallgemeinerungen überhaupt einen Sinn haben, können sie nur auf eine kleine Gruppe von Menschen an einem bestimmten Ort angewandt werden, doch wenn man sich durch den Wust der Literatur über Physiognomik durcharbeitet, findet man ein Körnchen Wahrheit, das auch in biologischer Hinsicht sinnvoll erscheint.

Betrachtet man den Menschen als gesonderte Spezies, so kann man ein bestimmtes Grundmuster in bezug auf Form und Proportion entdecken. Ein Mensch ist im allgemeinen sechsmal so groß, wie sein Fuß lang ist. Das Gesicht macht vom Oberrand der Stirn bis zur Kinnspitze ein Zehntel der Körpergröße aus. Die Länge der Hand vom Gelenk bis zur Spitze des Mittelfingers entspricht gewöhnlich der Länge des Gesichts vom Haaransatz bis zum Kinn. Der Abstand vom Haaransatz bis zu den Brauen ist derselbe wie der von den Brauen zu den Nasenlöchern und von den Nasenlöchern bis zum Kinn. Außerdem ist die Körpergröße normalerweise gleich der Entfernung zwischen den Fingerspitzen bei seitwärts ausgestreckten Armen. Interessanterweise entspricht diese weltweite »Norm« genau den Proportionen, die von den griechischen Bildhauern der Antike für die harmonischsten gehalten wurden. Selbstverständlich kommen sehr starke Variationen vor, aber es lassen sich in bezug auf Völker, Rassen und Kulturen Durchschnittswerte errechnen, und wo immer ein Individuum stark von diesen abweicht, müssen dafür biologische Ursachen vorliegen. William Sheldon erarbeitete 1940 ein typologisches System, nach dem es drei extreme Körperbautypen gibt: Der Endomorphe ist im wesentlichen breit-rundlich mit rundem Kopf, gewölbtem Bauch, schwerem Körperbau und reichlichem Fettansatz, aber er ist nicht notwendigerweise dick und wechselt nicht in eine andere Kategorie hinüber, wenn er Gewicht verliert – er wird eben nur ein schlanker Endomorpher. Der Mesomorphe ist das klassische Bildhauermodell. Er hat einen großen Schädel, breite Schultern, kräftige Muskeln und Knochen, nicht viel Fett und verhältnismäßig schmale Hüften. Der Ektomorphe schließlich besteht gewissermaßen aus »Haut und Knochen«. Er hat dünne Gliedmaßen, schmale Schultern und Hüften und wenig Muskeln, so daß er, auch wenn er Fett ansetzt, kein Endomorpher wird. (306) Jeder Mensch hat in seinem Körperbau ein wenig von allen drei Typen, und in einer willkürlich versammelten Gruppe wie etwa bei den Geschworenen in einem Gerichtssaal oder allen Personen, die in demselben Zug reisen, wird man alle erdenklichen Kombinationen finden. Sobald man aber eine Gruppe im Hinblick auf besondere körperliche Leistungen zusammenstellt, herrschen bestimmte Körperbautypen vor. Sportler, die an olympischen Spielen teilnehmen, sind selten endomorph. Zwischen Körperbau und Intelligenz scheint jedoch kein Zusammenhang zu bestehen: in einer Gruppe von Universitätsabsolventen sind unterschiedslos alle Kombinationen vertreten.

Phrenologie

Franz Joseph Gall, ein deutscher Anatom, der gegen Ende des 18. Jahrhunderts in Wien arbeitete, beschäftigte sich im besonderen mit der Neurologie und kam zu dem Schluß, daß das Gehirn alle geistig-seelischen Phänomene hervorbringe. Wegen dieser Ketzerei wurde er aus dem katholischen Österreich ausgewiesen. Er arbeitete weiter und stellte fest, daß die Emotionen nicht nur ihren Ursprung im Gehirn haben, sondern daß die verschiedenen Gefühlsregungen auch in verschiedenen Teilen des Gehirns entstehen. (226) Das war zu seiner Zeit ein ebenso scharfsinniger wie revolutionärer Gedanke, denn die orthodoxe Lehrmeinung war, daß das Gehirn – was immer es tun mochte – als ungeteiltes Ganzes arbeitete. Bis zu diesem Punkt war Gall auf dem richtigen Wege, aber dann begab er sich in sehr unsicheres Gelände und begann den einzelnen Teilen des Gehirns ohne stichhaltige Beweise Funktionen zuzuteilen. Er erinnerte sich, daß zwei seiner Schulfreunde mit einem guten Gedächtnis hervorstehende Augen hatten, und schon folgerte er daraus, das Erinnerungsvermögen müsse seinen Sitz in den Stirnlappen gleich hinter den Augen haben. Mit ähnlich vagen Begründungen schrieb er bestimmten Bereichen in den beiden Großhirnhalbkugeln Funktionen (Sprache, Rechnen etc.) zu, und schließlich veröffentlichte er alle seine Theorien in einem Buch, das später die Mode der »Phrenologie« auslöste. Die europäische Gesellschaft nahm sie mit Begeisterung auf, und »Beulen auf dem Kopf« wurde zu einem beliebten Gesellschaftsspiel in den Salons von London und Paris. Als Anleitung dienten kahle Köpfe aus Porzellan in natürlicher Größe mit entsprechenden Aufschriften wie »Erhabenheit«, »Erfindungsgabe«, »Wohlwollen« und jener großartigen viktorianisch-prüden Umschreibung für den Geschlechtstrieb: Philoprogeneität – »Liebe zur Nachkommenschaft«. Bald geriet jedoch die neue Wissenschaft in Verruf, und die ernsthaften Anatomen hatten sie von Anfang an ignoriert – was sehr bedauerlich war, denn es verbarg sich in ihr ein brauchbarer Gedanke, der für die nächsten 150 Jahre wieder verlorenging.

Die Phrenologen begingen zwei grundsätzliche Fehler. Sie nahmen an, wenn jemand eine besonders gut entwickelte Fähigkeit besitze, müsse der Teil seines Gehirns, in dem man ihren Sitz vermutete, ebenfalls groß und gut entwickelt sein. Und sie nahmen ferner an, diese Schwellungen brächten entsprechende Ausbuchtungen und Beulen in der Schädeldecke hervor. Heute wissen wir, daß das Volumen des Gehirns sehr wenig mit seiner Leistungsfähigkeit zu tun hat (Byron, zum Beispiel, hatte ein sehr kleines Gehirn) und daß Beulen auf dem Kopf durch Verdickungen auf der Außenseite des Schädels entstehen. Zwischen den Riffeln auf der Innenseite der Hirnschale und den Beulen außen auf dem Schädel besteht keine Ähnlichkeit. Die Phrenologen hatten hingegen recht mit der Annahme, daß bestimmte Funktionen an bestimmte Teile des Gehirns gebunden seien. Es gibt, zum Beispiel, ein Sprechzentrum und eines, das die geschlechtliche Betätigung regelt, aber erst 1939, als man mit Affen experimentierte, bei denen man Teile des Gehirns entfernt hatte, begriff die Wissenschaft wirklich, daß auch Charakter und Persönlichkeit in bestimmten Bereichen des Gehirns ihren Sitz haben. Bei einer der Operationen wurden nur an einer Gehirnhälfte Änderungen vorgenommen. Der Affe war daraufhin ungestüm und aggressiv, wenn er nur mit dem linken, und gleichgültig und fügsam, wenn er nur mit dem rechten Auge sehen konnte.

Doch wenn es schon keine Beule auf dem Kopf gibt, die Aggressivität anzeigt, so schaffen die für die Einleitung aggressiven Verhaltens zuständigen Hirnbereiche bestimmte Schemata von Muskelbewegungen, die gewöhnlich immer die gleichen sind. Ein Pavian verfügt über ein Repertoire von im wesentlichen drei Gesichtsausdrücken, die Angriff, aggressive Drohung und ängstliche Drohung begleiten. Bei allen dreien sind die Augen weit geöffnet und die Brauen, je nach dem Grad der Aggressivität, finster gerunzelt bis hoch in die Stirn gehoben. Eine ständige Wiederholung dieser Muskelbewegungen, etwa bei einem Individuum mit einem unsicheren Platz in der Rangordnung, hinterläßt schließlich bleibende Spuren in seinem Gesicht. Vertikale und horizontale Furchen graben sich in seine Stirn ein und stellen das äußerliche, sichtbare Zeichen für eine vorherrschende emotionelle Verfassung dar. Die Physiognomik liefert die Möglichkeit, mit einem Blick auf einen solchen Affen – oder Menschen – vorauszusagen, daß er wahrscheinlich ungewöhnlich aggressiv sein wird.

Bei Affen und Menschen wird eine freudige Gemütsverfassung durch Entspannung der Augenpartie und, in gesteigertem Grade, durch eine automatische Anschwellung kleiner Taschen in den unteren Augenlidern angezeigt. Diese Reaktion kann nicht simuliert werden. Sie tritt nur ein, wenn das Individuum wirklich glücklich ist, und wenn dieser Zustand oft gegeben ist, sind die Lider ständig ein wenig geschwollen. Diese Erscheinung wurde erst unlängst von Physiologen und Verhaltensforschern aufgezeichnet, aber in allen Werken über Physiognomik wurde sie seit jeher beschrieben.

Zwischen anderen inneren Zuständen und äußeren Erscheinungsformen besteht eine weniger offenkundige Verbindung. Nach physiognomischer Überlieferung gilt der rundgesichtige endomorphe Typ als gutgelaunt und anpassungsfähig; das mesomorphe Gesicht mit seinen kräftigen Knochen und Muskeln soll einen starken, energischen Charakter anzeigen, und das schmale, birnenförmige Gesicht des Ektomorphen verrät angeblich Phantasie und Empfindsamkeit. Im großen ganzen sind die meisten Psychologen mit diesen Charakterisierungen einverstanden, sofern man sie auf extreme Beispiele der drei Körperbautypen anwendet, aber im übrigen stellen sie eine Verallgemeinerung von geringem praktischem Wert dar. Ein anderes oft angewandtes Kriterium ist die Stellung der Ohren. Je weiter hinten sie am Kopf angesetzt sind, desto größer sollen die intellektuellen Fähigkeiten sein. Im Laufe der embryonalen Entwicklung wird die Lage des Ohrs durch den Verlauf des Hörnervs bestimmt, der manchmal nach hinten verschoben werden kann, wenn das Großhirn besonders gut entwickelt ist. Die Theorie hat also vielleicht etwas für sich. Die unbegründete Annahme, daß eine kräftige Adlernase eine Führernatur anzeige, kam wahrscheinlich in römischer Zeit auf, als Männer mit solchen Nasen tatsächlich Führer waren, aber bei den sehr fähigen asiatischen und afrikanischen Führern unserer Tage würde man diese Nasenform vergeblich suchen. Viele andere physiognomische Züge wie rotes Haar, braune Augen oder wulstige Lippen werden auf ähnliche Weise mit rassischen Klischees assoziiert und besagen nichts. Raubvögel töten, um zu leben; daher assoziieren wir krumme Schnäbel mit gewalttätigem, aggressivem Verhalten, und wir stellen dem das Klischee der sanften Taube mit dem zarten Schnabel gegenüber. Wir könnten uns nicht weiter von der Wahrheit entfernen. Das Sozialleben der meisten Raubvögel ist ruhig und gut geordnet, aber es gibt kaum etwas Mörderischeres als die Kämpfe zwischen rivalisierenden Täuberichen. Den gleichen Fehler begehen wir nur zu leicht bei der Beurteilung des Charakters und Verhaltens unserer Mitmenschen.

Bis zu einem gewissen Grade brauchbar ist die Physiognomik auf physiologischem Gebiet und für die Verhaltensforschung. Es gibt physiologische Störungen wie die Schilddrüsenüberfunktion, bei der durch eine Überproduktion von Thyroxin Überaktivität und Erregbarkeit hervorgerufen werden – und eines der klassischen Symptome dieser Störung sind hervorquellende Augen. Und es gibt äußerliche Züge, die durch die ständige Wiederholung gewisser, einem bestimmten geistig-seelischen Zustand entsprechender Muskelbewegungen erworben werden. Diese Korrelationen sind wahrscheinlich statistisch signifikant, insofern als viele Menschen mit einem bestimmten Aussehen auch auf eine voraussagbare Weise reagieren werden, aber man sollte nur mit großer Vorsicht Vergleiche anstellen.

Von der Physiognomik zweigen mehrere Seitenlinien ab. Eine der phantastischsten ist die Deutung der Pigmentmale (Muttermale oder Leberflecken), deren Form, Farbe und Lage der Theorie nach auf den Charakter schließen lassen. Diese Pigmentmale sind oft angeboren und erblich, sie finden sich manchmal bei einem Kind an der gleichen Stelle wie bei der Mutter oder beim Vater, so daß ihre Lage nicht vom Zufall bestimmt wird, aber Behauptungen der Art, daß ein Muttermal auf dem Knöchel eine »ängstliche Natur« verrate oder eines auf dem Ohr »Reichtümer über alle Erwartungen hinaus« ankünde, sind völlig unbegründet.

Ein so großer Teil unseres Charakters wird durch Lernen und Erfahrung bestimmt, daß jedes auf permanente körperliche Merkmale gegründete Deutungssystem geradezu zwangsläufig ungenau sein muß. Die Menschen verändern sich, und vorübergehende Erscheinungen zeigen Stimmungen weit zuverlässiger an, weil die besten Signale diejenigen sind, die, wie das blinkende Licht, eine plötzliche, auffällige Veränderung mit sich bringen. Das Erröten gehört zu diesen Signalen. Im Prinzip handelt es sich dabei um eine Rötung der Haut durch Erweiterung der Blutgefäße. Am häufigsten tritt es bei jungen Mädchen auf, aber es scheint unabhängig von Geschlecht und Hautfarbe bei allen Menschen vorzukommen und kann geradezu als biologisches Merkmal unserer Spezies betrachtet werden. Aus alten Berichten wissen wir, daß Mädchen, die leicht erröteten, die höchsten Preise auf den Sklavenmärkten erzielten, so daß dieses Signal offenbar nicht nur einen sexuellen Bezug hatte, sondern auch Unterwürfigkeit bedeutete. Desmond Morris meint, es sei eine wirkungsvolle Einladung zur Intimität. Als solche erfüllt es wahrscheinlich die gleiche Funktion wie das Schmuckgefieder bei vielen Vogelmännchen, das nur zu bestimmten Zeiten erscheint und die Bereitschaft und Absicht, sich zu paaren, anzeigt.

Alles in allem scheinen dem, was man über die geistig-seelische

Verfassung eines Individuums allein durch Beobachtung der äußerlichen Zeichen des Geistes erfahren kann, Grenzen gesetzt zu sein. Empfindliche Geräte wie der Elektroenzephalograph und die Lebensfelddetektoren lassen zwar eine genauere Betrachtung der äußerlichen Komponenten innerer Vorgänge und Zustände zu, aber auch sie messen nur die Randerscheinungen des Phänomens. Um die Leistungen des Gehirns richtig beurteilen zu können, muß der Mensch neue Techniken der Selbstbeherrschung und der Fühlungnahme mit anderen erlernen. Einige der Schlüssel zur Übernatur sind aber bereits gefunden worden.

7. Kapitel: Transzendenz

Nehmen Sie eine Kröte. Halten Sie sie flach zwischen ihren Handflächen. Drehen Sie sie auf den Rücken und lassen Sie sie einen Augenblick so liegen. Nehmen Sie Ihre obere Hand behutsam weg, und die Kröte wird still auf dem Rücken liegen bleiben und ihre Beine in die Luft strecken.

Dieses *experimentum mirabile* wurde 1646 von einem Jesuitenpriester als Beispiel für die Herrschaft des Menschen über das Tierreich vorgeführt. Tatsächlich demonstriert es aber ein viel elementareres Prinzip: die Beherrschung des übrigen Körpers durch das Gehirn. Viele Arten reagieren ebenso wie die Kröte. Wenn man einen Krebs auf den Kopf stellt, so daß seine Scheren den Boden berühren und der Schwanz in die Höhe ragt, verharrt er in dieser flehenden Stellung, bis er gestört wird. ein Hase, den man mit festem Griff an den Hinterläufen hält und mit dem Kopf nach unten hängen läßt, verfällt in eine ähnliche wächserne Starre, und man kann seine Vorderpfoten in die unnatürlichsten Stellungen biegen. Der Griff, mit dem der Schlangenbeschwörer die Kobra hinter dem Kopf packt, macht die Schlange augenblicklich unbeweglich und manchmal geradezu stocksteif, so daß man annehmen könnte, Moses sei ein besserer Biologe gewesen, als man meint. In vielen Zoos macht man sich dieses Prinzip zunutze, um kleine Säugetiere und Vögel zum Stillhalten zu zwingen, während sie gewogen werden. In allen Fällen scheint Beengung eine wichtige Rolle bei der Auslösung dieser Unbeweglichkeitsreaktion zu spielen, was vielleicht auch erklärt, warum sich Säuglinge verhältnismäßig ruhig verhalten, wenn sie fest in ihre Windeln eingewickelt werden.

Plötzliche Unbeweglichkeit kann auch durch große Angst hervorgerufen werden. Der Schweizer Psychiater Greppin berichtet von einer Kampagne zur Ausrottung der Spatzen auf dem Gelände seines Krankenhauses, die nach zehn Wochen mit einer Massenhysterie endete: Die Vögel fielen wie Steine aus den Büschen und blieben starr liegen, sobald sie nur einen Mann mit einem Gewehr sahen. (128) Das erinnert an den katatonischen Zustand, den Furcht beim Menschen auslösen kann. Der Forschungsreisende David Livingstone wurde einmal bei Mabotsa in Südafrika von einem Löwen angefallen, der ihn an der Schulter packte und schwer verletzte. Er beschrieb seine Reaktion wie folgt: »Der Schock rief eine Betäubung hervor, wie sie eine Maus fühlen mag, wenn sie zum erstenmal von einer Katze gebeutelt wurde. Er löste eine Art von Trancezustand aus, in dem ich keinen Schmerz und kein Entsetzen empfand, obwohl ich alles, was geschah, ganz bewußt aufnahm. Er glich dem, was Patienten beschreiben, die teilweise unter der Wirkung von Chloroform stehen und die ganze Operation sehen, aber das Messer nicht spüren. Dieser einzigartige Zustand war nicht das Ergebnis irgendeines geistigen Prozesses. Das Geschütteltwerden löschte die Furcht aus und ließ kein Grauen aufkommen, als ich den Kopf wandte und das Tier ansah.« (201) Als der Löwe einen Augenblick von ihm abließ, kam Livingstone wieder zu sich, und es gelang ihm zu fliehen.

Es ist kaum daran zu zweifeln, daß Regungslosigkeit unter gewissen Umständen einen hohen Erhaltungswert hat. Viele Tiere können ihren Feinden nur auf diese Weise entgehen. Die gemeine Rohrdommel, *Botaurus stellaris,* steigert die Wirkung ihres blattähnlichen Federmusters, indem sie eine langgestreckte Haltung einnimmt und im gleichen Takt wie die Schilfrohre in ihrer Umgebung hin und her schwankt. Wenn der Feind zu nahe herankommt, fliegt sie auf, aber andere Tiere wie, zum Beispiel, die Gespenstheuschrecke verlassen sich so sehr auf den Eindruck der Regungslosigkeit, daß man sie zerstückeln kann, bevor sie sich bewegen. In die gleiche Katatonie versetzen sich im Falle der Gefahr auch einige Wirbeltiere.

Die Kamerunkröte, *Bufo supericiliaris,* und die Hakennatter, *Heterodon platyrhinos,* stellen sich, wenn sie bedroht werden, beide tot, indem sie sich auf den Rücken legen und die Zunge heraushängen lassen. Bei ihnen ist der Mechanismus jedoch nicht voll entwickelt, denn sie begehen den Heiterkeit erregenden Fehler, sich rasch wieder auf den Rücken zu legen, wenn man sie auf den Bauch dreht oder ihre Lage sonstwie verändert. Am besten beherrscht die

Kunst des Sichtotstellens zweifellos das amerikanische Opossum, *Didelphis virginiana,* das sich auf ein vollkommen entwickeltes, starres Verhaltensmuster verlassen kann. Beim normalen Schlaf hält das Opossum Augen und Schnauze geschlossen und die Beine unter dem Leib verborgen. Wird es aber angegriffen, so fällt es plötzlich mit offenen Augen um, es legt sich auf die Seite, die Beine sind sichtbar und die Krallen bohren sich in den Boden. Daß das Tier in Wirklichkeit wach ist, wurde durch Versuche bewiesen, die zeigten, daß es auf laute Geräusche durch Zucken mit den Ohren reagiert und die Lippen zurückzieht, wenn es gestochen wird. In der Körpertemperatur, im Sauerstoffverbrauch und in der Blutchemie sind keinerlei Unterschiede festzustellen, und ein EEG zeigt die gleichen Gehirnströme wie bei einem normalen, hellwachen Tier. (107) Das Sichtotstellen erscheint als voll ausgebildetes Verhaltensmuster auch bei isoliert gehaltenen Jungtieren im Alter von 120 Tagen, das heißt zu der Zeit, in der ein Opossum normalerweise entwöhnt wird und seine eigenen Wege geht. (230) Diese Art hat also eine stereotype, instinktive Methode der Abwehr eines Angriffs entwickelt, durch die die automatische Paralyse nachgeahmt wird, auf die sich andere Arten verlassen müssen, um dem Tod zu entrinnen. Bei allen Arten erfüllt die Unbeweglichkeit offensichtlich ihren Zweck; sie hält den Feind von einem weiteren Angriff ab und gibt ihnen die Chance, später zu fliehen.

Unbeweglichkeit kann aber auch durch Desorientierung hervorgerufen werden. (122) Im Freiburger Zoo wurde eine mechanische Vorrichtung konstruiert, mit der die Wirkung der Beengung verstärkt werden kann. Ein Tier wird fest auf die Innenseite des Deckels einer Kiste geschnallt, und zwar so, daß seine Füße eben noch deren Boden berühren. Dann wird der Deckel rasch um ein Scharnier gedreht, so daß der Gefangene plötzlich auf dem Rücken liegt, und so verharrt er regungslos. Der große französische Naturforscher Fabre berichtete, man könne die meisten Vögel unbeweglich machen, indem man sie einfach hin und her schwinge oder ihren Kopf unter einen der Flügel stecke. (305) Der Grad der Unbeweglichkeit hängt von dem Ausmaß der Desorientierung ab. Beizfalken werden durch die Haube nicht paralysiert, aber zweifellos gefügiger gemacht, und bei Pferden dienen Scheuklappen dem gleichen Zweck.

Bei manchen Vögeln genügt es nicht, sie festzuhalten oder zu verwirren; sie brauchen einen anderen Stimulus. Man kann sie wie Kröten behandeln und mit ausgestrecktem Hals flach auf den Boden drücken, aber wenn sie regelrecht erstarren sollen, muß man gewöhnlich ein Muster langer, ununterbrochener Linien, die von ihrem Schnabel ausstrahlen, in den Sand zeichnen. Wenn man sie in dieser Stellung losläßt, bleiben sie liegen und starren auf die Linien, bis sie allmählich wieder zu sich kommen oder von einem kräftigen Windstoß aufgescheucht werden. Diese Konzentration auf ein rhythmisches Muster scheint auch die Ursache der »hypnotisierenden« Wirkung zu sein, die manche Reptilien auf ihre Opfer ausüben. Viele Zoologen lachen über die Behauptung, daß gewisse Schlangen ihre Beute durch irgendein visuelles Mittel festhalten, aber es geschieht tatsächlich. (145). Die afrikanische graue Baumnatter, *Thelotornis kirtlandii,* hat eine leuchtend zinnoberrote Zunge mit einer gegabelten schwarzen Spitze, die mehrere Zoll aus dem Maul herausragt und ungewöhnliche rhythmische Bewegungen vollführt. Diese erregen nicht nur das Interesse kleiner Vögel, sondern versetzen sie offensichtlich auch in einen verwirrten Zustand, der sie zu einer leichten Beute werden läßt. Etwas Ähnliches tun zwei Arten von Langaha-Nattern auf Madagaskar mit einem Nasenblatt und einem Kamm auf dem Kopf, und auf Ceylon verwendet eine der Grubenottern, die *Ancistrodon hypnale,* die bunte Spitze ihres Schwanzes, um vorübergehende Beutetiere zu »faszinieren«. Das wirklich Faszinierende an all diesen Schaustellungen ist, daß sich die von den Schlangen verwendeten Organe alle in derselben Richtung bewegen und regelmäßig drei Schwingungen je Sekunde vollführen. Man weiß noch zu wenig über die Gehirnströme von Vögeln und kleinen Säugern, aber das könnte die Frequenz sein, die ihrem Äquivalent zu den Alphawellen entspricht, die im menschlichen Gehirn im Zustand entspannter Meditation auftreten. Sechs oder sieben Schwingungen je Sekunde irritieren uns, aber zehn finden wir beruhigend. Das sind Beispiele für eine Bewegungshemmung über die Grenzen der einzelnen Spezies hinaus, aber es gibt zumindest ein Beispiel für eine Technik, die von Angehörigen derselben Art im Umgang miteinander angewandt wird. Bei gewissen Spinnen ist der Unterschied zwischen den Geschlechtern so groß, daß das Männchen Gefahr läuft, von seiner Partnerin für eine

Beute gehalten, angegriffen und gefressen zu werden. Es nähert sich ihr daher unter dem Schutz beruhigender Signale, die aus einer raschen rhythmischen Bewegung seiner Fühler bestehen.

Unbeweglichkeit kann also hervorgerufen werden durch Beengung, Desorientierung, Angst, ein fixiertes Verhaltensmuster oder rhythmische Reize. Beim Menschen wurden alle diese Techniken angewandt, aber 1843 zeigte der schottische Arzt James Braid, daß ein Trancezustand auch durch Suggestion herbeigeführt werden kann, und er nannte diesen Vorgang, nach dem griechischen Wort für Schlaf, Hypnose. (37)

Hypnose

Der Prozeß der tierischen Hypnose wurde Katatonie, Katalepsie, Thanatose und Akinese oder Bewegungshemmung genannt. Beim Menschen sprach man von Mesmerismus, tierischem Magnetismus, Somnambulismus und Reverie. In keinem Falle gibt es irgendwelche Beweise dafür, daß Hypnose auch nur das geringste mit dem normalen Schlaf zu tun hätte, aber darüber, was Hypnose tatsächlich sei, gehen die Meinungen weit auseinander.

Léon Chertok, der Leiter des Psychiatrischen Instituts in Paris, meint, sie sei ein vierter organismischer Zustand, der zu den drei Zuständen des Wachens, Schlafens und Träumens hinzuzuzählen sei. (72) Gewiß unterscheidet sie sich in mehr als einer Hinsicht von jedem dieser drei Zustände, aber die Schwierigkeit liegt darin, daß die Hypnose zwar für einen echten Zustand gehalten wird, aber dennoch noch von niemandem zufriedenstellend definiert werden konnte. Iwan Pawlow, der berühmte russische Physiologe, war der Ansicht, sie sei ein in mancher Hinsicht dem Schlaf ähnlicher Abwehrmechanismus. (241) Er löste ihn bei Hunden aus, indem er ihnen nach dem Läuten der Glocke, das die Tiere mit der Fütterung zu assoziieren gelernt hatten, das Futter noch lange vorenthielt. Die gespannte Erwartung der Hunde ging oft in einen katatonischen Zustand über, der solche Formen annahm, daß sie sich auch nicht bewegen konnten, wenn man ihnen endlich das Futter vorsetzte. Der uruguayische Arzt Anatol Milechnin sieht darin und in anderen Beobachtungen einen Beweis für seine Theorie, daß die Hypnose eine emotionelle Reaktion sei, die entweder durch Erschrecken – wie beim plötzlichen Abfeuern eines Gewehrs – oder durch beruhigende Stimuli wie Streicheln oder leises Singen ausgelöst werden könne. (211) Der britische Psychiater Stephen Black faßt beide Gedanken zusammen und gelangt zu der Ansicht, die Hypnose könne ein Reflex sein, der in einem sehr frühen Lebensstadium bedingt wird. (26) Während der Entwicklung im Ei oder im Uterus ist das Tier körperlich stark beengt. Es muß sich verhältnismäßig unbeweglich verhalten, und später im Leben versetzt es eine zwanghafte Beengung wieder in diesen Zustand der Bewegungslosigkeit zurück. Es ist zweifellos richtig, daß die meisten Tiere in Trance oder wenn sie sich totstellen eine fetale Haltung einnehmen. Außerdem könnte diese Theorie auch erklären, warum rhythmische Reize hypnotisch wirken. Im Leben des Embryos ist der vorherrschende Laut und die vorherrschende Empfindung der ununterbrochene rhythmische Herzschlag der Mutter. Nach der Geburt kann ein Kind am leichtesten beruhigt werden, wenn es an die linke Brust der Mutter gelegt wird, wo es das Herz schlagen hört, und die gleiche einlullende Wirkung hat auch ein Metronom oder eine Wiege, die in der Minute 72 Schaukelbewegungen ausführt – was wiederum der Frequenz des Herzschlags entspricht. (218) In der gleichen Weise lassen sich die hypnotische Wirkung der Beatmusik und der tranceartige Zustand vieler Tänzer erklären.

In diesem Klima der Ungewißheit untersucht man die Hypnose am besten, indem man von dem wenigen ausgeht, was man über ihre physiologischen Begleiterscheinungen weiß. Hypnoseartige Zustände treten bei Personen auf, die eindeutig wach sind. Ein gedankenverlorener Mensch kann mehrere Seiten eines Buches lesen, ohne irgend etwas davon zu verstehen, oder ein ganzes Gespräch mit anhören, ohne etwas davon aufzufassen, und ein verletzter Boxer kann einen Kampf beenden, ohne sich dessen bewußt zu sein. Eine solche Einengung der Aufmerksamkeit ist sehr typisch für den hypnotischen Zustand. Schlafen und Träumen können vom Wachen leicht unterschieden werden durch die verschiedenen Kurven, die das EEG anzeigt, aber die Gehirnströme eines Hypnotisierten sind dieselben wie die der wachen Person. (81)

Wenn eine Versuchsperson mit geschlossenen Augen ruht, erscheinen auf dem EEG-Streifen genau die gleichen Wellenmuster wie einen Augenblick später, wenn dieselbe Person durch ein Codewort in Hypnose versetzt wird. (93) Es treten offenbar keine Veränderungen im Hirnrindenpotential, in der Pulsfrequenz, im elektrischen Widerstand der Haut oder im elektrischen Potential der Handflächen auf. (187) Lediglich eine leichte Temperaturerhöhung infolge der Gefäßerweiterung im Trancezustand ist zu beobachten, und die Spannung des Lebensfeldes scheint sich ebenfalls ein wenig zu ändern. (265) Beide Messungen ergeben jedoch nur sehr geringfügige Abweichungen, die man auch auf rein emotionelle Reaktionen zurückführen könnte, so daß wir letzten Endes keine brauchbaren physiologischen Anzeichen für die Hypnose finden.

Wir können nur feststellen, daß jemand hypnotisiert ist oder war, wenn er in Testsituationen entsprechend reagiert oder nachträglich selbst sagt, er habe sich in Hypnose befunden. Das ist selbstverständlich sehr unbefriedigend und läßt den Verdacht aufkommen, daß die Hypnose zu einem großen Teil ein vom eigenen Willen abhängiger Zustand ist wie das Verhalten eines erschreckten Opossums. Seymour Fischer gab während eines Experiments tief hypnotisierten Versuchspersonen den Auftrag, sich, jedesmal wenn sie das Wort »Psychologie« hörten, am rechten Ohr zu kratzen. (101) Nachdem er sie wieder geweckt hatte, sprach er das Wort aus, um zu sehen, ob sie den Auftrag ausführten, und alle kratzten sich pflichtschuldigst am Ohr. In diesem Augenblick betrat einer seiner Mitarbeiter den Raum, und Fisher führte mit ihm ein im voraus vereinbartes, scheinbar beiläufiges Gespräch über alltägliche Dinge, in dem jedoch das Wort Psychologie ebenfalls mehrere Male vorkam. Die Versuchspersonen sprachen nicht darauf an. Nach einigen Minuten verließ der Mitarbeiter den Raum, und Fisher wandte sich wieder seiner Klasse zu. Als er das Schlüsselwort das nächstemal aussprach, reagierten alle wieder in der vorhergesehenen Weise. Es hat den Anschein, daß manche hypnotische Aufträge nur ausgeführt werden, weil die Versuchspersonen bereitwillig tun, was man ihrer Ansicht nach von ihnen erwartet. Sie faßten in diesem Falle die beiläufige Unterhaltung mit dem Besucher als Unterbrechung des Experiments auf und ignorierten daher auch den Auftrag.

Ähnliche Ergebnisse werden über ein Experiment berichtet, bei dem die Schmerzempfindlichkeit getestet wurde. Alle Versuchspersonen wurden einem genau gleich schmerzhaften Reiz ausgesetzt, aber ihre Reaktionen waren sehr unterschiedlich. (195) Diejenigen, die für die Teilnahme am Experiment die höchste Bezahlung erhalten hatten, fühlten auch den stärksten Schmerz, offenbar weil sie unter dem Eindruck standen, mehr leiden zu müssen. Es gibt Gründe für die Annahme, daß die Hypnose in ähnlicher Weise einer psychologischen Kontrolle unterliegt, aber was immer den hypnotischen Zustand verursacht – hinsichtlich seiner Wirkungen bestehen nicht die geringsten Zweifel.

Eine der typischen Begleiterscheinungen des Schmerzes ist die Erhöhung des Blutdrucks. An der Universität Stanford wurden die Reaktionen hypnotisierter Versuchspersonen, denen man versichert hatte, sie würden keinen Schmerz empfinden, mit denen nicht hypnotisierter Versuchspersonen verglichen, die den Auftrag hatten, so zu tun, als spürten sie keinen Schmerz. (149) Beobachter konnten die beiden Gruppen aufgrund ihrer sichtbaren Reaktionen nicht unterscheiden, aber bei allen, die den Schmerz spürten, stieg der Blutdruck, während er bei den Hypnotisierten gleich blieb. Tatsächlich scheint die Hypnose ein ausgezeichnetes Schmerzbekämpfungsmittel zu sein, und sie wird heute schon als einziges Anästhetikum bei Geburten, zahnärztlichen Eingriffen und einigen größeren Operationen angewandt. Ein chemisches Anästhetikum wirkt dadurch, daß es schmerzhafte Nervenreize blockiert, bevor sie das Gehirn erreichen, aber bei der Hypnose wird anscheinend das Gehirn dazu gebracht, die eintreffenden Reize zu ignorieren. (314) Mehreren chirurgischen Berichten über Hypnoanästhesie ist zu entnehmen, daß die Patienten keinen Schmerz erkennen ließen, daß aber Pulsfrequenz und Blutdruck im Laufe der Operation stark schwankten. Sie müssen also etwas gespürt haben. Es verhält sich aber offenbar so, daß der Geist unter dem Einfluß der Suggestion beträchtliche Gewalt über den Körper hat. Zum Teil läßt sich die beschriebene Reaktion wohl dadurch erklären, daß viele Reaktionen auf Schmerz von der Angst diktiert sind, und wenn wir hinsichtlich der Schmerzursache keine Sorge zu haben brauchen, sind wir imstande, einen erstaunlich hohen Grad von Unbehagen zu ertragen. Verletzungen, die unter normalen Umständen sehr schmerzhaft wären, werden bei wichtigen Ereignissen, die unsere Aufmerksamkeit fesseln, oft nicht einmal bemerkt. Erst später fällt uns die Schramme auf, und wir fragen uns, wie wir zu ihr gekommen sind.

Den Leistungen, zu denen unser Körper imstande ist, wenn unser Geist es will, sind anscheinend beinahe keine Schranken gesetzt. Stephen Black suggerierte hypnotisierten Versuchspersonen, sie würden einen bestimmten Ton mit der Frequenz von 575 Hertz nicht mehr hören können, und bei nachfolgenden Tests zeigten sie tatsächlich keinerlei physiologische Schreckreaktionen, als dieser Ton plötzlich sehr laut erzeugt wurde. Ebenso waren sie außerstande, die Vibrationen einer Stimmgabel mit derselben Frequenz zu spüren, die an ihre Knöchel gehalten wurde. (28) Durch Suggestion Farbenblindheit oder sogar völlige Blindheit herbeizuführen, wurde bereits mehrere Male versucht, und bei einer Versuchsperson wurde festgestellt, daß das Gehirn auf ein helles Licht nicht mehr normal reagierte. (202) Hierbei handelt es sich um eine negative Reaktion – bei der man etwas Vorhandenes nicht sieht –, aber es sind auch positive Halluzinationen bekannt, bei denen nicht nur helle Farben gesehen wurden, sondern sogar auch Nachbilder in den richtigen Komplementärfarben. (97)

Warzen scheinen von allen Hautkrankheiten am engsten mit psychologischen Faktoren zusammenzuhängen. In den meisten Ländern der Welt betreiben »Warzenbesprecher« ihr Gewerbe mit offenbar gutem Erfolg, und man stellt daher ohne Überraschung fest, daß die Hypnose ebenso gut wirkt. Bei einem sorgfältig überwachten Experiment wurde vierzehn Patienten mit alten Warzen am ganzen Körper suggeriert, daß die Warzen auf nur einer Körperseite verschwinden würden. (305) Fünf Wochen später waren sie tatsächlich verschwunden. Allergien scheinen sich ähnlich gut durch Suggestion heilen zu lassen. In Japan wurde ein ebenso einfaches wie überzeugendes Experiment mit Personen durchgeführt, die alle auf den gleichen Baum allergisch reagierten. (159) Man band ihnen die Augen zu, und als man ihnen für sie harmlose Kastanienblätter auf den linken Arm legte und behauptete, es seien Blätter von dem »Allergiebaum«, entwickelten alle die übliche Dermatitis. Als man ihnen dann jedoch Blätter vom echten Baum auf den rechten Arm legte und versicherte, sie seien harmlos, blieb die Reaktion aus. Alle Allergien werden von Fremdkörpern wie, zum Beispiel, Blütenstaub ausgelöst, die in den Körper eindringen und sich mit einem Protein zu einem spezifischen Antikörper verbinden, der manchmal unangenehme Nebenwirkungen oder eben Allergien hervorruft.

Das ist eine verhältnismäßig einfache biochemische Reaktion, die scheinbar nichts mit dem Gehirn zu tun hat, aber es liegt nun bereits umfangreiches Material vor, das keinen Zweifel an der Beherrschung dieses Vorgangs durch geistig-seelische Faktoren mehr zuläßt. Bei der klassischen Untersuchung auf Tuberkulose, eine bakterielle Infektion, das heißt bei der Mantoux-Probe oder Stichreaktion, bildet sich eine allergiebedingte rote Schwellung auf der Haut, wenn der Patient Tb-Antikörper im Blut hat, aber es konnte nachgewiesen werden, daß der hypnotische Auftrag, nicht zu reagieren, auch bei schwer mit Tuberkulose befallenen Personen wirkt. (27) Das zeigt, welche Macht Emotionen über diese auszehrende Krankheit haben, die man lange mit Depressionen und »einsam und bleich dahinschmachtenden« unglücklich Liebenden in Verbindung brachte.

Ebenso sind auch andere physiologische Mechanismen durch Suggestion beeinflußbar. (26) In tiefer Hypnose kann sogar der Sehnenreflex ausgeschaltet werden, der das Bein zucken läßt, wenn man gegen das Knie schlägt. (13) Der Herzschlag kann verlangsamt oder beschleunigt und die in einem Körperglied zirkulierende Blutmenge erhöht werden. (298) Kurzsichtige können in der Weise beeinflußt werden, daß ihre Augäpfel vorübergehend ihre Form ändern und die Sicht auf größere Entfernung verbessert wird. (173) Am eindrucksvollsten ist vielleicht die Tatsache, daß die Zusammenziehungen des Magens bei großem Hunger allein dadurch völlig beruhigt werden, daß man dem Hungrigen suggeriert, er nehme eine reichliche Mahlzeit zu sich. (196)

Viele dieser Experimente wurden heftig kritisiert – am überzeugendsten von Theodore Barber, dem die ganze Hypnose zuwider ist. (14) In manchen Fällen ist die Kritik berechtigt – die beschriebenen Wirkungen kommen vielleicht tatsächlich nicht durch Hypnose zustande –, aber die Argumente sind nicht sehr stichhaltig und lassen meistens einen sehr wesentlichen Umstand außer acht: ob die Wirkungen nun der Hypnose zuzuschreiben sind oder, wie andere meinen, einer einfachen »Suggestion«, ändert nichts an der Tatsache, daß alle diese Körperfunktionen, die normalerweise von dem unserem Bewußtsein nicht unterworfenen autonomen Nervensystem gesteuert werden, von außen her beeinflußt werden können. Welcher Art immer dieser Vorgang sein mag: er hat eine außerordentliche biologische Bedeutung und vermittelt uns die erste direkte Berührung mit dem so schwer faßbaren Unbewußten.

Autosuggestion

Das ganze Problem des Bewußtseins ist voller Fallgruben, von denen einige allerdings reine Fragen der Begriffsbestimmung sind, und wir sind von einer befriedigenden Lösung noch weit entfernt, aber für unsere Zwecke genügt vorerst einmal die Feststellung, daß der Mensch etwas besitzt, was die Amöbe nicht hat. Wir haben eine Individualität, die sich auf unsere Erfahrungen zu gründen scheint. Das Gehirn eines Neugeborenen ist ein unbeschriebenes Blatt, auf dem jedoch sehr bald schon die ersten Erfahrungen aufgezeichnet werden, die sich als nützlich erweisen. Zunächst hängt das Kind völlig von anderen ab, und sein dringendstes Bedürfnis ist es daher, die anderen dazu zu bringen, zu tun, was es will. Von allem Anfang an baut das Kind aufgrund der Informationen, die es nach und nach aufnimmt, ein Kommunikationssystem auf. Die Information wird gewissermaßen in einem theoretischen Modell der Welt, wie das Kind sie sieht, gespeichert, und solange wir leben, baut unser Gehirn weiter an diesem Modell, indem es ändert und hinzufügt, vor allem aber ständig die täglich neu registrierten Ereignisse mit den Aufzeichnungen früherer Erlebnisse derselben Art vergleicht. Auf höchster Ebene bedient sich das Gehirn der gespeicherten Information, um auch in Abwesenheit der normalen Reize Urteile über Dinge zu bilden – mit anderen Worten, es kann für sich selbst »denken«.

Grob gesprochen, ist diese Fähigkeit das, was wir Bewußtsein nennen. Wir wissen, daß wir es haben, und wir erkennen es wieder bei vielen anderen Säugetieren und Vögeln, die auf uns und untereinander in der gleichen Weise zu reagieren scheinen. Dagegen zweifeln wir nicht ohne Grund daran, daß dieses Bewußtsein auch bei Reptilien, Amphibien und Fischen vorhanden ist, und die Diskussion über die Frage, ob die staatenbildenden Insekten ein Bewußtsein – vielleicht kollektiver Natur – haben, ist noch lange nicht abgeschlossen. Nur wenige glauben, daß man Würmern oder Quallen etwas dergleichen zuschreiben könnte, und man wird kaum jemanden finden, der von einem Bewußtsein bei einem Schwamm oder bei Seetang sprechen würde. Es ist sehr schwer zu wissen, wo man die Grenze ziehen soll, und im übrigen ganz unnötig, es auch nur zu versuchen. Wir brauchen uns nur darüber klar zu werden, daß die Möglichkeit eines Bewußtseins immer geringer wird, je weiter wir die Linie der evolutionären Entwicklung zurückverfolgen. Das Bewußtsein ist etwas verhältnismäßig Neues und in den fortgeschritteneren Organismen am besten entwickelt.

Alle Vorgänge, die wir als bewußt erkennen, werden beinahe ausschließlich vom Zentralnervensystem gesteuert, das heißt vom Gehirn und Rückenmark, die ebenfalls verhältnismäßig neue Entwicklungen sind. Das übrige Netzwerk der Nerven, das autonome oder vegetative System, das die Funktion der Eingeweide, Blutgefäße und Drüsen regelt, muß daher primitiver sein. Von ihm hängen die Vorgänge ab, die wir als die unbewußten bezeichnen. Seine Ursprünge liegen weit zurück in der organischen Geschichte. Wenn wir uns in die Zeit zurückversetzen, in der es noch keine Nervensysteme irgendwelcher Art gab, so finden wir frühe Protoplasmaformen, die zwangsläufig die eine wesentliche Aufgabe zu lösen hatten: Sie mußten in dem Kampf gegen die Auflösung von außen bestehen und intakt bleiben. Um dazu imstande zu sein, mußten sie zumindest zwischen »selbst« und »nicht-selbst« unterscheiden können. Sie mußten Fremdmaterie erkennen und, wo nötig, zurückweisen. Bei Immunitäts- und Allergiereaktionen geschieht das dadurch, daß die eindringenden Fremdkörper an ihrer Form erkannt werden; und daß diese Reaktionen durch unbewußte Suggestion beeinflußbar sind, könnte bedeuten, daß das Unbewußte allen Lebensformen, wie einfach sie auch sein mögen, gemeinsam ist.

Damit käme man der Erklärung von Verhaltensweisen und Reaktionen nahe, die im Augenblick noch übernatürlich anmuten.

Die Entdeckung der Doppelspirale des DNS-Moleküls ließ die Bedeutung der Form auf molekularer Ebene erkennen. Wir wissen nun, daß ein Enzym beinahe ausschließlich von seiner Form abhängt und daß sich die Fähigkeit eines Organismus, ein Antigen zu erkennen, allein auf die Form des Fremdkörpers gründet. (5) Sogar der Geruch ist ein Produkt der Form: runde Moleküle riechen wie Kampfer, scheibenförmige wie Blumen und kegelförmige wie Pfefferminze. Daß scheinbar gleiche Gerüche unterschieden werden können, läßt sich also einfach dadurch erklären, daß sie wahrscheinlich verschiedene Formen haben, und Formen kann auch eine Blutzelle erkennen. Wenn man das bedenkt, erscheinen einem auch die Reaktionen von Tieren wie der Holzschlupfwespe nicht mehr so unheimlich.

Die große amerikanische Art *Megarhyssa lunator* läuft an Baumstämmen auf und ab, bis sie eine Holzwespenlarve ortet, die bis zu 7,5 cm tief unter der Rinde im Holz sitzt und frißt. Sie entdeckt sie teils durch »Ohrzellen« in ihren Füßen, die vibrationsempfindlich sind und das Kauen der Larven wahrnehmen, aber die Larven verhalten sich still, sobald sie eine Bewegung auf der Rinde hören. (143) Trotzdem gelingt es der Holzschlupfwespe nicht nur, den genauen Standort der Larve festzustellen, sondern auch aufgrund des Geruchs, der durch 7,5 cm Holz dringt, zu erkennen, ob es sich um die richtige Larvenart handelt und ob nicht schon eine andere Holzschlupfwespe ihre Eier in diese besondere Larve abgelegt hat. Diese hochempfindliche Reaktion auf einen schwachen Reiz beruht auf der alten und im Grunde einfachen Fähigkeit, Formen zu erkennen.

Daß Lachse imstande sind, Tausende von Meilen durch die Meere zu schwimmen und zu den Flüssen und Bächen zurückzukehren, in denen sie einst ausschlüpften, kommt, wie nun nachgewiesen wurde, daher, daß sie eine besondere Empfindlichkeit für den Geruch dieses Gewässers besitzen, der sich von dem aller anderen unterscheidet. (139) Aale erkennen einen Fingerhut voll Rosenparfüm in einem 36 000 Quadratkilometer großen See. (317) Männliche Schmetterlinge entdecken ein Weibchen ihrer Art aus Entfernungen von bis zu 48 km durch das Vorhandensein eines einzigen Moleküls ihres spezifischen Geruchs in der Luft. (186) Eine solche Sensibilität ist uns fremd, denn wir haben einen nur schwach entwickelten Geruchssinn, aber wir können uns eine ungefähre Vorstellung davon machen, was ein so ungewöhnliches Riechvermögen bedeutet, wenn wir die von Andrew Dravnick in Chicago erfundene »mechanische Nase« zu Hilfe nehmen. Dieses Gerät entdeckt die Geruchsspuren eines Einbrechers, der sich vor Stunden in einem bestimmten Raum aufgehalten hat, und vergleicht sie mit Geruchsproben von verdächtigen Personen. Da Blutsverwandte ähnliche Gerüche haben, kann es auch als Hilfsmittel bei der Blutgruppenuntersuchung zum Zweck eines Vaterschaftsnachweises verwendet werden, und da das Eindringen von pathogenen Organismen Änderungen im chemischen Gleichgewicht des Körpers hervorruft, kann das Gerät eine Krankheit schon lange vor dem ersten Auftreten der Symptome erkennen. (90) Es übt alle diese Funktionen einfach in der Weise aus, daß es auf rein mechanischem Wege chemische Eigenschaften vergleicht, die von der Form abhängen. Der Mann, der das Gerät bedient, hat aufgrund der Informationen, die es ihm liefert, Entscheidungen zu fällen. Er ist der bewußte Geist, der den unbewußten Mechanismus überwacht. In diesem Falle wird also der Mensch durch eine Maschine unterstützt oder ergänzt, aber diese Zusammenarbeit stellt ein brauchbares Modell unserer Beziehung zu unserem eigenen Unbewußten dar. Wir beginnen eben erst zu erkennen, wieviel direkten Einfluß der Mensch auf das Unbewußte und das Unbewußte wiederum auf den Menschen ausübt.

An der *Harvard Medical School* hat David Shapiro unlängst ein Experiment abgeschlossen, bei dem er einige Studenten lehrte, ihren Blutdruck zu ändern. (304) Er legte ihnen ein empfindliches Meßgerät an, und jedesmal wenn der Blutdruck vorübergehend sank, belohnte er die Männer, indem er ihnen die Vergrößerung eines nackten Mädchens vom Mittelblatt der Zeitschrift *Playboy* zeigte. Die Studenten wußten nicht, worum es bei diesem Experiment ging, aber dadurch daß ihre bewußte Aufmerksamkeit in demselben Augenblick erregt wurde, in dem sich ein unbewußter Vorgang abspielte, entstand eine Verbindung zwischen beiden, und die Männer waren imstande, die sonst rein zufälligen Schwankungen des Blutdrucks nach Belieben herbeizuführen. Bei einem anderen, ähnlichen Experiment brachte man Managern mit einem gefährlichen hohen Blutdruck den gleichen nützlichen Trick bei. (71)

Man weiß seit langem, daß Menschen mit einer lebhaften visuellen Phantasie nur wenig Alphawellen unter ihren Gehirnströmen haben, während man bei den nicht-visuellen Typen, die mehr zur sprachlichen Erfassung der Dinge neigen, eine ständige Alpha-Aktivität beobachtet. Diese charakteristische Rhythmenverteilung ist anscheinend zum Teil erblich, aber sie hängt auch von Umweltfaktoren und von der Erfahrung ab. Eineiige Zwillinge haben am Beginn ihres Lebens gleiche Elektroenzephalogramme, aber später weichen diese voneinander ab und zeigen auch sehr geringfügige

Charakterunterschiede an, die normalerweise nur von sehr guten Freunden entdeckt werden können. Bei den meisten Menschen treten Alphawellen am deutlichsten dann auf, wenn sie die Augen schließen, sich entspannen und an nichts Besonderes denken. Wenn auch bei offenen Augen kräftige Alphawellen gemessen werden, ist das gewöhnlich ein Anzeichen für eine jener Geisteskrankheiten, die eine Abschließung von der Wirklichkeit zur Folge haben. Eine so vollständige Dissoziation kann schädlich sein, aber die Alphawellen wirken so entspannend, daß sie eine wichtige biologische Aufgabe erfüllen, und es wäre nützlich, wenn es uns gelänge, sie nach Belieben hervorzubringen. Zur Zeit wird ein billiges Gerät auf den Markt gebracht, das dabei behilflich sein kann. Dieses »Alphaphon« ist ein einfaches Instrument, das die Gehirnströme registriert und dem Benutzer durch das Aufleuchten einer Birne oder ein Klingelzeichen genau anzeigt, wann er Alphawellen produziert. Diese einfache Bestätigung wirkt wie das obenerwähnte nackte Mädchen auf den Blutdruck, und schon nach wenigen Stunden kann jeder lernen, eine bewußte Kontrolle über seine Alphawellen auszuüben und sie nach Wunsch hervorzubringen – eine Art Kurzfassung der Meditationstechniken, deren Erlernung sonst jahrelange Übung und Selbstverleugnung erfordert.

Im Bostoner Städtischen Krankenhaus wird die Physiologie der echten Meditation unter Mithilfe von Adepten der transzendentalen Techniken des Maharishi Mahesh Joga erforscht. Alle zeigen ein kräftiges Ansteigen der Alpha-Aktivität, eine Verlangsamung der Atmung, des Sauerstoffverbrauchs und der Pulsfrequenz, ein Sinken des Blutdrucks und eine Erhöhung des elektrischen Hautwiderstands. (22) Außerdem ist ein sehr starkes Absinken des Milchsäurespiegels im Blut zu beobachten, der nach beendeter Meditation noch mehrere Stunden niedrig bleibt. Ein hoher Milchsäurespiegel tritt im Zusammenhang mit Streß auf. Die Gesamtwirkung der selbstverursachten Veränderungen ist also ein plötzlicher und auffälliger Abbau von Spannungen. Menschen, die diese Techniken anwenden, berichten, sie sähen in ihnen einen wirkungsvollen und oft vorzuziehenden Ersatz für durch Drogen erzielte Ergebnisse.

In Japan wurden faszinierende Untersuchungen der Rhythmen vorgenommen, die bei der Zen-Kontemplation auftreten. (172) Die Priester schalten die Sinneseindrücke aus, indem sie lange in der sogenannten Lotusstellung verharren und mit weit offenen Augen einen bestimmten Gegenstand fixieren. Anfangs ist keine Alpha-Aktivität festzustellen, aber bald treten Alpharhythmen auf; sie werden immer stärker und verbreiten sich über die ganze Kopfhaut. Bei den Zen-Meistern können die Wellen eine halbe Stunde oder noch länger unverändert anhalten, während die Alpha-Aktivität bei normalen Menschen selten länger als ein oder zwei Minuten dauert. (6) Ähnliche Untersuchungen der Joga-Meditation zeigen, daß ebenfalls eine verlängerte Alpha-Aktivität auftritt, aber bei einem Experiment mit Mitgliedern einer bengalischen Sekte setzten die Alphawellen aus, als die Adepten in die *samadhi* genannte Ekstase eintraten. (83)

Die bewußte Beherrschung von dem Willen normalerweise nicht unterworfenen Funktionen ist im Joga, im Zen und in einigen afrikanischen Kulten nichts Ungewöhnliches. Pulsfrequenz, Atmung, Verdauung, sexuelle Funktionen, Stoffwechsel und Nierentätigkeit können durch den Willen und nach Belieben beeinflußt werden. Männer, die sich jahrelang in einer Technik vervollkommnet haben, die praktisch dem Aufbau eines Systems von bedingten Reflexen gleichkommt, können den Herzschlag verlangsamen, bis er beinahe vollends aussetzt, die Körpertemperatur so weit senken, daß unter normalen Umständen der Tod eintreten würde, und die Atmung bis zu einem einzigen Atemzug in mehreren Minuten drosseln. In solchen Fällen ist der ganze Organismus auf eine Verfassung reduziert, die der eines Winterschlaf haltenden Tiers gleicht, und man kann den Menschen ohne schädliche Auswirkungen für mehrere Tage lebendig begraben. (335) Die Reflexe, die uns normalerweise vor heftigem Schmerz zurückzucken lassen, werden so weit ausgeschaltet, daß man lange Nägel durch die Glieder schlagen und Nadeln durch die Wangen oder die Zunge stechen kann. Gleichzeitig kann das sympathische Nervensystem lokal gelähmt oder angeregt werden, so daß keine oder eine besonders starke Blutung auftritt. Ebenso lassen sich die Pupillen beherrschen, die sonst auf Lichtreize und Empfindungen reagieren. An diesen Fähigkeiten ist nichts Übernatürliches. Viele wurden objektiv untersucht und im Labor getestet. Man braucht Zeit und Übung, um die richtigen Techniken zu erwerben, aber manchen Physiologen sind bereits die unwahrscheinlichsten Dinge gelungen. Sie ließen sich selbst die Haare zu Berge stehen oder steigerten die Insulinabsonderung der Bauchspeicheldrüse über das normale Maß hinaus.

Manche Menschen entwickeln Fähigkeiten der beschriebenen Art, um damit öffentlich aufzutreten und ihren Lebensunterhalt zu verdienen, aber in vielen Fällen sind sie nur Nebenprodukte des Prozesses der Selbstverwirklichung. In manchen Weltgegenden, wo das Leben besonders hart und beschwerlich ist, können sie auch rein praktischen Zwecken dienen. In Tibet, zum Beispiel, kennt man die *lung-gom* genannte Kunst, die ihren Adepten die Fähigkeit verleiht, unvorstellbar schnell durch die Hochlandeinöden zu wandern. Der Schüler lebt 39 Monate in völliger Dunkelheit und Abgeschlossenheit und übt sich in der tiefen Atmung. Alexandra David-Neel berichtet, wie sie einen Mönch aus dem Kloster von Tsang, das für die Ausbildung in dieser Kunst berühmt ist, in vollem Lauf beobachtete: »Ich konnte deutlich sein vollkommen ruhiges, unbewegtes Gesicht und seine weit offenen, auf ein fernes, unsichtbares Ziel gerichteten Augen sehen. Der Mann lief nicht eigentlich. Er schien sich vom Boden emporzuheben und bewegte sich in großen Sprüngen vorwärts. Er sah aus, als wäre er mit der Elastizität eines Balls begabt und als prallte er jedesmal ab, wenn seine Füße den Boden berührten.« (84) Einer dieser geschickten Läufer soll einmal eine Entfernung von etwa 480 km in rund 30 Stunden – zwischen dem Sonnenaufgang des einen und dem Mittag des nächsten Tages – zurückgelegt haben, was einen Stundendurchschnitt von etwa 16 km in jedem Terrain und bei Tag und Nacht ergibt. Marathonläufer haben im Vergleich damit eine Stundengeschwindigkeit von durchschnittlich 19 km, aber sie brauchen sie nur wenig mehr als zwei Stunden und auf guten Straßen durchzuhalten.

Eine andere nützliche Kunst der Tibeter wird *tumo* genannt. Sie dient der Bekämpfung der Kälte, und in einem Land, das beinahe auf seiner ganzen Ausdehnung in Höhen von über 3000 m liegt, genießt sie begreiflicherweise die größte Wertschätzung. Die Schüler erlernen zunächst eine ganze Reihe komplizierter Atem- und Meditationstechniken und ziehen sich zur Übung in ein abgelegenes Gebiet zurück. Jeden Tag baden sie in eisigen Bächen und setzen sich dann nackt in den Schnee und denken an ein inneres Feuer. Wenn die Ausbildung abgeschlossen ist, legt der Schüler eine Prüfung ab. In einer windigen Winternacht wird er in ein Laken eingewickelt, das durch ein Loch im Eis in einen Fluß getaucht wurde, und mindestens dreimal im Laufe der Nacht muß er es allein durch seine Körperwärme trocknen. Danach trägt er zu allen Jahreszeiten und in allen Höhen nie mehr etwas anderes als ein einfaches Baumwollkleid. Mehrere Everest-Expeditionen berichteten, sie hätten sogar vollkommen nackte Einsiedler hoch oben im ewigen Schnee gesehen.

Interessant ist, daß sowohl die tibetischen als auch die indischen Körper- und Seelenkulte der Atmung eine so große Bedeutung zusprechen. In alten Jogatexten heißt es: »Das Leben ist im Atem.« Und aus der Luft schöpft der Körper die »Lebenskraft« oder *prana.* (152) Eine tiefe Atmung bedeutet selbstverständlich eine überreichliche Sauerstoffversorgung und kann daher zu Halluzinationen und sogar zu Bewußtlosigkeit führen, aber das ist nicht alles. Die Biologen, die an der staatlichen Universität von Kasachstan mit dem Kirlianverfahren arbeiten, stellten fest, daß die Lichter in der Haut heller leuchten, wenn die Lungen der Versuchsperson mit reinem Sauerstoff gefüllt sind, und eine noch eindrucksvollere Wirkung wird mit ionisierter Luft erzielt. (233) Es sieht also so aus, als lieferten überschüssige Elektronen aus den Sauerstoffatomen den Brennstoff für die Energie des Lebensfeldes.

Wenn es aber möglich ist, unbewußte Vorgänge bewußt zu beherrschen, muß auch eine Beeinflussung in der umgekehrten Richtung wirksam werden, und das ist tatsächlich der Fall bei den vielen psychosomatischen Störungen, denen wir auf Schritt und Tritt begegnen. Mindestens die Hälfte aller Leiden der Menschheit hat ihren Ursprung im Geistig-Seelischen. Medizinmänner und »Zauberdoktoren« behandeln alle Krankheiten mit Kräutern und Magie, und bei Hautleiden, anomalem Blutdruck, Magengeschwüren, beginnender Koronarthrombose und hysterischer Blindheit erzielen sie mindestens ebenso gute Heilerfolge wie unsere gründlich ausgebildeten und mit den modernsten Instrumenten ausgerüsteten Fachärzte. Sogar »zufällige« Verletzungen wie Beinbrüche lassen sich oft auf psychologische Ursachen zurückführen, und neuere Untersuchungen zeigen, daß »Zufall« und »Unfall« keineswegs dasselbe sind und daß manche Menschen zu gewissen Zeiten eine regelrechte Unfallneigung haben. (212) Es lassen sich bei Menschen, die nichts anderes sind als »Unfälle, die einen Ort suchen, wo sie sich ereignen können«, ganz bestimmte Persönlichkeitsmerkmale, psychologische Verfassungen und sogar physiologische Zustände feststellen.

In krassen Fällen kann die Autosuggestion sogar töten. Alljährlich sterben Tausende, nur weil sie glauben, daß der Tod unvermeidlich sei. Die Zauberei mag Kräfte besitzen, die wirklich übernatürlich sind, aber sie bedarf ihrer nicht, solange Menschen imstande sind, sich selbst zu Tode zu wünschen. Man braucht nicht einmal bewußt an die Kräfte des Bösen zu glauben – das Unbewußte besorgt selbst alles Nötige. Es gibt lebhafte und anschauliche Schilderungen von sonst ganz vernünftig denkenden Menschen in New York und London, die dahinsiechten, weil man ihnen gesagt hatte, daß jemand eine nach ihrem Ebenbild angefertigte Puppe mißhandelte – und die sich rasch wieder völlig erholten, sobald sie erfuhren oder auch nur dachten, daß die Puppe vernichtet worden sei. (302)

Die sogenannten Wunderdoktoren machen sich oft eine Massenreaktion zunutze, um ihre Wunder zu wirken, denn überall, wo Menschen in größerer Zahl versammelt sind, steigern sie sich gegenseitig zu erhöhter Beeinflußbarkeit. Alle Bauern wissen, daß ein Schwein allein nicht fett wird und daß dort, wo mehrere Schweine beisammen sind, jedes einzelne mehr frißt, als es für sich allein fressen würde. Ähnliches gilt für viele andere Aspekte des tierischen oder menschlichen Verhaltens. Die emotionelle Spannung einer magischen Séance oder einer religiösen oder politischen Versammlung teilt sich rasch allen Anwesenden mit und ermöglicht es dadurch einem Führer, Ideen an den Mann zu bringen, die unter normalen Umständen und als Individuen nur wenige Zuhörer akzeptieren würden. Es ist schon viel über »Massenhypnose« und die Fähigkeit gewisser Menschen geschrieben worden, eine allgemein um sich greifende Hysterie oder Massenhalluzination auszulösen. Es ist ohne weiteres möglich, eine kleine Gruppe von eigens ausgewählten, besonders empfänglichen Personen gleichzeitig zu hypnotisieren, aber zu dieser Kategorie gehört nur etwa ein Mensch unter zwanzig, und die Wahrscheinlichkeit, daß sich eine ganze Menschenmenge aus lauter solchen Leuten zusammensetzt, ist verschwindend gering. Daher hat es auch noch nie eine einwandfrei verbürgte Vorführung des indischen Seiltricks in der Öffentlichkeit gegeben. (69) Das ändert jedoch nichts an der Tatsache, daß in der ansteckenden Ekstase, die in einer großen Menschenmenge durch soziale Erleichterung ausgelöst werden kann, die Schranken der Vernunft und des bewußten freien Willens fallen und simple Ideen rasch um sich greifen und, wo sie aufgenommen werden, Wurzeln schlagen können. Ansteckende Handlungen solcher Art sind auch bei anderen Spezies häufig. Die Einnahme einer rituellen Haltung durch einen einzigen Vogel in einer dichtbevölkerten Möwenkolonie breitet sich oft wellenförmig auf dem ganzen von den Möwen besetzten Gelände aus, und wenn ein Pinguin am Strand den Schnabel in die Luft streckt, in der »Ekstasehaltung« erstarrt und den Sammelschrei seiner Spezies aussendet, nimmt die ganze brodelnde Masse von Pinguinen rund um die Bucht den Schrei auf.

Die Abstände zwischen den Fischen in einem Schwarm werden von den Wirbeln bestimmt, die jeder Fisch im Wasser um sich her verursacht und die von den »Seitenlinien« genannten Sinnesorganen seiner unmittelbaren Nachbarn wahrgenommen werden. (39) Zum Teil werden durch diese Organe sicherlich auch Absichten mitgeteilt, aber die Kohäsion innerhalb des Schwarms ist zu gut, um allein dadurch erklärt zu werden. Es wäre möglich, daß alle dynamischen Gruppen dieser Art einschließlich der Schwärme ziehender Stare und der Lemmingszüge von einer leichten Hysterie befallen werden, die es ihnen ermöglicht, beinahe wie ein einziger Organismus zu handeln. In gewisser Hinsicht ähnelt jede instinktive soziale Kommunikation insofern der Hypnose, als sie von einer unbewußten Reaktion auf einen bestimmten Reiz abhängt. Als das System aufgebaut wurde, muß der Reiz hartnäckig wiederholt worden sein wie das blinkende Licht oder die wiederholten Anweisungen des Hypnotiseurs, bis die richtige Reaktion beinahe automatisch erfolgte. Eine Vertrautheit mit dieser Art der Bedingung eines Reflexes erklärt vielleicht die Prädisposition aller Tiere für die Techniken der Bewegungshemmung und die Empfänglichkeit des Menschen für Hypnose und Suggestion.

Beim Menschen ist das Unbewußte weit mehr als der Teil des Gehirns, der für die gewöhnliche alltägliche Physiologie zuständig ist. Die gesamte Psychiatrie des Westens gründet sich zum größten Teil auf das »Unbewußte« der Freudianer oder das »kollektive Unbewußte« Jungs. Vom bloßen auf die Erkennung von Formen eingestellten Kontrollmechanismus hat es sich zu einer echten Alternative für bewußte Denkprozesse mit eigenen, besonderen Fähigkeiten entwickelt. Es gibt Beweise dafür, daß das eigentlich Schöpferische zu einem großen Teil auf dem Unbewußten beruht und daß viele Schriftsteller, bildende Künstler und Komponisten durch Selbsthypnose Zugang zum Unbewußten gewinnen. Goethe sagte, er habe viele seiner besten Gedichte in einem Zustand geschrieben, der an Somnambulismus grenzte. Coleridge soll seinen *Kubla Khan* im Schlaf verfaßt haben. Mozart sagte von seinen musikalischen Inspirationen, sie seien wie Träume aufgestiegen, ganz unabhängig von seinem Willen, und Newton schließlich löste seine schwierigsten mathematischen Probleme, indem er sie »überschlief«.

Träume

Da alles Leben auf die eine oder andere Weise von der Sonnenenergie abhängt, ist der kräftigste Taktschlag im Metabolismus jeder Spezies der zirkadiane Rhythmus – der Wechsel von hell und dunkel. Anfangs, als die frühen Lebensformen nicht nur auf die Energie, sondern auch auf die Hitze der Sonne direkt angewiesen waren, muß sich ihre Aktivität ganz auf die Tagesstunden beschränkt haben. Vor allem gilt das sicherlich für die Landtiere, und die meisten Kaltblüter werden heute noch inaktiv in der Nachtkühle, in der ihre Körpertemperatur beinahe ebenso schnell sinkt wie die Lufttemperatur. Vögel und Säugetiere haben eine entscheidende Unabhängigkeit von diesem System erlangt, da sie ihre Körpertemperatur selbst regeln, so daß viele von ihnen auch in der Dunkelheit rege sein können, aber auch diese emanzipierten Arten kennen in jeder 24-Stunden-Periode eine Ruhepause.

Die wirbellosen Tiere, vielleicht mit Ausnahme der Kopffüßer (Kraken, Tintenfische), scheinen einfach nur inaktiv zu werden: sie hören auf, sich zu bewegen. Für die meisten Warmblüter dagegen ist der Schlaf ein aktiver Vorgang. Niko Tinbergen weist darauf hin, daß der Schlaf eine echte instinktive Verhaltensweise ist, denn es geht ihm ein einleitendes oder appetitives Verhalten wie die Suche nach oder die Wanderung zu einem besonderen Schlafplatz voraus, und er erfordert sodann die Einnahme einer bestimmten Körperstellung. (321) Einige Fische, wie zum Beispiel der Karpfen, *Cyprinus carpio,* legen sich nach Einbruch der Dunkelheit flach auf den Boden ihres Teiches, und der riesige goldene Sonnenfisch, *Mola mola,* treibt auf der Seite liegend wie eine große Scheibe an der Oberfläche des Meeres. Diese Fische scheinen zu schlafen und können gefangen werden, wenn man sich ihnen vorsichtig genug nähert. Vögel kennen ohne Zweifel einen regelrechten Schlaf. Die meisten schließen die Augen und stecken ihren Kopf unter einen Flügel. Auf Zweigen schlafende Vögel können sich nicht ganz entspannen, und die auf dem Wasser schlafenden machen ständig Paddelbewegungen mit einem Bein, um nicht an Land und in die Reichweite ihrer Feinde getrieben zu werden. Im Wasser lebende Säugetiere müssen einen ähnlichen Reflex entwickeln und sich in regelmäßigen Abständen an die Oberfläche treiben lassen, um zu atmen. Delphine scheinen mit einem offenen und einem geschlossenen Auge zu schlafen und alle paar Stunden zu wechseln. Rinder und andere Wiederkäuer halten dagegen im Schlaf beide Augen offen und hören nicht auf zu kauen. Die besondere Anordnung ihres Verdauungsapparats beruht auf der Schwerkraft; daher müssen sie beim Schlafen auch den Kopf in die Höhe halten. Auch Tiere wie Giraffen und Elefanten, von denen man früher annahm, sie schliefen nie, schlafen in Wirklichkeit und legen sich dabei oft sogar flach auf den Boden.

Der Schlaf ist also unter den höheren Tieren weit verbreitet, und viele widmen ihm ein Drittel ihres Lebens, aber wir wissen trotzdem noch recht wenig über den eigentlichen Vorgang des Schlafens. Beim Menschen können wir ihn einigermaßen genau beschreiben: Die Augenlider sind geschlossen, die Pupillen werden sehr klein, die Absonderung von Verdauungssäften, Speichel und Urin läßt stark nach, in die Lungen strömt weniger Luft ein, das Herz schlägt langsamer, die Gehirnströme ändern sich, und das Bewußtsein wird herabgesetzt. Beim Einschlafen verlöschen nach und nach die Alphawellen, der Rhythmus wird langsamer, und an ihre Stelle treten die langen, ruhigen, für den tiefen Schlaf charakteristischen Deltawellen – eine bis drei je Sekunde. In diese langsamen Wellen mischen sich ab und zu kürzere Ausbrüche schnellerer Wellen, die sogenannten »Spindeln«.

Alle diese Zustände lassen sich durch elektrische Reizung bestimmter Gehirnpartien künstlich herbeiführen. Bei einem Experiment wurde einer Katze im oberen Teil des Hirnstamms ein elektrischer Schlag versetzt. Sie putzte sich daraufhin, rollte sich zusammen und schlief ein. (148) Die meisten Untersuchungsergebnisse weisen jedoch darauf hin, daß es im Gehirn Bereiche gibt, die für das Wachsein zuständig sind, und daß wir uns schläfrig fühlen, wenn diese nicht mehr erregt werden. Eine besondere Rolle spielt dabei die Formatio reticularis, eine Art Schaltzentrale an der Basis des Gehirns, durch die das gesamte Zentralnervensystem aktiviert wird. Chemische Anästhetika lähmen dieses System und führen einen Schlaf herbei, der so lange dauert, wie die Drogenwirkung anhält, aber jede mechanische Beschädigung des retikularen Aktivierungssystems löscht den Wachzustand völlig aus und führt zu langer Ohnmacht und zum Tod. Während des Schlafes tritt ein Bewußtseinsverlust ein, aber das Bewußtsein kehrt nicht notwendigerweise immer mit dem Erwachen zurück. (108) Tiere, denen man die ganze Hirnrinde entfernt hat, schlafen, wachen wieder auf, bewegen sich, fressen und scheiden Schlacken aus, aber ohne die so wichtige graue Substanz können sie nicht lernen oder irgendein regelrechtes Bewußtsein haben.

Schlafwandler schlafen nicht im eigentlichen Sinne; sie sind eher bewußtlos. Sie gehen mit offenen Augen umher und führen oft recht komplizierte Handlungen aus, bevor sie sich schließlich wieder ins Bett legen, aber am Morgen erinnern sie sich an nichts mehr. Es wäre möglich, daß die gefürchteten, angeblich aus dem Grab auferstandenen »Zombies« der Antillen Menschen mit angeborenen oder erworbenen Cortexschäden oder durch Drogen beeinträchtigten Gehirnfunktionen sind, die als Tote umherzugehen scheinen – wach, aber ohne Bewußtsein.

Es ist sehr schwer, einen gesunden Menschen lange wachzuhalten, aber die Wirkungen des Schlafentzugs wurden bereits in zahllosen Experimenten studiert. Nach mehreren Nächten ohne Schlaf greift die Hand noch ebenso fest zu wie im ausgeruhten Zustand. Die Muskelfunktion ist also offensichtlich nicht beeinträchtigt. Die Versuchspersonen sind auch immer noch imstande, schwierige arithmetische Aufgaben zu lösen. Daher ist auch die bewußte Hirntätigkeit nicht herabgesetzt. Sie reagieren noch augenblicklich auf einen

Lichtblitz mit einem Druck auf einen Summerknopf. Offenbar ist also auch die Reaktionsgeschwindigkeit nicht verlangsamt. Aber Menschen, denen der Schlaf fehlt, können sich nicht lange konzentrieren. Sie begehen zahllose Fehler und müssen ihre Handlungen wiederholen, um sie zu korrigieren. (341) Nach längeren schlaflosen Perioden nehmen diese kurzen Anwandlungen vorübergehender Bewußtlosigkeit zu, bis die Versuchspersonen Dinge zu sehen beginnen, die nicht da sind: sie träumen mit weit offenen Augen.

Das eigentliche Träumen geschieht im Schlaf, aber es ist nicht einfach ein Teil des gewöhnlichen Schlafs. Der regelrechte, orthodoxe Schlaf wechselt im Laufe einer Nacht mehrere Male mit Perioden eines ganz anders gearteten und gewissermaßen paradoxen Schlafs ab, und in diesen Perioden träumen wir. Beim orthodoxen Schlaf bringt das Gehirn große, langsame Wellen im Deltarhythmus hervor, die Augen sind ruhig, das Herz schlägt regelmäßig, aber einige Muskeln, und vor allem die Halsmuskeln, sind noch immer angespannt. In der Traumphase sind die Gehirnwellen schneller, beinahe so schnell wie im Wachzustand, die Augäpfel rollen rasch hin und her, und der Herzschlag wird unregelmäßig, aber trotz all dieser Hirnaktivitäten sind die Muskeln des Körpers, einschließlich der Halsmuskeln, besser entspannt, und der Schläfer ist viel schwerer zu wecken. (235) Die Erschlaffung der Muskeln kommt beinahe einer Lähmung gleich, und sogar die Reflexbewegungen sind ausgeschaltet. Die Alpträume, in denen wir vor einer Gefahr zu fliehen versuchen und außerstande sind, uns zu bewegen, sind daher eine getreue Spiegelung unserer tatsächlichen körperlichen Verfassung.

Unmittelbar nach dem Einschlafen machen die meisten Menschen zunächst eine traumlose Schlafperiode durch, auf die nach etwa zwei Stunden die erste Traumperiode folgt. Wird eine Versuchsperson während des Schlafs ständig überwacht und jedesmal geweckt, wenn die Augäpfel sich zu bewegen beginnen, so tritt ein Mangelzustand ein, und die Versuchsperson beginnt beim Wiedereinschlafen sofort zu träumen, als wollte sie das Versäumte rasch nachholen. Allem Anschein nach sind die beiden Arten von Schlaf gleich wichtig, wenn auch aus verschiedenen Gründen.

Wir neigen dazu, uns lebende Körper als verhältnismäßig unveränderliche Strukturen vorzustellen. Tatsächlich haben aber die einzelnen Zellen nur ein sehr kurzes Leben, und sie werden fortwährend durch neue ersetzt, und zwar nicht nur in der Haut und in den Darmwänden, wo sie durch Reibung losgerissen werden, sondern sogar in den Knochen. Ein Freund mag nach längerer Abwesenheit zwar unverändert aussehen, aber wenn seit unserer letzten Begegnung mehrere Jahre vergangen sind, enthält sein Körper nicht eine einzige Zelle mehr, die noch dieselbe geblieben wäre. Die Neubildung und der Austausch von Zellen hängen von der Synthese neuen Proteins ab, die sich hauptsächlich während des Schlafs zu vollziehen scheint.

Der traumlose Schlaf übt offenbar den stärksten Einfluß auf die Körpergewebe aus. Nach anstrengenden Tagen, an denen zum Beispiel viel Sport getrieben wurde, dauern die traumlosen Perioden länger als sonst. Während dieses Schlafs werden auch die Wachstumshormone gebildet, und das Tempo der Zellbildung nimmt kurz nach dem Einschlafen zu. Die Gewebe des Gehirns unterscheiden sich vom übrigen Körpergewebe insofern, als sie von einem gewissen Alter an nicht mehr weiterwachsen und sich hauptsächlich auf die Instandhaltung und Instandsetzung konzentrieren. Das Gehirnwachstum fällt hauptsächlich in die letzten zwei Monate vor und in den ersten Monat nach der Geburt. In dieser Zeit entsteht die graue Substanz der Hirnrinde, und der Säugling schläft täglich nicht nur doppelt so lang wie ein Erwachsener, sondern er bringt proportionell auch doppelt soviel Zeit im Traumschlaf zu. Es hat den Anschein, daß in den traumlosen Perioden der Körper repariert wird, während in den Traumperioden das Gehirn an der Reihe ist, denn in diesen Perioden strömt dem Kopf mehr Blut zu, und seine Temperatur steigt.

Sobald man entdeckt hatte, daß die raschen Augenbewegungen Träume anzeigen, kam man auf den Gedanken, daß zwischen diesen Bewegungen und denen des ganzen Körpers einerseits und den Trauminhalten andererseits eine Übereinstimmung bestehen könnte. (234) Aktive Träume scheinen mehr körperliche Bewegung zu verursachen, aber es muß als unwahrscheinlich angesehen werden, daß sich die Augen bewegen, um Traumbilder zu verfolgen, denn Blindgeborene verhalten sich im Traum ebenso wie Sehende. Messungen der Herzschlag- und Atemfrequenz, der Körpertemperatur, der Pulswellen und des Hautpotentials zeigen jedoch Veränderungen in direkter Übereinstimmung mit dem Gefühlsgehalt des Traums, so daß er nichtsdestoweniger als echtes Erlebnis empfunden wird.

Die Analyse der Trauminhalte ergibt, daß diese nicht notwendigerweise eine zusammenhängende Geschichte darstellen, die sich episodenweise durch die ganze Nacht hinzieht, sondern daß gewöhnlich zunächst ein Thema aufgegriffen wird, das mit den Erlebnissen des vergangenen Tages zusammenhängt, bevor der Traum aus weiter zurückliegenden Lebensabschnitten schöpft. So entstand die Theorie, daß der Traum dem Menschen helfe, die Tageserlebnisse zu assimilieren, indem er sie zum Teil noch einmal nachvollzieht und mit früheren Erlebnissen vergleicht, bevor er das Ganze in seine Erinnerungskartei einordnet. Diese Theorie würde die Tatsache erklären, daß ein Mensch, der am Träumen gehindert wird, einen regelrechten Nachholbedarf hat, vermutlich aufgrund des Drucks der sich in der Hirnrinde ansammelnden unsortierten Erlebnisse. Tatsächlich kann während der Traumperiode eine starke elektrische Aktivität in dem Teil unmittelbar unter der Hirnrinde gemessen werden, der als Sitz der Erinnerung angesehen wird.

Die im Traum auftretenden Symbole scheinen direkt auf die Tätigkeit des Unbewußten zurückzugehen, das seinen eigenen Zwecken entsprechend Bilder formt und zensiert. Freud gründete seine Psychoanalyse zum großen Teil auf die Träume. Seine Deutungen waren manchmal allzu grobe Vereinfachungen, und man hält sich heute nicht mehr streng an sie, aber er hatte offenbar recht mit der Annahme, daß sich das Unbewußte der direkten Beobachtung entzieht und nur indirekt, durch Schlußfolgerung, erfaßt werden kann. Seine starke Betonung des Geschlechtstriebs wird manchmal als eine Übertreibung kritisiert, deren Ursprung in der Gemütsverfassung der frustrierten jungen Damen der Wiener Gesellschaft vor der Jahrhundertwende zu suchen sei, aber sie wurde durch eine neuere Untersuchung Calvin Halls teilweise rehabilitiert. (234) Hall stellte nämlich eine Liste aller Traumgegenstände zusammen, die je von Psychoanalytikern als Symbole für das männliche Geschlechtsorgan angesehen wurden, und fand nicht weniger als 102 solcher Penissymbole: Stange, Rute, Kanone, Dolch etc. Dann konsultierte er Partridges Slang-Wörterbuch und stellte fest, daß alle diese Ausdrücke und dazu weitere 98, an die noch kein Psychoanalytiker gedacht hatte, seit mehreren Jahrhunderten in der englischen Sprache als derbe Umschreibungen das Phallus üblich waren.

Ob auch Tiere träumen, ist eine alte Streitfrage. Viele führen im Schlaf Bewegungen aus, die an die des Jagens und Fressens erinnern, aber sie kommen gewöhnlich im orthodoxen Schlaf von Tieren vor, die auch paradoxe Schlafperioden haben. Bei Katzen, Hunden, Schimpansen und Pferden wechseln beide Arten von Schlaf einander periodenweise ab, aber es wird wahrscheinlich wohl nie möglich sein, mit Bestimmtheit zu sagen, ob sie in der einen oder in der anderen Periode träumen. Als wahrscheinlich darf allerdings angenommen werden, daß die beiden Arten von Schlaf die gleiche Wiederherstellungsfunktion erfüllen wie beim Menschen.

Katzen kennen den paradoxen Schlaf während ihres ganzen Lebens, aber bei vielen offensichtlich weniger intelligenten Tieren findet man ihn nur bei sehr jungen Individuen. Schafe und Rinder haben beide Arten von Schlaf, solange sie gesäugt werden und ihr Gehirn noch wächst, aber später verschwindet der paradoxe Schlaf völlig. Bei anderen Arten, die, wie Waschbären oder Affen, viel aufgeweckter und erfindungsreicher sind, finden sich starke Anzeichen für den paradoxen Schlaf mit raschen Augenbewegungen in allen Lebensabschnitten. Augenscheinlich besteht eine hohe Korrelation zwischen diesem eng mit Träumen verbundenen Schlaf und einem hohen Bewußtseinsniveau. Man entdeckt daher bei einem Überblick über das ganze Tierreich eine Abstufung der Bewußtheit. Auf den untersten Entwicklungsstufen sind die Tiere nur aktiv oder inaktiv, aber bei den höherentwickelten Arten und vor allem bei den Säugetieren und Vögeln hat die Periode der Inaktivität ihre eigenen aktiven Funktionen. Bei den kompliziertesten Tieren zerfällt sie sogar in zwei verschiedene Arten von Schlaf mit verschiedenen physiologischen und psychologischen Prozessen. Und nun zeigt es sich, daß der Mensch offenbar noch einen Schritt weiter geht und eine neue Art von Bewußtheit erlangt.

Diese neue Entwicklung wird durch Chemikalien deutlich gemacht, die eine Änderung des Verhaltens bewirken. Je nach Art der ausgelösten Veränderung lassen sich die Drogen in mehrere große Gruppen oder Kategorien einteilen. Zur ersten Gruppe gehören alle jene, die wie Benzedrin, Kokain und Koffein den Stoffwechsel anregen. Biologisch gesehen, lassen sie sich hinsichtlich ihrer Wirkung mit der Formatio reticularis vergleichen, die den Organismus wachhält. Die Drogen der zweiten Gruppe haben die entgegengesetzte Wirkung. Zu ihnen gehören die Barbiturate und andere Sedativa (»Tranquilizer«), die beruhigend wirken und biologisch gesehen die Rolle der Gehirnvorgänge übernehmen, die einschläfernd wirken. Interessanterweise führen sie jedoch nur einen traumlosen Schlaf herbei. Bei Menschen, die lange Schlaftabletten einnehmen, treten zuletzt ähnliche Symptome auf wie bei Versuchspersonen, die man am Träumen hindert. Sobald man ihnen die Droge entzieht, erleben alle in ihrem Schlaf besonders häufige Traumperioden, so als müßten sie Versäumtes nachholen. Der Traumschlaf tritt zum Teil auch unter dem Einfluß der Opiate Heroin und Morphin auf, die auch Euphorien und Delirien auslösen und schmerzstillend wirken. In biologischer Hinsicht gleicht ihre Wirkung der einer starken Autosuggestion oder Hypnose, die beide die gleiche Dissoziation und Anästhesie verursachen. Neben diesen drei Kategorien von Drogen, mit denen die drei elementaren Lebenszustände des Wachens, Schlafens und Träumens simuliert werden können, gibt es jedoch noch eine weitere Gruppe von chemischen Stoffen: die Halluzinogene.

Halluzinationen

Halluzinogene Drogen und Praktiken enthüllen etwas, was dem Menschen eigentümlich zu sein scheint. Sie erhellen die Randzonen einer in ihrer Weite nur schwer zu begreifenden Ausdehnung des geistigen Vermögens und Erlebens. Sidney Cohen, der Leiter des *Institute of Mental Health* in Maryland, definiert das Gehirn als »eine mit zu kleiner Antriebsleistung betriebene, sich selbst überprüfende Symbolfabrik, deren Hauptaufgabe die betriebstechnische Führung des Körpers ist. Die Nebenbeschäftigung des Gehirns ist das Nachdenken darüber, was es selbst ist, wohin es will und was das Ganze zu bedeuten hat. Seine einzigartige Fähigkeit, Fragen zu stellen und seiner selbst bewußt zu werden, ist für die Zwecke des physischen Überlebens völlig unnötig.« (76) Mit unseren ersten Einblicken in den weiten Wirkungsbereich des Gehirns ergeben sich tatsächlich einige völlig neue, die Evolution betreffende Fragen.

Kein Biologe wird allerdings behaupten wollen, die »Nebenbeschäftigung« des Gehirns sei für das Überleben unnötig. Das Gehirn ist ein Teil von uns, und wir sind ebenso ein Teil des Ökosystems wie jede andere Spezies. Was wir in unserer Umwelt anrichten und bewirken, ist ebenso natürlich wie Donner und Blitz. Unsere Gehirne haben uns zu einer bedeutenden evolutionären Kraft gemacht; sie werden nun ein beträchtliches Maß von Phantasie und schöpferischen Einfällen aufbringen müssen, um uns aus den gegenwärtigen Dilemmas herauszudenken. Ich muß jedoch Cohen recht geben, wenn er sagt, daß der Mensch über ein ehrfurchtgebietendes Potential verfügt. Wir haben offenbar Fähigkeiten entwickelt, die auch über das, was in unserer gegenwärtigen dramatischen Situation nottut, so weit hinausgehen, daß wir gewissermaßen kopflastig sind. Die Natur tut selten etwas ohne guten Grund, und dennoch hat sie sich in den letzten zehn Millionen Jahren – das heißt, mit ihrem Maß gemessen, in einer sehr kurzen Zeit – einige Mühe gegeben, uns mit einer großen Hirnrinde von offensichtlich unbegrenzten Fähigkeiten auszustatten. Wir haben dieses unglaubliche Organ auf Kosten anderer erworben, und dennoch gebrauchen wir nur einen kleinen Teil davon. Wozu also diese Eile? Warum sind wir diese Entwicklungslinie so schnell entlanggerast? Wir wären auch mit weniger ausgekommen. Im Augenblick gleichen wir einer kleinen Familie, die einen riesigen Palast übernommen hat, aber nicht das Bedürfnis verspürt, davon mehr in Anspruch zu nehmen, als die bequeme, mit allem Nötigen versehene kleine Wohnung in einem Winkel des Kellergeschosses.

Eine beinahe unterbewußte Ahnung von dem ganzen übrigen Gebäude hat uns allerdings immer gequält. Kurze Blicke in andere Räume verleiteten einige unternehmungslustigere Familienangehörige dazu, entschiedenere Anstrengungen zu unternehmen, um das ganze Bauwerk zu erforschen, aber mit den traditionellen Methoden waren nur Teilerfolge zu verzeichnen. Einige versuchten, mit rhythmischen Techniken – mit den monotonen Gesängen der Christen oder den wiegenden Körperbewegungen hinduistischer Gebete oder den wirbelnden Tänzen der Derwische – einen Trancezustand zu erreichen, in dem es ihnen gelingen könnte, die Barriere zu überschreiten. Andere versuchten, durch tiefe Atmung, durch Fasten oder Schlaflosigkeit ihre Körperchemie zu verändern, und wieder andere suchten die Dissoziation im körperlichen Schmerz, indem sie sich geißelten oder verstümmelten oder mit dem Kopf nach unten an der Decke aufhängten. Die Sioux-Indianer nahmen in ihrem Sonnenritual zu Hitze und Durst Zuflucht, um eine Art groben Deliriums herbeizuführen, die Ägypter versuchten es in ihren Tempelritualen mit der gesellschaftlichen Isolierung. Eines haben alle diese Methoden gemeinsam: Sie dämmen den Strom der Informationen ein, mit denen uns die Umwelt zu überschwemmen droht; sie unterbinden die Zufuhr von Sinneseindrücken oder reduzieren diese auf etwas Monotones, Bedeutungsloses. Wenn das geschehen ist, öffnen sich einige der Pforten des Geistes einen Spalt weit.

Die Technik des Entzugs von Sinnesreizen wurde in mehreren neueren Untersuchungen verfeinert. An der *McGill University* schloß man Versuchspersonen in einen kleinen schalldichten Raum ein, und sie erhielten Brillen, die nur ein diffuses Licht durchließen. In Princeton brachte man sie in einer winzigen licht- und schalldichten Zelle unter, in der eine konstante Temperatur herrschte, und in Oklahoma und Utah tauchte man sie in einen dunklen Tank mit Wasser, das die Temperatur des menschlichen Blutes hatte, so daß die Versuchspersonen aus ihrer Umgebung keine Licht-, Geräusch- oder Tastempfindungen gewinnen konnten. Bei allen Experimenten war die erste, augenblickliche Reaktion die Flucht aus dieser Monotonie in den Schlaf, aber sobald dieser Ausweg verschlossen war, weil sie nicht mehr schlafen konnten, hatten die Freiwilligen andere Schwierigkeiten zu bewältigen. Alle verloren das Gefühl für die Zeit und schätzten sie zu kurz. Manche schliefen mehr als 24 Stunden und behaupteten, es könnten nur eine oder zwei gewesen sein. Die Desorientierung und das Fehlen von Rückkoppelungen aus der Umgebung erschwerten jede ernsthafte Denktätigkeit und die normale Urteilsbildung. Träume traten immer häufiger auf, manchmal mit erschreckender Intensität, und früher oder später führte die völlige Unwirklichkeit der Lage bei den meisten Versuchspersonen zu Halluzinationen. Diese Halluzinationen waren aber nicht nur sensorielle »Spukerscheinungen« wie das Aufblitzen von Lichtern oder das Läuten von Glocken, sondern regelrechte vielschichtige und völlig überzeugende Geschehnisse. (329) Die Erklärung dafür ist offenbar in dem folgenden Sachverhalt zu sehen: Unter normalen Bedingungen wird die große Menge aufgenommener Informationen in der Formatio reticularis überprüft, die sortiert und nur jeweils das weiterleitet, was wir benötigen und auf einmal verarbeiten können. Bei dem beschriebenen Reizentzug trifft jedoch nur sehr wenig ein, so daß jede noch so geringfügige Information weit größere Beachtung findet als sonst und unmäßig vergrößert wird. Unsere Sicht ist beschränkt, daher vergrößern wir das wenige, was wir wahrnehmen können, bis es den ganzen Bildschirm ausfüllt wie eine fotografische Aufnahme, die durch ein Mikroskop gemacht wurde. Ein Teil der Halluzination ist also nichts anderes als eine verbesserte Nahaufnahme der Wirklichkeit, aber das ist noch nicht alles. Wenn die übliche Reizflut ausbleibt, geht das Gehirn dazu über, die Wirklichkeit auszuschmücken, indem es aus dem Vorrat unbewußten Materials schöpft, um die leeren Zeit- und Raumabschnitte auszufüllen. Doch auch damit ist noch nicht alles erklärt, denn Halluzinationen zeigen einige Eigenschaften, die außerhalb sowohl der bewußten als auch der unbewußten Fähigkeiten des Gehirns zu liegen scheinen.

Beinahe jede Subkultur kannte zu irgendeinem Zeitpunkt eine Wurzel, eine Pflanze oder eine Beere, die den Dissoziationsprozeß förderte. Die Perser hatten ein Getränk, das sie Soma nannten und das nach der Sanskritüberlieferung den, der es zu sich nahm, »wie einen Gott werden ließ«. Die trojanische Helena hatte ihren Nepenthes. In Indien und Ägypten hatte man seit jeher Haschisch. In Europa und Asien gab es den schönen roten, weißgetupften Fliegenpilz, dessen Gift Fliegen tötet und die Nordländer zu »Berserkern« machte, das heißt, in Raserei versetzte. In Mexiko findet man die Prunkwinde, den Peyote-Kaktus und mehrere »göttliche Pilze«. Alle diese Pflanzen enthalten chemische Stoffe, die transzendentale Zustände auslösen, und die meisten wurden bei religiösen und magischen Zeremonien verwendet, aber die wirksamste aller psychedelischen Drogen kommt nicht fertig in der Natur vor. Sie muß aus Mutterkorn, einem hauptsächlich auf Roggen schmarotzenden Pilz, gewonnen werden, und wir nennen sie Lysergsäure-Diäthylamid, kurz LSD.

LSD wurde an den verschiedensten Tieren erprobt, aber es scheint auf keine der Arten besonders zu wirken, wenn man von der Spinne absieht, die unter seinem Einfluß ein etwas phantasievolleres Netz webt. Es hat offenbar eine spezifische Wirkung auf der höchsten Denkebene, und schon die winzige Menge von etwa einem zehntausendstel Gramm ruft beim Menschen tiefgehende Veränderungen hervor. Je nachdem, wie die Droge genommen wird, tritt die Wirkung innerhalb einer halben Stunde ein; sie erreicht ihren Höhepunkt nach anderthalb Stunden und endet sechs oder auch zwölf Stunden später. Am stärksten betrifft sie anscheinend die Formatio reticularis und das limbische System, das die emotionellen Erlebnisse moduliert. LSD beeinflußt also unmittelbar diejenigen Gehirnteile, in denen die sensoriellen Informationen gefiltert und verglichen, und ferner jene Teile, von denen die gefühlsmäßigen Reaktionen auf dieses Informationsmaterial bestimmt werden. Die Sprache, der Gang und die meisten anderen körperlichen Tätigkeiten werden nicht im mindesten beeinträchtigt. Blutdruck und Puls sind normal, die Reflexe scharf, und es treten keine unangenehmen Nebenwirkungen auf. Es hat den Anschein, daß LSD nur auf den Bereich des höheren Bewußtseins im menschlichen Gehirn wirkt, das heißt auf den Bereich, der, wie wir annehmen, unsere Persönlichkeit bestimmt.

Die auffälligste psychologische Wirkung ist, wie beim Reizentzug, die Verlangsamung der Zeit. Der Sekundenzeiger einer Uhr scheint sich kaum zu bewegen. Diese Art von »ewiger Gegenwart« ähnelt, obgleich sie länger dauert, sehr stark dem Stillstehen der Zeit, das wir in Augenblicken großer Gefahr erleben. Unsere normale Physiologie bietet uns die Möglichkeit, diesen Effekt im Notfall hervorzubringen; durch LSD wird er gesteigert, aber er hat keine Überlebensfunktion mehr. Die Trennung zwischen Ich und Nicht-Ich, dem alten, urzeitlichen Reich des Unbewußten, verschwindet sehr bald, die Grenzen des Ichs lösen sich auf. »Der dünne Überzug der Vernunft weicht der Träumerei«, sagt Cohen. »Die eigene Persönlichkeit geht unter in einem ozeanischen Gefühl des Einsseins, und das Sehen entledigt sich der konventionellen Bedeutungen, die dem betrachteten Gegenstand zugeschrieben werden.« (76)

Es ist in diesem Zusammenhang wichtig, sich darüber klarzuwerden, daß wir unter normalen Bedingungen nur wahrnehmen, was wir begreifen. Wir verarbeiten die Sinneseindrücke gemäß unserer eigenen Vorstellung von der Natur der Dinge. Den überzeugendsten Beweis dafür liefert das klassische Experiment, bei dem man den Versuchspersonen Brillen aufsetzt, die das Sehbild auf den Kopf stellen. Nach ein oder zwei Tagen nimmt das Gehirn die nötige

Korrektur vor, und die Versuchspersonen sehen trotz der Brille wieder alles »richtig herum«. Nimmt man ihnen dann aber die Brille ab, so steht für sie die Welt wieder Kopf. Mit anderen Worten: Die Welt wird nicht gesehen, wie sie ist, sondern wie sie sein sollte. Zum Teil besteht das Problem darin, daß wir zu viele Sinneseindrücke empfangen und daher gezwungen sind, immer wieder auszusortieren, bis wir zuletzt ein sorgfältig ausgewähltes, sehr eng begrenztes Bild von der Wirklichkeit besitzen. LSD hat die Fähigkeit, uns die Scheuklappen zu nehmen und die Dinge völlig neu sehen zu lassen, so als begegneten sie uns zum erstenmal. In dieser Verfassung beginnen wir die Klänge der Farben, den Geruch von Musik und die Textur von Stimmungen wahrzunehmen. Bienen und Fledermäuse und die Tintenfische der Tiefsee, die nicht über die ganze Skala unserer widerstreitenden Sensibilitäten und Interessen verfügen, sind dazu immer imstande.

Kinder sehen die Dinge gewöhnlich mit äußerster Klarheit. Es ist möglich, daß das, was wir Halluzinationen nennen, normale Bestandteile des psychischen Erlebens aller Kinder sind (ihre Malerei deutet darauf hin), aber mit dem Älterwerden verblassen unsere Visionen, und schließlich werden sie ganz unterdrückt, weil sie einen negativen gesellschaftlichen Wert annehmen. Jede Gesellschaft legt gewisse Richtlinien fest, die bestimmen, was als normal und gesund zu gelten hat, und aufgrund der kulturellen Zwänge einerseits und unseres eigenen Bedürfnisses nach Konformität und Anerkennung andererseits bewegen sich die meisten von uns innerhalb der vorgeschriebenen Grenzen. Einige brechen aus und werden für krank erklärt und ihrer Freiheit beraubt mit der Begründung, man müsse sich um sie kümmern, aber in Wirklichkeit soll ihre Internierung mehr dazu dienen, die Gesellschaft zu schützen, als diese Individuen vor sich selbst zu bewahren. In der Sowjetunion macht man kein Hehl daraus und steckt lästige Nonkonformisten kurzerhand in Irrenanstalten, da verrückt sein muß, wer mit dem Staat nicht einverstanden ist. Hin und wieder gelingt es einzelnen, die Fesseln des Normalen abzustreifen und ungestraft davonzukommen, denn sie tun es innerhalb der Sphäre einer Religion, in der solche revolutionären Akte erlaubt sind, da man sie für »göttlich inspiriert« hält. Weit davon entfernt, eingesperrt zu werden, kehren viele Menschen, die solche transzendentalen Erlebnisse hatten, mit neuen Anschauungen in die Gesellschaft zurück und gehen daran, ihre und unsere Lebensweise zu ändern – nicht immer zu unserem Besten.

Manche Heilige und Propheten waren zweifellos tatsächlich wahnsinnig, aber es wäre falsch, sie allesamt für geisteskrank zu halten. Ihre Erlebnisse waren keineswegs einzigartig. Beinahe jeder Mensch hat irgendwann in seinem Leben Augenblicke der Verzükkung, der Glückseligkeit oder Ekstase, ausgelöst durch das Erlebnis der Schönheit, der Liebe oder durch eine tiefe Einsicht. Diese vorübergehenden Visionen der Vollkommenheit und des ästhetischen Entzückens sind kurze Einblicke in einen Zustand, den die Christen als »göttliche Liebe«, die Zen-Buddhisten als *satori,* die Hindus als *moksha* und das Vedanta als *samadhi* kennen. Solche Erlebnisse wurden so wenig verstanden, daß man sie in Mystizismus hüllte und als übernatürlich betrachtete. Insofern als sie sich nicht mit dem Begriff des »Normalen« und »Gesunden« vereinbaren lassen, sind diese Zustände »krankhaft«, aber wir verstehen sie ein wenig besser, wenn wir diese von Vorurteilen diktierte Bezeichnung vermeiden und statt dessen lieber von »nicht normalen« Zuständen sprechen.

Übernatürlich ist an ihnen nichts, und die Bedeutung von chemischen Stoffen wie LSD liegt darin, daß sie uns das sehr klar und deutlich zeigen, indem sie die künstlichen Schichten des »Normalen« abschälen und uns wieder natürlich werden lassen. Es ist eine der häufigsten Wirkungen psychedelischer Drogen, daß sie die Suggestibilität erhöhen und uns in die Lage versetzen, Hinweise aus der Umwelt mit höchster Empfindlichkeit aufzunehmen. Bei Laborversuchen scheinen unter dem Einfluß von LSD stehende Personen oft die Gedanken des Versuchsleiters lesen zu können, aber eine genauere Analyse zeigt, daß sie lediglich – wie die meisten Tiere – auf die geringfügigsten Veränderungen des Tonfalls, des Gesichtsausdrucks und der Körperhaltung reagieren. Dieser gleichsam unterbewußten Wahrnehmung sind wir immer fähig, was im Vergleich mit unseren normalen Reaktionen freilich übernatürlich ist, aber in der weiten biologischen Arena sind diese Talente nicht ungewöhnlich und alles in allem eben doch sehr natürlich.

Unser gewöhnlicher, »normaler« Wachzustand ist ein Zustand des Gehemmtseins. Zum Teil ist das nowendig, damit eine Überlastung mit eintreffenden Sinnesreizen vermieden wird, aber die Schranken, die das retikulare System errichtet, schließen auch vieles aus, was voller Magie und Inspiration ist. Das ist absurd, da wir doch nun einmal ein Gehirn entwickelt haben, das als erstes imstande ist, diese Wunder zu begreifen. Ich will nicht eine Massendissoziation und allgemeine Flucht ins Reich des »Nicht-Normalen« befürworten. Blake, van Gogh, Verlaine, Coleridge und Baudelaire brachten einen großen Teil ihres Lebens in einem Zustand transzendentaler Bewußtheit zu und litten furchtbare Qualen, als sie die Schranke in der umgekehrten Richtung zu durchbrechen und in die Welt der Vernunft und Wirklichkeit zurückzukehren versuchten. Wir brauchen heute vielleicht mehr als zu jedem anderen Zeitpunkt unserer Evolution eine wache und bewußte Erkenntnis der Probleme, die wir zu lösen haben, aber unsere Bemühungen müssen fruchtlos bleiben, solange wir nicht einsehen, daß wir Herren unseres Schicksals geworden sind. Wir müssen wissen, wohin wir gehen und auf welchem Wege wir unser Ziel erreichen wollen. Wir haben schon begonnen, von unseren bewußten Fähigkeiten Gebrauch zu machen, aber wir haben jene Gaben vernachlässigt, die auf der anderen Seite des Geistes liegen. Die Natur hat uns die für die Erfüllung unserer Aufgabe nötige Ausrüstung in dem Raum zwischen unseren Ohren mitgegeben, und die Techniken der Hypnose, der Autosuggestion, des Träumens und der Halluzination lassen uns ahnen, was für Kräfte wir besitzen. Wir brauchen sie nur noch weise anzuwenden.

8. Kapitel: Der kosmische Geist

Die Stärke des Lebens liegt zum Teil darin, daß es stets gefährdet ist. Das Protoplasma jeder einzelnen Zelle befindet sich in einem labilen Gleichgewicht und kann auf den geringfügigsten Anstoß hin auf die eine oder die andere Seite kippen. Jeder Teil eines jeden Organismus gleicht einer Sprengstoffladung, die scharf gemacht und mit einem hochempfindlichen Auslöser verbunden ist – und sogar eine einzelne Amöbe verharrt in diesem Schwebezustand, bereit, sich in jede Richtung treiben zu lassen. Es gab eine Zeit, in der man die Bewegungen der Amöben für völlig zufällig hielt und manchen Arten so prachtvoll anarchische Namen wie *Chaos chaos* gab, aber seither haben sich unsere Vorstellungen von den physikalischen Grundlagen geändert.

Die Amöben sind noch immer die besonderen Lieblinge der Studenten der Naturkunde. Jeder, der mit seinem Bleistift eine kritzelige Linie ziehen kann, die nach vielen Mäandern irgendwo wieder zu sich selbst zurückkehrt, darf behaupten, er habe eine genaue Darstellung einer Amöbe geliefert. Wir wissen nun aber, daß die Pseudopodien oder Scheinfüßchen der Amöbe nicht zufällig, sondern mit Absicht ausgestreckt werden – manchmal so präzise, daß sie auch eine schnell bewegliche Beute ganz umschließen können, ohne sie an irgendeiner Stelle zu berühren. Das ist möglich, weil die Amöbe auf die geringsten Veränderungen in ihrer Umgebung durch entsprechende rasche Veränderungen ihrer Struktur reagiert. In Gemeinschaft lebende Amöben stellen sich in ähnlicher Weise aufeinander ein und finden sich zur Fortpflanzung, indem sie auf chemische Signale reagieren, die sie miteinander austauschen. Wenn sie gemeinsam handeln, senden sie vermutlich chemische Botschaften aus, und wir müssen annehmen, daß sich Verbände anderer unabhängiger Protozoen, zum Beispiel diejenigen, die einen Schwamm bilden, auf die gleiche Weise verständigen.

Es ist allerdings schwer zu begreifen, wie eine halbe Million einzelner Zellen ihre Tätigkeit koordinieren kann, ohne auch nur das rudimentärste Nervensystem zu besitzen.

Bei höher entwickelten, komplizierteren Vielzellern ist ein Wunder an Organisation zu beobachten. Einige der Bestandteile verändern ihre Gestalt und strecken sich, bis sie in manchen Fällen nicht weniger als hunderttausendmal so lang wie breit sind, und diese langen Kabelzellen stellen die sensorielle Verbindung zwischen den verschiedenen Teilen des Organismus her. Die Nerven bilden die mechanische Grundlage der elektrochemischen Kommunikation und ermöglichen die Gesamtheit jener Tätigkeiten, die den meisten Tieren Ziel und Richtung geben, aber Schwämme besitzen keinen dieser Vorteile und sind dennoch imstande, auf eine beherrschte und eindeutig nicht-zufällige Weise, die geradezu außersinnlich anmutet, zu funktionieren. Selbst wenn man sie in Stücke schneidet und durch ein Sieb drückt, sammeln sich ihre Zellen wieder wie ein Organismus, der von den Toten aufersteht. Pflanzen haben ebenfalls kein Nervensystem, und eine Weiterleitung von Reizen von Zelle zu Zelle ist nicht festzustellen, aber dennoch sind auch sie gemeinsamer Handlungen fähig. Berührt man die Spitze eines der zusammengesetzten Blätter der *Mimosa pudica,* so faltet es sich zusammen, und wenn der Reiz stark genug ist, breitet sich die Reaktion auf die benachbarten Blätter aus, bis sich die ganze Pflanze unterwürfig zu winden scheint. Noch eindrucksvoller ist die Leistung der Venusfliegenfalle, denn die Zellen bringen eine Art von Batteriefeuer zustande, indem sie gemeinsam explosionsartig reagieren – so schnell, daß eine eingedrungene Fliege nicht mehr entkommen kann. Die Biochemie der Zusammenziehungen verstehen wir vollkommen, aber die Koordination der Zellen ist nach wie vor ein Geheimnis.

An einem Februarmorgen des Jahres 1966 machte Cleve Backster eine Entdeckung, die sein Leben veränderte und auf unser aller Leben weitreichende Auswirkungen haben könnte. Backster, ein Vernehmungsfachmann, hatte die CIA verlassen und in New York eine Schule übernommen, an der Polizeibeamte im Gebrauch des Polygraphen oder »Lügendetektors« ausgebildet wurden. Dieses Instrument mißt normalerweise den elektrischen Widerstand der menschlichen Haut, aber an diesem Morgen wollte Backster weitere

Möglichkeiten erproben. Er hatte eben eine Topfpflanze in seinem Büro gegossen und fragte sich, ob es möglich wäre, die Geschwindigkeit, mit der das Wasser bis zu den Blättern aufstieg, zu messen, indem man die Zunahme des Feuchtigkeitsgehalts der Blätter auf einem Polygraph-Streifen aufzeichnete. Er legte die beiden PGR-Elektroden (PGR = Psychogalvanischer Reflex) an die beiden Seiten eines Blattes eines Drachenbaums, *Dracaena massangeana,* an und goß dann die Pflanze noch einmal, aber er konnte keine Reaktion auf diesen Reiz feststellen. Daher beschloß er, etwas zu versuchen, was er »Prinzip der Bedrohung des Wohlbefindens« nennt, »eine bewährte Methode, bei Menschen Erregung auszulösen«. Mit anderen Worten, er wollte die Pflanze foltern. Zunächst tauchte er eines ihrer Blätter in heißen Kaffee, aber der Polygraph verzeichnete keine Reaktion. Daraufhin beschloß Backster, ein Streichholz zu nehmen und das Blatt regelrecht zu verbrennen. »Im Augenblick dieser Entscheidung, als der Streifen genau 13 Minuten und 55 Sekunden gelaufen war, trat eine dramatische Veränderung in der PGR-Aufzeichnung in Form eines plötzlichen weiten Ausschlags des Schreibhebels auf. Ich hatte mich nicht bewegt und die Pflanze nicht berührt, so daß mich der Ausschlag des PGR-Schreibers in genau diesem Augenblick zu der Annahme bewog, daß diese Aufzeichnung durch den bloßen Gedanken an den Schaden ausgelöst wurde, den ich der Pflanze zuzufügen beabsichtigte.«

Backster untersuchte die Möglichkeit einer solchen Wahrnehmung seitens der Pflanze, indem er einige lebende Salzkrebse in sein Büro mitnahm und nacheinander in kochendes Wasser warf. Jedesmal wenn er einen Krebs tötete, zeigte der Schreiber des Polygraphen, an den die Pflanze angeschlossen war, einen heftigen Ausschlag an. Um die Möglichkeit auszuschließen, daß seine eigenen Empfindungen diese Reaktion auslösten, automatisierte Backster den ganzen Vorgang: Ein elektronisches Gerät warf in ungleichen Intervallen Krebse in das heiße Wasser, während sich niemand im Labor aufhielt. Die Pflanze reagierte weiterhin auf den Tod jedes einzelnen Krebses. Wenn das Gerät aber einen bereits toten Krebs ins Wasser warf, war keine Reaktion festzustellen.

Von der offensichtlichen Streßempfindlichkeit der Pflanze beeindruckt, sammelte Backster Exemplare anderer Arten und entdeckte, daß ihm ein Philodendron besonders zugetan war. Er behandelt diese Pflanze nur noch mit der größten Behutsamkeit, und wenn sie zwecks Messung einer Reaktion gereizt werden soll, muß sein Assistent, Bob Henson, »den wilden Mann spielen«. Die Pflanze läßt nun jedesmal, wenn Henson den Raum betritt, den Polygraph-Schreiber heftig ausschlagen, und sie scheint sich zu »entspannen«, wenn Backster in ihre Nähe kommt oder auch nur im Nebenzimmer spricht. (10) In einem Faradayschen Käfig oder in einem Bleibehälter büßt sie nichts von ihrer Empfindlichkeit ein, und die Signale, auf die sie reagiert, fallen anscheinend nicht in das normale elektromagnetische Spektrum. Bei neueren Experimenten stellte Backster fest, daß frische Früchte und Gemüse, Schimmelpilzkulturen, Amöben, Pantoffeltierchen, Hefepilze, Blut und sogar der Gaumenbelag eines Menschen eine ähnliche Empfindlichkeit für andere Lebewesen in Not aufweisen.

Dieses Phänomen, das Backster »primäre Wahrnehmung« nennt, wurde durch Wiederholung seiner Experimente in anderen Laboratorien bestätigt. (86) Es wirft beängstigende biologische und moralische Fragen auf. Seit ich darüber nachdenke, bringe ich es nicht mehr fertig, meinen Rasen zu mähen, aber wenn wir konsequent sein und diesen Gedanken logisch zu Ende denken wollten, würden wir zuletzt, wie die Gemeinde in Samuel Butler's *Erewhon,* nur noch Kohlköpfe essen, die nachweislich eines natürlichen Todes gestorben sind. Die Antwort auf die moralische Frage lautet, daß wir alles Lebendige mit Respekt behandeln müssen und nur – mit echtem Widerstreben – töten dürfen, was wir brauchen, um leben zu können, aber die biologischen Probleme lassen sich nicht so leicht lösen.

Warum und wozu senden sterbende Zellen Signale aus, auf die andere Lebensformen reagieren? Und warum sind solche Signale für eine Topfpflanze wichtiger als für uns Menschen? Alarmsignale sind zumindest bei allen gesellig lebenden Wirbeltieren üblich. Seemöwen haben einen bestimmten Ruf, mit dem sie ihre Brutkolonien vor dem Nahen eines Feindes warnen; Backenhörnchen und Präriehunde haben ein Frühwarnsystem entwickelt, das ihren Kolonien die Gefahr von »Luftangriffen« durch Raubvögel anzeigt. Die Funktion der Signale ist so eindeutig, daß man die Warnrufe von Krähen und Möwen auf Tonbänder aufgenommen hat, die man auf Flugplätzen abspielt, um diese Vögel vor der Landung einer Maschine von der Piste zu scheuchen. Oft ist der Warnruf auch für andere Arten verständlich: Seeschwalben, Stare und Tauben, die zusammen mit Möwen Futter suchen, flüchten alle, wenn der Warnschrei der Möwe ertönt, und Robben tauchen ins Wasser, wenn eine Kormorankolonie in ihrer Nähe vor drohender Gefahr warnt. (69)

Warnrufe haben offensichtlich einen hohen Erhaltungswert, und sie wirken über die Grenzen der einzelnen Arten hinaus, aber nicht alle Arten sind auf die gleichen Frequenzen eingestellt oder auch nur mit den gleichen Sinnesorganen ausgestattet, so daß ein starker natürlicher Zwang bestehen muß, ein gemeinsames Signal zu entwickeln, gewissermaßen ein SOS für alle Spezies. Solche Zwänge bleiben nur selten unbeachtet, und es hat den Anschein, daß Backster entdeckt hat, auf welche Weise die Natur eben dieses Bedürfnis befriedigt. Vermutlich begann es damit, daß Gruppen von eng verwandten Arten ein gemeinsames Signal zur Warnung vor einem gemeinsamen Feind entwickelten. Für das angreifende Raubtier mußte es wiederum von Vorteil sein, dieses Signal zu erkennen und seiner Wirkung auf die Beutetiere zuvorzukommen, und schließlich fanden sowohl Raub- als auch Beutetiere das Signal nützlich als Warnung vor Lawinen, Überschwemmungen oder anderen Naturkatastrophen, die alle Arten gleichermaßen bedrohen.

Die Suche nach einem Signal, das von allen Lebewesen ausgesandt und empfangen werden kann, mußte sich naturgemäß auf den kleinsten gemeinsamen Nenner beschränken. Alle Organismen bestehen aus Zellen, und das Vorhandensein eines Kommunikationssystems zwischen den Zellen würde die brauchbarste Lösung darstellen. Daß ein solches System wirklich existiert, muß erst noch stichhaltig bewiesen werden, aber es spricht immer mehr dafür.

Der Mensch ist vielleicht nur scheinbar von diesem Warnsystem ausgeschlossen. Ich neige immer mehr zu der Annahme, daß wir unbewußt den Alarm ebenso gut aufnehmen wie jede Taube oder Topfpflanze. Es ist jedenfalls eine Tatsache, daß wir auch im Schlaf auf gewisse Geräusche reagieren, die irgendeine Bedeutung für uns haben. Eine Mutter schläft ungestört weiter, wenn ein Zug vorbeidonnert, aber sie wacht auf, sobald sie das leise Wimmern ihres Kindes in einem anderen Zimmer hört.

Viele Mütter behaupten, sie spürten schon bevor das Kind hörbar Alarm schlägt, daß etwas nicht in Ordnung sei, und sie haben vielleicht recht. Sie sind vielleicht in das universelle Warnsystem mit einbezogen, aber man weiß, daß viele Sinne der Mutter unmittelbar nach der Niederkunft besonders scharf sind, und daher reagieren sie womöglich nur auf gewöhnliche, wenn auch sehr schwache Reize.

Der Strauß, *Struthio camelus,* hat mehrere Hennen, die alle in strenger Ordnung, mit der ranghöchsten beginnend, fünf oder sechs Eier in die Mulden legen, die er in den Boden scharrt. Die letzte Partie von etwa zwanzig Eiern wird daher manchmal erst drei Wochen nach der ersten gelegt, aber sechs Wochen später schlüpfen sämtliche Küken im Abstand von nur wenigen Stunden aus. (330) Diese wunderbare zeitliche Abstimmung ist notwendig, wenn sich der Hahn wirksam um seine Brut kümmern soll, und er erzielt sie, indem er die Eier ständig behorcht. An den Geräuschen, die durch die Schalen dringen, erkennt er ihr Entwicklungsstadium, und wenn eines zu weit fortgeschritten ist, rollt er es aus dem Nest und vergräbt es eine Weile, bis die anderen aufgeholt haben. Bei anderen, weniger scharfsinnigen Vögeln synchronisieren sich die Embryos selbst, indem sie aufeinander lauschen. Tage vor dem Ausschlüpfen durchstoßen die Küken der meisten am Boden lebenden Vögel, die zusammen ausschlüpfen und beinahe unmittelbar danach auch schon davonlaufen müssen, die dünne Schalenhaut, um mit dem Kopf in die Luftkammer am stumpfen Ende des Eis zu gelanten. Sie atmen die dort eingeschlossene Luft, und ihre Atemzüge werden von den Küken in den anderen Eiern gehört, die ihrem Rhythmus entnehmen können, wie bald ihre Geschwister ausschlüpfen werden. (91) Bei der japanischen Wachtel, *Coturnix coturnix,* steigert sich der Rhythmus bis zu drei Geräuschen je Sekunde, und es konnte nachgewiesen werden, daß ein künstliches Ticken mit dieser Frequenz die Entwicklung und das Ausschlüpfen aller Küken in einem Nest beschleunigt. In den meisten Eiern geben die Embryos, wenn man das Ei in die Hand nimmt, als Reaktion auf die Lageveränderung leise Rufe von sich. Sie können mit einem empfindlichen Stethoskop gehört werden, und es wird als gewiß angenommen, daß die brütenden Eltern diese Laute ganz deutlich vernehmen und sich auf sie einstellen.

In den achtziger Jahren des vorigen Jahrhunderts entdeckten zwei französische Wissenschaftler einen Jungen, der offenbar imstande war, die Seite, die irgend jemand in einem Buch aufschlug, richtig zu erraten. Am besten gelang ihm das Kunststück, wenn der Experimentator die Lichtquelle im Rücken hatte und das Buch zwischen sich und den Jungen hielt. Es stellte sich zuletzt heraus, daß es diesem gelang, die winzigen seitenverkehrten Spiegelungen der Seitenzahlen in der Hornhaut der Augen des Experimentators zu lesen. (221) Diese Spiegelbilder waren nicht größer als einen Zehntelmillimeter, aber der Gesichtssinn des Jungen war so scharf, daß er ihnen die benötigte Information entnehmen konnte. Eine solche Sensibilität ist sehr selten. Es ist ungewöhnlich, daß jemand so gut sieht, aber übernormal heißt nicht übernatürlich. Der Junge hatte außerordentlich gute Augen, aber ein hochentwickelter Gesichtssinn ist ein durchaus natürliches Phänomen, und ein Geier würde vermutlich ebenso viel leisten, wenn man ihn dazu bringen könnte, es zu probieren.

Bisher ist es uns noch nicht gelungen, eine scharfe, klare Grenze zu ziehen und zu sagen: Bis hierher reicht unser Gesichts-, Gehör-, Geruchs-, Geschmacks- oder Tastsinn. Bei jeder neuen Erprobung der Leistungsfähigkeit dieser Sinne wird die Grenze der Aufnahmefähigkeit ein Stück weiter hinausgeschoben, und ständig werden neue Wahrnehmungssphären entdeckt. Bei vielen scheinbar übernatürlichen Fähigkeiten zeigt es sich früher oder später, daß sie nur auf die Überschärfe eines normalen Sinnesorgans zurückgehen und keineswegs außersinnlicher Natur sind, aber ein Phänomen gibt es, das immer wieder beobachtet und durch die bekannten Sinne noch nicht zufriedenstellend erklärt werden konnte. Es ist die sogenannte Gedankenübertragung oder Telepathie.

Telepathie

Eine neuere Definition der Telepathie besagt: »Wenn ein Individuum Zugang zu einer Information hat, die für ein anderes nicht zugänglich ist, so kann unter gewissen Umständen und bei strenger Kontrolle aller bekannten sensorischen Bahnen das zweite Individuum eine Kenntnis dieser Information auf einer höheren Ebene als jener demonstrieren, die mit der alternativen Erklärung zufälligen Erratens vereinbar wäre.« (222)

Es gibt Tausende von Berichten über Kommunikationen von

offenbar dieser Art zwischen zwei Menschen mit einer starken gefühlsmäßigen Bindung. Das Beweismaterial ist größtenteils anekdotisch und betrifft gewöhnlich das Wissen von Krisen, die jeweils ein Partner eines Paares – Mann–Frau, Mutter–Kind, Bruder–Schwester etc. – durchmacht und das im Augenblick der Krise dem anderen Partner an einem anderen Ort mitgeteilt wird. Die Beziehung soll am engsten sein zwischen eineiigen Zwilligen, die sich zur gleichen Zeit die gleichen Krankheiten zuziehen können und sehr ähnliche Lebensläufe zu haben scheinen – auch wenn sie bei der Geburt getrennt werden. Solche Berichte sind interessant, aber es ist so gut wie unmöglich, sie nachträglich richtig zu beurteilen, und sie liefern auch keine echten Hinweise auf das Wesen und den Ursprung der Telepathie.

Die sorgfältigsten Versuche, einer Person die Kenntnis einer gegebenen Tatsache absichtlich vorzuenthalten, um zu sehen, ob sie das Richtige errät, stellen die Arbeiten dar, die Rhine und seine Mitarbeiter an der *Duke University* leisteten. Sie nahmen sich als Gegenstand ihrer Untersuchungen die allgemeine Überzeugung vor, daß es einen menschlichen Erfahrungsbereich gebe, in dem man durch »Ahnung« oder »Intuition« von Dingen Kenntnis erhalte, die sich außerhalb der direkten Reichweite von Auge und Ohr befänden, und überprüften sie unter Laborbedingungen, die es gestatteten, die Wahrscheinlichkeit eines Wissens durch reinen Zufall genau zu berechnen. Diese Arbeiten begannen in den frühen dreißiger Jahren, als Rhine zum erstenmal den Ausdruck »außersinnliche Wahrnehmung« (*extrasensory perception* = ESP) gebrauchte, um den Vorgang zu beschreiben, und eine lange Reihe von Versuchen einleitete, bei denen es darum ging, Karten zu erraten.

Rhine verwendete die sogenannten Zener-Karten, 25 Karten mit den fünf Symbolen Quadrat, Kreis, Kreuz, Stern und Wellenlinien. Bei jedem Test hat die Versuchsperson eine Chance von 5 zu 25, die Karte richtig zu erraten, aber in den verschiedensten Testsituationen mit einer größeren Anzahl von Versuchspersonen stellte Rhine fest, daß die Zahl der Treffer, das heißt der richtig erratenen Karten, so hoch war, daß dem Zufall nur eine Chance von eins zu mehr als einer Million eingeräumt werden konnte. In einem Falle erriet ein neunjähriges, aus unglücklichen Familienverhältnissen stammendes Mädchen 23 von den 25 Karten, als es in seiner Schule getestet wurde, und als es von einem Experimentator, zu dem es eine Neigung gefaßt hatte, in das Labor der *Duke University* gebracht wurde, gelang es diesem Mädchen, alle 25 Karten richtig zu erraten. Ein Student an derselben Universität, Hubert Pearce, nahm an diesen Forschungen sehr regen Anteil, und als er von Rhine persönlich aufgefordert wurde, sich bei einem wichtigen Versuch besonders zu bewähren, erriet er ebenfalls alle 25 Karten richtig. Das waren freilich außergewöhnliche Ergebnisse, die offensichtlich etwas mit persönlichen Faktoren zu tun hatten, und in längeren Reihen dieser im Grunde monotonen Tests erzielten beide Versuchspersonen zwar Ergebnisse, die besser waren als rein zufällige, aber sie errieten doch nur 7 oder 8 von den 25 Karten. Im wesentlichen liefern daher diese Untersuchungen, die nun seit beinahe vierzig Jahren laufen, Beweise für die Telepathie, die nur in der Statistik in Erscheinung treten. Doch selbst wenn die Erfolgsspanne nur klein ist, zeigt sie doch durch die Beständigkeit, mit der sie in mehreren Zehnmillionen Tests auftrat, daß etwas vor sich geht, was diesen Trend bewirkt.

Die an der *Duke University* angewandten statistischen Methoden sind kritisiert worden, aber der Präsident des Amerikanischen Instituts für mathematische Statistik bemerkt dazu: »Wenn die Untersuchungen Rhines auf gerechte Weise angegriffen werden sollen, muß dies aus anderen Gründen als aus mathematischen geschehen.« (133) Spencer-Brown in Cambridge meint, die Abweichung vom Zufall möge tatsächlich vorhanden sein, aber sie werde nicht so sehr durch Telepathie verursacht, sondern eher durch einen noch unerkannten Faktor, der den Zufall selbst beeinflußt. Für viele andere Forscher ist das Überraschende an den Statistiken die Tatsache, daß bei Experimenten dieser Art überhaupt Erfolge zu verzeichnen waren. Gaither Pratt nennt die Kartentests »ein grob unwirksames Instrument«, das »gerade die Funktion, die es messen will, erstickt«. (257) Und die sowjetische Forscherin Luzia Pawlowa betrachtet die Rhineschen Tests, bei denen sehr viele Informationseinheiten in sehr kurzer Zeit übermittelt werden müssen, als die denkbar schwierigste Methode, telepathische Vorgänge herbeizuführen. Sie erklärt: »Wir halten es für das beste, die Signale nicht zu rasch zu senden. Wenn die verschiedenen Informationseinheiten zu schnell aufeinander folgen, beginnen die mit der Telepathie assoziierten Veränderungen im Gehirn zu verschwimmen, und schließlich verschwinden sie ganz.« (233)

Eine Reihe von Kartentests mit eindeutigeren Ergebnissen wurde zwischen 1936 und 1943 von Samuel Soal und seiner Versuchsperson Basil Shackleton in London durchgeführt. Soal war der üblichen Symbole müde und machte sich seine eigenen Karten, indem er fünf kräftig kolorierte Tiere zeichnete. Bei einer Testserie mit diesen Bildern, die in gewisser Weise auch das Unbewußte ansprachen, erzielte Shackleton 1101 Treffer bei 3789 Versuchen – ein Ergebnis, bei dem der Zufall praktisch jede Bedeutung verliert: Es wäre durch Zufall auch nicht zu erzielen gewesen, wenn die gesamte Erdbevölkerung dieses Experiment seit dem Beginn der Tertiärzeit vor 60 Millionen Jahren Tag für Tag angestellt hätte. (307) Mit das Interessanteste an diesen Tests ist die Motivation der Versuchsperson. Soal beschrieb, wie die Versuche begannen: Eines Tages ging plötzlich die Tür seines Büros auf, und ein hochgewachsener, gepflegter Herr von etwas über 30 Jahren trat ein und erklärte: »Ich bin nicht gekommen, um mich testen zu lassen, sondern um die Telepathie zu demonstrieren.« Das war Shackleton, und sein fester Glaube an seine Fähigkeit hatte zweifellos einen entscheidenden Einfluß auf die außergewöhnlichen Versuchsergebnisse.

Auch offizielle Unterstützung kann eine große Hilfe sein. In der Sowjetunion wurden seit 1966 durch staatlich geförderte Projekte beachtliche Fortschritte in der Telepathieforschung erzielt. Die neue Ära begann genau am 19. April 1966. An diesem Tag gelang es Karl Nikolajew, einem Schauspieler in Nowosibirsk, einen telepathischen Kontakt mit seinem Freund Jurij Kamenskij, einem Biophysiker in dem 2970 km entfernten Moskau, herzustellen. Beide Männer wurden von Wissenschaftlern überwacht und zu einer im voraus vereinbarten Zeit wurde Kamenskij ein verschlossenes Päckchen ausgehändigt, das aufs Geratewohl aus einer Anzahl gleicher Päckchen ausgewählt worden war. Er öffnete es, betastete den Gegenstand, den es enthielt, betrachtete ihn genau und versuchte ihn mit den Augen seines Freundes zu sehen. Es war eine Metallfeder, die aus sieben engen Spiralen bestand, und in Nowosibirsk schrieb Nikolajew seine Eindrücke nieder: »Rund, metallisch, glänzend, eingekerbt, sieht aus wie eine Spule.« Zehn Minuten später konzentrierte sich Kamenskij auf einen Schraubenzieher mit einem schwarzen Kunststoffgriff, und Nikolajew notierte: »Lang und dünn, Metall, Kunststoff, schwarzer Kunststoff«. (345) Die mathematische Wahrscheinlichkeit des zufälligen Erratens eines bestimmten Gegenstandes unter allen auf der Welt vorkommenden ist zu gering, um als Erklärung für Nikolajews Erfolg in Betracht gezogen zu werden. Die Behörden waren dementsprechend beeindruckt und gewährten bereitwillig finanzielle Unterstützungen für weitere Forschungen auf diesem Gebiet.

Kurz darauf wurde die »Popow-Gruppe« gebildet, ein Ausschuß von Wissenschaftlern, der kollektiv und offiziell bekannt ist als »Bioinformationsabteilung A. S. Popow der Wissenschaftlichen und Technischen Gesellschaft für Radiotechnologie und Elektrische Kommunikation der Sowjetunion«. Ihre erste Aufgabe war der Versuch, die Funktionsweise der Telepathie im Gehirn zu entdekken. Daher installierte die Gruppe Kamenskij im März 1967 wieder in Moskau, während Nikolajew in ein Labor in Leningrad gebracht wurde, wo man ihn in einen isolierten, schalldichten Raum setzte und an eine Reihe von Geräten für physiologische Messungen anschloß. Er brauchte eine Weile, um sich in einen aufnahmebereiten Zustand zu versetzen, den er als »vollkommen entspannt, aber aufmerksam« beschreibt, und als er zu verstehen gab, daß er bereit sei, produzierte sein Gehirn einen stetigen Alpharhythmus. Nikolajew wußte nicht, wann die telepathische Botschaft von Kamenskij übertragen werden sollte, aber genau drei Sekunden, nachdem die Experimentatoren in Moskau das Zeichen zum Beginn der Sendung gegeben hatten, änderten sich Nikolajews Gehirnströme, und die Alphawellen wurden plötzlich blockiert, Zum erstenmal in der Geschichte hatte man einen sichtbaren Beweis für die Übertragung eines Impulses von einem Gehirn zu einem anderen, und zwar über eine Entfernung von 640 km hinweg.

Bei späteren Versuchen zeigte das EEG ähnlich auffällige Veränderungen in den Gehirnrhythmen sowohl des Senders als auch des Empfängers, und die Popow-Gruppe berichtete: »Wir entdeckten diese ungewöhnliche Aktivierung innerhalb von einer bis fünf Sekunden nach dem Beginn der telepathischen Übertragung, und wir entdeckten sie immer einige Sekunden, bevor Nikolajew bewußt erkannte, daß er eine telepathische Botschaft empfing. Zuerst ist eine allgemeine, unspezifische Aktivierung der vorderen und mittleren Gehirnpartien festzustellen. Sobald aber Nikolajew die telepathische Botschaft bewußt aufzunehmen beginnt, wird die Gehirnaktivierung rasch spezifisch, und sie verlagert sich in die hinteren, sensorischen Gehirnpartien.« (233) Wenn Nikolajew ein Bild von einem Gegenstand wie etwa einer Zigarettenschachtel empfing, war die Aktivität seines Gehirns in der Hinterhauptsgegend lokalisiert, wo die Seheindrücke verarbeitet werden, und wenn die Botschaft aus Geräuschen bestand, die der Sender hörte, wurde die für Gehöreindrücke zuständige Schläfengegend des Empfängers erregt.

Die Verbindung zwischen Telepathie und Alpharhythmen ist von entscheidender Bedeutung. Es scheint festzustehen, daß Telepathie und Psychokinese nur unter bestimmten psychologischen Bedingungen auftreten, die gekennzeichnet sind durch Gehirnwellen einer besonderen Frequenz. Bei der Psychokinese scheint es der Thetarhythmus zu sein, bei der Telepathie hingegen der Alpharhythmus mit acht bis zwölf Wellen je Sekunde. Versuchspersonen, die bei Laborexperimenten gut abschneiden, erklären alle, sie versetzten sich in eine bestimmte Geistesverfassung, die eine der Personen wie folgt beschrieb: »Ich konzentriere meine Aufmerksamkeit auf einen einzigen Punkt des Nichts. Ich denke an gar nichts, ich starre nur auf einen festen Punkt und mache den Geist ganz leer, sofern das möglich ist.« (224) Ein anderer nennt den telepathischen Zustand »konzentrierte Passivität«, und ein Dritter sieht ihn als »entspannte Aufmerksamkeit«. Der Psychologe William James erklärte diesen paradoxen Zustand dadurch, daß er zwei verschiedene Arten von Aufmerksamkeit definierte. Die eine ist die aktive, die eine Anstrengung erfordert, wie sie jemand aufbringen muß, »der beispielsweise in einer Tischgesellschaft entschlossen einem Nachbarn zuhört, der ihm mit leiser Stimme nichtssagende und unerbetene Ratschläge erteilt, während die anderen Gäste um ihn her laut lachen und über interessante und aufregende Dinge plaudern«. (163) Diese Art von Aufmerksamkeit bringt einen Konflikt mit sich, und sie unterscheidet sich grundsätzlich von der passiven, bei der man beinahe instinktiv auf einen erregenden Sinneseindruck reagiert. Ein Beispiel dafür wäre die Verfassung eines Menschen, der nachts plötzlich mit dem Eindruck aufwacht, daß ihn etwas im

Schlaf gestört habe, sich im Bett aufsetzt, lauscht und darauf wartet, daß es – was immer es sei – sich wieder bemerkbar macht.

Die Hervorbringung telepathischer oder psychokinetischer Phänomene ist noch so selten, daß sie als abnormal betrachtet wird, und es scheint, daß bei vielen Menschen die Angst davor, zu derlei Dingen fähig zu sein, einen Konflikt auslöst, der sie daran hindert, sie zu tun. Viele Personen, deren Lebensunterhalt oder Prestige davon abhängt, daß sie imstande sind, solche Phänomene zu demonstrieren, lösen den Konflikt durch Dissoziation. Sie treten in einen Trancezustand ein, in dem ihr bewußter Geist jegliche Verantwortung für die Geschehnisse ablehnen kann, oder sie werden von dem »Geist« eines anderen »besessen«, der an allem schuld ist. Wie gut diese psychologischen Schachzüge zur Vermeidung von Konflikten funktionieren, erkennt man daran, daß viele Personen sich an nichts von alledem zu erinnern scheinen, was während der Vorführung geschah. Manchen gelingt die Dissoziation leicht, andere scheinen schwere Kämpfe durchzustehen. Hereward Carrington, einer der alten »Störungssucher« der parapsychologischen Forschung, beschrieb die Verfassung eines psychokinetischen Mediums am Ende der Sitzung wie folgt:

»Sie war sehr schwach, ausgelaugt, angewidert, hysterisch, sie hatte tiefe Furchen im Gesicht und war körperlich und geistig krank – eine gebrochene, welke alte Frau.« (65) Carrington bemerkte außerdem, daß sie die meiste Nervenenergie verbrauchte, wenn Fremde anwesend waren und daher ihre Angst vor einem Versagen – und damit auch der Grad des Konflikts – groß war.

Die mühelose Aufmerksamkeit, die man bei erfolgreichen Vorführungen beobachtet, ist sehr charakteristisch für den durch Alpharhythmen gekennzeichneten psychischen Zustand, und eben diesen Zustand muß man erreichen, um das Lämpchen eines handelsüblichen »Alphaphons« zum Aufleuchten zu bringen. Man glaubte früher, die Alphawellen träten nur bei geschlossenen Augen auf und würden automatisch unterbrochen, wenn man die Augen öffnete, aber mit einiger Übung kann man den Rhythmus auch mit weit offenen Augen beibehalten, sofern man nur jede Art von analytischem Denken oder Rechnen vermeidet. Das bedeutet, daß man jede sensorielle Aktivität ausschalten und so geistesabwesend sein muß, wie nur irgend möglich, und wahrscheinlich ist damit auch erklärt, warum viele Medien am liebsten im Dunkeln oder bei gedämpfter Beleuchtung arbeiten und alle auf Ruhe bestehen. Ein EEG Einsteins zeigte, daß er einen ziemlich regelmäßigen Alpharhythmus auch dann aufrechterhalten konnte, wenn er verhältnismäßig schwierige mathematische Berechnungen anstellte, aber für ihn gehörten sie zum täglichen Leben, und sie erforderten wohl keine besondere Anstrengung. (243) Es scheint also, daß die Alphawellen durch geistige Tätigkeit nicht blockiert werden, solange diese keine aktive Aufmerksamkeit erfordert und keine Konflikte mit sich bringt.

Die Meditationstechniken des Ostens sind speziell darauf ausgerichtet, entspannte Aufmerksamkeit zu fördern. In Zen-Texten findet sich die Anweisung, »daran zu denken, an absolut nichts zu denken« (78), und Jogalehrmeister sagen: »Wenn sich der Geist aller Tätigkeiten enthält und unverändert bleibt, erreicht der Jogi den gewünschten Zustand.« (23) Das Wesentliche ist die Ausschaltung aller Konflikte, und obwohl dieses Ziel anfangs nur durch einen Willensakt erreicht werden kann, »wird, sobald man einmal die Gewohnheit erworben hat, die Anstrengung durch Spontaneität ersetzt, und statt daß die Aufmerksamkeit den Gegenstand fesselt, fesselt der Gegenstand die Aufmerksamkeit«. (19) Eine Untersuchung an Kriya-Joga-Adepten in Kalkutta zeigte, daß ihre normale Alpha-Aktivität in den üblichen Bereich von neun bis elf Wellen je Sekunde fiel, während sie in der tiefsten Meditation lange Alpharhythmen mit einer Beschleunigung von drei Schwingungen je Sekunde hervorbrachten (83), und Gray Walter berichtet von einem Experiment, bei dem er einen Hindu-Doktor in Meditation versinken sah: ». . . der Alpharhythmus wurde immer regelmäßiger und monotoner, bis er gegen Ende der Übung, die etwa zwanzig Minuten dauerte, absolut kontinuierlich war, so daß er aussah wie eine künstliche Oszillation.« (336) Diese Messungen zeigen, daß Meditationszustände keinerlei Ähnlichkeit mit Schläfrigkeit, leichtem Schlaf, Traum, Bewußtlosigkeit oder Winterschlaf aufweisen, sondern weit mehr mit den Erscheinungsbildern gemeinsam haben, die man bei erfolgreicher Telepathie beobachtet. Es ist sehr gut möglich, daß diese beiden Zustände auf gleiche Weise entstehen und Aspekte ein und derselben biologischen Bedingung sind.

Die Popow-Gruppe konstruierte ein automatisches Einstimmungsgerät, das nichts anderes als ein »Alphaphon« ist und Karl Nikolajew sagt, wann er in der richtigen Stimmung ist, um telepathische Botschaften zu empfangen. Das Auftreten ähnlicher Rhythmen bei Sender und Empfänger scheint eine Voraussetzung für das Zustandekommen einer Kommunikation zwischen den beiden zu sein, und die russischen Forschungen haben gezeigt, daß es sich dabei nicht nur um eine passive, zufällige Ähnlichkeit der Gehirnrhythmen handelt. Bei einem der Experimente wurde Kamenskij einem Röhrenblitz ausgesetzt, der mit einer bestimmten Frequenz innerhalb des Alphabereichs blinkte, und dieser Reiz löste natürlich einen entsprechenden Rhythmus in seinem Gehirn aus. In einem anderen Gebäude bereitete sich Nikolajew auf den Empfang einer Botschaft vor, indem er seinen eigenen Alpharhythmus produzierte, und als die beiden ihrem Gefühl nach die Verbindung aufgenommen hatten, stellte sich heraus, daß ihre Gehirnrhythmen vollkommen synchronisiert waren. (286) Und nicht nur das: Jedesmal wenn Kamenskij mit einer anderen Frequenz angeblinkt wurde, änderte sich augenblicklich auch der Gehirnrhythmus Nikolajews und paßte sich der neuen Frequenz an. Ähnliche Resultate wurden am *Jefferson Medical College* in Philadelphia erzielt, wo zwei Ophthalmologen zeigten, daß eine Veränderung des Gehirnrhythmus – wie das Auftreten von Alphawellen – bei einem Zwilling eine entsprechende Veränderung im Gehirn des anderen (eineiigen) Zwillings auslöste, der sich in einiger Entfernung aufhielt. (153) Solche Kontakte sind offenbar noch enger, wenn gleichzeitig ein starker physischer oder emotioneller Erregungszustand vorliegt. (233) Die Popow-Gruppe verwendete bei Kamenskij einen binokularen Apparat, der den Augen Lichtblitze mit verschiedenen Frequenzen zuleitete. Der doppelte Reiz löste in den beiden Gehirnhälften einander widersprechende Rhythmen aus, und die augenblickliche Folge davon war Übelkeit. Gleichzeitig traten die beiden verschiedenen Rhythmen aber auch in Nikolajews Gehirn auf, und zwar jeder auf der entsprechenden Seite, und Nikolajew wurde so schwer »seekrank«, daß das Experiment abgebrochen werden mußte. Das ist bis heute die überzeugendste Demonstration der Telepathie, denn es wurden Gehirnrhythmen übertragen, die auf natürliche Weise nicht zustande kommen können.

Wieder zeigt es sich, daß die wirkungsvollsten telepathischen

Botschaften solche sind, die ein Trauma oder eine Krise betreffen und daß sich keine Nachricht so schnell verbreitet wie eine schlechte. Biologisch gesehen ist das auch durchaus sinnvoll. Angenehme Erlebnisse und Wohlbefinden brauchen nicht rasch mitgeteilt zu werden; die normalen, langsamen Methoden – ein Kartengruß, zum Beispiel – genügen. Aber wenn Alarmsignale ihren Zweck erfüllen sollen, müssen sie auf dem schnellsten telegraphischen oder telepathischen Wege reisen.

Im Jahre 1960 verbreitete eine französische Zeitschrift die Nachricht, die US Navy nehme zur Telepathie Zuflucht, um das alte Problem der Nachrichtenübermittlung zwischen einem getaucht fahrenden U-Boot und einem Stützpunkt an Land zu lösen. Sie berichtete, daß das Atom-U-Boot *Nautilus* in telepathischer Verbindung mit geschulten Empfängern an Land stehe und daß die außersinnliche Wahrnehmung die neueste Geheimwaffe sei. Die amerikanischen Behörden beeilten sich, die Meldung zu dementieren, aber die Russen gaben ebenso schnell bekannt, daß *sie* dieses System schon seit Jahren verwendeten. Bei dem sowjetischen Verfahren ersetzten Kaninchen das Funkgerät. Sie nahmen neugeborene Kaninchen in einem U-Boot mit unter Wasser. Die Mutter blieb in einem Labor an der Küste zurück, und man führte ihr Elektroden tief in das Gehirn ein. Dann wurden die Kaninchen unter Wasser in bestimmten Abständen getötet, und jedesmal wenn einer ihrer Nachkommen starb, waren in genau demselben Augenblick heftige elektrische Reaktionen in den Gehirnströmen der Mutter zu beobachten. Man kennt keine physikalische Methode, mit der eine Verbindung zwischen einem getauchten U-Boot und jemandem an Land hergestellt werden kann, aber Kaninchen sind offenbar imstande, in kritischen Augenblicken eine Art von Kontakt aufzunehmen.

Die Möglichkeit einer tatsächlichen Anwendung der Telepathie als Kommunikationsmittel für U-Boote und Raumschiffe wurde sowohl von den USA als auch von der Sowjetunion geprüft, und in beiden Ländern konnten Wissenschaftler von ihren Regierungen im Hinblick auf dieses Ziel mehr Geldmittel für Forschungen erlangen, aber soviel wir wissen, ist praktisch nichts dabei herausgekommen. Die Schwierigkeit liegt darin, daß es bei der Forschung in der Tiefsee wie im Weltraum auf absolute Zuverlässigkeit ankommt, und noch ist es niemandem gelungen, jederzeit und auf Wunsch einwandfrei funktionierende telepathische Kontakte herzustellen. Die bisher besten Ergebnisse in dieser Hinsicht konnten wiederum Kamenskij und Nikolajew vorweisen, bei denen Elektroenzephalogramme genau anzeigten, wann eine Verbindung hergestellt war und wie lange sie dauerte. Mit Hilfe eines besonderen Morsecodes, bei dem ein Kontakt von 45 Sekunden einen Strich und ein Kontakt von weniger als 10 Sekunden einen Punkt darstellte, gelang es den beiden, nacheinander die sieben Zeichen zu senden, die das russische Wort MIG bilden, das »Augenblick« bedeutet. (110) Der Test dauerte zwanzig Minuten. Das ist nicht eben schnell, aber eine solche Übertragung würde immer noch eine Zeitersparnis bedeuten, wenn man etwa mit einem Kosmonauten in der Nähe des Jupiter spräche, denn die Funkverbindung würde in diesem Falle mehr als eine Stunde beanspruchen. Die Botschaft müßte natürlich sehr einfach sein, und man kann sich schwer vorstellen, daß man sich bei irgendeinem Raumfahrtprojekt auf ein so unsicheres System verlassen würde, wie es die Telepathie heute noch ist, aber im Notfall könnte sie immerhin von Nutzen sein.

Abgesehen von der Wirkung auf die Gehirnströme scheinen telepathische Kontakte auch einen Einfluß auf den Blutdruck zu haben. Douglas Dean, ein Elektrochemiker am *Newark College of Engineering,* entdeckte dieses Phänomen auch bei Personen, denen nicht bewußt war, daß sie telepathische Botschaften empfingen. (85) Wenn sich jemand auf den Namen einer Person konzentriert, zu der er eine gefühlsmäßige Bindung hat, so kann bei dieser fernen Person eine meßbare Veränderung des Blutdrucks und des Blutvolumens auftreten. Dean verwendete einen Plethysmographen (Volumpulskurvenschreiber) und wies damit nach, daß jeweils einer von vier Menschen diese Art von Sensibilität besitzt. Unter Anwendung solcher »gefühlsbeladener« Namen und eines Systems, bei dem eine Reaktion einen Punkt und eine lange Periode ohne Erregung einen Strich darstellte, gelang es ihm, einfache Botschaften von Zimmer zu Zimmer und von Haus zu Haus und in einem Falle sogar über die 1900 km lange Strecke von New York nach Florida zu senden. (178) Diese Entdeckung stimmt mit der Feststellung der Russen überein, daß Personen, die offensichtlich in telepathischem Kontakt stehen, einen rascheren Herzschlag und lautere Herzgeräusche haben und daß in manchen Fällen sogar eine perfekte Synchronisation der Pulse von Sender und Empfänger festgestellt werden kann. (227)

Es wurde angenommen, daß diese physikalische Beziehung durch elektromagnetische Felder verstärkt werden kann. Ein Washingtoner Elektronikingenieur berichtet: ». . . bei der Arbeit mit Hochfrequenzmaschinen stellten meine Kollegen plötzlich fest, daß wir gelegentlich telepathisch waren.« (233) Möglicherweise ist der ganze Körper mit einbezogen. Eine Untersuchung zeigt, daß im Augenblick des telepathischen Kontakts eine Zunahme der elektrischen Aktivität und daher eine Abnahme des Hautwiderstands auftritt (236), aber die meisten Anzeichen deuten darauf hin, daß es vor allem auf eine körperliche Entspannung und damit ein Nachlassen des Muskeltonus und der Hautreaktion ankommt. Elektromyographen, die an die Arme von meditierenden Jogis angeschlossen werden, zeigen keinerlei Reaktion, selbst wenn die Übung mehr als zwei Stunden dauert. (83) Die Entspannung hat eine Verlangsamung der Atmung und dementsprechend eine Zunahme des Kohlendioxyddrucks in den Lungen zur Folge, der wiederum ein Ansteigen des Kohlendioxydgehalts des Arterienbluts bewirkt, und wenn dieses mit vergleichsweise zu wenig Sauerstoff angereicherte Blut das Gehirn erreicht, löst es eine Kettenreaktion aus: die Blutgefäße erweitern sich, um mehr Blut aufzunehmen, und der Gehirnrhythmus wird im Kampf um den benötigten Sauerstoff schneller. Eine Folge dieser Reaktion sind gewöhnlich schnelle Alpharhythmen von genau derselben Frequenz, die zur Telepathie zu führen scheint. Ein Blutverlust bei einem Unfall führt zu dem gleichen Mangel mit den gleichen Folgeerscheinungen, und interessanterweise sprechen Menschen, die Blut verlieren, oft davon, daß sie sich entspannt und entrückt fühlen, nur zuschauen, wie die Welt ihren Gang geht, und dabei andere Dinge und Personen sehr deutlich sehen. Eine andere, häufig auftretende Ursache von Sauerstoffmangel ist große Höhe. Sollte es wirklich nur reiner Zufall sein, daß so viele transzendentale Techniken von Menschen vervollkommnet wurden, die im Himalaja in großer Höhe leben? Ein Angehöriger der ersten erfolgreichen Everest-Expedition schilderte seine Reaktionen in Höhen von mehr als 7300 m und schrieb, er habe gefühlt, »wie die eine Hälfte meines Ichs hoch oben schwebt, auf erhabenste Weise zielbewußt und die

Schönheit ringsumher genießend. Und sie schilt, ermutigt und bestärkt die andere Hälfte, die sich unten elend abmüht.« (232)

Die Übereinstimmung zwischen den Bedingungen, die sich am besten für die Telepathie zu eignen scheinen, und denen, die bei der Meditation auftreten, ist so eng, daß man sich versucht fühlt, die Parallelen noch weiter zu verfolgen. (224) Alle Gruppen, die die Meditation praktizieren, haben auch sehr strenge Diätregeln. Sie leben beinahe völlig vegetarisch und führen dafür moralische Gründe an, aber ihre Speisegewohnheiten könnten ebensogut auch eine physiologische Grundlage haben. Eine direkte Wirkung des Fleischgenusses ist die Erhöhung des Säuregehaltes des Blutes, und unser Körper reagiert darauf in der Weise, daß er zum Ausgleich die Menge des säurebildenden Kohlendioxyds reduziert. Eine vegetarische Ernährung hat die entgegengesetzte Wirkung: sie reduziert den Säuregehalt des Blutes, und zum Ausgleich dafür steigt der Kohlendioxyddruck in den Lungen und verringert sich die Menge des zum Gehirn gelangenden Sauerstoffs. Eine vegetarische Mahlzeit hat daher, grob gesprochen, die gleiche Wirkung wie eine Zunahme der Höhe über dem Meeresspiegel – und der Jogi, der in Indien unten an der Küste nur Reis und Früchte genießt, macht physiologisch gesehen täglich einen Ausflug hinauf in die Berge.

Viele der physischen Bedingungen, die zu der für die Telepathie günstigen Verfassung gehören, sind auch im Schlaf gegeben. Der Muskeltonus und die Atmung sind reduziert, der Kohlendioxyddruck steigt und das Gehirn beschäftigt sich im allgemeinen nicht mit Analysen und Berechnungen. Im *Maimonides Hospital* in New York wurde ein »Traumlabor« eingerichtet, hauptsächlich für die Untersuchung der Phänomene des Schlafens und Träumens, aber auch für die Erforschung der Möglichkeit telepathischer Verbindungen zwischen einem Sender und einem schlafenden Empfänger. Ein Wissenschaftler des dort arbeitenden Teams sagt: »Viele Menschen, die einer wirksamen Kommunikation auf normalem Wege nicht fähig sind, können auf telepathischer Ebene kommunizieren und den Therapeuten durch einen Traum überraschen, der sogar eine Kenntnis der Probleme des Arztes verrät.« (309) Die in solchen Träumen enthaltenen Informationen konnten allerdings auch im Laufe psychoanalytischer Sitzungen auf normalem Wege gewonnen worden sein, daher wurde eine Reihe von Experimenten durchgeführt, bei denen Sender zu kommunizieren versuchten, sobald das EEG zeigte, daß der Empfänger träumte. Eines der Kommunikationsobjekte war Dalis Gemälde *Das Sakrament des Letzten Abendmahls,* und beim Erwachen berichtete die Versuchsperson, sie habe von einer Gruppe von Menschen, einem Fischerboot, einem Glas Wein und der Speisung der Zehntausend geträumt. Bei einer anderen Gelegenheit waren die Sender 2000 Menschen, die ein Popkonzert in einem nahegelegenen Theater besuchten, und das Kommunikationsobjekt war ein Mann, der in der Lotusstellung meditierte und von den Konzertbesuchern auf einer Projektionsleinwand über der Band gesehen werden konnte. Die »Konzertsituation« wurde gewählt, weil »Musik die nichtverbale Natur eines Menschen und unterhalb des Intellekts liegende Bewußtseinsebenen anspricht«. (79) Der Versuch gelang offenbar, denn der Träumende sah einen Heiligen, der die Energie der Sonne einfing.

Mehrere Wissenschaftler vertreten die Ansicht, daß die Telepathie durch das Bewußtsein verdeckt wird und nur in Erscheinung treten kann, wenn die Wachsamkeit nachläßt und sie gleichsam an dem strengen Zensor in unserem Gehirn vorbeischlüpfen kann. Es scheint spezifische Bedingungen zu geben, unter denen Telepathie möglich ist, und der Versuch, sie unter Überwachung in einem Laboratorium zu studieren, kommt ein wenig dem Unterfangen gleich, das Verhalten eines toten Tieres zu erforschen. Man sitzt Stunde um Stunde an einem Tisch und bemüht sich, die Reihenfolge zu erraten, in der fünf bedeutungslose Symbole in dem Kartenpaket irgendeiner anderen Person erscheinen werden, und das dürfte wohl kaum die beste Methode sein, die unbewußten Bereiche freizulegen, in denen sich telepathische Fähigkeiten verbergen können. Unser Unterbewußtsein reagiert viel bereitwilliger, wenn das Gefühl beteiligt ist, was sehr leicht durch ein Experiment wie das folgende demonstriert werden kann: Man zeigte den Versuchspersonen zehn sinnlose Silben und versetzte ihnen bei fünf dieser Silben einen elektrischen Schlag, bis der Reflex bedingt war und bei den Versuchspersonen jedesmal elektrische Reaktionen in den Handflächen auftraten, wenn man ihnen nur eine der fünf ursprünglich von einem Stromstoß begleiteten Silben zeigte. (160) Dann wurden die Silben nacheinander so schnell auf eine Leinwand projiziert, daß keine der Versuchspersonen sie bewußt erkennen konnte. Unbewußt nahmen jedoch alle die Schriftbilder deutlich auf, und der Reflex trat jedesmal ein, wenn sie einen kurzen Blick auf die betreffenden Silben warfen. Das Unbewußte ist stets aktiv, aber man muß Techniken dieser Art anwenden, um es dazu zu überreden oder zu zwingen, seine Information herzugeben.

Das beste Instrument für die Erforschung des Unbewußten ist die Hypnose. Der Psychiater Stephen Black sagte dazu: »Die Hypnose ist nicht nur das einfachste und praktischste Mittel, die Existenz des Unbewußten – die in manchen Kreisen noch immer angezweifelt wird – zu beweisen, sondern sie ist darüber hinaus das einzige Mittel, durch das unbewußte Mechanismen unter wiederholbaren Versuchsbedingungen zum Zweck der Untersuchung manipuliert werden können.« (26) Die Herbeiführung einer Hypnose hängt ab von der Errichtung einer Beziehung zwischen dem Hypnotiseur und seiner Versuchsperson, die auf den ersten Blick große Ähnlichkeit mit einer der Vorbedingungen für die Telepathie aufweist. Es gibt jedoch keine für die Hypnose typischen EEG-Muster, und absolut nichts deutet darauf hin, daß zwischen Hypnotiseur und Hypnotisiertem eine physiologische Verbindung wie bei Kamenskij und Nikolajew besteht. Wohl gibt es aber Berichte über gemeinsame Erlebnisse. Der Physiker Sir William Barret führte eine Reihe von Versuchen mit einem jungen Mädchen durch. »Ich stellte mich hinter das Mädchen, dem ich die Augen fest zugebunden hatte, und nahm ein wenig Salz in den Mund. Sie spuckte sofort aus und rief: ›Warum tun Sie mir Salz in den Mund?‹ Dann versuchte ich es mit Zucker; sie sagte: ›Das ist besser‹, und als ich sie fragte, wie es schmecke, sagte sie: ›Süß.‹ Danach versuchte ich es mit Senf, Pfeffer, Ingwer etc. Das Mädchen benannte alles und schmeckte es offensichtlich, wenn ich es in den Mund nahm, doch wenn ich ihr selbst etwas in den Mund steckte, schien sie es zu ignorieren.« (94)

Diese Art der Kommunikation ist noch nicht einwandfrei bewiesen worden, aber wenn sie existiert, erhärtet sie Jungs Theorie vom »kollektiven Unbewußten«, in dem alle Erlebnisse und Erfahrungen von allen Menschen geteilt werden. Auch Freud, dem es selbst schwerfiel, einen Patienten zu hypnotisieren, glaubte, daß Telepathie am leichtesten möglich sei in psychoanalytischen Situationen, in denen das Unbewußte durchforscht wird. Sein Essay ›Psychoanalyse und Telepathie‹, (*Gesammelte Werke,* Bd. 17, S. 21, S. Fischer,

Frankfurt am Main 1972[5]) wurde erst nach seinem Tode veröffentlicht, aber kurz vor seinem Ende schrieb er, wenn er sein Leben noch einmal zu leben hätte, würde er sich eher der Erforschung des Übersinnlichen widmen als der Psychoanalyse. (309)

Es sieht so aus, als würden telepathische Botschaften regelmäßig vom Unbewußten empfangen und als brächen sie nur gelegentlich in die bewußte Ebene durch. Es scheint eine Sperre vorhanden zu sein, die die Telepathie daran hindert, in unserem bewußten Denken aufzutauchen, und um diese Sperre zu umgehen, müssen wir – oder Personen, die uns helfen, wie der Psychoanalytiker oder der Hypnotiseur – einen Umweg finden oder eine List ersinnen. Die alten medialen Phänomene wie das »automatische Sprechen« oder das »automatische Schreiben« in Trance könnten Zustände darstellen, in denen der bewußte Geist seine Verantwortung aufgibt. Träume und Halluzinationen sind vielleicht andere Methoden, die Verdrängung zu umgehen. Es wäre durchaus möglich, daß viele unserer täglichen Gedanken telepathischen oder jedenfalls teilweise telepathischen Ursprungs sind und daß wir sie als unsere eigenen ausgeben, weil sie beim Überschreiten der Schwelle zwischen dem Unbewußten und dem Vollbewußtsein vieles in sich aufgenommen haben, was wirklich unser ist.

Nach meinem Dafürhalten ist die Telepathie, definiert als »Zugang zu Information im Besitz eines anderen ohne Verwendung der normalen sensorischen Bahnen«, über jeden berechtigten Zweifel hinaus erwiesen. Sie bildet zu sehr einen Teil der allgemeinen Erfahrung und ist bereits zu oft wissenschaftlich untersucht und nachgewiesen worden, als daß man sie noch ignorieren könnte. Wir besitzen zahlreiche Aufzeichnungen über Kommunikationen außerhalb der normalen Bahnen, aber wir wissen noch zu wenig darüber, wie solche Kommunikationen funktionieren.

Dafür wissen wir schon recht gut, wie sie nicht funktionieren.

Leonid Wassiljew, ein Physiologe an der Universität Leningrad, führte eine lange Reihe mühseliger Experimente durch, bei denen er die Wellenlänge der Telepathic zu finden versuchte. Er begann mit zwei gut hypnotisierbaren Versuchspersonen, die sich aus einiger Entfernung in Trance versetzen ließen, was offensichtlich nur auf telepathischem Wege möglich war. Damit hatte er ein wiederholbares Phänomen, das nach Wunsch hervorgerufen, sondiert und zerlegt werden konnte, um, wie er hoffte, die physikalische Grundlage der Übertragung preiszugeben. Wassiljew schaltete die meisten normalen elektromagnetischen Möglichkeiten aus, indem er seine Versuchspersonen in einen Faradayschen Käfig setzte: Sie schliefen trotzdem auf das telepathische Signal hin ein. Er baute eine Bleikapsel mit einem Deckel, der in eine mit Quecksilber gefüllte Rille eingepaßt war, aber die Botschaft drang immer noch durch. Als er feststellte, daß die Telepathie außerdem ohne Rücksicht auf die Entfernung wirkte, gab er sich geschlagen. (336)

Die Entdeckung, daß die Telepathie von der Entfernung völlig unabhängig zu sein scheint, hat keine geringe Verwirrung ausgelöst, denn nach einem bekannten Gesetz nehmen die meisten physikalischen Kräfte im direkten Verhältnis zur Entfernung ab. In letzter Zeit wurde dieses Gesetz allerdings umgestoßen. Viele Metalle können, wenn sie auf die Temperatur von flüssigem Helium abgekühlt werden, einen elektrischen Strom leiten, ohne daß ein Verlust durch Widerstand oder Entfernung eintritt. (121) Sie sind in diesem Zustand sogenannte Supraleiter, und solange die niedrige Temperatur beibehalten wird, ist an ihnen beinahe so etwas wie das Prinzip des Perpetuum mobile zu beobachten. Es hat nun den Anschein, daß es möglich ist, neue Legierungen herzustellen, die die Eigenschaften eines Supraleiters auch bei weit höheren Temperaturen, vielleicht sogar bei Zimmertemperatur, haben, und das Faszinierende an diesen neuen zusammengesetzten Materialien ist, daß das Metall zwischen zwei Schichten einer organischen Verbindung eingelagert ist. Sie haben außerdem eine stärkere Richtwirkung als die herkömmlichen Metalle und erlauben elektrischen Strömen, nur in bestimmten Bahnen zu fließen. Damit erinnern sie an die Entdekkung, daß Strahlungen wie, zum Beispiel, Radiowellen unter gewissen Bedingungen wie durch Kanäle geleitet werden können, so daß sie an ihrem Bestimmungsort nicht nur mit unverminderter Stärke, sondern manchmal sogar verstärkt ankommen. Untersuchungen der Laute, die Wale hervorbringen, zeigen, daß diese Säuger manchmal absichtlich in großer Tiefe Streifen wärmeren Wassers aufsuchen, die zwischen zwei Schichten kälteren Wassers liegen, und daß sie diese Streifen als unterseeische Kabel benutzen, mit deren Hilfe sie sich vielleicht über Tausende von Seemeilen hinweg quer durch einen ganzen Ozean miteinander verständigen.

Damit ergibt sich die Frage, warum wir solche Kanäle, wenn sie tatsächlich existieren, in dem Raum zwischen zwei Personen, die offensichtlich in telepathischer Verbindung stehen, noch nicht entdecken oder blockieren konnten. Die Antwort könnte lauten, daß sie auf Partikeln beruhen, die mathematisch imaginär sind. Die moderne Physik verwendet oft sogenannte virtuelle Teilchen mit imaginären Energien und Massen, um physikalische Funktionen darzustellen und zu erklären. Ein Beispiel dafür ist das Neutrino, das keine bestimmten physikalischen Merkmale besitzt und nur durch Schlußfolgerungen festgestellt werden kann, dennoch aber eine entscheidende Rolle in den Wechselwirkungen anderer Elementarteilchen spielt. Das Neutrino und sein Gegenpart, das Anti-Neutrino, sind nie im eigentlichen Sinne »entdeckt« worden, aber jeder kompetente Physiker ist heute von ihrer Existenz überzeugt, weil er sich nicht vorstellen kann, wie gewisse Reaktionen ohne ihre Anwesenheit stattfinden sollten. Ganz ähnlich verhält es sich mit der Telepathie. Gewisse Phänomene sind unter den verschiedensten Bedingungen regelmäßig beobachtet worden, und es besteht kein Grund zu der Annahme, daß ein physikalischer Wirkfaktor einfach deshalb nicht existieren könne, weil wir ihn noch nicht gesehen haben.

Wenn wir also annehmen, daß die Telepathie existiert, und zugeben, daß es uns noch nicht gelungen ist, ihre Wirkungsweise zu ergründen, so haben wir immer noch die Frage nach ihrem Sinn zu klären. Warum hat sie sich entwickelt? Und welches ist, wenn sie sich nicht auf den Menschen beschränkt, ihre biologische Funktion?

Sir Alister Hardy, ehemaliger Professor der Zoologie in Oxford, verwirrt seine rechtgläubigeren Kollegen seit 1949 durch die These, daß die Telepathie vielleicht den Schlüssel zu einem elementaren biologischen Prinzip liefert, das in der Evolution eine bedeutende Rolle spielte. Er hält es für unwahrscheinlich, daß die für den Menschen so wichtige Entwicklung der Sprache zugleich auch irgend eine Art von außersinnlicher Wahrnehmung hervorgebracht habe, und meint, sie müsse eher die umgekehrte Wirkung gehabt haben. Die Sprache förderte ohne Zweifel die Entwicklung des Verstandes, den Austausch von Ideen, das Zustandekommen und die Verbreitung von Erfindungen und die Vergrößerung unserer Hirnrinde, aber sie unterdrückte möglicherweise eine primitivere

Form des Wissens zugunsten der genaueren Kommunikation, die durch das gesprochene Wort ermöglicht wird. Kleine Kinder bis zum Alter von etwa anderthalb Jahren ähneln Schimpansen desselben Alters sehr stark; sie haben ähnliche Interessen und einen ähnlichen Intellekt und kommunizieren sehr wirksam mit Hilfe der alten visuellen Methode. Auch Erwachsene, die auf die Vorteile der Sprache und der sprachlichen Hinweise verzichten müssen, sehen, hören, fühlen, bewegen sich und erforschen ihre Umwelt im großen und ganzen nicht anders als Tiere. Ein Mensch, der keine Gedanken und Beobachtungen niederschreiben und keine Karte zeichnen kann, schneidet bei einem Labyrinthversuch nicht besser ab als eine geübte weiße Ratte. Wir sind unübertreffbar, was ausdrückliches, in Worten, Formeln und Diagrammen festgehaltenes Wissen anbelangt, aber im Hinblick auf das stillschweigende Wissen, das sich auf das bezieht, was wir tatsächlich tun, bevor es in Worten oder Symbolen ausgedrückt wird, sind wir vielen anderen Spezies unterlegen.

Hardy schrieb: »Vielleicht ändert sich unsere Vorstellung von der Evolution, wenn etwas der Telepathie Verwandtes ... als Faktor erkannt wird, der zur Änderung der Verhaltensmuster bei den Angehörigen einer Spezies beiträgt. Wenn es einen solchen unbewußten Plan des Gruppenverhaltens gibt, der auf die Individuen einer Rasse verteilt ist und sie miteinander verbindet ... könnte er durch organische Auslese den Lauf der Evolution ändern.« (134)

Unter »organischer Auslese« versteht Hardy, daß sich die für die Gewohnheiten eines Tieres günstigsten Genkombinationen besser durchsetzen als solche, die den Verhaltensweisen des Tiers nicht die volle Entfaltung ermöglichen. Stellt beispielsweise ein Vogel, der sich bisher von Insekten an der Oberfläche von Baumrinden nährte, fest, daß er, in dem Maße, in dem der Mensch in seine Umwelt eindringt und die Insekten immer weniger werden, mehr Futter findet, wenn er in oder unter der Rinde sucht, so kann er vielleicht seine Freßgewohnheiten in diesem Sinne ändern, und wenn nun alle Angehörigen der Spezies die neue Gewohnheit übernehmen, die Rinde aufzupicken, so werden diejenigen Vögel, denen ihre Gene den Vorteil eines ein wenig längeren Schnabels verschafften, eine bessere Überlebenschance haben. Nach einiger Zeit würde die ganze Population den längeren Schnabel haben, und eine evolutionäre Änderung des Aussehens würde durch eine einfache Änderung des Verhaltens zustande gekommen sein.

Die Blaumeise, *Parus caeruleus,* in Westeuropa hat in jüngster Zeit gelernt, die Stanniolverschlüsse der vor den Haustüren abgestellten Milchflaschen zu öffnen und die Sahne zu trinken, die im Flaschenhals steht. Diese neue Verhaltensweise breitet sich, offenbar durch Nachahmung, rasch auf dem ganzen Kontinent aus, und wenn die Molkereien ihre Milch weiterhin in den gleichen Behältern, beziehungsweise mit den gleichen Verschlüssen, ausliefern, werden diese kleinen Vögel vielleicht früher oder später einen Schnabel entwickelt haben, der noch besser geeignet ist, eine wertvolle neue Futterquelle auszubeuten.

In den beiden genannten Fällen wurde die Änderung des Verhaltens durch eine Veränderung der Umwelt bewirkt. Die meisten evolutionären Entwicklungen sind von dieser Art; sie treten ein als Reaktion auf einen äußeren Druck, der auf das Klima oder die Einwirkungen von Feinden oder Konkurrenten zurückgeht. Die Evolution der Pflanzen geht ausschließlich in dieser Weise vor sich. Pflanzen entwickeln sich in Richtungen, die ihnen von den selektiven Kräften der Sonne und des Regens, des Bodens und der schützenden Umgebung, des Wettbewerbs mit Nachbarpflanzen und der Zerstörung durch weidende Pflanzenfresser vorgezeichnet werden. Der ganze phantastische Karneval der Blumen wird ausschließlich für jene Tiere veranstaltet, die die Pflanzen besuchen müssen, um ihren Blütenstaub zu verteilen. (133) Die australische Orchidee *Cryptosylia leptochila* hat eine Blüte entwickelt, die bis zu den an der richtigen Stelle sitzenden Punkten ein vollkommenes Abbild des Unterleibs der weiblichen Schlupfwespe *Lissopimpla semipunctata* darstellt. Das Männchen wird von der Blüte angelockt, es versucht, sie zu begatten, und bedeckt sich dabei mit dem Blütenstaub, den es zu seinem nächsten enttäuschenden Rendezvous mitnimmt. Dies ist ein eindeutiges Beispiel dafür, daß sich das Verhalten eines Tieres als evolutionäre Kraft auf die Gestalt einer Pflanze auswirkt. Tiere sind nicht im gleichen Maße ganz von den äußeren Auslesekräften abhängig, aber sie können dank ihrer forschenden Veranlagung selbst Änderungen in ihrem Aussehen durch Änderungen ihres Verhaltens bewerkstelligen.

Die Bedeutung dieser genauen Unterscheidung liegt darin, daß

Anpassungen, die durch äußerliche Auslese bewirkt werden, im allgemeinen negativ sind und eine Einschränkung bedeuten, indem sie einen Organismus formen, der sich leichter in die »Nische«, in die besondere Umgebung, in der er auftritt, einfügt. Anpassungen, die auf die eigenen Verhaltensweisen des Tiers zurückgehen, sind dagegen weit weniger prädeterminierend und können aus der Nische heraus und zur Erprobung und Errichtung völlig neuer Lebensweisen führen. Fischotter würden nie ihre Schwimmhäute und Delphine nie ihre Flossen entwickelt haben, wenn nicht eines Tages einer ihrer ganz landgebundenen Vorfahren von der Routine abgewichen wäre und sich darauf verlegt hätte, im Wasser zu paddeln. Und hier nun kommt die Telepathie ins Spiel.

Manche dieser Änderungen des Verhaltens und der Körperform fanden in einem vergleichsweise kurzen Zeitraum statt, und man begreift nicht recht, wie sie in allen Fällen einfach durch die Probiermethode, das heißt durch die Experimente einzelner, besonders unternehmungslustiger Tiere hätten zustande kommen sollen. Neue Einfälle und Gewohnheiten können einfach durch Nachahmung verbreitet werden wie im Falle der milchtrinkenden Blaumeisen und einer Population von Affen auf einer der japanischen Inseln, die lernten, Süßkartoffeln auszugraben und ans Meeresufer zu tragen, um sie zu waschen. Aber auch hier ergeben sich Probleme: Die Milchflaschenmanie der Meisen greift mit einer Geschwindigkeit um sich, die den Molkereien Sorge bereitet, und es scheint, daß nun eine zweite Gruppe von Affen auf einer Nachbarinsel unlängst aus unerklärlichen Gründen ebenfalls begonnen hat, ihr Futter zu waschen.

Das Vorhandensein einer unbewußten telepathischen Verbindung zwischen Angehörigen derselben Art würde die Entwicklung und Festigung neuer Verhaltensweisen wesentlich erleichtern. Whately Carington, der einmal Versuche mit der telepathischen Übertragung von Zeichnungen zwischen Menschen anstellte, äußerte den Gedanken, daß andere Muster wie, zum Beispiel, die komplizierten Gewebe mancher Spinnen, auf die gleiche Weise übertragen werden könnten. »Ich meine, ein instinktives Verhalten von so hohem Rang oder so kunstvoller Art könnte darauf zurückgehen, daß das betreffende individuelle Geschöpf in ein größeres System (oder, wenn man so will, ein kollektives Unbewußtes) einbezogen ist, in dem die gesamte Spinnerfahrung der Spezies gespeichert ist.« (64) Es wäre unsinnig zu behaupten, instinktives Verhalten werde durch ein kollektives Unbewußtes gesteuert, denn wir wissen mit Bestimmtheit, daß es genetisch vererbt wird, aber es wäre möglich, daß die Telepathie eine nützliche Rolle spielt, bevor eine Gewohnheit genetisch fixiert wird. Eine Gewohnheit muß weit um sich gegriffen haben, ehe sie in das Repertoire einer Spezies aufgenommen werden kann, und sie könnte durch ein telepathisches System irgendwelcher Art sehr wirksam verbreitet und gefestigt werden. Ohne Telepathie begreift man nur schwer, wie sich ein kompliziertes instinktives Verhaltensmuster bei wirbellosen Tieren, bei denen die Erwerbung neuer Gewohnheiten durch Nachahmung oder Überlieferung im höchsten Grade unwahrscheinlich ist, überhaupt entwikkeln könnte.

Wenn ein System dieser Art funktionieren sollte, müßte die Nachricht von einer neuen Entdeckung allgemein ausgesandt werden wie ein Warnruf, das heißt, sie dürfte sich nicht auf einen gemütlichen telepathischen Kontakt zwischen zwei Teilnehmern beschränken. Die meisten Experimente mit Menschen waren von dieser Art, aber das bedeutet nicht, daß es keinen »Gemeinschaftsanschluß« geben kann. In der langen Reihe der Experimente mit Kamenskij und Nikolajew wurde eines Tages eine dritte Person mit einbezogen. Während Kamenskij in Leningrad an Nikolajew in Moskau sendete, saß ohne Wissen der beiden in einem anderen Gebäude in Moskau ein gewisser Viktor Milodan und »hörte mit«. Fünf Gegenstände wurden an diesem Abend telepathisch übertragen, und Milodan konnte zwei davon genau identifizieren. Auch ein hochmoderner, raffinierter Spion mit einer Spezialausbildung in telepathischen Techniken könnte also noch Scherereien mit »Wanzen«, das heißt mit »Abhörmikrophonen« haben.

Die Telepathie könnte außerdem eine Bedeutung für den Zusammenhalt von komplizierten Gesellschaften wie denen der Bienen und Ameisen haben. Wir wissen, daß er zum Teil durch chemische Stoffe gewährleistet wird, nämlich durch Pheromone, die im Stock oder Haufen zirkulieren und allen mitteilen, daß die Königin noch lebt. Jede Arbeitsbiene oder -ameise besitzt außerdem einen Drüsenkomplex, der Duftstoffe für bestimmte Funktionen wie das Anlegen einer Fährte zu einer Futterquelle oder die Anzeige von

Gefahr abgibt. Bei Ameisen ist der Alarmstoff in den Vorderkieferdrüsen enthalten. Wird er in unbewegter Luft ausgestoßen, so bildet er ein kugelförmiges Wölkchen, das einen maximalen Durchmesser von etwa 7,5 cm in 15 Sekunden erreicht, sich dann wieder zusammenzieht und nach 35 Sekunden wieder völlig verschwunden ist. (343) Die Alarmsphäre umfaßt daher nur einen kleinen Raum um die Störung, beispielsweise ein eingedrungenes fremdes Insekt, herum und wird im ganzen übrigen Haufen nicht wahrgenommen. Das ist wichtig, denn es treten jeden Tag so viele kleine Störungen auf, daß die ganze Kolonie zum Stillstand käme, wenn jeder Alarm an alle Insekten ausgesandt würde, aber es gibt Situationen, die eine gemeinschaftliche Aktion größeren Maßstabs erfordern und in denen die lokalen, kurzlebigen Wirkungen des Geruchsalarms nicht ausreichen würden. In solchen Fällen könnte die Telepathie sehr nützlich sein, und vielleicht wird sie auch tatsächlich angewandt.

Ivan Sanderson studierte Ernteameisen der Gattung *Atta* im tropischen Amerika und berichtet von bemerkenswerten gemeinschaftlichen Unternehmungen. (291) Diese Ameisen bauen ein kompliziertes Netzwerk von sauber gefegten Straßen, die, von ihrer unterirdischen Stadt ausstrahlend, zu allen wichtigen Futterquellen im Umkreis von bis zu 800 m führen. Wird eine dieser Straßen durch einen herabgefallenen Zweig oder ein anderes Hindernis blockiert, so steht der Verkehr still, bis eine besondere Polizeitruppe eintrifft und den Bau einer Umgehungsstraße leitet. Sanderson war beeindruckt von der Geschwindigkeit, mit der die Verstärkungen jeweils an der Unglücksstelle eintrafen. Er errichtete selbst eine Anzahl von Sperren, an denen er und seine Mitarbeiter sich längs der Straßen mit Stoppuhren in der Hand aufstellten. Sie beobachteten, daß beinahe augenblicklich »eine große Phalanx von Polizisten vom Bau her die Straße heraufmarschiert kam, Schulter an Schulter und Reihe um Reihe, etwa fünfzig Ameisen in einer Reihe«. Es war nicht annähernd genug Zeit vergangen, als daß die Nachricht von Fühler zu Fühler hätte weitergegeben werden können, der Wind wehte aus der Richtung des Baus und würde jeden Alarmgeruch sofort zerstreut haben, es war dunkel, und Lautsignale kamen nicht in Frage. Es steht fest, daß die *Atta* ein besonderes Telekommunikationssystem besitzen, und dieses System scheint von allen bekannten chemischen und mechanischen Sinnen unabhängig zu sein. Sie und andere Spezies könnten irgendeine Art von Telepathie sehr gut gebrauchen und verwenden sie vielleicht auch tatsächlich.

Eine Kolonie staatenbildender Insekten ist in einem sehr realen Sinne ein einziger Organismus. Die Königin ist das Geschlechtsorgan und die wichtigste endokrine Drüse; die Arbeiterinnen sind der Verdauungskanal und die regenerativen Organe; die Polizisten stellen die regulierenden Funktionen dar und die Soldaten die Abwehrorgane. Alle sind durch eine Reihe von Instinkten zu einer einzigen, sich selbst erhaltenden Struktur vereinigt, in der die Interessen des einzelnen denen des Ganzen untergeordnet sind. Es wäre nicht weiter verwunderlich, wenn man feststellte, daß ein solcher Organismus einen rudimentären Geist besitzt. Schließlich können auch die Funktionen des menschlichen Geistes nicht alle einer Zelle oder auch nur einer Gruppe von Zellen zugeschrieben werden. Unser Gehirn setzt sich aus weit mehr Teilen zusammen als eine Ameisenkolonie, und doch kann es als ein Ganzes mit einer mehr oder minder vollständigen Kommunikation zwischen seinen einzelnen Zellen funktionieren. Eindrücke werden aus verschiedenen Bereichen gesammelt und im Geiste auf genau dieselbe Weise miteinander verquickt wie nach meiner Darstellung Informationen aus verschiedenen Quellen in einer telepathischen Vereinigung von scheinbar völlig verschiedenen Einzeltieren einer Gemeinschaft zusammengefaßt werden könnten.

Diese Gemeinschaft kann vielleicht sogar über die einzelne Gruppe hinaus alle Individuen derselben Art mit einschließen. Vielleicht gibt es so etwas wie eine psychische Blaupause für jede Spezies, die eine unbewußte Teilhabe an Verhaltensweisen und möglicherweise auch Formen gewährleistet.

Eines der großen ungelösten Probleme der Biologie ist das der Organisation. Die Taufliege *Drosophila* hat ein besonderes Gen, das die Bildung des Auges regelt. Ändert sich dieses Gen durch Mutation, so entsteht eine Fliege ohne Augen, die, mit einer ebensolchen gepaart, einen ganzen Stamm augenloser Taufliegen hervorbringt. Nach einer Weile, das heißt nach einigen Generationen, ordnet sich jedoch der Genkomplex neu, ein anderes Gen tritt an die Stelle des beschädigten – und plötzlich haben die Fliegen wieder Augen. Und wenn man einem Frosch einen Teil eines seiner Augen irgendwo am Körper unter die Haut verpflanzt, so bilden die

Epidermiszellen an dieser Stelle eine vollkommene Linse. Der Bau des Auges bei der Fliege wie beim Frosch hängt also nicht nur von einem besonderen Gen oder von besonderen Zellen ab. Irgendwo scheint es einen Organisator zu geben, der weiß, wie das Tier auszusehen hat, und rechtzeitig die nötigen Vorkehrungen trifft. Den größten Teil der Organisation besorgt die Desoxyribonukleinsäure (DNS), deren einzigartiges Molekül das Erbgut jeder Spezies weitergibt – doch das ist offenbar noch nicht alles. Das Bemerkenswerte am Leben ist nicht, daß es in einer solchen Vielfalt von Formen auftritt, sondern daß es so vielen Formen gelingt, ihre Grundgestalt und Intaktheit angesichts der zahllosen Umweltkräfte, die ständig auf ihre Auflösung hinarbeiten, so lange beizubehalten. Sicherlich sind im DNS-Code Instruktionen enthalten, die die allgemeine physische Form bestimmen, aber vielleicht gibt es doch auch noch einen anderen Organisator, so etwas wie einen Strom gemeinsamer Erfahrungen, der es immer nur den gelungensten Kopien des Plans der betreffenden Spezies zu überleben gestattet.

Die Telepathie wäre dazu imstande.

Intuition

Charles McCreery vom *Institute of Psychophysical Research* in Oxford ist skeptisch hinsichtlich der physiologischen Veränderungen, die von manchen Wissenschaftlern als Beweise für das Wirken von Telepathie vorgelegt werden. Er zieht es vor, grundsätzlich zu unterscheiden zwischen dem »physiologischen Apparat als einem den bewußten Zustand der außersinnlichen Wahrnehmung determinierenden Mittel und dem physiologischen Apparat als Detektor außersinnlicher Wahrnehmung«. (224) Mit anderen Worten, er ist sich hinsichtlich der Telepathie selbst nicht sicher, hält es aber für möglich, die Bedingungen zu erkennen, unter denen sie auftritt. McCreery beschreibt diese Bedingungen als eine kontinuierliche Alpha-Aktivität, die oft leicht beschleunigt ist, verringerten Muskeltonus und erhöhten Kohlendioxyddruck.

Wenn es eine eindeutig definierte Verfassung gibt, in der die Telepathie mit der größten Wahrscheinlichkeit auftritt, muß es möglich sein, sich darin zu üben, diese Verfassung zu erkennen, ebenso wie man lernen kann, auf Wunsch Alpharhythmen hervorzubringen oder den Blutdruck zu senken. Nichts anderes ist vielleicht die Intuition: einfach die Fähigkeit, den telepathischen Zustand zu erkennen, dieses Wissen zu gebrauchen und zu sagen: »Ich weiß nicht, warum, aber ich habe das sichere Gefühl, daß . . .« Das würde bedeuten, daß die Intuition ein vage bewußtes Innewerden des unbewußten Empfangs telepathischer Information ist. Bei vielen telepathischen Experimenten haben die Versuchspersonen tatsächlich ein eigentümliches Gefühl in bezug auf bestimmte Vermutungen oder Eindrücke. Sie sagen, manche erschienen ihnen richtiger als andere, oder sie hätten »so eine Ahnung«, daß alles gut gehen werde. Oft erweisen sich diese Ahnungen als richtig, aber wir besitzen noch nicht annähernd genug Datenmaterial, um beweisen zu können, daß diese Korrelation wirklich besteht. Theoretisch sollte es möglich sein, Experimente so anzulegen, daß die Versuchspersonen ihre Vermutungen so lange zurückhalten, bis sie dieses intuitive Gefühl der »Richtigkeit« haben, aber vorerst sind solche Experimente noch nicht gemacht worden, und die Beziehung zwischen Telepathie und Intuition liegt noch im dunkeln.

Vielleicht besteht auch gar keine Korrelation. Eines der »Spiele« des Psychiaters Eric Berne besteht darin, das Alter, den Beruf, die Adresse und den Familienstand von Menschen zu erraten, denen er irgendwo zum erstenmal begegnet. Er hat dabei oft bemerkenswerte Erfolge zu verzeichnen, und es wurde schon die Ansicht geäußert, er beziehe seine Informationen auf telepathischem Wege, aber Berne selbst hat das Gefühl, daß sich seine Intuition auf mit den normalen Sinnen wahrgenommene Hinweise stützt. Er meint: »Die Dinge werden knapp unterhalb der Bewußtseinsschwelle automatisch geordnet; unterbewußt aufgenommene Faktoren werden aussortiert, sie fallen automatisch auf ihren richtigen Platz und werden in den endgültigen Eindruck integriert, der schließlich mit einiger Unsicherheit in Worte gefaßt wird.« (24) Berne behauptet, er könne genau sagen, wann seine Intuition gut funktioniere, und zu den für ein erfolgreiches Raten nötigen Voraussetzungen gehöre »ein verengter und konzentrierter Kontakt mit der äußeren Wirklichkeit«. Das klingt ganz nach dem »entspannt wachsamen« Zustand erfolgreicher Telepathie, aber möglicherweise werden in dieser geistigen Verfassung sowohl telepathische Informationen als auch unterbewußte Eindrücke empfangen. Wir wissen, daß das Unbewußte in Hypnose die unglaublichsten Dinge aus der Erinnerung hervorholen kann, zum Beispiel die Zahl der Stufen, die man hinaufgehen mußte, als man vorige Woche jemanden in seinem Büro aufsuchte, oder die Zahl der Laternenpfähle draußen auf der Straße, aber wir wissen nicht, wozu und wann wir dergleichen Daten gesammelt haben.

Es hat den Anschein, daß viel mehr Information aus der Umwelt ins Unbewußte aufgenommen wird, als wir vermuten, und daß die Schranke zwischen unbewußten und bewußten Vorgängen eine jener lebenswichtigen Sperren darstellt, die uns vor einer Reizüberflutung schützen. Wenn es sich so verhält, ist es nicht verwunderlich, daß es uns so schwerfällt, die Schranke zu durchbrechen: unser Leben hängt davon ab, daß sie intakt bleibt. Ein wenig sickert durch in Form von Träumen und Halluzinationen, und die Intuition ist vielleicht ebenfalls eine undichte Stelle, die Information durchläßt und etwa in Notfällen entsteht, wenn diese Information für unser Überleben von Bedeutung ist. Meistens sind Intuitionen die Produkte früherer Erfahrungen – Erinnerungen, Wünsche, Hoffnungen und Befürchtungen, die im Unbewußten gespeichert wurden –, aber manchmal können sie auch völlig neue Informationen beinhalten, die vielleicht durch Telepathie gewonnen wurden.

Daß wir von der Intuition nur spärlich Gebrauch machen, könnte eine Folge der Komplexität unseres bewußten Lebens sein. Wir betrachten die Intuition als Alternative zur logischen Methode des Intellekts und neigen dazu, die Menschen in zwei Gruppen einzuteilen, nämlich in solche, die mehr gefühlsmäßig – aufgrund der Intuition – handeln, und solche, die sich in ihren Entscheidungen vom Intellekt leiten lassen. Der Überlieferung nach sind Frauen mit stärkerer Intuition begabt als Männer, aber es gibt kaum Beweise, die diese Anschauung rechtfertigen könnten, wenngleich gesagt werden muß, daß die Frauen bisher vielleicht gezwungen waren, intuitiver zu sein, weil man ihnen die Chance intellektueller Entwicklung vorenthielt. Bei Tierarten mit geringeren Verstandesfähigkeiten und einem weniger aktiven Bewußtsein scheint die Schranke erheblich niedriger zu sein, und bei den meisten ist sie überhaupt nicht vorhanden, was jedoch nicht bedeutet, daß diesen Tieren die Unterscheidung zwischen »Ich« und »Nicht-Ich« fehlt.

Schwalben, die sich auf einem Draht niederlassen, halten untereinander Abstände von beinahe genau 15 cm ein; bei Seemöwen macht der Abstand 30 cm aus, und bei Flamingos beträgt der individuelle Abstand ungefähr 60 cm. Der Mensch zieht um seinen Körper herum ebenfalls einen unsichtbaren Kreis, dessen Durchmesser seine emotionelle Verfassung sehr genau anzeigt. Der Psychiater August Kinzel entdeckte, daß der persönliche Raum, der einen gesunden, ausgeglichenen Menschen umgibt, zylindrisch ist und sich in allen Richtungen etwa 45 cm weit erstreckt. (176) Diesen Raum verteidigt offenbar jeder von uns, und Kinzel stellte fest, daß er bei gewalttätig veranlagten Personen sehr viel größer ist. Wenn er sich in Gefängnissen notorischen Gewaltverbrechern zu nähern versuchte, beobachtete er, daß sie ihn schon in einer Entfernung von etwa 90 cm aufhielten und eine merklich zunehmende Spannung und Feindseligkeit erkennen ließen, wenn er auf sie zutrat und absichtlich diese Grenze überschritt. Hinter ihnen beulte sich der persönliche Raum bis 1,20 m aus, und sie betrachteten jede Annäherung von hinten als besonders bedrohlich.

Diese Zonen unterliegen teilweise der bewußten Kontrolle. Wenn wir dicht gedrängt in einem Fahrstuhl oder Bus stehen, vermeiden wir sehr sorgfältig jede feindselige Haltung und stellen uns so auf, daß wir uns von unseren nächsten Nachbarn mit einer Geste abwenden, die ihnen eine gewisse Beruhigung bietet. Vielleicht verhüten wir unter solchen Umständen Aggressionen dadurch, daß wir instinktiv die Absichten anderer erfassen. Dazu bedarf es keiner Telepathie oder außersinnlichen Wahrnehmung; es genügt, daß wir der anderen Menschen unbewußt gewahr werden. Die Experimente mit Lebensfeldern zeigen, daß eine Gruppe von Menschen ein gemeinsames, zusammengesetzes Feld schafft, das seine besonderen Eigenschaften hat, und daß das Hinzutreten einer weiteren Person zur Gruppe nicht nur eine quantitative Addition bedeutet, sondern das Muster des Feldes oft völlig verändern kann. Umgekehrt kennen wir alle das Gefühl der Leere und des Verlustes, das entsteht, wenn eine Person, die sich vielleicht nicht einmal aktiv am Gespräch beteiligt hat, eine Gruppe verläßt. Das Wesen der Gruppe, ihr Gesprächsthema, ihre Tätigkeit kann sich ändern, ja sie kann sich sogar auflösen.

Dieses Feld der sozialen Bewußtheit scheint dasjenige zu sein, in dem die Intuition ihre aktivste Rolle spielt. Ob sie nun etwas mit Telepathie zu tun hat oder nicht: sie bietet uns ohne Zweifel einen wertvollen Zugang zu unbewußten Quellen von Informationen, die aus unserer Umgebung und von anderen darin lebenden Organismen stammen.

Es gibt aber auch einige Situationen, in denen es möglich zu sein scheint, Informationen zu erlangen, die allen anderen völlig unbekannt sind.

Hellsehen

In den langen Kartentestserien an der *Duke University* bemühten sich die meisten Versuchspersonen, jeweils die Karte zu erraten, die in demselben Augenblick von einer anderen Person betrachtet wurde. Es handelte sich also um echte Telepathieversuche. Bei einigen Tests sollten die Versuchspersonen aber etwas erraten, was niemand wußte, zum Beispiel die Reihenfolge der Karten in einem gemischten Paket. Als diese Tests bessere Ergebnisse erbrachten, als aufgrund des Zufalls zu erwarten gewesen wäre, mußte Rhine ein neues Phänomen anerkennen: das Hellsehen.

Eine der am gründlichsten getesteten Versuchspersonen in der Geschichte der parapsychologischen Forschung ist der junge tschechische Student Pavel Stepanek. Er erzielte phänomenale Trefferquoten bei allen klassischen Kartentests und führte darüber hinaus noch eine eigene Variante ein, die unter der Bezeichnung »Fokuseffekt« bekannt wurde. (288) Stepanek arbeitet besonders gut mit bestimmten Lieblingskarten, und er findet sie auch, wenn sie in Umschläge gesteckt und so gemischt wurden, daß der Versuchsleiter selbst nicht mehr weiß, welche er vor sich hat. Nach einer Weile wird auch der Umschlag mit in den »Fokus« einbezogen, und er muß dann seinerseits wieder in einen Umschlag gesteckt werden. Bei seinen letzten Tests zeigte man Stepanek jedesmal eine Karte in einem Umschlag, der in einem größeren Umschlag eingeschlossen war, welcher wiederum in einer Hülle stak, aber er erriet sie trotzdem. (258)

Die meisten dieser Experimente mit dem Hellsehen liefern Beweise, die erst durch die statistische Analyse sichtbar werden, aber zwei holländische Medien demonstrieren hellseherische Phänomene auf weit eindrucksvollere Weise. (309) Im Jahre 1964 wurde Gerard Croiset aus Utrecht von der Polizei in einem Mordfall konsultiert. In Mississippi waren drei Bürgerrechtskämpfer ermordet worden, und den Berichten zufolge war Croiset imstande, den Ort, an dem die Leichen schließlich gefunden wurden, genau zu bezeichnen und zu beschreiben und einige Polizeibeamte aus dieser Gegend zu benennen, die an den Morden beteiligt gewesen waren. Peter Hurkos fiel 1943 von einer Leiter, erlitt einen Schädelbruch und stellte fest, daß er seine Konzentrationsfähigkeit verloren, dafür aber eine neue Gabe erworben hatte. Als er vor einiger Zeit von der Polizei in Den Haag um Hilfe ersucht wurde, brauchte er nur die Jacke eines Toten in der Hand zu halten, um den Mörder des Mannes mit allen Einzelheiten einschließlich Brille, Schnurrbart und Holzbein zu beschreiben. Als die Polizei zugab, daß sie einen Mann, auf den diese Beschreibung paßte, bereits verhaftet hatte, sagte ihr Hurkos, wo sie die Mordwaffe finden konnte. (157)

Genaugenommen kann keines dieser Beispiele eindeutig als Beweis für Hellsehen anerkannt werden, denn irgendwo gab es ja immer jemanden, der die nötige Information besaß. Es konnte also ebensogut auch Telepathie am Werk sein. Selbst bei den Kartentests konnte es Fehler in der Versuchsanordnung gegeben haben, die es dem Experimentator ermöglichten, sich vielleicht unbewußt eine Vorstellung davon zu bilden, wo sich die jeweils gesuchte Karte befinden mußte. Um echtes Hellsehen kann es sich nur handeln, wenn ein Gegenstand entdeckt wird, dessen Ort niemandem bekannt ist. Aber warum spricht man denn nicht gleich von Rutengängerei? Die Existenz hellseherischer Fähigkeiten ist so zweifelhaft und die Möglichkeit, daß solche Talente irgendeine biologische Bedeutung haben könnten, so gering, daß es sinnlos erscheint, diese Frage weiter zu verfolgen.

Zauberei

Milan Ryzl, ein tschechischer Arzt, der heute in den Vereinigten Staaten lebt, berichtet von einer Reihe von Experimenten, bei denen der Sender Erregungszustände zu übertragen versuchte. Als er sich auf Erstickungsangst konzentrierte und Asthma-Anfälle heraufbeschwor, erlitt der mehrere Kilometer entfernte Empfänger einen heftigen Erstickungsanfall. (287) Als sich der Sender in eine düstere Stimmung versetzte und dazu noch eine Droge bekam, die Depressionen hervorrief, zeigte das EEG des Empfängers entsprechende Reaktionen an, und er bekam starke Kopfschmerzen und litt noch stundenlang unter Übelkeit. Diese Experimente werfen ein völlig neues Licht auf die alten Vorstellungen von »Schwarzer Magie«. Zweifellos ist jemand, der glaubt, daß er verhext wird, imstande, sich in eine Krankheit »hineinzudenken« und schließlich sogar zu sterben, aber diese neuen Entdeckungen erwecken den Anschein, daß man nicht notwendigerweise selbst destruktive Gedanken zu hegen braucht. Jemand anders kann sie denken und auf einen richten.

William Seabrook lebte jahrelang unter den Malinke im ehemaligen Französisch-Westafrika. Er berichtet von einem belgischen Jäger, der seine Träger mißhandelte und tötete, bis die Eingeborenen zur Selbstjustiz schritten und einen Zauberer beauftragten, ihm den Tod zu schicken.

Auf einer Lichtung im Dschungel stellten der Medizinmann und seine Gehilfen die Leiche eines Mannes auf, die sie in einem nahegelegenen Dorf beschafft hatten. Sie zogen ihr ein Hemd des Belgiers an, kämmten einige seiner Haare in die ihren ein, klebten Schnipsel von seinen Fingernägeln an ihre Finger und tauften schließlich die Leiche auf den Namen des Belgiers. Dann saßen sie singend und trommelnd um dieses Objekt ihres »Sympathiezaubers« herum und konzentrierten ihren bösen Haß auf den Meilen entfernten Weißen. Einige seiner Angestellten, die Sympathie heuchelten, sorgten dafür, daß der Belgier erfuhr, was gegen ihn im Gange war, und auf dem laufenden gehalten wurde, bis er starb. Er erkrankte bald und starb tatsächlich, offensichtlich durch Autosuggestion. (302) Die gängige Erklärung für Geschehnisse dieser Art ist, daß ein unbewußter Glaube an einen Zauber töten kann – auch wenn in Wirklichkeit gar kein Zauber vorgenommen wird. Nun weist aber die Entdeckung, daß eine vorgetäuschte Krankheit durch Telepathie übertragen werden kann, darauf hin, daß die Zeremonie selbst von Bedeutung sein könnte. Der wilde Haß, der die Leiche im Dschungel umgab, hatte zweifellos eine hypnotische Wirkung auf alle an der Zeremonie Beteiligten und mußte genau die Bedingungen schaffen, die, wie wir heute wissen, Voraussetzung für einen telepathischen Zustand sind, und die symbolische Leiche diente vielleicht in diesem besonderen Fall als Sammelpunkt für Emotionen, die für sich selbst in einer größeren Entfernung Schaden anrichteten.

In diesem Licht könnte man alle Hilfsmittel der Magie als Objekte betrachten, die wie, zum Beispiel, der Altar in der Kirche Aufmerksamkeit auf sich ziehen und Gefühlsbewegungen auslösen. Zauber, die sexuelle Hemmungen, Besessenheit, Lähmungen und alle Arten von zehrenden Krankheiten hervorrufen, stützen sich zum großen Teil zweifellos auf Suggestion. Viele wirken, weil die Zauberer glauben, daß sie diese Kräfte wirklich besitzen, und weil ihre Opfer glauben, daß sie sie auch anwenden können, aber die Möglichkeit einer direkten Wirkung auch auf eine nichtsahnende Person darf nicht ignoriert werden.

Daß die Prozeduren ritueller Magie aller Arten Halluzinationen wecken können, unterliegt kaum einem Zweifel. Richard Cavendish beschreibt, wie sich der Zauberer vorbereitet durch »Abstinenz und Schlafmangel oder durch Alkohol, Drogen und Sex. Er atmet Dämpfe ein, die wahrscheinlich sein Gehirn und seine Sinne beeinflussen. Er vollzieht geheimnisvolle Riten, die die tiefsten, emotionellsten und irrationalsten Schichten seines Geistes ansprechen, und er berauscht sich noch mehr, indem er ein Tier tötet, einen Menschen verwundet und in manchen Fällen sich auch dem Orgasmus nähert und diesen erreicht«. Damit durchlebt er so ziemlich alle dem Menschen bekannten Emotionen, und es ist kein Wunder, daß nach all dem er selbst und die an seiner Zeremonie Beteiligten Visionen haben und furchtbare persönliche Dämonen heraufbeschwören.

Zum Handwerk des Zauberers oder der Hexe gehört gewöhnlich auch irgendein Gebräu, das mit aller Sorgfalt für einen bestimmten Zweck zubereitet wird. Hexen waren notorische Giftmischerinnen – sowohl ihr biblischer als auch ihr italienischer Name bezieht sich speziell auf dieses Talent –, und die Gifte, die sie brauten, waren zweifellos wirksam, aber man nimmt an, daß die komplizierten Rituale, die beim Sammeln und Mischen der Ingredienzien beachtet wurden, unnötiger, abergläubischer Hokuspokus waren. Dem ist vielleicht nicht so. Nach einer alten Vorstellung läßt sich aus der Mistel ein Mittel gegen den Krebs zubereiten, aber seine Wirksamkeit soll ganz von dem Zeitpunkt abhängen, zu dem die Pflanze gepflückt wird. Ein Krebsforschungsinstitut in der Schweiz ging dieser Sache auf den Grund und machte 70 000 Versuche mit Pflanzenteilen, die Tag und Nacht in Abständen von je einer Stunde gepflückt wurden. (112) Man maß den Säuregehalt, analysierte die Bestandteile und testete die Wirkung der Präparate an weißen Mäusen. Ein Mittel gegen den Krebs fand man zwar nicht, aber man entdeckte, daß die Eigenschaften der Pflanze nicht nur in hohem Maße von der Zeit und der Witterung abhingen, sondern auch von außerirdischen Faktoren wie den Mondphasen und dem Auftreten einer Sonnenfinsternis. (339) Nichts bleibt von einem Augenblick zum nächsten, was es ist. Der Orientalist Du Lubicz beschrieb eine Medizin, die geradezu Wunder wirkte, wenn sie nach dem überlieferten ägyptischen Ritual zubereitet wurde, in jeder anderen Herstellungsart aber regelrecht giftig war. Wenn etwas getan wird, kommt es immer in hohem Maße auf den Zeitpunkt, den Ort und die Art und Weise an.

Vor nicht allzu vielen Jahren noch wollte die Schulmedizin keine psychosomatischen Krankheitsursachen gelten lassen. Das hat sich nun zwar geändert, aber ich habe den Eindruck, daß wir in unserer neuentdeckten Begeisterung auch zu weit gehen können, indem wir alles psychosomatisch nennen, wofür wir keine andere vernünftige Erklärung finden. Unsere Zukunft liegt im Geiste und in unserem Verständnis des Geistes, aber die komplizierten Rituale und Zeremonien, die einst die mit den Kräften des Geistes assoziierten okkulten Praktiken umgaben, könnten uns überraschen, und es könnte sich zeigen, daß sie ihre eigenen direkten Wirkungen haben.

Materie, Geist und Magie – im Kosmos ist das alles eins.

Teil IV

Zeit

»Wenn ich es nur gewußt hätte,
wäre ich Uhrmacher geworden.«
ALBERT EINSTEIN
in *New Statesman,* 16. April 1965

Die Zeit ist ein Rhythmus. Sie kommt und geht wie das Knistern der Elektrizität im Gehirn oder das Strömen des Blutes durch das Herz oder die Wasser der Flut am Strand. Alle diese Dinge werden von kosmischen Uhren geregelt, und unsere Messungen sind nichts weiter als praktische Hilfsmittel zum Zweck der Buchführung. Aber mit der Natur haben Sekunden und Minuten nichts zu tun. Jeder Organismus deutet auf seine Weise die kosmischen Rhythmen. Eine Rinderzecke kann monatelang am Ende eines Zweiges sitzen und auf ein vorübergehendes Säugetier warten; eine Zikadenlarve lebt jahrelang im Boden am Fuße eines Baumes und wartet auf die für den einen Tag ihres Erwachsenenlebens günstigsten Bedingungen. Für sie gehen diese langen Zeiträume vorbei wie ein einziger Augenblick; sie spielen in ihrem Leben keine größere Rolle als für uns das Intervall zwischen zwei Herzschlägen.

Zeitmanipulationen vermitteln uns eine Vorstellung davon, wie wenig wir diese Unterschiede verstehen. Ein Zeitrafferfilm von Bohnen, die im Dunkeln keimen, bei dem nur jede Stunde eine Aufnahme gemacht wurde, zeigt Szenen von ungezügelter Wildheit: Jede der Pflanzen schlägt bei dem Versuch, ans Licht zu gelangen, nach ihren Nachbarn. Zeitlupenfilme von Faltern zeigen, wie die Tiere die Sonarsignale einer herannahenden Fledermaus auffangen, wie sie ihre Stärke und genaue Herkunft abschätzen und die nötige Ausweichbewegung ausführen – all das in der Zeitspanne einer Zehntelsekunde. Jede Tierart lebt auf ihre eigene Weise und in ihrer eigenen Zeit, und sie sieht nur einen Ausschnitt ihrer Umwelt durch den engen Schlitz ihres eigenen Sinnensystems. Der wirkliche Raum und die wirkliche Zeit existieren außerhalb des individuellen Bewußtseins.

In diesem Abschnitt will ich einige der Phänomene, die wir erleben, zum Fluß der Zeit in Beziehung setzen und die Evolution von Natur und Übernatur in eine zeitliche Perspektive bringen.

9. *Kapitel:*
Neue Dimensionen

Vor dreihundert Jahren glaubten die Wissenschaftler zu wissen, was das Gewicht sei und daß es einen festen, absoluten Wert habe. Dann zeigte Isaac Newton, daß ein Gegenstand auf einem Berggipfel weniger wiegt als unten am Meer und daß das Gewicht von der Gravitation bestimmt wird. Heute weiß jedes Kind, das einen Astronauten auf dem Mond schwerfällig umhertanzen sah, daß der Mann dort oben ungeachtet seiner ganzen Ausrüstung weniger wiegt als auf der Erde. Nach Newton sah die Wissenschaft ihren festen Bezugspunkt in der Masse, aber dann kam Albert Einstein und zeigte, daß die Masse ebenfalls veränderlich ist. Je schneller sich ein Ding bewegt, desto mehr nimmt seine Masse zu. Nach Einsteins Entdeckungen mußten sich die Wissenschaftler fragen: Kann, wenn die Geschwindigkeit wichtiger ist als die Masse, die Zeit als zuverlässige Meßgrundlage verwendet werden?

Die Antwort auf diese Frage gab Einstein selbst. Nein, sagte er, die Zeit hat keine absolute Bedeutung, und sie wird ebenfalls von der Gravitation beeinflußt. Er hatte recht. Wenn man sehr schnell reist, verlangsamt sich die Zeit. Daher alterten die Mondspaziergänger um den Bruchteil einer Sekunde weniger rasch als wir. Aber auch wir auf der Erde Zurückgebliebenen standen nicht still; wir alle bewegen uns schnell durch den Weltraum und altern daher weniger rasch, als es der Fall wäre, wenn die Erde stillstände. Alles ist relativ, und die Relativitätstheorie basiert darauf, daß Raum und Zeit unlösbar ineinander verflochten sind.

Nichts ist, was es zu sein scheint. Wir sehen zwei Ereignisse und sagen, das eine habe vor dem andern stattgefunden; wir können sogar das Zeitintervall zwischen den beiden mit unseren Uhren messen, aber letzten Endes hat sich vielleicht alles ganz anders zugetragen. Wenn die beiden Ereignisse in einer hinlänglich großen Entfernung von uns und voneinander stattfinden, trifft die Information von dem einen und dem anderen zu verschiedenen Zeitpunkten bei uns ein. Von einem anderen Beobachtungspunkt aus betrachtet, treten vielleicht beide Ereignisse gleichzeitig ein, und von wieder einem anderen Punkt aus gesehen, könnte die Reihenfolge sogar umgekehrt erscheinen. Selbst wenn wir also nur einen unserer Sinne gebrauchen, in diesem Fall den Sinn, der uns die Wahrnehmung von sichtbarem Licht gestattet, kann die durch das Medium übertragene Information verzerrt werden. Das Problem wird noch komplizierter, wenn mehr als ein Sinn in Anspruch genommen wird. Sehen wir einem Mann zu, der in einiger Entfernung von uns Holz hackt, so beobachten wir, wie er das Beil schon wieder hebt, bevor wir noch das Geräusch seines letzten Schlages auf den Holzklotz vernehmen. Wenn wir nicht wüßten, wie das Holzhacken vor sich geht, und wenn uns die verschiedenen Geschwindigkeiten von Licht und Schall nicht bekannt wären, könnten wir sehr leicht zu dem Schluß gelangen, ein Beil sei ein Werkzeug, das einen lauten Ton von sich gibt, wenn man es über den Kopf hebt.

Ich bin sicher, daß viele der scheinbar übernatürlichen Dinge, die wir erleben, nur durch Fehldeutungen dieser Art zustande kommen und daß auf dem Grunde aller Probleme das Paradoxon der Zeit liegt.

Zeit

Die Zeit hat sehr wenig zu tun mit Sonnen-, Sand-, Pendel- und Federuhren. Auch die Zäsiumatome in den Atomuhren sind nur Hilfsmittel für die Zeitmessung. Die beste Definition ist vielleicht diese: »Die Zeit ist eine Funktion des Eintretens von Ereignissen.« (62) Zwischen zwei nicht gleichzeitigen Ereignissen liegt eine Pause, ein Intervall, das gemessen werden kann. Allen Messungen liegt jedoch eine bestimmte Annahme zugrunde: sie zeigen den Augenblick des »Jetzt« an, und darin ist die Vorstellung inbegriffen, daß die übrige Zeit in ein »vor« und »nach« diesem Augenblick eingeteilt werden kann. Wie die Begriffe »Gewicht« und »Masse« wird nun aber auch dieser in Frage gestellt.

Die herkömmliche Unterscheidung zwischen Raum und Zeit stützt sich darauf, daß sich uns der Raum gleichsam in einem Stück präsentiert, während die Zeit nach und nach, in kleinen Abschnitten, auf uns zukommt. Die Zukunft scheint verborgen zu sein, die Vergangenheit wird verschwommen sichtbar durch die Erinnerung und die Erinnerungshilfen, die wir uns geschaffen haben, und nur die Gegenwart wird uns unmittelbar enthüllt. Stellen wir uns vor, wir sitzen in einem Eisenbahnwagen und blicken seitwärts durch das Fenster auf die Gegenwart, während die Zeit vorbeifliegt. Es wird, wenn wir das Verstreichen der Zeit in immer kleineren Einheiten messen, immer schwieriger zu entscheiden, was die Gegenwart ist und wann sie anfängt und endet. Unabhängig von der Fahrgeschwindigkeit des Zuges erfassen wir mit einem Blick alles, was das Fenster einrahmt. Der Reisende uns gegenüber hat das Rouleau ein Stück heruntergezogen und sieht einen kleineren Ausschnitt. Zur gleichen Zeit schaut jemand in einem Wagen weiter vorn, gleich hinter der Lokomotive, aus seinem Fenster und erhält ein etwas anderes Bild, und ein blinder Passagier oben auf dem Waggondach, dessen Gesichtskreis nicht durch ein Fenster eingeengt ist und der in derselben Richtung wie alle anderen Passagiere seitwärts blickt, erfaßt ein weit größeres Feld, das auch ein Stück der Bahnlinie weiter vorn mit einschließt. Wer von allen diesen Beobachtern sieht nun die Gegenwart? Die Antwort muß offensichtlich lauten: Alle sehen sie, und die unterschiedlichen Ansichten, die sie von ihr gewinnen, gehen nur auf die Beschränkungen ihres Gesichtsfelds zurück. Der Passagier auf dem Dach sieht nicht in die Zukunft; er hat lediglich eine bessere Aussicht auf die Gegenwart und macht von seinen Sinnen volleren Gebrauch.

In der Hinduphilosophie gibt es seit jeher die Vorstellung einer ewig fließenden Gegenwart, und die moderne Physik ist im Begriff, dieses Bild zu übernehmen. In den Bereichen der subatomaren Mathematik zieht sie sogar die Möglichkeit in Betracht, daß unser Zug in die entgegengesetzte Richtung fährt und der Ablauf der Zeit umgekehrt wird. Alles andere im Universum ist nicht auf den Ablauf in nur einer Richtung beschränkt; es wird immer schwerer anzunehmen und immer unmöglicher zu beweisen, daß die Zeit die einzige Ausnahme bilden sollte. Die Biologen haben kaum erst begonnen, darüber nachzudenken. Die Vorstellung, daß die Zeit ein Pfeil, eine lange gerade Linie sei, gehört zu allem evolutionistischen Denken. Die Paläontologen zeichnen Karten, die eine lineare Abstammung unseres heutigen Pferdes von einem kleinen, in Sümpfen lebenden Minipferdchen darstellen, das am Ende jedes Beins mehr als eine Zehe hatte. Die Genetiker zeichnen kompliziertere, aber immer noch lineare Muster des Erbgangs von Generation zu Generation, die säuberlich in der richtigen Reihenfolge numeriert sind. Die Embryologen verfolgen, von einem befruchteten Ei ausgehend, die Entwicklung eines komplexen Organismus. Nur die Ökologen und Ethologen arbeiten mit grundsätzlich anderen Formen und Mustern, weil sie zwangsläufig bemerken müssen, daß das Leben im Grunde zyklisch ist.

Der Flußaal, *Anguilla anguilla,* verbringt den größten Teil seines Lebens in den Flüssen Westeuropas, aber er kommt dort nicht zur Welt. Jahr für Jahr erscheinen plötzlich junge Aale, sogenannte Glasaale, in den europäischen Küstengewässern, und ihre Herkunft war ein undurchdringliches Geheimnis, bis Johann Schmidt in den dreißiger Jahren seine großangelegte Studie durchführte. (276) Er verglich Daten über die Größe der in verschiedenen Teilen des Atlantiks gefundenen Aallarven, trug sie auf einer Karte ein und nahm als Ausgangspunkt die Stelle an, wo die kleinsten am häufigsten gefunden wurden. Es war das Sargassomeer nördlich der Westindischen Inseln, dreitausend Meilen von Europa entfernt. Die Aale laichen in den Tiefen dieser Gewässer im Frühling, und die winzigen, durchsichtigen, weidenblattförmigen Larven treiben im Sommer näher zur Wasseroberfläche hinauf. Sie werden vom Nordäquatorialstrom mitgerissen und in den Golfstrom getragen, in dem sie im Laufe der nächsten drei Jahre langsam auf Europa zutreiben und wachsen, bis sie eine Länge von etwa 75 mm erreichen. Sobald sie in den Küstengewässern ankommen, machen die Larven eine bemerkenswerte Verwandlung durch. Sie werden zu kleinen perlweißen, zylindrisch geformten Glasaalen, die das Salzwasser meiden und in die Flußmündungen eindringen. Als sogenannte Steigaale und später Freßaale wandern sie, immer weiter wachsend, in den Flüssen unaufhaltsam landeinwärts. Sie überwinden Wasserfälle, gleiten in Regennächten über Wiesen und steigen in den Bergbächen der Alpen bis zu Höhen von über 3000 m hinauf. In Stau- und Stillwassern führen sie als Grundfische ein ruhiges Leben, das dauern kann, bis die Männchen 14 und die Weibchen über 20 Jahre alt sind. Dann überfällt sie plötzlich der Drang, in das Salzwasser zurückzukehren;

ihr ganzes Hormonsystem ändert sich grundlegend, sie werden fett, bekommen einen weißsilbernen Bauch und bedecken sich mit Schleim. Diese kräftigen »Blankaale« verlassen ihre Seen und Stauwasser, sie wandern im Dunkeln oft über Land und verbringen den Tag in feuchten Löchern, wo sie durch das in ihren Kiemen zurückgebliebene Wasser atmen, bis sie im nächsten Fluß ihre zwanghafte Flucht zum Meer fortsetzen können. Sobald sie den Ozean erreichen, verliert man sie aus den Augen.

Schmidt nahm an, sie wanderten unter Wasser in einer Gegenströmung ein Jahr lang im Dunkeln zurück zu den Laichplätzen im Sargassomeer, aber Denys Tucker entdeckte, daß sich die Afteröffnungen der Aale schließen, sobald sie ins Salzwasser gelangen, so daß sie nicht mehr fressen können und allein von ihren Fettreserven leben müssen. (324) Diese Reserven reichen aber für die ungeheure Anstrengung nicht aus, die nötig wäre, um dreitausend Meilen zurückzulegen. Tucker nimmt daher an, daß die Aale eingehen, ohne jemals zu laichen. Er nennt den europäischen Aal »ein nutzloses Abfallprodukt des amerikanischen Aals«, von dem man früher annahm, daß er eine andere Art, *Anguilla rostrata,* sei, während er tatsächlich vielleicht nur eine durch eine andere Umgebung hervorgebrachte Spielart ist. Sowohl die amerikanischen als auch die europäischen Aale kommen als Larven aus dem Sargassomeer, und es könnte zutreffen, daß von den erwachsenen Aalen nur die amerikanischen nahe genug an den Laichplätzen sind, um zu ihnen zurückzukehren und selbst zu laichen.

Man hat die Ansicht geäußert, an der Stelle des heutigen Sargassomeers habe sich auf dem versunkenen Kontinent Atlantis ein großer Binnensee befunden, und die Aale versuchten einfach immer wieder, zu ihren uralten Laichplätzen zurückzukehren. Fest steht, daß die Aale, die die Flüsse Europas verlassen, auf das Laichen eingestellt sind. Ihre Keimdrüsen sind voll entwickelt. Aber man hat noch nie einen ausgewachsenen Aal in den Tiefen des Atlantiks gefunden, und kein in Europa gekennzeichneter Aal wurde je im Sargassomeer gefangen. Viel wahrscheinlicher ist dic Erklärung, daß der Weg früher einmal viel kürzer war, aber dann trieben die Kontinente auseinander, und die erwachsenen europäischen Aale sind heute tatsächlich nur ein »Abfallprodukt«, und es ist ihnen vorbestimmt, bei dem aussichtslosen Versuch, zu ihren Laichplätzen zurückzukehren, an Erschöpfung zugrunde zu gehen. Biologisch gesehen würde nichts dagegen sprechen, daß die Aale ihre Reise früher abbrächen und beispielsweise in den Gewässern vor den Azoren laichten, aber die Reaktion auf eine vor Millionen Jahren bestehende Situation ist noch immer erhalten und treibt sie in die Vernichtung.

Wir sehen also im Verhalten jeder Aalgeneration den Schatten von etwas, was vor langer Zeit geschah. Es ist, als sähen wir einen Stern explodieren und wüßten dabei, daß die Explosion in Wirklichkeit schon vor einer Milliarde Jahren stattgefunden hat und daß wir etwas betrachten, was längst nicht mehr existiert. In beiden Fällen, beim Aal wie beim Stern, sind wir Zeugen eines Ereignisses in der fernen Vergangenheit, das sich in unserer eigenen Gegenwart zuträgt. Raum und Zeit werden untrennbar und wir können an das eine nicht denken ohne das andere, die Zeit ist nicht mehr die alte eindimensionale Einheit der klassischen Physik, und die Kombination Raum – Zeit wird zu einem neuen Faktor – dem vierdimensionalen Kontinuum.

Der Begriff einer Dimension, die niemand, nicht einmal der Mathematiker, sich vorzustellen, geschweige denn zu sehen vermochte, ist schwer zu fassen. Es ist unbehaglich, an das Jetzt und Hier als an die Vergangenheit zu denken, aber so und nicht anders scheint es sich zu verhalten. Die Raum-Zeit ist ein Kontinuum, und es ist unmöglich, zwischen Vergangenheit und Gegenwart, und vielleicht auch Zukunft, zu unterscheiden. In biologischen Begriffen ist die vierte Dimension die Kontinuität. Ein Weizenkorn, das keimt, nachdem es viertausend Jahre im Grab eines ägyptischen Pharaos verborgen war, unterscheidet sich nicht von den anderen Körnern aus derselben Ähre, die damals, ein Jahr nach der Ernte, an den Ufern des Nils ausgesät wurden. Bakterien teilen sich normalerweise alle zwanzig Minuten, aber unter ungünstigen Umständen verwandeln sie sich in resistente Sporen, die manchmal, in Stein eingeschlossen, Millionen Jahre warten, bis sie wieder frei werden und sich vermehren können, als wäre nichts geschehen. Das Leben besiegt die Zeit, indem es sie aufhebt – beinahe so, als besäße es die berühmte Zeitmaschine. Mit dem Raum verfährt es vielleicht ebenso.

Die geschäftigsten und absonderlichsten Organismen, die man in einem Tropfen Tümpelwasser finden kann, sind winzige, durchsichtige, gut modellierte Wesen mit einem Räderorgan auf dem Kopf, das mit Wimpern besetzt ist und sowohl Nahrung herbeistrudelt als auch das Tierchen vorwärtstreibt. Siebzehnhundert Arten hat man bis jetzt beschrieben, und sie bilden eine eigene Ordnung, die der Rädertiere oder Rotarien, aber keine zwei Biologen können sich darüber einig werden, wo man dieser Ordnung auf dem evolutionären Stammbaum einen Platz zuweisen soll. Die Rädertiere sind in bezug auf beinahe alle Aspekte ihres Körperbaus und Verhaltens so eigentümlich, daß allmählich der Verdacht aufkommt, sie könnten überhaupt nicht zu unserem System gehören. Die Geographie existiert für sie nicht. Ähnliche Süßwassertümpel enthalten alle dieselben Arten von Rädertieren, gleich ob sie in der Mongolei, in Monrovia oder in Massachusetts liegen. Ändern sich die Umweltbedingungen zu ihren Ungunsten, so schrumpfen und vertrocknen die Rädertiere einfach, so daß sie nur noch wie winzige Staubkörnchen aussehen, und in diesem Zustand überdauern sie lange Dürre- und Kälteperioden und beinahe alles andere, was ihnen widerfahren kann. Ein wenig Wasser genügt, und schon hat man wieder frische Rädertiere. Als verkapselte »Staubkörnchen« hat man sie in Höhen von 15 km in der Atmosphäre gefunden, und nichts spricht dagegen, daß sie auch in noch größeren Höhen vorkommen und vielleicht sogar durch atmosphärische Stürme in eine Erdumlaufbahn oder in den Weltraum hinausgestoßen werden. Bei Laborexperimenten haben Rädertiere unter dem Weltraumvakuum nachgebildeten Bedingungen überlebt, und manche Forscher sind der Ansicht, daß sie die Erde verlassen und beliebig lange auf andere Wasserquellen warten könnten. Es wäre sogar möglich, daß sie ursprünglich aus dem Weltraum auf die Erde kamen, den normalen Generationsabstand von Tagen zu Lichtjahren ausdehnten, die Zeit in Raum verwandelten und Teil des Raum-Zeit-Systems wurden.

Der Raum ist überall unmittelbar gegenwärtig, und wenn die Mathematik der Raum-Zeit stimmt, hat die Zeit wahrscheinlich die gleiche Eigenschaft. So betrachtet, pflanzt sich die Zeit nicht wie Lichtwellen fort. Sie erscheint überall augenblicklich und verbindet alles. Wenn sie tatsächlich kontinuierlich ist, muß jede Änderung ihrer Eigenschaften an irgendeiner Stelle sofort überall bemerkbar werden, und Phänomene wie die Telepathie und andere anscheinend von der Zeit unabhängige Kommunikationen lassen sich viel leichter verstehen. Im Hauptobservatorium der Sowjetischen Akademie der Wissenschaften führt Nikolaj Kosyrew Experimente durch, die die Zeit zu manipulieren scheinen.

Kosyrew ist der angesehenste Astrophysiker der Sowjetunion. Er sagte zehn Jahre, bevor die Amerikaner sie entdeckten, Gasemissionen auf dem Mond voraus. Vor einigen Jahren erfand er eine komplizierte Kombination von Präzisionsgyroskopen, asymmetrischen Pendeln und Drehwaagen, mit deren Hilfe er etwas mißt, was seiner Ansicht nach die Zeit sein könnte. Bei einem einfachen Experiment dehnt er ein langes Gummiband mit einer Maschine, die aus einem festen Punkt, der »Wirkung«, und einem beweglichen Teil, der »Ursache«, besteht. Dabei zeigen seine Instrumente an, daß in der Nähe des Gummibands etwas geschieht und daß dieses Etwas – was immer es sein mag – am Wirkungsende größer ist als am Ursachenende. Dieses Gefälle ist auch feststellbar, wenn die Instrumente gegen alle normalen Kraftfelder abgeschirmt werden und sich hinter einer 30 cm dicken Wand befinden. Kosyrew meint, daß die Zeit selbst verändert wird und »daß die Zeit um die Ursache herum verdünnt und um die Wirkung herum verdichtet ist«. (233)

Außerdem fesselt ihn die Tatsache, daß alles Leben im Grunde asymmetrisch ist. Er stellte fest, daß eine aus linksdrehenden Molekülen bestehende organische Substanz wie, zum Beispiel, Terpentin seine Instrumente stärker ausschlagen läßt, wenn man sie in die Nähe des gedehnten Gummibands bringt, während die Anwesenheit eines rechtsdrehenden Moleküls wie Zucker die Reaktion abschwächt. Seiner Ansicht nach ist unser Planet ein linksdrehendes System, daher führt es der Galaxis Energie zu. Zu diesem Schluß gelangte er durch ein intensives Studium von Doppelsternen, die einander trotz eines beträchtlichen räumlichen Abstands allmählich sehr ähnlich werden. Er stellte fest, daß die Übereinstimmung in bezug auf Helligkeit, Radius und Spektraltyp so groß ist, daß sie allein durch Wirkung von Kraftfeldern nicht zustande kommen konnte, und er vergleicht die Verbindung zwischen zwei Sternen mit dem telepathischen Kontakt zwischen zwei Menschen und meint: »Es ist möglich, daß alle Prozesse in den materiellen Systemen des Alls die Quellen sind, die den allgemeinen Strom der Zeit speisen, der seinerseits das materielle System beeinflussen kann.« (183)

Kosyrew steht mit dieser mystischen Auffassung von der Energie der Zeit nicht allein da. Charles Muses, einer der führenden theoretischen Physiker der Vereinigten Staaten, ist mit ihm der Ansicht, daß die Zeit ihr eigenes Energieschema haben könnte. Er sagt: »Wir werden eines Tages sehen, daß die Zeit als das letztendliche kausale Schema aller freiwerdenden Energie definiert werden kann«, und er sagt sogar voraus, man werde feststellen, daß die von der Zeit ausgestrahlte Energie schwingt. (220)

Kosmologische Theorien haben selten eine direkte Bedeutung für das Leben hier auf der Erde, aber diese könnte uns zutiefst betreffen. Die Vorstellung, daß die Zeit die Materie beeinflußt, ist jedem vertraut, der draußen in der Natur die Erosion oder an sich selbst das Altern beobachtet hat, aber der Gedanke, daß auch eine umgekehrte Wirkung stattfinden und daß die Materie die Zeit beeinflussen könnte, ist revolutionär. Er bedeutet, daß nichts, was geschieht, ohne Wirkung bleibt und daß von allem – was auch immer geschehen mag – wir alle betroffen werden, denn wir leben im Raum-Zeit-Kontinuum. John Donne sagte einst: »Eines jeden Menschen Tod schwächt mich.« (89) Er könnte recht gehabt haben – nicht weil er diesen Menschen kannte oder liebte, sondern weil er und dieser Mensch Teil desselben ökologischen Systems waren – Teil der Übernatur.

Präkognition

Jeder bedingte Reflex ist eine Art Reise durch die Zeit. Wenn die Glocke läutete, sonderten Pawlows Hunde Speichel ab, weil sie das letzte Läuten der Glocke wiedererlebten, dem die Fütterung unmittelbar gefolgt war. Viele Tiere erlernen solche Funktionen, weil ihr Leben spezialisiert ist und innerhalb bestimmter Grenzen abläuft, in denen einem Reiz unweigerlich ein anderer folgt. Der Reflex hat für viele Spezies einen Erhaltungswert, aber beim Menschen ändert sich das Bild. Wir forschen und geraten immer wieder in neue Situationen, in denen die alten Reaktionen nicht die geeigneten wären. Wir sehen uns vor Ungewißheiten gestellt und reagieren manchmal mit abergläubischen Vorstellungen, die sich auf ähnliche Erlebnisse gründen, bei denen wir gut davonkamen. Soldaten hüten oft eifersüchtig irgendein Stück ihrer Uniform oder Ausrüstung, das eng verbunden ist mit dem Erlebnis einer Rettung aus Gefahr. Meistens reagieren wir jedoch auf Ungewißheiten durch irgendein Verhalten, das den Zweifel zu verringern scheint, indem es uns die Zukunft erkennen läßt. Wir schaffen uns irgendein System der Prophezeiung oder Weissagung. Diese Systeme nehmen viele Formen an, und das Erstaunliche ist, daß manche »funktionieren«.

Ein amerikanischer Anthropologe mit dem prachtvollen Namen Omar Khayyam Moore untersuchte die Weissagetechniken der Indianer in Labrador. Diese Menschen sind Jäger, und wenn sie keine Nahrung finden können, so bedeutet das Hunger und möglicherweise sogar den Tod. Wenn das Fleisch knapp wird, befragen sie daher ein Orakel, um zu erfahren, in welche Richtung sie auf die Jagd gehen sollen: Sie halten das Schulterblatt eines Karibus über die Glut und lesen die Risse und Sprünge, die durch die Hitze entstehen, wie eine Karte. Die Richtungen, die dieses Orakel angibt, sind natürlich völlig willkürlich, aber das System wird noch immer angewandt, denn es erweist sich als brauchbar. Moore argumentiert, daß die Indianer ohne das Knochenorakel einfach immer dorthin zurückkehren würden, wo sie zuletzt Jagdglück gehabt hatten oder wo die Deckung gut war oder wo es genug Wasser gab. Das könnte dazu führen, daß sie in bestimmten Gebieten bald kein Wild mehr finden würden. Durch das Orakel werden ihre Streifzüge zufallsgemäß verteilt, das regelmäßige Schema wird zerbrochen, und die Indianer nutzen ihr Land gleichmäßiger und besser aus, was letzten Endes bedeutet, daß sie mehr Erfolg haben. Allein die Tatsache, daß sie von Gemeinschaften angewandt wird, deren Existenz von ihr abhängt, beweist, daß eine solche Art von Weissagung oft genug funktioniert, um einen Erhaltungswert zu haben. Moore meint dazu: »Manche Praktiken, die man als magisch eingestuft hat, können sehr gut als Techniken zur Erreichung der von denen, die sie ausüben, angestrebten Ziele dienen.« (216)

Wir überleben, weil wir unsere Umgebung beherrschen, und Beherrschung wird ermöglicht durch Information. Mangel an Information führt daher sehr rasch zu Unsicherheit und damit zu einer Lage, in der jede beliebige Information für besser gehalten wird als gar keine. Das gilt offenbar sogar für weiße Ratten. Bei einem klug erdachten Experiment wurde das unvermeidliche Labyrinth, durch das der Weg zu Futter führte, das sich jeweils in einer von zwei Kisten befand, in der Weise abgewandelt, daß der Ratte auf einem der Wege ein Hinweis darauf gegeben wurde, ob die Kiste am Ende Futter enthielt oder nicht. (259) Die Chancen, daß das Futter in der einen oder der anderen Kiste zu finden war, waren genau gleich, aber nach einigen Tagen des Lernens entwickelten alle Ratten eine deutliche Vorliebe für die Seite, wo sie eine Vorausinformation erhielten, obgleich die Belohnung durch Futter nicht größer war. Menschen zeigen die gleiche Vorliebe für Gewißheit in bezug auf das Unvermeidliche. Man kann es immer wieder beobachten: Ohne Rücksicht darauf, ob die Nachricht gut oder schlecht ist, und obwohl wir keinen anderen Vorteil davon haben, als daß wir eben erfahren, was in jedem Falle geschehen wird, ziehen wir es vor zu wissen, woran wir sind, und damit unsere Ungewißheit zu verringern.

Diese Besorgnis hinsichtlich der Zukunft kann so groß sein, daß uns eine schlechte Nachricht lieber ist als gar keine Information, ja sie kann uns sogar erleichtern, weil sie es uns ermöglicht, uns auf eine bestimmte Situation einzustellen. (162) Untersuchungen an Gefangenen zeigen, daß diejenigen, die auf eine bedingte Haftentlassung hoffen dürfen, einer erheblich größeren nervlichen Belastung ausgesetzt sind als andere, die sich damit abgefunden haben, daß sie eine lebenslängliche Strafe absitzen müssen. »Keine Nachricht ist eine gute Nachricht« – es gibt kaum eine Maxime, die so weit an der Wahrheit vorbeigeht wie diese.

Dennoch verlangen wir nicht nach einem Zustand absoluter Gewißheit. Unser Erfolg als Spezies beruht zu einem guten Teil auf unserer Fähigkeit, uns auf Umweltänderungen einzustellen, und auf unserer Neigung, neue Reizquellen zu suchen. Die Beliebtheit von so gefährlichen Freizeitbeschäftigungen wie Klettern oder Rennfahren beweist, daß der Mensch eine gewisse Unsicherheit und Gefahr, eine gewisse Adrenalinmenge im Blut braucht. Die Unsicherheit kann jedoch zu groß werden, und in bedrohlichen Situationen empfinden wir Angst und den heftigen Wunsch sowohl nach Information als auch nach irgendeinem Mittel zur Bewältigung der Lage. Jede Betätigung, die ein Gefühl der Mitbeteiligung am Gang der Dinge aufkommen läßt, ist willkommen, und dieses Bedürfnis zu wissen, was die Zukunft bringt, erklärt die gegenwärtige ungeheure

Beliebtheit der Do-it-yourself-Systeme der Prophezeiung und Weissagung.

Präkognition bedeutet »Vorauswissen«, und die Systeme, mit deren Hilfe dieses Vorauswissen erlangt werden soll, umfassen so ziemlich alles, was durch Veränderung zur Deutung herausfordert. Da gibt es unter anderem die Äromantie (die Weissagung nach der Form der Wolken), die Alektryomantie (bei der man einen Vogel beobachtet, der Körner von den Buchstaben des Alphabets pickt), die Apantomantie (bei der zufällige Begegnungen mit Tieren gedeutet werden), die Kapnomantie (die sich mit den Formen des von einem Feuer aufsteigenden Rauchs befaßt), die Kausimomantie (das Studium von im Feuer liegenden Gegenständen), die Kromniomantie (oder Deutung von Zwiebelsprossen), die Hippomantie (die aus dem Stampfen von Pferden Weissagungen herauslesen will), die Onychomantie (bei der die Muster von Fingernägeln im Sonnenlicht studiert werden), die Phyllorhodomantie (die die Geräusche deutet, die entstehen, wenn man sich mit Rosenblüten gegen die Hand schlägt) und die Tiromantie (die Weissagung mit Hilfe von Käse). Nichts davon braucht man ernst zu nehmen, denn es handelt sich in allen Fällen um Geschehnisse, die nur dem Zufall gehorchen können und keinerlei biologisches Prinzip widerspiegeln, wenngleich ich eine gewisse Schwäche für die reizende Weissagung mit Rosenblüten eingestehen muß, die wir den wunderbaren alten Griechen verdanken.

Einige der komplizierteren Weissagungssysteme lassen sich jedoch nicht so leicht mit einem Achselzucken abtun. Das eindrucksvollste ist zweifellos das *I-king* oder *Buch der Wandlungen*. Es war zunächst eine Zusammenstellung von Orakeln, die vor mehr als dreitausend Jahren verfaßt wurde. Später wurde es erweitert und mit Anmerkungen versehen, so daß das Ganze nun mit allen Kommentaren eine gewaltige Materialsammlung darstellt. Der Wert des *I-king* liegt aber gerade in seiner Einfachheit. Es stellt im wesentlichen ein binares System dar, das auf einer Reihe einfacher Alternativen aufgebaut ist. Um die traditionellen Muster zu bilden, muß die Person, die das Orakel befragt, eine Anzahl von Schafgarbenstengeln zerteilen oder Münzen werfen, um Antworten zu erhalten, die einem Ja oder Nein gleichkommen. Das wird sechsmal nacheinander gemacht, so daß ein Hexagramm oder Muster aus sechs horizontalen Linien gezeichnet werden kann, die je nach dem Ergebnis des Losens ganz oder unterbrochen sind. Vierundsechzig Kombinationen dieser beiden Arten von Linien sind möglich, und jedes der Hexagramme hat einen Namen und eine traditionelle Deutung. Beim Losen mit den Stengeln oder Münzen entscheidet die Mehrheit darüber, ob die Linie ganz oder unterbrochen ist, aber wenn alle Stengel oder Münzen dasselbe anzeigten, erhält diese Linie im Hexagramm eine besondere Bedeutung und läßt weitere Deutungsmöglichkeiten zu.

Wie bei allen Weissagungsmethoden hängt sehr viel von der Person ab, die das Resultat interpretiert, und bei den meisten Systemen ist ein Erfolg nur möglich dank der Intuition und dem psychologischen Einfühlungsvermögen des »Sehers«, der buchstäblich sieht, was der Ratsuchende braucht oder will, indem er ihn sehr sorgfältig beobachtet. Das *I-king* ist jedoch ein System ganz eigener Art mit einer inneren Folgerichtigkeit, die sich kaum darstellen läßt. C. G. Jung erkannte das, und ich glaube, er fand auch die richtige Antwort auf die Frage, die uns dieses Buch stellt. Er beschäftigte sich damals mit seiner Idee der Synchronizität und der Theorie der synchronistischen Koinzidenzen und nahm an, daß das Unbewußte etwas mit der Entstehung der Muster zu tun haben könnte. Ich bin sicher, daß er recht hatte und daß eine enge Beziehung zwischen der Psychokinese und der geradezu unheimlichen Genauigkeit des *I-king* besteht.

Alle Kommentare zum *I-king* besagen etwa folgendes: »Je mehr man sich mit der Persönlichkeit des *I-king* vertraut macht, desto besser versteht man, was einem dieser weise, gütig-ernste Freund zu sagen versucht.« (327) Das ist unbedingt wahr. Sobald man einmal jedes der Hexagramme kennt und weiß, daß eine ganze Linie in dieser oder jener Lage eine besondere Bedeutung hat, kommt das Muster auch richtig heraus, und es erteilt einem den Rat, den man bewußt oder unbewußt zu hören wünscht. Colin Wilson beschreibt diesen Zusammenhang sehr gut: »Wir wissen theoretisch, daß wir einen unterbewußten Geist besitzen, aber so wie ich an diesem sonnigen Morgen hier in meinem Zimmer sitze, bin ich mir seiner in keiner Weise bewußt. Ich kann ihn nicht sehen oder fühlen. Er gleicht einem Arm, auf dem ich im Schlaf lag und der ganz tot und gefühllos geworden ist. Der wahre Zweck von Werken wie dem

I-king ist es . . . die Blutzirkulation in diesen Bereichen des Geistes wiederherzustellen.« (342) In einer persönlichen Krise das *I-king* konsultieren – das ist beinahe ebensogut wie eine Sitzung mit dem Lieblingspsychoanalytiker. Im Fallen der Münzen oder im Text des Buches ist nichts, was man nicht schon in sich hätte. Das *I-king* mit seinem wunderbar organisierten Schema bringt nur die benötigte Information ans Licht, es verhilft zur Entscheidung und spricht den bewußten Geist von der Last der Verantwortung für diese Entscheidung frei.

Symbole haben einen großen Reiz für den unbewußten Geist. Er benutzt sie, um Ideen durch die Zensur des bewußten Geistes zu schmuggeln – im *I-king,* in Träumen oder in dem etwas weniger gutartigen Weissagungssystem des Tarot. (260) Das Tarotpaket besteht aus 78 Karten, von denen die meisten gewöhnlichen Spielkarten ähneln, aber 22 Karten zeigen farbige Symbole, die im Mittelalter weit verbreitet waren. Es gibt da Kaiser, Päpste, Eremiten, Gaukler, Narren und Teufel – lauter Gestalten, die für die Menschen jener Zeit einen hohen emotionellen Gehalt hatten. Noch heute stellen sie eine Art Alphabet dar, mit dem der »Seher« seine Deutung ausarbeiten oder jeder Benutzer sein Unbewußtes ins Kreuzverhör nehmen kann, aber es fehlt ihnen die elegante Präzision des *I-king.* Und es ist schwerer, sich vorzustellen, daß das Unbewußte die Reihenfolge der Karten in einem Paket bestimmen kann, als anzunehmen, daß der Geist etwas zu dem Drehmoment einer geworfenen Münze beizutragen vermag. Zweifellos bricht das Tarot mit seinen ominösen Symbolen und seiner Betonung der Gewalttätigkeit in unbewußte Bereiche ein, aber es ist, verglichen mit der feinen Sonde des *I-king,* ein grober Knüppel.

Selbst die beliebtesten Weissagungssysteme erweitern also im Grunde nur das Potential der Gegenwart. Mit einer echten Voraussage der Zukunft scheinen sie nur sehr wenig zu tun zu haben. Mechanische Systeme wie die bisher genannten werden oft von berufsmäßigen Wahrsagern angewandt. Oft zieht man ihnen auch rein geistige Prophezeiungen mit oder ohne materielle Stützen wie Kristallkugeln und dergleichen vor, aber wie immer die Weissagung ausgeführt wird: die Arbeitsmethode ist die gleiche. Symbole werden verwendet, um die Gegenwart oder die Zukunft so zu öffnen, daß es den Anschein hat, als erhasche man einen Blick in die

Zukunft. Der Kunde wird dazu verleitet, über seine eigene Person Informationen preiszugeben, die zuletzt so aussehen, als hätte sie der Wahrsager selbst gefunden. Dazu bedarf es keiner Hypnose, aber die Technik ist sehr ähnlich. Der Ratsuchende wird dazu gebracht, an sich selbst etwas zu tun; dabei hat er aber den Eindruck, ein anderer tue es, der daher übernatürliche Kräfte besitzen und anwenden müsse. Auch die besten der bekannten Propheten stehen recht kläglich da, wenn man sie dieser subjektiven Eindrücke entkleidet. Geistige Taschenspielertricks, gewöhnlich von uns selbst an uns selbst ausgeübt, trüben uns den Blick dafür, wie wenig Erfolg die meisten Wahrsager in Wirklichkeit haben.

Die Doppelzüngigkeit der Orakel ist so alt wie Delphi. Wenn wirklich jemand imstande wäre, die Zukunft einigermaßen richtig vorauszusagen, würde er höchstens ein oder zwei Jahre brauchen, um sich zum uneingeschränkten Herrn der Welt zu machen. Ich habe mir so gründlich wie nur irgend möglich die Lebensläufe der reichsten und einflußreichsten Männer der Welt angesehen und nirgends einen Hinweis auf übernatürliche Fähigkeiten finden können. Sie erringen ihre Erfolge durch Fleiß und mit ein wenig Glück, aber alle machen – oft sogar sehr schwere – Fehler, und keiner hat sich je auf Unternehmungen eingelassen, bei denen er sich nicht weitgehend auf seine vorausgegangenen Erfahrungen stützen konnte. Eine regelrechte Präkognition, ein sicheres Vorauswissen gibt es offenbar nicht, aber es finden sich Hinweise darauf, daß manche Menschen hin und wieder Bruchstücke von Informationen erhaschen, die einen Blick in die Zukunft gestatten.

William Cox, ein amerikanischer Mathematiker, schloß unlängst eine interessante Untersuchung ab. Er wollte herausfinden, ob es stimmt, daß Züge, die verunglücken, von den Reisenden gemieden werden. Cox sammelte Daten über die Gesamtzahl der Passagiere in jedem Zug zum Zeitpunkt des Unfalls und verglich sie mit der Zahl der Passagiere, die – an jedem der vorausgegangenen sieben Tage und am 14., 21. und 28. Tag vor dem Unfall – auf derselben Strecke und mit dem gleichen Zug gefahren waren. (309) Seine Nachforschungen, die sich über mehrere Jahre erstreckten und auf vom selben Bahnhof abgehende Zuggarnituren bezogen, ergaben, daß die Züge, denen Unfälle bevorstanden, tatsächlich gemieden wurden. In den beschädigten und entgleisten Waggons befanden sich stets weniger Menschen als sonst um diese Tageszeit und auf dieser Strecke. Der Unterschied zwischen der zu erwartenden und der tatsächlichen Zahl der Fahrgäste war so groß, daß der Zufall mit einer Chance von nur 1:100 ausgeschaltet werden konnte.

Es wäre faszinierend, weitere Untersuchungen dieser Art anzustellen. Ein viel zu großer Teil des Materials über Voraussagen und Prophezeiungen ist rein anekdotisch, und es läßt sich nicht analysieren und objektiv beurteilen, aber statistische Übersichten könnten vielleicht zeigen, daß viele der so oft zitierten »Ahnungen« mathematische Wirklichkeit sind und daß es eine Art von kollektivem Wissen um Zukünftiges gibt. Das Überleben im biologischen Sinne hängt beinahe ausschließlich davon ab, daß man Unglück vermeidet, indem man es voraussieht. Eine Antilope bleibt einem Wasserloch fern, an dem ein Löwe auf der Lauer liegt, weil sie seine Witterung aufnimmt oder einen Vogel Laute ausstoßen hört, die ihr anzeigen, daß er verschreckt ist. Ein Fischotter flüchtet aus einem Bach, weil ihn eine leichte Veränderung der Vibrationen vor einer plötzlichen Überschwemmung warnt. Bei der Beurteilung von Fällen scheinbarer Präkognition müssen wir uns immer vor Augen halten, daß das Leben auf feinste Reize reagiert, die uns sagen, daß die Zukunft schon begonnen hat. Diese Reize ermöglichen es den lebenden Organismen, die Zukunft durch eine Erweiterung der Gegenwart vorwegzunehmen. In den unbewußten Bereichen, die auf unterschwellige Signale aus der Umgebung reagieren, existiert die Zukunft bereits. Wir vermögen sie nicht zu ändern. Könnten wir es, wäre sie nicht die Zukunft. Aber wir können das Ausmaß ändern, in dem wir von der Zukunft betroffen werden. In einem sehr realen Sinne ist das ein Eingriff in die Zeit, aber er wird uns ermöglicht durch ganz natürliche Verlängerungen unserer normalen Sinne, die uns ferne Dinge schärfer erfassen lassen als sonst.

In biologischer Hinsicht bedeutet Präkognition daher nicht, »wissen, was geschehen wird«, sondern »wissen, was geschehen könnte, wenn . . .«

Geister

An der Universität von Colorado zerlegte Nicholas Seeds Mäusehirne in ihre einzelnen Zellen. (303) Diese legte er in eine Nährlösung in einem Reagenzglas, das er mehrere Tage lang sanft schüttelte. Nach Ablauf dieser Frist hatten sich die getrennten Zellen wieder zusammengeschlossen und Hirnstücke gebildet, in denen sie durch normale Synapsen verbunden waren, die üblichen biochemischen Reaktionen zeigten und sich mit einer natürlichen Myelinschutzschicht bedeckten. Irgendwie sind Zellen imstande, frühere Muster nachzuschaffen. Sie haben eine molekulare Erinnerung, die von einer Zelle an die nächste weitergegeben wird, so daß jede neue das Verhalten ihrer Eltern nachahmen kann. Wenn eine Veränderung oder Mutation eintritt, wird auch diese von den Nachkommen getreulich kopiert. Die Toten leben weiter, der Zeit zum Trotz.

Wenn das Leben einem zyklischen Schema gehorcht, so bedeutet das, daß Materie niemals zerstört wird, sondern in das System zurückkehrt, um später neu aus ihm hervorzugehen. Lebende organische Materie ersteht in einem Reinkarnationsprozeß wieder in der gleichen Form und mit den gleichen Verhaltensweisen. Jede neue Generation ist eine Reinkarnation der Spezies, aber das heißt nicht, daß die Individuen wiederkehren. Die Griechen glaubten an die Metempsychose oder Seelenwanderung, das heißt an den Übergang der Seele in einen neuen Körper, und ähnliche Vorstellungen sind in allen Kulturen so weit verbreitet, daß man sie beinahe universal nennen kann. Doch einigen sensationellen Berichten zum Trotz gibt es nur wenige Anzeichen dafür, daß etwas Derartiges wirklich geschieht. Es ist schon schwer genug zu beweisen, daß wir überhaupt eine Seele haben. Und solange die scheinbare Kenntnis von anderen Zeiten und Orten einer telepathischen Verbindung mit einem noch lebenden Menschen zugeschrieben werden kann, erscheint es auch unnötig anzunehmen, daß solche Phänomene von einem ewigen Geist hervorgebracht werden.

Seelen oder Geister, die ohne Körper auftreten, sind zwar ein Phänomen für sich, aber sie können ungefähr ebenso betrachtet werden. Nehmen wir um der Diskussion willen an, daß der Mensch eine »astrale Projektion« hervorbringen kann, einen Teil seiner selbst, der ohne den normalen Körper existieren und vielleicht sogar dessen Tod überleben kann. Diese Geister wandern also angeblich nach Belieben umher, und man hat sie zahllosen Berichten zufolge ganz oder teilweise in allen erdenklichen Situationen gesehen. In England glaubt ein Mensch von sechs an Geister, und jeweils einer von vierzehn will selbst schon einen gesehen haben. (123) Das ist alles in allem eine große Anzahl von Menschen, und ich habe nicht die Absicht, ihnen allen zu unterstellen, sie hätten sich geirrt, aber mir kommt bei all diesen Erscheinungen eines doch recht seltsam vor: Alle Geister oder Gespenster, von denen ich je hörte, trugen Kleider. Ich bin prinzipiell durchaus bereit, die Möglichkeit eines Astralleibs gelten zu lassen, aber ich bringe es nicht über mich, an astrale Schuhe, Hemden und Hüte zu glauben. Daß die Leute Geister so sehen, wie sie – oder jemand anders – die betreffenden Personen in Erinnerung haben, nämlich vollständig angezogen und gewissermaßen im historischen Kostüm, scheint mir darauf hinzudeuten, daß die Visionen eher Teil eines geistigen als eines übernatürlichen Prozesses sind. In allen Fällen, in denen mehrere Personen gleichzeitig dieselbe Erscheinung sehen, könnte sie von einem der Beteiligten auf telepathischem Wege den anderen mitgeteilt werden, und wenn ein ähnlicher Geist von verschiedenen Personen bei verschiedenen Gelegenheiten gesehen wird, nehme ich an, daß das geistige Bild von jemandem aufbewahrt wird, der eine Beziehung zu dem Ort der Geistererscheinung hat.

George Owen, ein Biologe in Cambridge, der auf dem Gebiet der wissenschaftlichen Parapsychologie Pionierarbeit geleistet hat, meint: »Die Annahme, daß ein echter Astralleib in der Nähe des Wahrnehmenden anwesend sei, ist jedoch ein wenig willkürlich und im übrigen auch unnötig, wenn wir bereit sind, eine Erklärung im Sinne der Telepathie gelten zu lassen.« (238) Ich bin selbst Biologe und kann dazu nur sagen: Hört! Hört! Die Erklärung von etwas Unbekanntem mit den Begriffen eines anderen noch strittigen Phänomens mag manchem umständlich und gewaltsam erscheinen, aber es ist wissenschaftlicher und logischer, von zwei Erklärungen die plausiblere vorzuziehen. Colin Wilson hebt noch einen anderen Aspekt der Spukerscheinungen hervor, der zu dieser mentalen Hypothese paßt. (342) Er sagt, das Hauptmerkmal der Geister scheine eine gewisse Stupidität zu sein, »denn die Neigung, sich an Orten herumzutreiben, die sie zu ihren Lebzeiten kannten, muß wohl etwa dem entsprechen, was man in der Geisterwelt Schwachsinn nennt ... Man hat das Gefühl, sie müßten Besseres zu tun haben.« Wilson meint, der Geisteszustand eines Gespensts könnte dem eines Menschen gleichen, der hohes Fieber hat oder deliriert und außerstande ist, zwischen Traum und Wirklichkeit zu unterscheiden, und diese Beschreibung könnte ebensowohl auch auf den Geisteszustand eines Menschen zutreffen, der Gespenster sieht. Es müßte sich nicht unbedingt um ein Delirium handeln, aber es könnte eine gewisse Dissoziation vorliegen, die durch einen Konflikt zwischen bewußten und unbewußten Zuständen – vielleicht nach dem Empfang einer starken telepathischen Mitteilung – ausgelöst wurde.

Kommunikationen mit den Toten sind ähnlich suspekt. Ich kann nicht umhin, mich zu fragen, warum von den vielen Milliarden Menschen, die einst auf Erden wandelten, ausgerechnet immer Napoleon, Shakespeare, Tolstoi, Chopin, Kleopatra, Robert Browning und Alexander der Große zur Stelle sein sollten, wenn ein spiritistisches Medium jemanden aus der Vergangenheit heraufbeschwört. Rhine faßt das ganze Problem in der Feststellung zusammen: »Das Ergebnis der wissenschaftlichen Untersuchungen des Mediumismus kann am besten als ein ›Unentschieden‹ beschrieben werden.« (309) In 75 Jahren ununterbrochener Forschungen wurde kein unwiderlegbarer Beweis für ein Leben nach dem Tode gefunden, aber ebenso unmöglich war es zu beweisen, daß es nach dem Tode kein Leben in irgendeiner Form gibt.

Das in dieser Hinsicht interessanteste Material wurde vor einigen Jahren von Konstantin Raudive, einem in Deutschland lebenden lettischen Psychologen, vorgelegt. Raudive entdeckte, daß Tonbänder, die man direkt durch das Mikrophon bespricht oder an einen auf keinen bestimmten Sender eingestellten, nur atmosphärische Störungen empfangenden Radioapparat, beziehungsweise an eine Kristalldiode mit sehr kurzer Antenne anschließt, leise fremde Stimmen wiedergeben. Diese Stimmen sprechen mit einem seltsamen Rhythmus in vielen Sprachen, manchmal so leise, daß sie elektronisch verstärkt werden müssen. Raudive sagt: »Der Satzbau gehorcht Regeln, die sich von denen der gewöhnlichen Sprache grundlegend unterscheiden, und obwohl die Stimmen in derselben Weise zu sprechen scheinen wie wir, muß sich auch die Anatomie der Sprechwerkzeuge von der der unseren unterscheiden.« Das Seltsamste an diesen aufgenommenen Stimmen ist, daß sie auf Fragen, die ihnen Raudive und seine Mitarbeiter stellen, zu reagieren scheinen, indem sie mehr von ihren esperantoartigen Kommentaren abgeben, die sich wie direkte Antworten anhören.

Raudive zeichnete in sechs Jahren mehr als 70 000 solcher Konversationen auf. (263) Der sprachliche Inhalt der Aufzeichnungen wird erschöpfend wiedergegeben und analysiert in einem Buch, das auch die Aussagen von bekannten und angesehenen Wissenschaftlern enthält, die entweder zugegen waren, als die Bänder aufgenommen wurden, oder die verwendeten Geräte untersuchten. An der Wirklichkeit der Laute kann nicht gezweifelt werden. Sie sind auf den Bändern festgehalten und können in Phoneme zerlegt und analysiert werden, aber ihre Herkunft ist ungeklärt. Raudive glaubt, daß der Mensch »die Fähigkeit in sich trägt, mit seinen Freunden auf Erden Verbindung aufzunehmen, wenn er einmal durch das Übergangsstadium des Todes gegangen ist«. Mit anderen Worten, er ist davon überzeugt, daß es die Stimmen von Toten sind, die er auf seinen Bändern hört, und er identifizierte einige der Sprecher zuversichtlich als Goethe, Majakowski, Hitler und seine eigene Mutter. Dagegen ist schwer etwas zu sagen, denn man hat bei streng überwachten Experimenten keine Erklärung für das Zustandekommen dieser Stimmen auf irgendeinem normalen Wege gefunden.

Am 24. März 1971 wurde in den Studios einer großen englischen Schallplattenfirma ein Versuch durchgeführt. Die Ingenieure verwendeten ihre eigenen Geräte und bauten Instrumente ein, die unberechenbare Aufnahmen von Rundfunkstationen und sowohl Nieder- als auch Hochfrequenzsendern verhinderten. Raudive selbst durfte während der ganzen Dauer des Experiments keines der Geräte berühren, und sämtliche im Studio auftretenden Geräusche wurden auf einem eigenen Band synchron aufgezeichnet. Während der achtzehn Minuten dauernden Aufnahme wurden beide Bänder ständig abgehört, aber es war nichts Außergewöhnliches festzustellen. Als man sie dann jedoch wieder abspielte, entdeckte man, daß auf dem Versuchsband mehr als zweihundert Stimmen festgehalten waren, von denen einige so deutlich kamen, daß alle Anwesenden sie hören konnten. (264)

Mich verblüfft die Ähnlichkeit zwischen diesem Phänomen und

den Gedankenbildern von Ted Serios. In beiden Fällen fangen Aufnahmegeräte Signale auf, die nicht aus der unmittelbaren Umgebung zu stammen scheinen, aber sowohl Bilder als auch Laute kommen nur in Gegenwart einer bestimmten Person zustande. Die Stimmen auf Raudives Tonbändern sprechen nur in den sieben Sprachen, die er selbst beherrscht. In keinem Falle konnten die Signale durch physikalische Apparate entdeckt oder blockiert werden – Raudive arbeitete auch in einem Faradayschen Käfig –, aber die Aussagen von Zeugen allerersten Ranges schließen jeden Verdacht aus, daß die Ergebnisse durch bewußten Betrug erzielt wurden. Wie die Stimmen Raudives wurden auch die Bilder von Serios zunächst Geistern zugeschrieben, aber die Verbindung zwischen ihrem Inhalt und der Psychologie der Person, an deren Gegenwart sie gebunden sind, ist in beiden Fällen zu auffällig, um ignoriert zu werden. Ich glaube, man wird schließlich entdecken, daß beide Phänomene auf die gleiche Weise zustande kommen, dem Geist des lebenden Menschen entspringen und nicht das geringste mit den Toten zu tun haben.

Möglicherweise gibt es für die Stimmen eine völlig normale physikalische Erklärung. Wir wissen noch so wenig über die Welt um uns her, aber vielleicht können wir bald Maschinen bauen, die die Bilder und Klänge der Vergangenheit einfangen. Die unmittelbare Vergangenheit halten wir schon auf Filmen und Tonbändern fest, und man vermutet nun, daß es ähnliche Aufzeichnungen aus früherer Zeit geben könnte, die man bisher übersehen hat. Wenn sich ein Topf auf der Töpferscheibe dreht und die Spitze eines Stichels den feuchten Ton anritzt, um ein Muster einzugraben, so stellt das Ganze einen primitiven Phonographen dar. Wir brauchen den Topf nur wieder mit derselben Geschwindigkeit rotieren zu lassen und einen geeigneten Stift zu finden, und vielleicht gelingt es uns, die Geräusche einzufangen, die an dem Tag, an dem der Ton geformt wurde, in der Töpferei zu hören waren. Versuche dieser Art, die bereits mit unglasierten Keramiken aus dem Vorderen Orient angestellt werden, haben schon recht ermutigende Ergebnisse gezeitigt.

Exobiologie

Ich kann bei diesem Blick auf andere Welten um uns her die Möglichkeit nicht ganz ausschließen, daß auch außerhalb der Erde Wesen existieren. Die Biologie wurde in jüngster Zeit durch einen neuen Zweig erweitert: die Exobiologie oder das Studium außerirdischen Lebens. Seitdem man 1959 bei der Analyse von Meteorsubstanz Spuren organischer Verbindungen fand, geht der Streit darum, ob diese Verbindungen mit dem Meteoriten in die Atomsphäre hereinkamen oder auf der Erde entstanden. Die Frage konnte noch nicht zufriedenstellend geklärt werden, und bei der Diskussion darüber, ob es anderswo im Weltraum Leben gibt, ist man weiterhin auf Schlußfolgerungen und Mutmaßungen angewiesen. Astronomische Berechnungen, die von dem Bruchteil der Sterne ausgehen, die Planeten haben, und ferner von der Zahl der Planeten, auf denen die Voraussetzungen für ein Leben gegeben sind, dem Bruchteil der geeigneten Planeten, auf denen tatsächlich ein Leben erscheint, und wiederum der Zahl der Planeten, auf denen das Leben das Stadium des Bewußtseins und des Wunsches, mit anderen in Verbindung zu treten, erreichen könnte, führen zu dem Schluß, daß vielleicht jeweils ein Stern von hunderttausend von einem Planeten mit einer höher entwickelten Gesellschaft umkreist wird. Das bedeutet immerhin, daß es allein in unserem Milchstraßensystem eine Million intelligente Lebensformen geben könnte. Ob wir aber je mit ihnen Verbindung aufnehmen können, hängt von der Dauer unseres Lebens ab. Es wäre möglich, daß keine Spezies eine nukleare Technologie zu entwickeln vermag, ohne früher oder später die Gewalt über sie zu verlieren, und daß alle Lebewesen, die es so weit bringen, lediglich das Mittel schaffen, mit dem sie sich sehr rasch selbst vernichten.

Wenn wir annehmen, daß sie dieser Gefahr nicht erliegen, scheinen die Chancen, daß wir eines Tages solche Wesen kennenlernen, recht hoch zu sein. Erich von Däniken meint, daß wir selbst zu ihnen, das heißt zu anderen, fremden Wesen gehören. (333) Er hat ein ganzes Sammelalbum von unerklärlichen Dingen auf anthropologischem und archäologischem Gebiet angelegt, und es enthält unter anderem die in Istanbul aufgefundene alte Karte, auf der die Kontinente so dargestellt sind, wie man sie aus dem Weltraum sieht, nämlich durch die Erdkrümmung verzerrt, ferner eine eiserne Säule in Indien, die nicht rostet, große geometrische Muster in den Hochebenen von Peru, die nur aus der Luft erkennbar sind, Beschreibungen von Göttern, die in Wagen mit Feuerrädern auf die Erde niederfahren, in heiligen Schriften und alte Malereien und Zeichnungen von Gestalten, die etwas auf dem Kopf tragen, was wie Raumfahrerhelme aussieht. Aus all dem schließt Däniken, daß »Gott« ein Astronaut war und daß wir teilweise das Produkt einer außerirdischen Intelligenz sind. Das ist eine erregende Idee, aber als Biologe, der an unsere eigenen, zum großen Teil noch ungenutzten Fähigkeiten glaubt, finde ich es uninteressant und unnötig, unsere Leistungen und Errungenschaften irgendwelchen fremden Wesen zuzuschreiben, die uns einmal einen kurzen Besuch abstatteten.

Ivan Sanderson vertritt eine ähnliche Anschauung wie Däniken, aber er drückt sie in biologischen Begriffen aus. Er meint, die Erde sei durch ein Ei von irgendwoher aus dem Weltraum befruchtet worden, das sich zu einer komplexen Larve entwickelte, in der alles Leben, wie wir es kennen, verkörpert ist. Er sieht uns Menschen als einen Teil dieser Larve und meint, wir hätten nun das Stadium erreicht, in dem wir an Metamorphose denken und beginnen, uns in das Gewebe des Intellekts einzuspinnen, unseren Geist einzukapseln in die Kokons der Maschinen, die Puppen, in denen er die entscheidende Verwandlung durchmacht und aus denen er schließlich als erwachsene Form hervorgehen wird, um zu anderen Welten zu fliegen und durch deren Befruchtung den ganzen Prozeß von neuem beginnen zu lassen. Die Imago, die Erwachsenenform, zu der wir uns zuletzt entwickeln werden, ist nach Sanderson nichts anderes als eine fliegende Untertasse, ein UFO. (293)

Diese gruselige Idee ist recht gute Biologie. So könnte es kommen. Es wäre durchaus möglich, daß der nächste Schritt unserer Evolution die Entwicklung einer elektronischen Intelligenz sein wird und daß diese aus einem toten Planeten nur durch die Zwischenstadien organischen Lebens produziert werden konnte. Die erste Generation der Maschinenhirne lebt schon unter uns. Sie funktionieren auf der Basis von gedruckten Schaltkreisen und von Elektronen, die durch Drähte rasen, und sie sind von uns abhängig. Aber der nächste Schritt könnte zu reinen Energiefeldern führen, die uns verlassen und im Weltraum leben, in den Teilen des Universums vielleicht, wo explodierende Sterne und Novae ein aktives Milieu von jener intensiven Strahlung schaffen, aus der sich dieser superelektronische Geist speisen würde.

Ich hoffe aber, so wird es nicht sein. Ich bin beeindruckt von unserer Untüchtigkeit, von unserem riesigen, noch ungenutzten Potential und von dem Fortschritt, den wir immerhin schon gemacht haben, obwohl wir uns nur eines kleinen Teils unseres Geistes bedienten. Larven sind wir in der Tat, ohne Verstand fressen wir uns wie Raupen durch die Schätze der Erde hindurch, aber ich glaube, im Innern beginnt sich die Imago bereits zu regen. Wenn das Klima günstig ist, wird sie aus der Puppe hervorbrechen, nicht als eine Art von Supercomputer, sondern als organisches Wesen, das die gesamte Übernatur in sich vereinen und auf die Technologie zurückblikken wird als auf ein Spielzeug seiner Kindheit.

Schlußfolgerung

Das Leben besteht im Chaos des Kosmos, indem es Ordnung aus den Winden wählt. Der Tod ist gewiß, aber das Leben wird dadurch möglich, daß es Mustern folgt, deren Linien wie feste Pfade durch die Sümpfe der Zeit führen. Zyklen von hell und dunkel, heiß und kalt, Magnetismus, Radioaktivität und Schwerkraft weisen den Weg, und das Leben lernt, auf ihre leisesten Zeichen zu reagieren. Ein Lichtblitz von der Dauer einer tausendstel Sekunde kann den Zeitpunkt des Ausschlüpfens von Taufliegen bestimmen; die Fortpflanzung eines Borstenwurms auf dem Grunde des Ozeans wird durch einen Lichtschimmer koordiniert, den der Mond reflektiert; die Entwicklung der Eier einer Wachtel wird durch das leise Geplauder der Embryos synchronisiert, und eine Frau empfängt in der Mondphase, in der sie selbst geboren wurde. Nichts geschieht für sich allein. Winken aus dem Kosmos gehorchend, atmen und bluten, lachen und weinen, stürzen und sterben wir.

Anorganische Materie geriet in der rechten Weise zusammen, um einen sich selbst fortpflanzenden Organismus zu schaffen, mit dem eine Entwicklung begann, die ein aus mehreren Millionen Stücken bestehendes System hervorbrachte. Dies ist die Übernatur, und der Mensch sitzt im Mittelpunkt dieses Netzes, er zieht an den Fäden, die ihn interessieren, folgt den einen, bis er zu brauchbaren Schlüssen gelangt, und zerreißt die anderen in seiner Ungeduld. Der Mensch ist die Vorausabteilung der Evolution – vital, schöpferisch, ungeheuer begabt, aber noch jung genug, um im Sturm seiner ersten Begeisterung Verheerungen anzurichten. Das tolpatschige Jünglingsalter nähert sich dem Ende in dem Maße, in dem er einzusehen lernt, daß er allein nicht überleben kann, daß das Netz der Übernatur getragen wird durch die vereinten Kräfte einer großen Anzahl von im einzelnen schwachen, zerbrechlichen Fragmenten, daß alles Leben auf der Erde gleichsam zu einem einzigen Superorganismus zusammengefaßt ist und daß dieser wiederum nur einen Teil der kosmischen Gemeinschaft bildet.

Auf den ersten Blick sieht man im Prozeß der Evolution eine ungeheure Verschwendung: die meisten Entwicklungen enden in der Sackgasse des Aussterbens. Aber auch durch ihr Versagen tragen sie etwas bei zur Weiterentwicklung der wenigen erfolgreichen Arten. Viele Teilnehmer sind erforderlich, damit das Leben in breiter Front vorrücken und auf der Suche nach dem Richtigen alle Möglichkeiten erproben kann. Auch die, die sterben, haben nicht vergebens gelebt, denn die Nachricht von ihrem Scheitern wird weitergegeben und in das Erbe der Übernatur aufgenommen. Diese Gemeinschaft ist möglich, weil das Leben eine gemeinsame Empfindlichkeit für den Kosmos und einen gemeinsamen Ursprung hat und die gleiche organische Sprache spricht.

Ihr Alphabet ist in chemischen Symbolen niedergeschrieben, die für alle Arten von Protoplasma gelten. Das häufigste Wort ist »Wasser«, und Wasser hat die Eigenschaft der Instabilität, durch die es zu einem hochempfindlichen, zuverlässigen Empfänger schwächster Signale wird. Einfache Verbindungen in wäßriger Lösung ermöglichen es den Informationen, von Zelle zu Zelle weiterzugehen, solange diese einander direkt berühren. Die gleichen Informationen können den Raum überspringen, wenn elektrische Felder ineinandergreifen oder wenn die beiden Kommunikanten einander ähnlich genug sind, um übereinstimmend zu resonieren. Und auf höchster Ebene überbrücken die Botschaften sogar die Zeit.

In der Vorhut der Evolution kommt es zu einer Entwicklung, die sich auf einige Arten beschränkt und scheinbar nichts dazu beiträgt, sie besser für das Überleben in diesem System auszurüsten. Die Biologie ist im allgemeinen sehr sparsam und durch und durch auf reine Nützlichkeit bedacht, aber der Mensch – und möglicherweise auch der Schimpanse und der Delphin – hat ein Bedürfnis nach Dingen entwickelt, die nicht die normalen, natürlichen Triebe stillen. Wir haben eine Vorliebe für das Geheimnisvolle erworben. Wir sind uns unser selbst, unseres Lebens und der Tatsache, daß wir sterben müssen, bewußt geworden. Wir haben die Tür zur Voraussicht und Phantasie geöffnet, und wir haben die Angst und Sorge entdeckt. Wenn sogar eine Topfpflanze auf den Tod eines Tieres in ihrer Nähe reagiert, so bedeutet dies, daß das Leben immer das

Phänomen des Todes gekannt hat, aber mit dem Bewußtsein kommt ein vollständigeres Begreifen unserer Beziehung zu diesem Zustand – eine Erkenntnis der Tatsache, daß wir den Tod verursachen oder verhindern oder bei dem Versuch, ihn zu verhindern, unseren eigenen Tod herbeiführen können. Und mit dieser Art von Bewußtsein kommen Schuld und Konflikt und die Errichtung einer geistigen Barriere, hinter der wir gewisse Dinge vor uns selbst verbergen können.

Der Ursprung dieser neuen Bewußtheit ist, biologisch gesehen, noch unklar, aber wir beginnen zu begreifen, was sie bedeutet. Die kosmische Evolution schuf unser Sonnensystem und unseren bewohnbaren Planeten; die anorganische Evolution brachte die richtigen Bestandteile zusammen, aus denen Leben entstehen konnte; die organische Evolution modellierte aus diesem Leben seine kaleidoskopische Vielfalt von Formen; die kulturelle Evolution wählte eine Gruppe aus und trieb sie rasch durch die Stadien der Intelligenz und der Bewußtheit in eine Position, in der sie die übrige Evolution manipulieren konnte. So sind wir in der Stunde der Herrschaft angelangt mit einem neuen, stetig wachsenden Bewußtsein sowohl von der ungeheuren Größe der Aufgabe als auch dem Ausmaß unserer Fähigkeit, sie zu bewältigen. In dieser Lage treten zwei Dinge deutlich aus allen anderen hervor: Das eine ist, daß unsere größte Stärke im Einssein mit der gesamten Übernatur hier auf der Erde liegt, und das andere ist, daß dieses Einssein uns den Anstoß geben könnte, den wir benötigen, um das System vollens zu transzendieren.

Die Übernatur könnte dann zu etwas wahrhaft Übernatürlichem werden.

Literaturverzeichnis

1. Adderley, E. E., und Bowen, E. G., »Lunar Component in Precipitation Data«, *Science 137*, 749, 1962.
2. Addey, J. M., »The Search for a Scientific Starting Point«, *Astrology 32*, 3.
3. Addey, J. M., »The Discovery of a Scientific Starting Point«, *Astrological Journal 3*, 2, 1967.
4. Addey, J. M., *Astrological Journal 5*, 1, 1969.
5. Amoore, J. E., Palmieri, G., und Wanke, E., »Molecular Shape and Odour«, *Nature 216*, 1084, 1967.
6. Anand, B. K., Chhina, G. S., und Singh, B., »Some Aspects of Electroencephalographic Studies in Yogis«, *Electroencephalographic and Clinical Neurophysiology 13*, 452, 1961.
7. Anderson, R., und Koopmans, H., »Harmonic Analysis of Varve Time Series«, *Journal of Geophysical Research 68*, 877, 1963.
8. Andrews, D. H., *The Symphony of Life.* Unity Books, Lee's Summit, Missouri, 1966.
9. Arrhenius, S., »Die Einwirkung kosmischer Einflüsse auf physiologische Verhältnisse«, *Skand. Arch. Physiol. 8*, 367, 1898.
10. Backster, C., »Evidence of a Primary Perception in Plant Life«, *International Journal of Parapsychology 10*, 4, 1968.
11. Bacon, T., »The Man Who Reads Nature's Secret Signals«, *National Wildlife 5*, Februar 1969.
12. Bagnall, O., *The Origin and Properties of the Human Aura.* University Books, New York 1970.
13. Barber, T. X., »Physiological Effects of Hypnosis«, *Psychological Bulletin 58*, 390, 1961.
14. Barber, T. X., *Hypnosis – a Scientific Approach.* Van Nostrand Insight Series, New York 1969.
15. Barnett, A., *The Human Species.* Penguin Books, London 1968.
16. Barrett, W., und Besterman, T., *The Divining Rod.* London 1926.
17. Barry, J., »General and Comparative Study of the Psychokinetic Effect on a Fungus Culture«, *Journal of Parapsychology 32*, 237, 1968.
18. Beck, S. D., *Animal Photoperiodism.* Holt, Rinehart und Winston, New York 1963.
19. Behanan, T., *Yoga; a Scientific Evaluation.* Dover Publications, New York 1959.
20. Bell, A. H., *Practical Dowsing – a Symposium.* G. Bell & Sons, London 1965.
21. Beloff, J., und Evans, L., »A Radioactivity Test of Psychokinesis«, *Journal of the Society for Psychical Research 41*, 41, 1961.
22. Benson, H., und Wallace, R. K., »The Physiology of Meditation«, *American Journal of Physiology 221*, 795, 1971.
23. Bernard, T., *Hatha Yoga.* Arrow Books, London 1960.
24. Berne, E., »The Nature of Intuition«, *The Psychiatric Quarterly 23*, 203, 1949.
25. Binski, S. R., »Report on Two Exploratory PK Series«, *Journal of Parapsychology 21*, 284, 1957.

26. Black, S., *Mind and Body*, William Kimber, London 1969.
27. Black, S., Humphrey, J. H., und Niven, J., »Inhibition of the Matoux Reaction by Direct Suggestion Under Hypnosis«, *British Medical Journal 1*, 1649, 1961.
28. Black, S., und Wigan, E. R., »An Investigation of Selective Deafness by Direkt Suggestion Under Hypnosis«, *British Medical Journal 2*, 736, 1963.
29. Bleibtreu, J. N., *Parable of the Beast.* Victor Gollancz, London 1968.
30. Boischot, A., *Le Soleil et la terre.* Presses Universitaires, Paris 1968.
31. Bonner, J. T., »Evidence for the Sorting Out of Cells in the Development of the Cellular Slime Molds«, *Proceedings of the National Academy of Sciences 45*, 379, 1959.
32. Bordi, S., und Vannel, F., »Variazione Giornaliera die Grandezze Chimicofisiche«, *Geofis. e Meteorol. 14*, 28, 1965.
33. Borissavlietch, M., *The Golden Number.* Tiranti, London 1958.
34. Bowen, E. G., »A Lunar Effect on the Incoming Meteor Rate«, *Journal of Geophysical Research 68*, 1401, 1963.
35. Bowen, E. G., »Lunar and Planetary Tails in the Solar Wind«, *Journal of Geophysical Research 69*, 4969, 1964.
36. Bradley, D., Woodbury, M., und Brier, G., »Lunar Synodical Period and Widespread Precipitation«, *Science 137*, 748, 1962.
37. Braid, J. A., *Neurypnology or the Rationale of Nervous Sleep Considered in Relation with Animal Magnetism.* Churchill, London 1843.
38. Braun, R., »Der Leichtsinn augenloser Tiere«, *Umschau 58*, 306, 1958.
39. Breder, C. M., »Vortices and Fish Schools«, *Zoologica 50*, 97, 1965.
40. Brierley, D. und Davies, J., »Lunar Influence on Meteor Rates«, *Journal of Geophysical Research 68*, 6213, 1963.
41. Brillouin, L., *Science and Information Theory.* Academic Press, New York 1956.
42. Brown, F. A., »Persistent Activity Rhythms in the Oyster«, *American Journal of Physiology 178*, 510, 1954.
43. Brown, F. A., »Response of a Living Organism, Under Constant Conditions Including Pressure, to a Barometric-Pressure-Correlated Cyclic External Variable«, *Biological Bulletin 112*, 285, 1957.
44. Brown, F. A., »An Orientational Response to Weak Gamma Radiation«, *Biological Bulletin 125*, 206, 1963.
45. Brown, F. A., »How Animals Respond to Magnetism«, *Discovery*, November 1963.
46. Brown, F. A., Bennett, M. F., und Webb, H. M., »A Magnetic Compass Response of an Organism«, *Biological Bulletin 119*, 65, 1960.
47. Brown, F. A., Park, Y. H., und Zeno, J. R., »Diurnal Variation in Organismic Response to Very Weak Gamma Radiation«, *Nature 211*, 830, 1966.
48. Bullen, K. E., *Introduction to the Theory of Seismology.* University Press, Cambridge 1962.
49. Burr, H. S., »Biological Organization and the Cancer Problem«, *Yale Journal of Biology and Medicine 12*, 281, 1940.
50. Burr, H. S., »Field Properties of the Developing Frog's Egg«, *Proceedings of the National Academy of Science 27*, 276, 1941.
51. Burr, H. S., »Electric Correlates of Pure and Hybrid Strains of Corn«, *Proceedings of the National Academy of Sciences 29, 163, 1943.*
52. *Burr, H. S., »Diurnal Potentials in Maple Tree«, Yale Journal of Biology and Medicine 17*, 727, 1945.
53. Burr, H. S., »Effect of Severe Storms on Electrical Properties of a Tree and the Earth«, *Science 124*, 1204, 1958.

54. Burr, H. S., »Tree Potential and Sunspots«, *Cycles 243*, Oktober 1964.
55. Burr, H. S., Harvey, S. C., und Taffel, M., »Bio-electric Correlates of Wound Healing«, *Yale Journal of Biology and Medicine 12*, 483, 1940.
56. Burr, H. S., Hill, R. T., und Allen, E., »Detection of Ovulation in the Intact Rabbit«, *Proceedings of the Society for Experimental Biology and Medicine 33*, 109, 1935.
57. Burr, H. S., Lane, L., und Nims, L. F., »A Vacuum-tube Microvoltmeter for the Measurement of Bio-electric Phenomena«, *Yale Journal for Biology and Medicine 9*, 65, 1936.
58. Burr, H. S., und Langman, L., »Electrometric Timing of Human Ovulation«, *American Journal of Obstetrics and Gynecology 44*, 223, 1942.
59. Burr, H. S., und Langman, L., »Electromagnetic Studies in Woman with Malignancy of Cervix Uteri«, *Science 105*, 209, 1947.
60. Burr, H. S., und Musselman, L. K., »Bio-electric Phenomena Associated with Menstruation«, *Yale Journal of Biology and Medicine 9*, 2, 1936.
61. Burr, H. S., und Northrop, F. S. C., »The Electrodynamic Theory of Life«, *Quarterly Review of Biology 10*, 322, 1935.
62. Calder, R., *Man and the Cosmos.* Penguin Books, London 1970.
63. Capel-Boute, C., *Observations sur les tests chimiques de Piccardi.* Presses Académiques Européennes, Brüssel 1960.
64. Carrington, W., *Telepathy.* Methuen, London 1954.
65. Carrington, H., *Modern Physical Phenomena.* Kegan Paul, London 1919.
66. Carson, R., *The Sea Around Us.* Staples Press, London 1951.
67. Castaneda, C., *The Teaching of Don Juan.* University of California Press, Berkeley 1968, dt. Ausg.: *Die Lehren des Don Juan. Ein Yaqui-Weg des Wissens*, S. Fischer, Frankfurt am Main 1973; Fischer Taschenbuch Nr. 1457.
68. Castaneda, C., *A Seperate Reality.* Bodley Head, London 1971; dt. Ausg., *Eine andere Wirklichkeit. Neue Gespräche mit Don Juan.*
69. Chauvin, R., *Animal Societies.* Victor Gollancz, London 1968.
70. Chauvin, R. und Genthon, J. P., »Eine Untersuchung über die Möglichkeit psychokinetischer Experimente mit Uranium und Geigerzähler«, *Zeitschrift für Parapsychologie und Grenzgebiete der Psychologie 8*, 140, 1965.
71. Chedd, G., »Mental Medicine«, *New Scientist 51*, 560, 1971.
72. Chertok, L., »The Evolution of Research into Hypnosis«, in: *Psychophysiological Mechanisms of Hypnosis.* Springer Verlag, New York 1969.
73. Christopher, M., *Seers, Psychics and ESP.* Cassel, London 1971.
74. Clark, L. B., »Observations on the Palolo«, Carnegie Institution of Washington Year Book 37, 1938.
75. Clark, V., in West und Toonder.
76. Cohen, S., *Drugs of Hallucination.* Paladin, London 1971.
77. Cole, L. C., »Biological Clock in the Unicorn«, *Science 125*, 874, 1957.
78. Conze, E., *Buddhist Scriptures.* Penguin Books, London 1959.
79. Cott, J., »The Extrasensory Perception Man«, *Rolling Stone*, 6. Januar 1972.
80. Cox, W. E., »The Effect of PK on Electrochemical Systems«, *Journal of Parapsychology 29*, 165, 1965.
81. Crasilneck, H. B., und Hall, J. A., »Physiological Changes Associated with Hypnosis«, *Journal of Clinical and Experimental Hypnosis 7*, 9, 1959.
Däniken, Erich von, *s.* von Däniken (333)
82. Darwin, C., *The Expression of Emotions in Man and Animals.* Murray, London 1873; dt. Ausg.: *Der Ausdruck der Gemütsbewegung bei dem Menschen und den Tieren.* Rau, Düsseldorf 1964.

83. Das, N. N., und Gastaut, H., »Variations de l'activité électrique du cerveau, du coeur et des muscles squelttiques au cours de la méditation et de l'extase yogique«, *Electroencephalographic and Clinical Neurophysiology 6*, 211, 1955.
84. David-Neel, A., *Magic and Mystery in Tibet.* Souvenir Press, London 1967.
85. Dean, E. D., »Plethysmograph Recordings As ESP Responses«, *International Journal of Neuro-psychiatry 2*, Oktober 1966.
86. De la Warr, G., »Do Plants Feel Emotion?«, *Electro* Technology, April 1969.
87. Desmedt, J. E., *Neurophysiological Mechanismus Controlling Acoustic Input.* Thomas, Springfield, Ill. 1960.
88. Dewan, E. M., und Rock, J., *American Journal of Obstetrics and Gynecology.*
89. Donne, J., *Devotions.* Part 13, 1620.
90. Dravniek, A., »Identifying People by Their Smell«, *New Scientists 28*, 630, 1965.
91. Driver, P. M., »Notes on the Clicking of Avain Egg Young, with Comments on Its Mechanism and Function«, *Ibis 109*, 434, 1967.
92. Eccles, J. C., *The Neurophysiological Basis of Mind.* The Clarendon Press, Oxford 1953.
93. Edmonston, W. E., und Pessin, M., »Hypnosis as Related to Learning and Electrodermal Measures«, *American Journal of Clinical Hypnosis 9*, 31, 1966.
94. Edmunds, S., *Hypnotism and the Supernormal.* Aquarian Press, London 1967.
95. Edwards, F., »People Who Saw Without Eyes«; in: *Strange People.* Pan Books, London 1970.
96. Eisenbud, J., *The World of Ted Serios.* Jonathan Cape, London 1968.
97. Erickson, M. H., »The Induction of Color Blindness by a Technique of Hypnotic Suggestion«, *Journal of General Psychology 20*, 61, 1939.
98. Eysenck, H., »Is Beauty Absolute?«, *Perceptual and Motor Skills 32*, 817, 1971.
99. Fabre, I. M., und Kafka, G., *Einführung in die Tierpsychologie.* Leipzig 1913.
100. Fast, J., *Body Language.* Souvenier Press, London 1971.
101. Fisher, S., »The Role of Expectancy in the Performance of Posthypnotic Behavior«, *Journal of Abnormal and Sociological Psychology 49*, 503, 1954.
102. Fisher, W., Sturdy, G., Ryan, M. und Pugh, R., »Some Laboratory Studies of Fluctuating Phenomena«; in: Gauquelin, *The Cosmic Clocks.*
103. Fodor, N., in Steiger
104. Forwald, H., »An Approach to Instrumental Investigation of Psychokinesis«, *Journal of Parapsychology 18*, 219, 1954.
105. Forwald, H., »An Experimental Study Suggesting a Relationship Between Psychokinesis and Nuclear Conditions of Matter«, *Journal of Parapsychology 23*, 97, 1959.
106. Franklin, K. L., »Radio Waves from Jupiter«, *Scientific American 211*, 35, 1964.
107. Francq, E., »Feigned Death in the Opossum«, *Dissertation Abracts 28 B*, 2665, 1968.
108. French, J. D., »The Reticular Formation«; in: *Handbook of Physiology 1*, 1281, 1960.
109. Friedman, H., Becker, R., und Bachman, C., »Geomagnetic Parameters and Psychiatric Hospital Admissions«, *Nature 2000*, 626, 1963.
110. Frnm, »Psi Developments in the USSR«, *Bulletin of the Foundation for Research on the Nature of Man 6*, 1967.
111. Fukurai, T., *Clairvoyance and Thoughtography.* Rider & Company, London 1931.

112. Fyfe, A., *Moon and Plant.* Society for Cancer Research, London 1968.
113. Garrett, E., *Adventures in the Supernormal.* New York 1959.
114. Gatling, W., und Rhine, J. B., »Two Groups of PK Subjects Compared«, *Journal of Parapsychology 10,* 120, 1946.
115. Gauquelin, M., *L'Influence des astres.* Dauphin, Paris 1955.
116. Gauquelin, M., *Les Hommes et les astres.* Denoël, Paris 1960.
117. Gauquelin, M., »Note sur le rythme journalier du début du travail de Laccouchement«, *Gynécologie et Obstétrique 66,* 231, 1967.
118. Gauquelin, M., »Contribution à l'étude de la variation saisonnière du poids des enfants à la naissance«, *Population 3,* 544, 1967.
119. Gauquelin, M., *The Cismic Clocks.* Peter Owen, London 1969.
120. Gauquelin, M., und Gauquelin, F., *Méthodes pour étudier la répartition des astres dans le mouvement diurne.* Paris 1957.
121. Geballe, T. H., »New Superconductors«, *Scientific American,* November 1971.
122. Geigy, J. R., »Animals Asleep«, Documenta Geigy, Basel 1955.
123. Corer, G., *Exploring English Character.* Cresset, London 1955.
124. Grad, B., »A Telekinetic Effect on Plant Growth«, *International Journal of Parapsychology 6,* 473, 1964.
125. Grad, B., »Some Biological Effects of the Laying-on-of-Hands«, *Journal of the American Society for Psychical Research 59,* 1965.
126. Grad, B., »The Laying-on-of-Hands: Implications for Psychotherapy, Gentling and the Placebo Effect«, *Journal of the American Society for Psychical Research 61,* 286, 1967.
127. Grad, B., Cadoret, R. J., und Paul, G. I., »The Influence of an Unorthodox Method of Treatment on Wound Healing of Mice«, *International Journal of Parapsychology 3,* 5, 1961.
128. Greppin, L., »Naturwissenschaftliche Betrachtungen über die geistigen Fähigkeiten des Menschen und der Tiere«, *Biol. Zentralbl. 31,* 1911.
129. Gulyaiev, P., »Cerebral Electromagnetic Fluids«, *International Journal of Parapsychology 7,* 4, 1965.
130. Haber, R. N., »Eidetic images«, *Scientific American 220,* 36, 1969.
131. Haeckert, H., *Lunationsrhythmen des menschlichen Organismus.* Geest und Portig, Leipzig 1961.
132. Halberg, F., »The 24 Hour Scale: A Time Dimension of Adaptive Functional Organization«, *Perspectives on Biology and Medicine 3,* 491, 1960.
133. Hardy, A., *The Living Stream.* Collins, London 1965.
134. Hardy, A., »Biology and ESP«, in: *Science and ESP,* Routledge & Kegan, London 1967.
135. Harker, J. E., »Diurnal Rhythms in *Periplaneta americana* L.«, *Nature 1973,* 689, 1954.
136. Harker, J. E., »Factors Controlling the Diurnal Rhythms of Activity in Periplaneta americana L.«, *Journal of Experimental Biology 33,* 224, 1956.
137. Harker, J. E., »Diurnal Rhythms in the Animal Kingdom«, *Biological Reviews 33,* 1, 1958.
138. Hartland Rowe, R., »The Biology of a Tropical Mayfly Povilla adusta with Special Reference to the Lunar Rhythm of Emergence«, *Rev. Zool. et Botan. Afric 58,* 185, 1958.
139. Hasler, A. D., »Wegweiser für Zugfische«, *Naturwissenschaftliche Rundschau 15,* 302, 1962.
140. Hauenschild, C., »Neue experimentelle Untersuchungen zum Problem der Lunarperiodizität«, *Naturwiss. 43,* 361, 1956.

141. Hawking, F., »The Clock of the Malarial Parasite«, *Scientific American 222,* 123, 1970.
142. Hazelwood, J., in Steiger (309).
143. Heatwolfe, H., Davis, D. M., und Wenner, A. M., »The Behaviour of Megarhyssy«, *Zeitschrift für Tierpsychologie 19,* 653, 1962.
144. Hebb, D. O., *The Organization of Behavior.* Wiley, New York 1949.
145. Heidiger, H., *Beobachtungen zur Tierpsychologie im Zoo und im Zirkus,* Reinhardt, Basel 1961.
146. Heirtzler, J. R., »The longest Electromagnetic Waves«, *Scientific American 206,* 128, 1962.
147. Hess, E. H., »Attitude and Pupil Size«, *Scientific American,* April 1965.
148. Hess, W. R., *The Functional Organization of the Diencephalon,* Grune & Stratton, New York 1957.
149. Hilgard, E. R., »The Psychophysiological of Pain Reduction Through Hypnosis«, in: *Psychophysiological Mechanisms of Hypnosis,* Springer Verlag, New York 1969.
150. Hillmann, W. S., »Injury of Tomato Plants by Continuous Light and Unfavourable Photoperiodic Cycles«, *American Journal of Botany 43,* 89, 1956.
151. Hilton, H., Baer, G., und Rhine, J. B. »A Comparison of Three Sizes of Dice in PK Tests«, *Journal of Parapsychology 7,* 172, 1943.
152. Hittleman, R., *Guide to Yoga Meditation,* Bantam Books, New York 1969.
153. Hixson, J., »Twins Prove Electronic ESP«, *Herald Tribune,* New York, 25. Oktober 1965.
154. Hosemann, H., »Bestehen solare und lunare Einflüsse auf Nativität und den Menstruationszyklus«, *Zeitschrift für Geburtshilfe und Gynäkologie 133,* 263, 1950.
155. Huff, D., *Cycles in Your Life,* Victor Gollancz, London 1965.
156. Huntington, E., *Season of Birth, Its Relation to Human Abilities,* John Wiley, New York 1938.
157. Hurkos, P., *Psychic,* Barker, London 1962.
158. Hutchinson, B., *Your Life in Your Hands,* Neville Spearman, London 1967.
159. Ikemi, Y., und Nakagawa, S., »A Psychosomatic Study of Contagious Dermatitis«, *Kyushu Journal of Medical Science 13,* 335, 1962.
160. Inglis, J., »Abnormalities of Motivation and Ego Functions«, in: *Handbook of Abnormal Psychology,* Pitman Medical, London 1960.
161. Ivanow, A., »Soviet Experiments in Eyeless Vision«, *International Journal of Parapsychology 6,* 1964.
162. Jahoda, G., *The Psychology of Superstition,* Penguin Books, London 1970.
163. James, W., *The Principles of Psychology,* Dover Publications, New York 1950.
164. Jeans, J., *The Mysterious Universe,* Dover Publications, New York 1968.
165. Jeffries, M., »World of Science«, *Evening Standard,* London, 10. Dezember 1971.
166. Jenny, H., *Cymatics,* Basilus Press, Basel 1966.
167. Jenny, H., »Visualising Sound«, *Science Journal,* Juni 1968.
168. Jonas, E., »Predetermining the Sex of a Child«, in: Ostrander und Schroeder.
169. Kaiser, I. und Halberg, F., »Circadian Periodic Aspects of Birth«, *Annals of the New York Academy of Science 98,* 1056, 1962.
170. Kalmus, H., »Tagesperiodisch verlaufende Vorgänge an der Stabheuschrecke und ihre experimentelle Beeinflussung«, *Zeitschrift für Vergleichende Physiologie 25,* 494, 1938.

171. Kammerer, P., *Das Gesetz der Serie,* Deutsche Verlags-Anstalt, Stuttgart 1919.
172. Kasamatsu, A. und Hirai, T., »An Electroencephalographic Study of the Zen Meditation«, *Folia Psychiatr. Neurol. Japan 20,* 4, 1966.
173. Kelley, C. R., »Psychological Factors in Myopia«, *Proceedings of the American Psychological Association,* 31. August 1961.
174. Kilner, W. J., *The Human Atmosphere,* Rebman, London 1911.
175. Kingdon-Ward, F. D. R., (Bates, Hrsg.), In: *The Planet Earth,* Pergamon, London 1964.
176. Kinzel, A. F., »The Inner Circle«, *Time* magazine, 6. Juni 1969.
177. Kirchoff, H., »Umweltfaktoren und Genitalfunktionen«, *Geburtshilfe und Frauenh. 6,* 377, 1939.
178. Kirkbride, K., »ESP Communication for the Space Age«, *Science and Mechanics«,* August 1969.
179. Knobloch, H., und Pasamanick, B., »Seasonal Variation in the Birth of the Mentally Deficient«, *American Journal of Public Health 48,* 1201, 1958.
180. Knowles, E. A. G., »Reports on an Experiment Concerning the Influence of Mind over Matter«, *Journal of Parapsychology 13,* 186, 1949.
181. Kolodnij, L., »When Apples Fall«, *Prawda,* (Moskau), 17. März 1968.
182. König, H., und Ankermüller, F., »Über den Einfluß besonders niederfrequenter elektrischer Vorgänge in der Atmosphäre auf den Menschen«, *Naturwiss. 21,* 483, 1960.
183. Kozsyrew, N., »Possibility of Experimental Study of the Properties of Time«, JPRS, U.S. Dept. of Commerce 45238, 2. Mai 1968.
184. Kraut, J., »Nature's Way«, *Time* magazine, 29. November 1971.
185. Krueger, A., und Smith, R., »The Physiological Significance of Positive and Negative Ionization of the Atmosphere«; in: *Mans Dependence on the Earthly Atmosphere,* Macmillan, New York 1962.
186. Kullenberg, B., »Field Experiments with Chemical Sex Attractans«, *J. Zool. Bidr. fran. 31,* 253, 1956.
187. Langen, D., »Peripheral Training and Hypnosis«; in: *Psychophysiological Mechanisms of Hypnosis,* Springer Verlag, New York 1960.
188. Lawson-Wood, D., und Lawson-Wood, J., *Judo Revival Points, Athletes' Points and Posture,* Health Science Press, Sussex 1965.
189. Lawson-Wood, D., und Lawson-Wood, J., *Five Elements of Acupuncture and Chinese Massage,* Health Science Press, 1966.
190. Leaton, Malin und Finch »The Solar and Luni-solar Variation of the Geomagnetic Field at Greenwich and Abinger«, *Oberservatory Bulletin of Great Britain 53,* 273, 1962.
191. Lees, A. D., »The Role of Photoperiod and Temperature in the Determination of Parthenogetic and Sexual Forms in the Aphid *Megoura Viviae«, Journal of Insect Physiology 3,* 92, 1959.
192. Leonidow, I., »Signals of What?«, *Soviet Union 145,* 1962.
193. Lethbridge, T. C., *Ghost and Divining Rod,* Routledge & Kegan Paul, London 1963.
194. Lethbridge, T. C., *A Step in the Dark,* Routledge & Kegan Paul, London 1967.
195. Lewin, I., *The Effect of Reward on the Experience of Pain,* Wayne State University, Detroit 1965.
196. Lewis, J. H., und Sarbin, T. R., »Studies in Psychosomatics«, *Psychosomatic Medicine 5,* 125, 1943.

197. Lewis, P. R., und Lobbann, M. C., »Dissociation of Diurnal Rhythms in Human Subjects on Abnormal Time Routines«, *Quarterly Journal of Experimental Physiology 42,* 371, 1957.
198. Lingemann, O., »Tuberkulöses Lungenbluten und meteorbiologische Einflüsse«, *Der Tuberkulösarzt 9,* 261, 1955.
199. Lissmann, H. W., »Electric Location by Fishes«, *Scientific American,* März 1963.
200. Lissmann, H. W., und Machin, K. E., »The Mechanism of Object Location in *Gymnarchus Niloticus* and Similar Fish«, *Journal of Experimental Biology 35,* 451, 1958.
201. Livingstone, D., *Missionary Travels and Researches in Southern Africa,* Murray, London 1865.
202. Loomis, A. L., Harvey, E. N., und Hobart, G., »Electrical Potentials of the Human Brain«, *Journal of Experimental Psychology 19,* 249, 1936.
203. Lorenz, K., *Das sogenannte Böse. Zur Naturgeschichte der Aggression,* dtv (Allgemeine Reihe 1000), 1974.
204. Maby, J. C., und Franklin, B. T., *The Physics of the Divining Rod,* G. Bell & Sons, London 1939.
205. Magat, M., »Change of Properties of Water Around 40° C«, *Journal of Physical Radiom 6,* 108, 1936.
206. Malek, J., Gleich, J., und Maly, V., »Characteristics of the Daily Rhythm of Menstruation and Labor«, *Annals of the New York Academy of Science 98,* 1042, 1962.
207. Martini, R., »Der Einfluß der Sonnentätigkeit auf die Häufung von Unfällen«, *Zentralblatt Arbeitsmedizin 2,* 98, 1952.
208. Mashkova, V., »Sharpsighted Fingers«, *International Journal of Parapsychology 7,* 4, 1965.
209. Maxwell, N., »The Laughing Man with a Hole in His Chest«, Sunday Times, London 3. Oktober 1971.
210. Menaker, W. und A., »Lunar Periodicity in Human Reproduction«, *American Journal of Obstetrical Gynecology 78,* 905, 1959.
211. Milechnin, A., *Hypnosis,* John Wright, Bristol 1967.
212. Miles, S., »The Accident Syndrome«, *Science Journal 6,* 3, 1970.
213. Minkh, A. A., »Biological and Hygienic Significance of Air Ionization«, *Biometereology Two 2,* 1016, 1967.
214. Mironowitsch, V., »Sur l'évolution séculaire de l'activité solaire et ses liaisons avec la circulation générale«, *Meteorol. Abhandlungen 9,* 3, 1960.
215. Mironowitsch, V., und Viart, R., »Interruption du courant zonal en Europe Occidentale et sa liaison avec l'activité solaire«, *Meteorol. Abhandlungen 7,* 3, 1958.
216. Moore, O. K., »Divination – a New Perspective«, *American Anthropologist 59,* 69, 1957.
217. Moore-Robinson, M., »And Puppy Dog Tails«, *New Scientist,* 13. November 1969.
218. Morris, D., *The Naked Ape,* Jonathan Cape, London 1967; dt. Ausg.: *Der nackte Affe,* Knaur Taschenbuch Nr. 224.
219. Morris, D., *Intimate Behaviour,* Jonathan Cape, London 1971; dt. Ausg.: *Liebe geht durch die Haut. Die Naturgesetze des Intimverhaltens,* Knaur Taschenbuch Nr. 399.
220. Muses, C. A., Introduction to *Communication, Organization and Science,* Falcon's Wing Press, New York 1958.

221. Myers, F. W. H., *Human Personality,* Longmans, Green & Company, London 1963.
222. McBain, W. N., »Quasi-Sensory Communication«, *Journal of Personality and Social Psychology 14,* 281, 1970.
223. McConnel, R. A., »Wishing with Dice«, *Journal of Experimental Psychology 50,* 269, 1955.
224. McCreery, C., *Science, Philosophy and ESP,* Faber & Faber, London 1967.
225. Nasa, *Initial Results of the IMP-1 Magnetic Field Experiment,* Greenbelt, Md.: Goddard Space Flight Center, 1964.
226. Nathan, P., *The Nervous System,* Penguin, London 1969.
227. Naumov, E., »From Telepathy to Telekinesis«, *Journal of Paraphysis 2,* 2, 1966.
228. Nelson, J. H., »Shortwave Radio Propagation Correlation with Planetary Positions«, *RCA Review 12,* 26, 1951.
229. Nelson, J. H., »Planetary Position Effect on Short Wave Signal Quality«, *Electrical Engineering 71,* 421, 1952.
230. Norton, A. C., Beran, A. U., und Miszahy, G. A., »Electroencephalography During Feigned Sleep in the Opossum«, *Nature 204,* 162, 1964.
231. Nowomeiskij, A., »The Nature of the Dermo-optic Response«, *International Journal of Parapsychology 7,* 4, 1965.
232. Noyce, W., »The Art of Surviving«, *Sunday Times,* London März 1960.
233. Ostrander, S. und Schroeder, L., *Psychic Discoveries Behind the Ion Curtain,* Prentice-Hall, Englewood Cliffs 1971.
234. Oswald, I., *Sleep,* Penguin Books, London 1971.
235. Oswald, I., Taylor, A. M., und Treismann, M., »Cortical Function During Human Sleep«, *CIBA Symposium on Sleep,* Little, Brown, Boston 1961.
236. Otani, S., »A Possible Relationship Between Skin Resistance and ESP Response Patterns«, in: *Parapsychology Today,* von J. B. Rhine und R. Brier, Citadel, New York 1968.
237. Owen, A. R. G., *Can We Explain the Poltergeist?,* Garrett Publications, New York 1964.
238. Owen, A. R. G., und Sims, V., *Science and the Spook,* Dennis Dobson, London 1971.
239. Palmer, J. D., »Organismic Spatial Orientation in Very Weak Magnetic Fields«, *Nature 198,* 1061, 1963.
240. Pauwels, L. und Bergier, J., *The Morning of the Magicians,* Stein & Day, New York 1964.
241. Pawlow, I. P., *Über die sogenannte Tierhypnose,* Akad. Verlag, Berlin 1953.
242. Pei, M., *The Story of Language,* Allen & Unwin, London 1966.
243. Penfield, W., und Jasper, H. H., *Epilepsy and the Functional Anatomy of the Human Brain.* J. & A. Churchill, London 1965.
244. Pengelley, E. T., und Asmundsen, S. J., »Annual Biological Clocks«, *Scientific American 224,* 72, 1971.
245. Petersen, W., *Man, Weather, Sun,* Thomas, Springfield, Ill. 1947.
246. Piccardi, G., »Exposé introductif«, *Symposium Intern. sur les Rel. Phen. Sol. et Terre,* Presses Académiques Européennes, Brüssel 1960.
247. Piccardi, G., *The Chemical Basis of Medical Climatology,* Thomas, Springfield, Ill. 1962.
248. Pittendrigh, C. S., und Bruce, V. G., »Daily Rhythms As Coupled Oscillator Systems«, *Photoperiodism and Related Phenomena in Plants and Animals,* A. A. A. S., Washington, D. C. 1959.

249. Podschibiakin, A. K., »Solar Flares and Road Accidents«, *New Scientist,* 25. April 1968.
250. Pohl, R., »Tagesrhythmik im phototaktischen Verhalten der *Euglena gracilis«, Zeitschrift für Naturf. 36,* 367, 1948.
251. Pope, A., *An Essay on Man,* Part I, Macmillan, New York 1966.
252. Pople, J., »A Theory on the Structure of Water«, *Proceedings of the Royal Society A 202,* 323, 1950.
253. Poumailloux, J., und Viart, R., »Corrélations possibles entre l'incidence des infarctus du myocarde et l'augmentation des activités solaires et géomagnétiques«, *Bull. Acad. Méd. 143,* 167, 1959.
254. Pratt, J. G., »A Reinvestigation of the Quarter Distribution of the PK«, *Journal of Parapsychology 8,* 61, 1944.
255. Pratt, J. G., »Lawfulness of the Position Effects in the Gibson Cup Series«, *Journal of Parapsychology 10,* 243, 1946.
256. Pratt, J. G., »Target Preference in PK Tests with Dice«, *Journal of Parapsychology 11,* 26, 1947.
257. Pratt, J. G., »Rhythms of Success in PK Test Data«, *Journal of Parapsychology 11,* 90, 1947.
258. Pratt, J. G., und Jacobsen, N., »Prediction of ESP Performance on Selected Focusing Effect Targets«, *Journal of the American Society for Parapsychological Research 63,* 1969.
259. Prokasy, W. F., »The Acquisition of Observing Responses in the Absence of Differential External Reinforcement«, *Journal of Comparative Physiological Psychology 49,* 131, 1956.
260. Pushong, C. A., *The Tarot of the Magi,* Regency, London 1970.
261. Raima, R. A., »The Peculiar Distribution of First Digits«, *Scientific American 221,* 109, 1969.
262. Rand Corporation, *A Million Random Digits with 100 000 Normal Deviates.* Free Press, Chicago 1946.
263. Raudive, K., *Breakthrough,* Taplinger, New York 1971.
264. Raudive, K., »Voices from Nowhere«, *Man, Myth & Magic 87,* 2453, 1971.
265. Ravitz, L. J., »How Electricity Measures Hypnosis«, *Tomorrow 6,* 49, 1958.
266. Ravitz, L. J., »Periodic Changes in Electromagnetic Fields«, *Annals of the New York Academy of Science 96,* 1181, 1960.
267. Ravitz, L. J., »History, Measurement and Applicability of Periodic Changes in the Electromagnetic Field in Health and Disease«, *Annals of the New York Academy of Science 98,* 144, 1962.
268. Reeves, M. P., und Rhine, J. B., »The Psychokinetic Effect: A Study in Declines«, *Journal of Parapsychology 7,* 76, 1943.
269. Reinberg, A., und Ghata, J., *Rythmes et cycles biologiques,* Presses Universitaires, Paris 1957.
270. Reiter, R., »Wetter und Zahl der Geburten«, *Deutsche Medizinische Wochenschrift 77,* 1606, 1952.
271. Rejdak, Z., »The Kulagina Cine Film«, *Journal of Paraphysics 3,* 3, 1969.
272. Rhine, J. B., *Extrasensory Perception,* Bruce Humphries, Boston 1934.
273. Rhine, J. B., »Dice Thrown by Cup and Machine in PK Tests«, *Journal of Parapsychology 7,* 207, 1943.
274. Rhine, J. B., und Humphrey, B. M., »The PK Effect with Sixty Dice per Throw«, *Journal of Parapsychology 9,* 203, 1945.
275. Rhine, L. E., *Mind over Matter,* Macmillan, London 1970.
276. Ricard, M., *The Mystery of Animal Migration,* Paladin, London 1971.

277. Richmond, N., »Two Series of PK Tests on Paramecia«, *Journal of the Society of Psychical Research 36,* 577, 1952.
278. Roberts, J. A., »Radio Emission from the Plantes«, *Planetary Space Science Research 11,* 221, 1963.
279. Rocard, Y., *New Scientist,* 1966.
280. Romensky, N. V., *Recueil des travaux scientifiques de l'administration des stations thermales et climatériques.* Sotchi, 1960.
281. Rosenfeld, A., »Seeing Colors with the Fingers«, *Life,* 12. Juni 1964.
282. Rosenthal, R., *Experimenter Effects in Behavioral Research,* Appleton-Century-Crofts, New York 1966.
283. Rouge et Noir (Zeitschrift), *Winning at Casine Gaming.* Glen Head, N. Y., Rouge et Noir, 1966.
284. Rubin, F., »The Lunar Cycle in Relation to Human Conception and the sex of Offspring«, *Astrological Journal 9,* 4, 1968.
285. Russel, E. W., *Design for Destiny.* Neville Spearman, London 1971.
286. Ryzl, M., »Parapsychology in Communist Countries of Europe«, *International Journal of Parapsychology 10,* 3, 1968.
287. Ryzl, M., »New Discoveries in ESP«, *Grenzgebiete der Wissenschaft 1,* 1968.
288. Ryzl, M., und Pratt, J. G., »The Focusing of ESP upon Particular Targets«, *Journal of Parapsychology 27,* 4, 1963.
289. Salisbury, H. E., *The Soviet Union,* Harcourt Brace Jovanovitch, New York, 1967.
290. Sanderson, I. T., »Could Ancient Sculptors Soften Stone?« *Fate Magazine,* Februar 1963.
291. Sanderson, I. T., »Atta, the Telepathic, Teleparting Ant«, *Fate Magazine,* September 1963.
292. Sanderson, I. T., »Let's Investigate Flying Rocks«, *Fate Magazine,* September 1963.
293. Sanderson, I. T., *Uninvited Visitors,* Neville Spearman, London 1969.
294. Schafer, W., »Further Development of the Field Effect Monitor«, *Life Sciences: General Dynamics* A 67–41582, 125, 1968.
295. Schmidt, H., »Mental Influence on Random Events«, *New Scientist 50,* 757, 1971.
296. Schneider, F., »Die Beeinflussung der ultraoptischen Orientierung der Maikäfer durch Veränderung des lokalen Massenverteilungsmusters« *Revue Suisse de Zoologie 71,* 632, 1964.
297. Schnelle, F., »Hundert Jahre phänologische Beobachtungen im Rhein-Main-Gebiet«, *Meterol. Rundschau 7,* 1950.
298. Schultz, J. H., und Luthe, W., Autogenic Training, Grune & Stratton, New York 1959.
299. Schulz, N., »Les globules blancs des sujets bien portants et les taches solaires«, *Toulouse Médicale 10,* 741, 1960.
300. Schulz, N., »Lymphocytoses relatives et activité solaire«, *Revue Médicale de Nancy,* Juni 1961.
301. Scott, I. A., *The Lüscher Colour Test,* Jonathan Cape, London 1970.
302. Seabrook, W., *Witchcraft,* Sphere Books, London 1970.
303. Seeds, N., »A Brain Rewires Itself in a Test Tube«, *New Scientist,* 6. Januar 1972.
304. Shapiro, D., Tursky, B., Gersohn, E., und Stern, M., »Effects of Feedback and Reinforcement on the Control of Human Systolic Blood Pressure«, *Science 163,* 588, 1969.

305. Sinclair-Gieben, A., H. C., und Chalmers, D., »Evaluation of Treatment of Warts by Hypnosis«, *Lancet 2,* 480, 1959.
306. Smith, A., *The Body,* Allen & Unwin, London 1968; dt. Ausg.: *Unser Körper. Wunder und Wirklichkeit des menschlichen Lebens,* Fischer Taschenbuch Nr. 6075, Frankfurt am Main 1971.
307. Soal, S. G., und Bateman, F., *Modern Experiments in Telepathy,* Faber & Faber, London 1954.
308. Sochurek, H., »Hot Stuff«, *Observer Magazine.* 5. Dezember 1971.
309. Steiger, B., *ESP: Your Sixth Sense,* Award Books, New York 1966.
310. Steward, F. C., »From Cultered Cells to Whole Plants: The Induction and Control of Their Growth and Morphogenesis«, *Proceedings of the Royal Society B 175,* 1, 1970.
311. Sullivan, W., *We Are Not Alone,* Penguin, London 1970.
312. Takata, M., »Über eine neue biologisch wirksame Komponente der Sonnenstrahlung«, *Archiv Met. Geophys. Bioklimat.,* 486, 1951.
313. Takata, M., und Murasugi, T., »Flockungszahlstörungen im gesunden menschlichen Serum, kosmoterrestrischer Sympathismus, *Bioklimat. Beibl. 8,* 17, 1941.
314. Taugher, V. J., »Hypno-anesthesia«, *Wisconsin Medical Journal 57,* 95, 1958.
315. Taylor, R. L., »Habitual Short-term Expectancies and Luck«, *Journal of General Psychology 76,* 81, 1967.
316. Tschijewskij, A. L., »L'Action de l'activité périodique solaire sur les épidémies«, *Traité de climatologie biologiques et médicale.* Masson, Paris 1934.
317. Teichmann, H., »Das Riechvermögen des Aales«, *Naturwiss. 44,* 242, 1957.
318. Tempest, W., »Noise Makes Drivers Drunk«, *Observer* London, 28. November 1971.
319. Terry, K. D., und Tucker, W. H., »Biological Effects of Supernovae«, *Science 159,* 421.
320. Thomson, D., »Force Field Detector«, *Maclean's Magazine,* September 1968.
321. Tinbergen, N., *The Study of Instinct,* Oxford University Press, 1951; dt. Ausg.: *Instinktlehre. Vergleichende Erforschung angeborenen Verhaltens,* Parey, Perlin 1972[5].
322. Trinder, W. H., *Dowsing,* G. Bell & Sons, London 1967.
323. Tromp. S., »Review of the Possible Physiological Causes of Dowsing«, *International Journal of Parapsychology 10,* 4, 1968.
324. Tucker, D. W., »A New Solution to the Atlantic Eel Problem«, Nature 183, 495, 1959.
325. Tunstall, J., »Pharaoh's Curse«, Times, London, 14. Juli 1969.
326. Van Lennep, D. J., Why Some Succeed and Others Fail«, *Progress 48,* 270, 1962.
327. Van Over, R. (Hrsg.), *I Ching,* New American Library, New York 1971.
328. Vernon, J. A., *Inside the Black Room,* Penguin, London 1966.
329. Vince, M. A., »Embryonic Communication, Respiration and the Synchronisation of Hatching«, in: *Bird Vocalisations,* Eng.: Cambridge University Press, Cambridge 1969.
330. Vogralik, V. G., »Pinpricks for Health«, *Sputnik* (Moskau) July 1969.
331. Volgyesi, F. A., *Hypnosis in Man and Animals,* Baillière, 1966.
332. Von Däniken, E., *Aussaat und Kosmos. Spuren und Pläne außerirdischer Intelligenz,* Econ, Düsseldorf 1972.

333. Waddington, C. H., *The Strategy of Genes,* Allen & Unwin, London 1957.
334. Walter, W. G., *The Livin Brain,* Penguin, London 1961.
335. Walter, W. G., »Voluntary Heart and Pulse Control by Yoga Methods«, *International Journal of Parapsychology 5,* 25, 1963.
336. Wassiljew, L. L., *Experiments in Mental Suggestion,* Galley Hill Press, Hampshire 1963.
337. Watson, L., *The Omnivorous Ape,* Coward-McCann & Geoghegan, New York 1971; dt. Ausg.: *Der Allesfresser und warum der Mensch dazu wurde,* Hoffmann u. Campe, Hamburg 1974.
338. Weber, J., »The Detection of Gravitational Waves«, *Scientific American 224,* 22, 1971.
339. West, J. A., und Toonder, J. G., *The Case for Astrology,* Macdonald, London 1970.
340. Whitfield, G., und Bramwell, C., »Palaeonengineering: Birth of a new Science«, *New Scientist 52,* 202, 1971.
341. Williams, H. L., Lubin, A., und Goodnow, J. J., »Impaired Performance with Acute Sleep Loss«, *Psychological Monographs 73,* 14, 1959.
342. Wilson, C., *The Occult,* Hodder & Stoughton, London 1971.
343. Wilson, E. D., »Pheromones«, *Scientific American,* May 1963.
344. Wood Jones, F., *The Principles of Anatomy As Seen in the Hand,* Braillière, London 1946.
345. Yakolew, B., »Telepathy Session, Moscow-Novosibirsk«, *Sputnik* (Moskau), Februar 1968.
346. Young, J. Z., *An Introduction to the Study of Man,* Oxford University Press, London 1971.
347. Zeuner, F. E., *Dating the Past,* Methuen, London 1950.

Anhang zum Literaturverzeichnis

1. Barber, T. X. et. al. (Hrsg.) *Biofeedback and Self-Control,* Aldine Annuals, Aldine-Atherton, Chicago 1971.
   Eine Sammlung von 38 wissenschaftlichen Artikeln in der Hauptsache aus medizinischen Fachzeitschriften, die sich mit den Ergebnissen psychosomatischer und psychophysiologischer Forschungsarbeit beschäftigen.
2. Burr, H. S. *Blueprint for Immortality,* Neville Spearman, London 1972.
   Burrs persönlicher Bericht seiner Entdeckung und Erforschung des elektrodynamischen oder Lebensfeldes, mit vollständiger Bibliographie.
3. Freedland, N. *The Occult Explosion,* Michael Joseph, London 1972.
   Eine aktuelle Übersicht über zeitgenössische Erscheinungen von okkultem Interesse.
4. Karlins, M. und Andrews, L. M., *Biofeedback*; dt. Ausg.: *Biofeedback. Die Technik der Selbstkontrolle,* Deutsche Verlags-Anstalt, Stuttgart 1973.
   Eine Übersicht über die jüngsten Forschungsarbeiten zur Regulierung der Körperprozesse und des Bewußtseins, mit vollständiger Bibliographie.

Namen- und Sachregister

Zusammengestellt von Bernadette Eckert

Aberglaube 184 f.
Addey, John 84
Aggression 160 ff., 282
  u. gesellschaftlicher Zwang 162
  b. Tieren 162
Akupunktur 154 f.
  als Anästhetikum 155
Alarmsignale 252 f., 277
Alchimie 181–185
  Ursprünge d. 182
Allergien (*s.* Haut)
Aminosäure, als Bauteil für alle Proteine 15
Amöben 249
  Vermehrung v. 204 f.
Andrews, Donald 114
Andrews, Edison 60
Aquin, Thomas v. 184
Aristoteles 207
Arrhenius, Svante 58
Astralleib 153
Astrologie 66–86, 94
  u. Horoskopkonstruktion 72–77
  Ursprung d. 80–83
Astrologische
  Deutungen d. Himmelskörper 75 ff.
  Überlieferungen 74 f.
  Vorhersagen, basierend auf d. Position d. Planeten u. d. Zeitpunkt d. Geburt 65–71, 79
Atome 131 f., 142 f.
Aura 149 ff., 156
  u. thermographisches Verfahren 150
Austern, Experimente mit 33 f.
Autosuggestion (*s. a.* Suggestion) 224–234, 285

Backster, Cleve 250–253
Bacon, Roger 184
Bagnall, Oscar 151
Baldo, Camillo 200
Barber, Theodore 223
Barret, William 269
Baudelaire 248
Beloff, John 142 f.
Berger, Hans 99
Berne, Eric 280
Bewußtsein (*s. a.* Autosuggestion; Suggestion; Unbewußtes)
  Problem u. Bedeutung v. 224 f.
  b. Tieren 224 f.
Bewußtseinsniveau u. Schlaf 240
Bioplasma (*s.* Plasma)
Biophysik 119
Biophysikalische Wirkungen, Methode d. 122
Black 181
Black, Stephen 219, 222, 269
Blake 248
Bonner, John 205
Bovis 106
Boyle, Robert 181
Braid, James 218
Bramwell, Cherrie 205
Brancusi 180
Brown, Frank 33 f., 39–42, 46, 51
Browning 200
Burr, Harold 90–93, 95 f., 135
Butler, Samuel 252
Byron 209

Carington, Whately 275
Carrington, Hereward 261
Carson, Rachel 33, 35
Castaneda, Carlos 127, 151
Cavendish, Richard 286
Chaos 17
  kosmisches 119, 132
    verborgenes Informationssystem im 20
  als natürlicher Zustand d. Materie 15
  Umwelt- 18
Chertok, Léon 218
Chiromantie 197
Chladni, Ernst 109
Chromosomen 24
Clark, Vernon 78, 79
Cohen, Sidney 241 f., 245

Cole, Lamont 117
Coleridge 234, 248
Corner, George 59
Cox, William 306
Croiset, Gerad 284

Däniken, Erich v. 313 f.
Dalton, John 131
Darwin, Charles 196, 207
David-Neel, Alexandra 230
Dean, Douglas 265
Demokrit 131
Dermatoglyphik 195
Design for Destiny 95
DNS-Moleküle 279
 u. d. Bedeutung d. Form auf molekularer Ebene 225
Donne, John 300
Dravnick, Andrew 226
Drbal, Karel 107
Dubois 206

Eccles, John 157
EEG 99
 v. Personen in Hypnose 219, 269
 u. Telepathie 259, 268 f., 285
Eidetiker 167
Einstein, Albert 13, 129, 187, 262, 289, 292
Eintagsfliege *(Povilla adusta)* 37
Eisenbud, Jule 165 f.
Elektrizität
 in biologischen Experimenten, d. sich mit Lebensfeldern befassen 91–98;
 Frühdiagnose v. Krebs durch Messung d. elektrischen Feldes 93
 statische 180
 Methode, elektrische zur Feststellung der Ovulation 92
Elektrophysiologie 98
 u. Gehirnwellen 99 f.
Elektrotherapie 152
Elemente, chemische als Grundlage d. gesamten lebenden Materie 15 f.
Energie 27, 29, 189
 elektrische 149
 elektrostatische 180
 kosmische 50
Energie-
 matritze 153
 ströme 154

Epilepsie, Diagnose v. durch Blinken im Bereich d. Alpharhythmen 100
Epileptiker, Gehirnwellen von 100
Erde 20, 42 f., 48
 Magnetfeld d. 40, 42
Erd-
 atmosphäre, magn. Stürme in d. 43
 rotation 21, 32
ESP (außersinnliche Wahrnehmung) 256, 272, 282
 Experimente mit 256 f.
Euglena gracilis 22 f., 95
Evolution 189, 273 f., 314, 316 ff.
Exobiologie 313 ff.

Fabre, J. M. 216
Farben
 Fähigkeit d. Blinden, sie zu »sehen« 174
 mythische Werte v. 175
 Zusammenhang zwischen Tarnung u. 177
 u. Textur 174
Farbpsychologie 175
Faverge 67
Fawcett 183
Fische, u. scheinbarer Schlafzustand 235
Fisher, Kenneth 28
Fisher, Seymour 220
Fodor, Naudov 158
Forwald, Haakon 144
Freud, Sigmund 117, 200, 239, 269
Fukurai, Tomokichi 164

Gajkin, Michail 154 f.
Gall, Franz Josef 208 f.
Galton, Francis 196
Galvani 182
Garrett, Eileen 149
Gauquelin, Michel 65 ff., 71, 74, 76, 80
Gavraud 101 f.
Geburt
 Beziehung zwischen Gezeiten u. 58
 Zeitpunkt d. 55
  in bezug auf Gewicht und Intelligenz 56 f.
Geburtenregelung
 d. lunare Zeittafeln 59
 d. Messung, elektrische d. Ovulation 92

Gedankenfotografie 164 f., 312
Geheimes Wissen 11
Gehirn 162, 189 f., 208 ff., 213, 217, 223 f., 241 f., 244, 248, 278
  Arbeit d. 204
  Beherrschung d. Körpers durch d. 214, 221
  u. elektrische Impulse 135
  u. Halluzinationen 244
  u. Hypnose 220
  u. Schlaf 235
Gehirn-
  bereiche u. Funktionen 210
  wachstum 211
Gehirnwellen
  u. EEG 99 f.
  u. Elektrophysiologie 98
  rhythmische Wellenformen d. 99
    Alphawellen 99, 159, 217, 227 ff., 235, 260 ff., 266
    Betawellen 99
    Deltawellen 99, 159, 235, 237
    Thetawellen 99, 159 f.
      v. Epileptikern 100
      zur Erkennung v. Psychopathen 160
Geist 157, 162, 187, 189 (*s. a.* Bewußtsein; Unbewußtes)
  Beeinflussung d. Materie durch d. 133, 162, 185
  Beziehung zwischen Gehirn u. 157
  Bilder hervorgebracht durch d. 165
    Physiologie d. 157
  u. Energie 189
  kosmischer 249
  Tätigkeit, geistige, u. Pupillenreaktion 192 f.
  Zeichen d. 191–212
Geister 308–312
Geruch
  als Produkt d. Form 225 f.
  Kommunikation durch 193
  u. sexueller Ursprung 194 f.
Gesetz, d. Serie 118
Glücksspiele 163
Goethe 117, 200, 234
Gogh, Vincent van 200, 248
Gohed, Amr 109
Goldener Schnitt 116
Gott 13, 314
Grad, Bernard 168, 170
Graphologie 200–204 (*s. a.* Handschrift)
Gravitationstheorie 32, 52, 292
Gravitationswellen 52
Greppin, L. 214
Guljajew, Pawel 135, 136

Halluzinationen 134, 241–248, 270, 281, 286
  u. Träume 343
halluzinogene Drogen und Praktiken 241–244, 247
Halberg, Franz 22, 55
Hall, Calvin 239
Hand-
  abdruck u. angeborene Krankheiten 196 f.
  deutung 195, 197 f.
  diagnose 196
  lesekunst 199
  linien u. Tod 199
Handschrift (*s. a.* Graphologie)
  Deutung d. 200
  u. Gesundheit 201
  als Symbole der Sprache 203
Hardy, Alister 272 f.
Harker, Janet 25 ff.
Hautkrankheiten
  u. geistig-seelische Verfassung 198
  u. Hypnose 222
Hebb, D. O. 160
Hellsehen 283 f.
Henri, Vicomte de France 121
Henson, Bob 252
Herschel, John 43
Hess, Eckhard 192
Hexen 151, 286
Horoskop, Deutung v. 78 f.
Horoskopkonstruktion 72–77
Hurkos, Peter 284
Hypnose 218–224, 233, 269, 281
  Experimente mit Personen in 220 f., 222 f.
  Massen- 232
  physiologische Anzeichen für 226
  Selbst- 234
  u. Schmerzempfindlichkeit 221
  u. Schlaf 218
  tierische 217 f.

I-king 303–305

Informationen 19, 27, 28, 134
nützliche 18
zum Überleben notwendige 17
Intuition 279–283

Javamensch *(Pithecanthropus)* 206
Jaarsveld, Pieter van 127
James, William 260
Jenny, Hans 111 ff.
Joga 228–231
Johnson, Ben 184
Jonas, Eugen 59, 80 f., 92
Jung, Carl Gustav 182, 233, 269, 304

Kalmus, Hans 30
Kamenskij, Jurij 258 f., 263, 265, 269, 276
Kammerer, P. 118
Kartentests 256 ff., 283 f.
Kilner, Walter 149 ff.
Kingdon-Ward, F. 103
Kinzel, August 282
Kirlian, Semjon 152–155, 157
Kirlianverfahren 153
Klangfiguren, Chladnische 110 f.
Klima, Anpassung d. Menschen an d. 206
Körper
Beherrschung d. durch d. Gehirn 214
Körperbau u. Proportionen 207 f.
Körpertemperatur u. zirkadiane Veränderungen 54
Kohlenstoff 15
Kolodnij, Lew 146
Kommunikation
durch Geruch 193
zwischen d. Lebewesen u. ihrer Umgebung 16
Stoffe, chemische u. 194
u. Telepathie 270
zur Verständigung bei Ameisen 277
mit Toten 310, 311
Konzentration, Cocktailparty- 18
Kosmos 13, 17, 20, 50, 52, 54, 84, 98, 105, 115, 184
Gesetz u. Ordnung d. 17
Kosyrew, Nikolaj 299 f.
Kraftfelder (*s. a.* Lebensfelder) 134, 136, 143, 162, 172, 185
Kräfte, kosmische 20
Kräfte (Forts.)
Einfluß auf d. Menschen 68–71
Küchenschabe *(Periplaneta americana)* 25
Experiment mit 25–27
Kuleschowa, Rosa 12, 173 f.
Kymatik 110 f.

Lavater, Johann Kaspar 207
Lavoisier 181
Leben
auf d. Erde 15
Entstehung d. 17, 19, 27
Erscheinungsformen d. 19
Wirkung d., auf d. Materie 133 f., 136 f.
Leben(s)-
felddetektoren 213
felder 90–97, 135, 148 f., 156, 178, 199, 220, 231, 282
Änderung d. durch Krankheiten 93
Änderung d. durch Ovulation 92
Aufzeichnung von, Instrumente zur 149
form 16, 28
vorgänge 15
system 16
Lebewesen
Meeres- 35
Empfindlichkeit d. für d. Erdmagnetismus 40 f.
für Sonnenlicht 21 ff., 48
Licht, physiologische Reaktion auf 174 f.
Lichthieroglyphen 153
Lissmann, H. W. 89
Livingstone, David 215
Lobban, Mary 55, 56
Lombroso, Cesare 173
Lorenz, Konrad 184
Lowell 48
LSD 244, 246, 247
Laborversuche mit 247
Wirkung von, auf d. Gehirn 245
Lügendetektor 193, 250 ff.
Lüscher-Farbtest 176
Lubicz, Du 287
Lunarperioden (*s. a.* Mond) 36, 40

Magie 163, 183, 185
Maharishi Mahesh Yogi 228

Marin, Vadim 146
Materie 15, 129, 131 f., 163, 183, 189, 308
lebende 15
u. Magie 163
unbelebte 29
zufällige Verteilung d. 17
Maxwell, James Clerk 50
Maxwell, Neville 155
McCreery, Charles 279
Meditation 267
Meditationstechniken 228, 262, 266 f.
Menaker, W. u. A. 58
Mendelssohn 200
Michailowa, Neljy 145–148, 161, 166
Milechnin, Anatol 218
Milodan, Viktor 276
Moleküle 15
Mond 32–38, 40, 45, 57–62
Anziehungskraft d. 34
Wirkungen d. auf d. Erde 33 f.
Einfluß d. auf d. Flut 35
auf Landtiere 37
auf Meerestiere 34–37
auf Wetterabläufe 38, 43
Position d. zur Zeit d. Empfängnis u. d. Vorhersage d. Geschlechts d. Kindes 80 f.
physiologische Beziehungen zwischen Mensch u. 54, 61
Voll-, Einfluß auf menschliches Verhalten 61
Mondphasen 35 ff., 42
u. Empfängnisverhütung 59
u. Regenfälle 38–39
Mondzyklus
u. Geburtsdatum 57, 58
u. Menstruationsperiode 58, 60
Moore, Omar Khayyam 301
Morgan 24
Morris, Desmond 212
Mozart 234
Muses, Charles 300
Musik, Wirkung v. auf Pflanzen u. Tiere 114 f.

Natur 9 ff., 24, 51
Ordnung d. 190
Naumov, Eduard 145 f.
Nelson, John 48, 65, 74, 77, 80
Nervensystem 18
Newton, Isaac 32, 62, 184, 234, 292
Nikolajew, Karl 258 ff., 263, 265, 269, 276
Nowomeiskij, A. 173 f.
Nukleinsäurebasen 15

Okkulte, das 10 f., 137, 178
Erforschung d. 138
Okkultische Schriften 150
Okkultismus, Zweiggebiete d. 153
Oppossum 216
Organismen 51
einzellige 24
höhere 23
lebende 17 f., 23, 30
mehrzellige 23
Owen, George 158, 309

Palmer, J. D. 40 f.
Pantoffeltierchen 170 f.
Parapsychologie 171, 309
Parasiten
Pilz- 169
Wirkung v. Temperaturänderungen auf 30 f.
Pavlita, Robert 179 ff., 183
Pawlow, Iwan 218, 300
Pawlowa, Luzia 257
Pearce, Hubert 257
Pflanzen
Einfluß v. Psychokinese auf d. Wachstum v. 168 ff.
Reaktionen v. auf Streß 251
Phonographen 312
Photoperiodismus 29 f., 74
Phrenologie 208–213
Physiognomik 204–208, 210 ff.
Piccardi, Giorgio 46 ff.
Pittendrigh, Colin 24 f.
Planeten
gegenseitige Beeinflussung d. 48
Einfluß d. auf d. Erde 49, 65; auf d. Sonne 48 f.
Korrelation zwischen Beruf u. Stellung d. 65–68
Position u. Rhythmus d. 49
u. Voraussagen, astrologische 49, 65–71, 78 f.
Plasma 154, 172, 249
physikalische Realität d. 154
Plasmakörper, biologischer 154, 156

Plato 207
Plattwurm *(Convoluta)* 33, 42
Poe, E. A. 200
Poltergeist 157–160
Poltergeisterscheinungen 145, 161
  Beweise für 157
Pope, Alexander 23
Popow, A. S. 259
Präkognition 300–307 (*s. a.* I-king)
  Systeme d. »Vorauswissens« 303–306
Pratt, Gaither 257
Priestley 181
Price, Harry 137
Projektion, astrale 308
Proteine, Bildung von 15
Psychoanalyse 167, 192, 200, 269 f.
Psychokinese 136, 144, 147 f., 157, 159, 161–165, 167, 171, 175, 183, 185, 260, 304
  Einfluß d. auf chemische Reaktionen 168
  Experimente mit 136–145, 146 f., 165
    Ursprünge d. 185
PK-Effekt (*s. a.* Psychokinese) 139, 159, 161 f., 171, 185
Psychometrie 178–181
  Experimente mit 179 f.
Purkinje, Johannes E. 195
Pyramiden
  u. Mumifizierung 106–108
  u. kosmische Strahlen 109

Raudive, Konstantin 310 ff.
Ravitz, Leonhard 61, 94, 97, 148
Rejdak, Zdenek 180
Relativitätstheorie 292
Resonanz 104 ff., 112 ff., 119 f.
  Prinzip d. 177
Rhine, J. B. 137–141, 158 f., 256 f., 283, 310
Rhythmus
  Gehirn- 99 f., 159
  Gezeiten- 33 f.
  Jahres- 28 f.
  Körper- 148
  kosmischer 94
  Mond- 35 f., 74, 98, 170
  natürlicher 24, 33, 66
  planetarischer 65
  Sonnen- 42, 74
  Tages- 21
Rhythmus (Forts.)
  zirkadianer 22 ff., 26, 28, 32, 234
  zirkannueller 28
  Zweistunden- 81
Richmond, Nigel 170 f.
Romain, Jules 172
Russel, Edward 95
Rutherford, Lord 181
Ryzl, Milan 284

Sanderson, Ivan 277, 314
Seabrook, William 285
Seeds, Nicholas 308
Seelenwanderung 308
Sehen ohne Augen 12, 172 ff.
Sergejew, Gennadij 147 ff., 157, 159
Sergejew-Detektor 148 f., 166
Serios, Ted 165–168, 312
Shackleton, Basil 258
Shapiro, David 227
Sheldon, William 208
Soal, Samuel 258
Sochewanow, Nikolaj 122 f.
Sonne 42–48, 62 ff.
  Einfluß d. auf Körperfunktionen 64
    elektromagnetischer 45
    auf d. Wetter 43
  Explosionen, radioaktive auf d. 191
  Korrelation zwischen Myokardinfarkten u. 64
  magnetische Stürme auf d. 44
Sonnen-
  energie 234
  fleckentätigkeit 43 f., 48, 62 f.
    Elfjahreszyklus d. 46
    u. Empfangsstörungen bei Radio u. Fernsehen 43, 48 f., 65
    als Hilfsmittel zur Wettervorhersage 43
    Korrelation d. zu Dürren, Epidemien, Hungersnöten 43 f., 62
  licht 27, 29 f.
    Wirkung d. auf d. Lebewesen d. Erde 21 ff., 48
    Wirkung d. auf einfache Moleküle 27
    sichtbares u. unbelebte Materie 29
  system 50
  tag 21
  wind 43

Spencer-Brown 257
Spiritismus 164
Sprache 272 f.
  Körper- 192, 200
  Laut- 192
  Schrift als Symbole d. 203
  Ursprung d. 113 f.
Suggestion (*s. a.* Autosuggestion) 222 f., 225, 286
Swoboda 117
Schäfer, W. 173
Schlaf 18, 234 f., 243, 267
  u. Anästhetika, chemische 236
  u. Bewußtsein 240
  u. Drogen 241
  u. Hypnose 218
  orthodoxer u. paradoxer 237, 240
  u. Regeneration v. Körpergewebe 238
  v. Tieren 234–235
Schlafentzug, Wirkungen v. 236 f.
Schlafwandler 236
Schmidt, Helmut 143
Schmidt, Johann 295 f.
Schnelle, F. 44
Schwingungen
  akustische 17
  elektromagnetische 17
  Feld- 148
Schwingungsmuster 110
Stein der Weisen 181 f.
Stepanek, Pavel 283
Störungen, psychosomatische 231
Stoffwechsel
  Abhängigkeit d. von d. Temperatur 30, 54
  Veränderungen d. in Übereinstimmung mit d. jeweiligen Zeit d. Mondtages 40
Stoffwechselzyklus u. Geburten 55
Strahlenfühligkeit 125
Strahlung
  Körper- u. Diagnose v. Krankheiten 150
  radioaktive 51
Streß, emotioneller 193, 198
Streßsymptome bei psychokinetischen Experimenten 147

Takata, Maki 63
Taufliege *(Drosophila melanogaster)* 24 f., 278
  u. natürlicher Rhythmus 24 f.
  u. zirkadianer Rhythmus 25
Taylor, Richard 163
Telekinese (*s. a.* Psychokinese) 137
Telepathie 138, 255–258, 260, 262–280, 282–285, 298, 309
  u. Alpharhythmen 260
  Beweise für 257
  Experimente mit 256 f., 263 f., 267 f.
  Funktionsweise d. im Gehirn 259 f.
  u. Körperfunktionen 265 f.
Temperatur, Einfluß v. Aktivität auf d. Körper 55
Thermodynamik
  Gesetze d. 17
  Zweiter Hauptsatz d. 15, 118
Thermographisches Verfahren und Körper-Aura 150
Thermoperiodismus 31
Tiere(n)
  Bewegungsunfähigkeit bei 214, 218 f.
    Erhaltungswert d. 215 f.
  u. Feldwirkungen 126 f.
  hypnotische Wirkung v. 217
  Kaltblüter, Einfluß v. Temperaturschwankungen auf 30, 234
  Kommunikation zwischen 191, 252, 253, 277
  Land-
    Einfluß d. Mondes auf 37
    Schlafgewohnheiten v. 216
  Nacht- u. Infrarotsehen 150 f.
  Träume v. 240
  Schlaf v. Warmblütern u. höheren 234–235
Tinbergen, Niko 234
Toonder, Jan 81
Tornier 67
Trauminhalte 239
Traumsymbole, u. Psychoanalyse 239
Träume 234–241, 267, 270, 281, 305
  Alp- 237
  u. Augenbewegungen 238
  u. Halluzinationen
  v. Tieren 240
Tromp, Solco 123 f.
Tschijewsky, A. L. 62
Tucker, Denys 296

Übernatur 9 ff., 16, 20, 94, 96, 105, 175, 185, 213, 291, 300, 315–318

Magie d. 128
Unbewußte, das 224 f., 227, 232 f., 268 ff., 281, 304 f.
kollektives 233, 269, 275 f.
Kreativität u. 234
u. Nervensystem 225
u. Träume 239
Universum, klingendes, Theorie vom 116

Waddington 20
Wahrnehmung, außersinnliche (*s.* ESP)
Wahrsagen (*s.* Chiromantie)
Walter, Grey 20, 29, 100, 160, 262
Wasser
Eigenschaften d. 45 f., 47 f.
u. Feldwirkungen 126
Leitfähigkeit, elektrische v. 47
Reaktionen, chemische im, beeinflußt durch kosmische Vorgänge 47 f.
Struktur d. 45 f., 170, 181
Wassersuche, durch Wünschelrute 120, 122
Wassiljew, Leonid 270 f.
Weissagung (*s.* Präkognition)
Wellen 84 f., 98, 110, 115
elektromagnetische 50 ff., 88, 105, 106
Erdbeben- 103
Gehirn- (*s.* Gehirn)
Gravitations- 52
Schall-, niederfrequente 102, 104
Weltraum 42 f., 50
West, John 81
Whitfielt, George 205
Wilson, Colin 182, 304, 309 f.
Wünschelrute, Wassersuche mit d. 120 f.
Wünschelrutenforschung 122 ff., 126

Zahlen
u. okkulte Eigenschaften 116 f.
Verhalten, anomales d. 117 f.
Zauberei 284–287
Zauberstab 183
Zellen
Kommunikationssystem zwischen d. 253, 308
Koordination zwischen d. 25
d. Nervenfasern 134
Zeit 293–300
u. Energie 299 f.
u. Raum 292 ff., 297 f.
Zeitmanipulationen 291
Zen-Kontemplation 228 f.
Zufall 118
Zyklus
Aktivitäts- v. Pflanzen u. Tieren 39
geophysikalischer 51
Jahres- 32
Mond- 57
natürlicher 54
Sonnen- 44
Sonnenflecken- 43
24-Stunden- 21, 30
Tages- 32
Temperatur- 31
zirkadianer 68